AF882840

Das Verblassen eines Makels

Rechtshistorische Reihe

Herausgegeben von den Prof. Dres.
G. Baranowski, H.-J. Becker, W. Brauneder, P. Caroni, A. Cordes, F. Dorn,
J. Eckert †, C. Hattenhauer, H. Hattenhauer, R. Hoke, D. Klippel, G. Köbler, G. Landwehr,
G. Lingelbach, M. Lipp, R. Meyer-Pritzl, K. Muscheler, H. Nehlsen, P. Oestmann,
G. Otte, T. Repgen, S. Saar, K.O. Scherner, M. Schmoeckel, J. Schröder, R. Schröder,
W. Schubert, D. Schwab, T. Simon, E. Wadle, J. Weitzel

Band 443

PETER LANG
EDITION

Bernhard Klose

Das Verblassen eines Makels

Das Nichtehelichenrecht der DDR als Teil der gesamtdeutschen Entwicklung

PETER LANG
EDITION

Bibliografische Information der Deutschen Nationalbibliothek
Die Deutsche Nationalbibliothek verzeichnet diese Publikation in der Deutschen Nationalbibliografie; detaillierte bibliografische Daten sind im Internet über http://dnb.d-nb.de abrufbar.

Zugl.: Jena, Univ., Diss., 2012

Die vorliegende Arbeit wurde von
Prof. Dr. Gerhard Lingelbach
zur Aufnahme in die Reihe empfohlen.

Umschlagabbildung:
Justitia. Allegorie der Gerechtigkeit.
Druck aus dem 17. Jahrhundert.

27
ISSN 0344-290X
ISBN 978-3-631-62906-2
© Peter Lang GmbH
Internationaler Verlag der Wissenschaften
Frankfurt am Main 2013
Alle Rechte vorbehalten.
Peter Lang Edition ist ein Imprint der Peter Lang GmbH.

Peter Lang – Frankfurt am Main · Bern · Bruxelles · New York · Oxford · Warszawa · Wien

Das Werk einschließlich aller seiner Teile ist urheberrechtlich geschützt. Jede Verwertung außerhalb der engen Grenzen des Urheberrechtsgesetzes ist ohne Zustimmung des Verlages unzulässig und strafbar. Das gilt insbesondere für Vervielfältigungen, Übersetzungen, Mikroverfilmungen und die Einspeicherung und Verarbeitung in elektronischen Systemen.

www.peterlang.de

Vorwort

Diese Arbeit handelt von Geschichte und hat eine Geschichte. Mein Interesse für die Familienrechtsgeschichte der DDR ist auch nach dem Abschluss meiner geisteswissenschaftlichen Dissertation nicht erloschen. Die Bedeutung der Rechtsgeschichte für die Rechtsanwendung wurde mir mit zunehmender Berufspraxis immer mehr verdeutlicht. So entstand der Plan für diese Arbeit, deren Ziel es ist, einen weiteren Teil der Rechtsgeschichte in beiden Teilen Deutschlands näher zu beleuchten. Sie wurde im Oktober 2012 von der Rechtswissenschaftlichen Fakultät der Friedrich-Schiller-Universität Jena als Dissertation angenommen.

Das Recht der nichtehelichen Kinder ist ein Teilgebiet des Familienrechts. Zur Familie gehören Kinder, eheliche oder nichteheliche. Dennoch wurden sie nicht gleich behandelt. Nichteheliche Kinder wurden über Jahrhunderte für die Rechtsverhältnisse ihrer Eltern zum Zeitpunkt ihrer Geburt, für den sie naturgemäß nicht verantwortlich waren, bestraft. Dies ist, wie die Arbeit ergeben hat, inzwischen zum Glück Geschichte. Die hier bis Februar 2012 nachgezeichnete Entwicklung des Rechts der nichtehelichen Kinder ist noch nicht abgeschlossen. Insbesondere das Verhältnis des nichtehelichen Kindes zu seinem biologischen Vater ist noch nicht abschließend geklärt. Möge aus der bisherigen Entwicklung auch für die Zukunft der Schluss gezogen werden, dass im Zentrum aller künftigen Überlegungen zu allen rechtlichen Fortentwicklungen im Recht der nichtehelichen Kinder immer die Kinder selbst stehen müssen. Ihnen müssen die bestmöglichen Entwicklungsmöglichkeiten eingeräumt werden. Das zu gewährleisten ist die Aufgabe ihrer tatsächlichen und ihrer rechtlichen Eltern und letztlich auch des Staates. Dahinter müssen alle anderen Interessen zurückstehen.

Mein ganz besonderer Dank gilt den Universitätsprofessoren der Friedrich-Schiller-Universität Jena Herrn Prof. Dr. Gerhard Lingelbach für die Betreuung der Arbeit, Frau Prof. Dr. Elisabeth Koch für das Zweitgutachten und Frau Prof. Dr. Martina Haedrich, die ebenfalls der Prüfungskommission angehört hat. Weiter bedanke ich mich bei Herrn Prof. Dr. Gerhard Ring von der TU Bergakademie Freiberg, der mir aus der Praxis heraus wieder einen Weg zur Wissenschaft aufgezeigt hat.

Ohne meine Familie hätte die Arbeit so nicht entstehen können. Der durch sie geschärfte Blick für das tatsächliche Familienleben war für die Bearbeitung der weitgehend theoretischen Fragestellung stets hilfreich. Viele Antworten hätte ich ohne sie nicht oder möglicherweise anders gefunden. Dafür bin ich ihr sehr dankbar.

Chemnitz, im Februar 2013 Bernhard Klose

Inhaltsverzeichnis

A. Einleitung

> *„Die Vergangenheit präsentiert sich nicht nur in Gestalt von geschriebenen Worten. Und je deutlicher man sich Rechenschaft darüber gibt, dass Geschichte nicht bloß eine Universitätsdisziplin ist, eines von vielen akademischen Fächern, sondern ein Teil unserer Welt und eine Dimension unseres Lebens, desto sichtbarer wird, das auch die Steine in unseren Städten und die Überreste einstigen Lebens welche der Boden birgt, den wir begehen und befahren, der Aufmerksamkeit und Bemühungen um das wert sind, was sie uns mitteilen können. Andernfalls würden sie nicht nur uns verloren gehen, sondern auch denjenigen, die nach uns kommen.*“[1]

So begründet der Historiker *Bookmann* sein Bemühen um die Erforschung des Mittelalters. Nicht nur die Steine vergangener Jahrhunderte, sondern auch die Entstehung und Anwendung von Rechtsnormen sind Teil unserer Geschichte. Sie systematisch zu untersuchen und dem Interessierten einen Zugang zu ihnen zu verschaffen ist ebenso Ziel der juristischen Zeitgeschichte, wie das Bemühen, aus der Geschichte – soweit dies möglich ist – zu lernen. Nur wenn Fehler der Rechtsentwicklung erkannt werden, lassen sie sich für die Zukunft vermeiden. Gleiches gilt für positive Ansätze, die nur dann dauerhaften Nutzen bringen können, wenn sie als solche festgestellt, weiterverfolgt oder wieder aufgenommen werden. Als Quelle dieses Erkenntnisgewinns sind von Systemwechseln geprägte Zeiträume,[2] wie sie die deutsche Geschichte im vergangenen Jahrhundert mehrfach aufweist und die zudem den Vergleich der partiellen Parallelentwicklung zweier unterschiedlicher Systeme eindrucksvoll ermöglichen, besonders geeignet.

Seit der Maueröffnung am 9. November 1989 erfährt die Rechtsgeschichte der DDR ein zunehmendes Interesse.[3] Hier kann für einen überschaubaren Zeitraum untersucht werden, wie, von einem einheitlichen Punkt ausgehend, eine ideologisch geprägte Gesellschaftsordnung die Rechtswirklichkeit verändert und sich möglicherweise von derjenigen des anderen, demokratischen, Deutschlands entfernt hat. So erstaunt es nicht, dass bei den von *Stolleis* herausgegebenen

---

1 *Bookmann*, Stauferzeit und spätes Mittelalter, Berlin, 1994, S. 11.

2 Hierzu: *Rüthers*, Recht und Juristen im Wechsel der Systeme und Ideologien, NJ 2003, S. 337.

3 Zur Entwicklung der Geschichtswissenschaft in der *„Umbruchzeit“* nach dem 9. November 1989: *Sabrow*, Die Historikerdebatte über den Umbruch von 1989, in: Zeitgeschichte als Streitgeschichte, Martin Sabrow (Hrsg.), München, 2003, S. 114 – 137; zu dem Erfordernis der Erforschung der Rechtsgeschichte der DDR: *Rüthers*, Recht und Juristen, NJ 2003, S. 339.

Reflexionen zum „*Fach*" „*juristische Zeitgeschichte*"[4] die Rechtsgeschichte der ehemaligen DDR eine hervorgehobene Rolle spielt. Viele Fragen sind unverändert offen. Vor allem ist nach wie vor ungeklärt, ob und wenn ja in welchen Bereichen die ehemalige DDR in welchem Umfang und weshalb ein Unrechtsstaat war.[5] Wird zur Beantwortung dieser Frage allein auf das politische Strafrecht abgestellt, impliziert die Fragestellung bereits die Antwort. Ein Staat, der seine Ideologie unter Zuhilfenahme seiner Strafgewalt durchsetzt und die Bürger, die sich – unter Ausnutzung ihrer Meinungs- und Religionsfreiheit – gegen ihn stellen, mit strafrechtlichen Sanktionen belegt, kann – jedenfalls insoweit – kein Rechtsstaat sein. Bereits die Tatsache der auch in anderen Rechtsgebieten fortgeführten Forschung zeigt aber, dass der auf das politische Strafrecht beschränkte Ansatz nicht ausreichen kann. Das Bild bliebe unvollständig, wenn nicht auch die Bereiche erforscht würden, die vordergründig nicht im Verdacht stehen, für eine Ideologie instrumentalisierbar zu sein.[6] Im Gegenteil ist auch und gerade die Erforschung von „*Randgebieten*" wie des Familien- und Erbrechts für das Bilden einer Gesamteinschätzung erforderlich. Auch wenn durch mögliche positive Ansätze in diesen Rechtsgebieten ein Unrecht im politischen Strafrecht nicht relativiert werden kann und soll, ermöglicht jedoch erst die Erforschung dieser für das Alltagsleben der Bürger eminent wichtigen Rechtsgebiete Feststellungen darüber, ob und wie im Rechtssystem der ehemaligen DDR, jedenfalls bei den Alltagsfällen, rechtsstaatliche Grundsätze Anwendung fanden, ob rechtsstaatswidriges Vorgehen in der Summe des täglichen Lebens also die Ausnahme oder die Regel war. Erst dann kann eine verlässliche Aussage darüber getroffen werden, in welchem Bereich und Umfang das Rechtssystem der ehemaligen DDR zu loben oder zu verurteilen ist und – möglicherweise – welche Ansätze zu übernehmen sind.

I. Zur Bedeutung des Familienrechts

Das Familienrecht war ein wesentlicher Bereich, in dem die neue Gesellschaftsordnung der DDR nach dem Willen der Staatsführung der DDR ihre Umsetzung

4 *Stolleis (*Hrsg.), Juristische Zeitgeschichte – Ein neues Fach?, Baden-Baden, 1999.

5 Dazu: *Werkentin*, Recht und Justiz im SED-Staat, Bonn, 1998, S. 5. Zur gesellschaftlichen Normalität des Lebens in der DDR: *Fulbrook*, Ein ganz normales Leben, Darmstadt, 2008, S. 312 – 314; in essayistischer Weise stellte *Malzahn* das Leben im geteilten Deutschland dar: Deutschland, Deutschland, Kurze Geschichte einer geteilten Nation, Bonn, 2005.

6 a.A. *Werkentin*, Politische Strafjustiz in der Ära Ulbricht, Berlin, 1995, S. 11.

finden sollte.[7] Wie weit dies gelungen ist, kann erst eine auf detaillierten Teilstudien zu den einzelnen Bereichen des Familienrechts, seiner Entwicklung und ihrer historischen Einordnung beruhende Gesamtwürdigung zeigen.[8] Im Familienrecht waren, wie die damals für dessen Entwicklung verantwortliche Justizministerin Hilde *Benjamin*[9] ausführte, wie in kaum einem anderen Gebiet des gesellschaftlichen Lebens die moralischen Anschauungen von besonderer Bedeutung, die Beziehungen von Recht und Moral besonders eng. Nicht zuletzt auf dem Gebiet des Familienrechts waren nach Auffassung dieser einstigen Ministerin der DDR neben dem Neuen, das sich bereits entwickelt hatte, die Überreste des Überlieferten im Bewusstsein Einzelner verankert.[10]

II. Die nichteheliche Geburt im Recht und in der Rechtswirklichkeit

Ein ideologisch „*anfälliger*" Bereich des Familienrechts[11] war auch das Recht der nichtehelichen Kinder, das Gegenstand der folgenden Untersuchung sein soll. Nichteheliche Kinder sind eine unvermeidbare Nebenfolge der rechtlichen

---

7 Dies fand eine Parallele in der vorhergehenden Diktatur. So führte *Siebert* in seiner Systematischen Gesetzessammlung „Das Recht der Familie und die Rechtsstellung der Volksgenossen", Berlin, 1939, S. 3 aus: „*Die Vorlesung ‚Familie' bedeutet für den Studenten zugleich eine Einführung und Grundlegung für das sogenannte bürgerliche Recht, besser für das deutsche Gemeinrecht. (...) Das Recht der Familie und die Rechtsstellung der Volksgenossen ist das Kernstück und der lebensvollste und anschaulichste Teil des deutschen Gemeinschaftsrechts.*": Bereits im römischen Recht war das Familien- und Erbrecht ein Gebiet, in dem der Princeps wegen der herausgehobenen Bedeutung dieser Rechtsgebiete Eingriffe vornahm: *Rainer*, Römisches Staatsrecht, Republik und Principat, Darmstadt, 2006, S. 227.

8 *Grandke*, Familienrecht in: Die Rechtsordnung der DDR, Heuer (Hrsg.), Baden-Baden, 1995, S. 173.

9 Die 1902 geborene Juristin war in der Weimarer Republik als Rechtsanwältin tätig und Mitglied der KPD. Im September 1945 wurde sie vortragender Rat in der Deutschen Justizverwaltung und war dort von 1947 bis 1949 für das Personalwesen zuständig. Von 1949 schloss sich eine Tätigkeit als Vizepräsidentin des Obersten Gerichts und Vorsitzende des 1. Strafsenats an. Von 1953 bis 1967 war sie Minister der Justiz und als solcher auch maßgeblich mit der Ausarbeitung des FGB befasst. Zur Biographie von Hilde Benjamin: *Feth*, Hilde Benjamin, eine Biographie, Berlin, 1997; *Brentzel*, Die Machtfrau, Hilde Benjamin 1902 – 1989, Berlin, 1997; *Schneider*, Hausväteridylle, S. 52 – 57.

10 *Benjamin*, Einige Bemerkungen zum Entwurf eines Familiengesetzbuches, NJ 1954, S. 352.

11 Zu dieser Frage beim Recht der Ehescheidung: *Klose*, Ehescheidung- und Ehescheidungsrecht in der DDR – ein ostdeutscher Sonderweg?, Baden-Baden, 1996. Zu der über das Recht hinausgehenden Familienforschung: *Nave-Herz*, Gegenstandsbereich und historische Entwicklung der Familienforschung, in: Handbuch der Familien- und Jugendforschung, Nave-Herz/Markefka (Hrsg.), Neuwied, S. 1.

Konstruktion der Ehe.[12] Sie wurden geboren, seit es die Ehe gab. Seither waren auch Regelungen darüber zu treffen, wie diese Kinder, deren Verwandtschaft zur Mutter nach bisherigem Verständnis durch die Geburt begründet wird,[13] rechtlich zu ihren Eltern standen, wie also ihr rechtlicher Vater festgestellt wurde,[14] wer zur Personensorge berechtigt und verpflichtet war und gegen wen und in welchem Umfang nichtehelichen Kindern Unterhalts- und Erbansprüche zustanden.[15] Die Entscheidung, wie restriktiv oder wie liberal diese Regelungen getroffen wurden, hing unmittelbar von den Moralvorstellungen und den Ehebildern ab, die der jeweiligen Gesetzgebung zugrunde lagen. Das Nichtehelichenrecht war ein deutlicher Spiegel von ihnen.[16]

Das nichteheliche Kind ist dadurch definiert, dass seine Eltern nicht miteinander verheiratet sind.[17] Seine gesellschaftliche Akzeptanz und Normalität hat in dem vergangenen Jahrhundert in beiden Teilen Deutschlands und auch im wiedervereinigten Deutschland eine massive Änderung erfahren, die wiederum untrennbar mit dem im stetigen Wandel befindlichen Begriff der „*Familie*“[18] ver-

---

12 So hat auch die „Liberalität“ des Eheschließungsrechts einen Einfluss auf den Anteil der nichtehelichen Geburten: *Prinzing*, in: Handwörterbuch der Staatswissenschaften, 3. Aufl., Bd. 8, Jena, 1911, => „*Uneheliche Geburten*“, S. 37.

13 *Holzhauer*, Verwandtschaftliche Elternstellung, verfassungsmäßiges Elternrecht und elterliche Sorge, FamRZ 1982, S. 109. Die Abstammung von der Mutter steht so (noch) immer fest („*mater semper certa est*“): *Löhnig*, Das Recht des Kindes nicht miteinander verheirateter Eltern, 2. Aufl., Berlin, 2004, S. 21. Inwieweit dieser Grundsatz auch unter Berücksichtigung der modernen Fortpflanzungsmedizin fortbestehen kann, wird Rechtswissenschaft und Rechtspraxis noch umfangreich beschäftigen, ist jedoch für die vorliegende (rückblickende) Untersuchung nicht von Bedeutung.

14 Die rechtliche Vaterstellung folgt nicht aus der Zeugung. Sie beruht auf einem Rechtsverhältnis (etwa der Ehe) oder einem Rechtsakt. Beides kann auch zu einer Vaterstellung eines Mannes führen, der das Kind nicht gezeugt hat: *Holzhauer*, Verwandtschaftliche Elternstellung, FamRZ 1982, S. 109.

15 Zu der unabänderlichen Verquickung des Instituts der Ehe mit der Tatsache der nichtehelichen Geburt: *Schubart-Fikentscher*, Die Unehelichenfrage, S. 7.

16 *Baumgarten*, Die Entstehung des Unehelichenrechts, S. 17.

17 Während das nichteheliche Kind außerhalb einer Ehe gezeugt wurde, entstammt das eheliche Kind einer Ehe, unabhängig davon, ob diese noch besteht oder zum Zeitpunkt der Geburt des Kindes noch bestanden hat: *Neuhaus*, Das Ende des deutschen Unehelichenrechts, FamRZ 1966, S. 528.

18 In dieser Arbeit wird als „*Familie*“ die „*Zweigenerationenfamilie*“ zu Grunde gelegt, die (inzwischen) der Lebenspraxis entspricht, wenn auch nicht zu verkennen ist, dass das Modell der „*Dreigenerationenfamilie*“ als „*Idealfall*“ angenommen werden kann: *Löhnig*, Familiengerechtigkeit, in: Ehe, Familie, Abstammung – Blicke in die Zukunft, Helms/Löhnig/Röthel (Hrsg.), Frankfurt am Main, 2010, S. 34.

bunden ist.[19] Wird „*Familie*“[20] noch immer als „*Ehe mit Kindern*“ verstanden,[21] wird verkannt, dass auch außerhalb der Ehe eine Vielzahl stabiler Beziehungssysteme existieren, in denen Kinder aufwachsen. Es wird inzwischen nicht mehr in Frage gestellt, dass auch diese Beziehungssysteme Familien begründen.

Lässt sich die Zahl der nichtehelich geborenen Kinder statistisch noch leicht erfassen, sind die familiären Verhältnisse, in denen die Kinder aufwachsen, einer statistischen Erhebung kaum zugänglich. Bei den amtlichen Erhebungen werden allein die Zahl der Geburten von Kindern, die – unabhängig von den Wohn- und Lebensverhältnissen ihrer Eltern – nicht in eine Ehe hineingeboren werden,[22] erfasst. Gleichwohl ist auch statistisch gesichert, dass die nichteheliche Geburt ein Phänomen mit zunehmender Bedeutung ist. Ein Anstieg der nichtehelichen Geburten war schon gegen Ende des 19. Jahrhunderts zu verzeichnen.[23] Im Deutschen Reich war der Anteil der nichtehelichen Geburten innerhalb der einzelnen Länder jedoch sehr unterschiedlich. Den größten Anteil wiesen das Königreich Sachsen, den kleinsten Westfalen und das Rheinland auf.[24] Inzwischen zeigen die Statistiken, dass sich die familiären Lebensformen signifikant gewandelt haben. Dies gilt gerade in den neuen Bundesländern. Während die Quote der nichtehelichen Geburten in der DDR von 1955 bis 1963 von 13,1 auf 9,4 % der Geburten zurückging, um dann bis 1981 auf 25,6 % anzusteigen,[25] erhöhte sie sich im Beitrittsgebiet nach der Wiedervereinigung um mehr als das Doppelte.[26] In den neuen Ländern betrug der Anteil der nichtehelichen Geburten auch nach der

19 Dazu: *Nave-Herz*, Familie ohne legale Eheschließung – eine soziologische Betrachtung, in: Das nichteheliche Kind und seine Eltern – rechtliche und sozialwissenschaftliche Aspekte, Coester/Zubke (Hrsg.), Neuwied, 1991, S. 1; *Vaskovics*, Veränderte Familien- und Lebensformen: Entscheidungsfeld und Optionen, in: Familiale Lebenswelten und Bildungswelten und Bildungsarbeit, Vaskovics/Lipinski (Hrsg.), Opladen, 1996, S. 35; *Beckmann*, Die Familie – Macht der Patriarchen, in: Vom Ursprung der Familie, Beckmann/Beckmann, (Hrsg.), Gießen, 1996, S. 220.

20 Das vierte Buch des BGB trug die Überschrift: „*Familienrecht*“, definierte aber nicht, was unter einer Familie zu verstehen war: *Schneider*, Hausväteridylle, S. 17.

21 Dieser Familienbegriff war bis weit in das 20. Jahrhundert hinein verbreitet: *Schneider*, Hausväteridylle, S. 15.

22 *Nave-Herz*, Familie ohne legale Eheschließung, S. 2.

23 In der Frühen Neuzeit hing die Geburtenrate in Europa weit stärker als heute von der Zahl der Eheschließungen ab. In ländlichen Gemeinden betrug die Zahl der nichtehelichen Geburten 2 %, in den Städten 5 %, bis sie, insbesondere in den Städten, ab den 60er Jahren des 18. Jahrhunderts anstieg: *Burguière/Lebrun*, Die Vielfalt der Familienmodelle in Europa, in: Geschichte der Familie, Burguière/Klapisch-Zuber/Segalen/Zonabend (Hrsg.), Essen, 2005, S. 15.

24 *Prinzing*, in: Handwörterbuch der Staatswissenschaften, => „*Uneheliche Geburten*“, S. 34.

25 Statistik H. II.

26 1946 hatte die Quote dort 19,4 % und 1950 11,7 % betragen: Statistik H. I.

Wiedervereinigung ein Vielfaches der Quote in den „*alten*" Ländern.[27] Mehr als die Hälfte der Kinder, die 2008 in den neuen Bundesländern geboren wurden (57,8 %), hatte eine nicht verheiratete Mutter; die Quote in der „*alten*" Bundesrepublik betrug 25,8 %.[28] Die Zahl der Partner in Nichtehelichen Lebensgemeinschaften mit Kindern hatte zwischen 1996 und 2005 um mehr als 40 % zugenommen, während die Zahl der Ehepartner mit Kindern im gleichen Zeitraum zurückging.[29] Das Schwergewicht des Alters der nichtehelichen Mütter verschob sich von 1975 bis 1985 erheblich in die „*reiferen Jahre*".[30] Ende des vergangenen Jahrhunderts lebte dagegen bereits etwa die Hälfte der nichtehelichen Kinder zumindest zeitweise in einer vollständigen Familie. Sie waren weder einer bestimmten Altergruppe der Eltern noch einem bestimmten Ausbildungsniveau zuzuordnen.[31]

Die Entwicklung des Rechts der nichtehelichen Kinder bis zur Diskussion über den Erlass des BGB kann im Folgenden nur holzschnittartig dargestellt werden. Das germanische Recht kannte ursprünglich die zwingende Differenzierung zwischen ehelichen und nichtehelichen Kindern nicht.[32] Auch nichtehelich geborene Kinder konnten zur Erb- und Thronfolge berechtigt sein.[33] Ihre Rechtsstellung war nicht von ihrer Herkunft, sondern allein von ihrer Aufnahme in die Familie abhängig.[34] Mit der Verbreitung des kanonischen Rechts verschlechterte sich dann die Situation nichtehelicher Kinder. In dem auf dem um das Jahr 1140 abgeschlossenen *Decretum Gratiani* beruhenden *Corpus iuris canonici* waren kaum Regelungen über nichteheliche Kinder enthalten. Dies diente im Wesentlichen dem Schutz des Instituts der auf göttlichem Willen beruhenden Ehe, vor dessen Hintergrund jeder außereheliche Geschlechtsverkehr eine Sünde war. Dementsprechend durfte auch keine Verwandtschaft zwischen dem nichtehe-

---

27 1990 betrug die Quote in den alten Ländern 10,5 % und in den neuen Ländern 35,0 %; 1993 in den alten Ländern 11,9 % und in den neuen Ländern 41,1 %: *Vascovics//Ros/Rupp*, Lebenslage nichtehelicher Kinder, in: Rechtstatsächliche Untersuchung zu Lebenslagen und Entwicklungsverläufen nichtehelicher Kinder, Ministerium der Justiz (Hrsg.) Köln, 1997, S. 17.

28 Bundesinstitut für Bevölkerungsforschung, Nichtehelichenquote für West- und Ostdeutschland, Publikation vom 20.6.2012, www.bib-demografie.de. Zum europäischen Vergleich in Europa: *Höpflinger*, Entwicklung der Elternschaft in europäischen Ländern, in: Familienleitbilder und Familienrealitäten, Vaskovics (Hrsg.), Opladen, 1997, S. 172.

29 Bundesinstitut für Bevölkerungsforschung, Nichtehelichenquote für West- und Ostdeutschland, Publikation vom 20.6.2012, www.bib-demografie.de.

30 Statistiken H. III. und H. IV.

31 *Vascovics./Rost/Rupp*, Lebenslage nichtehelicher Kinder, S. 184.

32 *Baumgarten*, Die Entstehung des Unehelichenrechts, S. 25.

33 *Coester*, Entwicklungslinien im europäischen Nichtehelichenrecht, ZEP 1993, S. 537.

34 *Schumann*, Die nichteheliche Familie, S. 3.

lichen Kind und seinem Vater begründet werden,[35] eine Auffassung, die noch im auslaufenden 20. Jahrhundert die Diskussion entscheidend geprägt hat. Die Förderung und Absicherung der Ehe als die allein gewollte Form des Zusammenlebens von Mann und Frau unter dem Einfluss der Kirche führte dazu, dass die nichteheliche Geburt als ein Makel angesehen, die „*Illegitimität*" bekämpft wurde.[36] Im *Sachsenspiegel* wurden die nichtehelichen Kinder dem folgend weitgehend rechtlos gestellt.[37]

Zu Beginn der frühen Neuzeit waren noch Bestrebungen erkennbar, nichteheliche Kinder in die Familien ihrer Eltern einzubinden.[38] Bald galten sie jedoch als ehrlos[39] und waren in ihrem Ansehen Spielleuten, Gauklern, aber auch Straftätern gleichgestellt. Sie konnten etwa keine glaubwürdigen Zeugen sein.[40] Angetrieben durch die Kirche wurde im Zusammenhang mit dem strafrechtlich sanktionierten Verbot des Konkubinats auch die Stellung des aus einem solchen hervorgegangenen Kindes verschlechtert.[41] Dies prägte die Rechtsstellung der nichtehelichen Kinder bis zur Aufklärung. In den jeweiligen Landesrechten waren sie weitgehend von der Verwandtschaft zum Vater und vom Erbrecht ausgeschlossen. Nichteheliche Kinder waren rechts- und familienlos.[42] Gerade in den deutschen Ländern wurden illegitime Kinder benachteiligt.[43] So wurde etwa einem Schneider in Hildesheim 1733 die Aufnahme in die Gilde allein deshalb verweigert, weil er als illegitimes Kind geboren und erst später durch die Heirat seiner Eltern legitimiert worden war. Einem Schneidermeister aus Kiel wurde 1716 wegen der Entbindung seiner Frau zwei Monate nach der Hochzeit das Recht zur Ausübung seines Berufes entzogen.[44] Auch aus den Bezeichnungen nichtehelicher Kinder als: „*Hornung, Winkelkind, Hurenkind, Bastard(t)* oder *Bankert*"[45] lässt sich die negative Wertschätzung ablesen, die sie erfuhren. Sie

---

35 *Baumgarten*, Die Entstehung des Unehelichenrechts, S. 27f.

36 *Coester*, Entwicklungslinien im europäischen Nichtehelichenrecht, ZEP 1993, S. 537 m.w.N; *Schumann*, Die nichteheliche Familie, S. 1 – 17. Zur Illegitimität im 19. Jahrhundert: *Harms-Ziegler*, Illegitimität und Ehe, S. 273.

37 *Schumann*, Die nichteheliche Familie, S. 18. Die eheliche Geburt gehörte für die Studenten der frühen italienischen Universitäten zu den wenigen normierten Zulassungsvoraussetzungen für die Einschreibung: *Koch*, Die Universität, Darmstadt, 2008, S. 42.

38 *Schumann*, Die nichteheliche Familie, S. 27.

39 *Harms-Ziegler*, Illegitimität und Ehe, S. 26.

40 *Schild*, Folter, Pranger, Scheiterhaufen, Rechtsprechung im Mittelalter, München, 2010, S. 43 – 45.

41 *Schumann*, Die nichteheliche Familie, S. 30.

42 *Schumann*, Die nichteheliche Familie, S. 51.

43 Zur Diskriminierung nichtehelicher Kinder in der frühen Neuzeit: *Buske*, Ledige Mütter – Uneheliche Kinder, S. 10; vgl. *Harms-Ziegler*, Illegitimität und Ehe, S. 39.

44 *Burguière/Lebrun*, Der Priester, der Fürst und die Familie, S. 161f.

45 *Schubart-Fikentscher*, Die Unehelichenfrage, S. 37.

waren einem Makel ausgesetzt, dessen Ursache jedoch kein eigenes, sondern das Verhalten ihrer Eltern war.[46] Beseitigen konnten sie diesen „*Makel*“ nur durch die Legitimation durch eine nachfolgende Ehe ihrer Eltern oder durch eine Legitimation durch Hoheitsakt.[47]

Eine kurzfristige Verbesserung erfolgte in der Aufklärung.[48] Der *Codex Maximilianeus Bavaricus Civilis* aus dem Jahr 1756 beruhte neben dem gemeinen und kanonischen Recht auch auf dem Naturrecht. So regelte er eine Blutsverwandtschaft zwischen dem nichtehelichen Kind und seinen Eltern.[49] Das *Preußische Allgemeine Landrecht*[50] aus dem Jahr 1794 sah in § 1027, der lautete: „*Wer eine Person außerhalb der Ehe schwängert, muss die Geschwängerte entschädigen und das Kind versorgen*“, für die nichteheliche Mutter einen Entschädigungsanspruch[51] und für das Kind einen Versorgungsanspruch gegen seinen nichtehelichen Vater vor.[52] Der nichteheliche Vater musste vom Richter dringend aufgefordert werden, die Mutter zu ehelichen. Kam er dem nicht nach oder war er daran wegen einer anderen Ehe gehindert, hatte er sie abzufinden, oder sie – wie eine schuldlos geschiedene Ehefrau – nach seinem Stand zu versorgen. Diese Regelung stieß jedoch in der Bevölkerung auf Widerstand und musste wieder aufgehoben werden.[53]

Der französische *Code Civile* aus dem Jahr 1804 war wesentlich darauf gerichtet, die Ehe als Institut zu schützen. Die Eltern konnten das nichteheliche Kind anerkennen. Die Anerkennung durch die Mutter konnte auch gerichtlich erzwungen werden, die des Vaters jedoch nicht. Erst durch das Anerkennen des Kindes wurden Rechte und Pflichten zwischen dem Kind und seinen Eltern begründet.[54] Das *Sächsische Bürgerliche Gesetzbuch* aus dem Jahr 1865 beruhte wesentlich auf dem gemeinen Recht. Das nichteheliche Kind hatte zur Mutter und ihrer Familie die Stellung eines ehelichen Kindes. Die Verbindung zu seinem Vater beschränkte sich im Wesentlichen auf dessen Pflicht zur Unterhaltsleistung, wobei die Unterhaltspflicht durch die Tatsache eines vollzogenen Ge-

---

46 *Schubart-Fikentscher*, Die Unehelichenfrage, S. 39.

47 Dazu: *Schubart-Fikentscher*, Die Unehelichenfrage, S. 164f.

48 *Schumann*, Die nichteheliche Familie, S. 90.

49 *Baumgarten*, Die Entstehung des Unehelichenrechts, S. 33.

50 Dieses widmete allein den Rechtsfolgen des außerehelichen Geschlechtsverkehrs 105 Paragraphen: *Bach*, Die Renaissance der Ein-Eltern-Familie?, Herbolzheim, 2011, S. 62.

51 Dieser war gemäß § 1028 PALR auf die Niederkunfts- und Taufkosten sowie die Kosten einer sechswöchigen angemessenen Versorgung beschränkt.

52 *Schumann*, Die nichteheliche Familie, S. 78.

53 *Puls*, Der Betreuungsunterhalt der Mutter eines nichtehelichen Kindes, FamRZ 1998, S. 866.

54 *Baumgarten*, Die Entstehung des Unehelichenrechts, S. 44f.

schlechtsverkehrs des Mannes mit der Mutter innerhalb der Empfängniszeit begründet wurde.[55]

Die nichteheliche Geburt erwies sich im 18. und 19. Jahrhundert vor allem als ein *„Problem der Unterschichten"*.[56] Die Lebenssituation der ledigen Mütter wurde als unbefriedigend geschildert.[57] Sie befanden sich in der Regel in einer schlechteren wirtschaftlichen Lage, waren meist jünger, zugleich häufig schlechter bezahlt erwerbstätig als verheiratete Mütter. Oft erlangten sie keine abgeschlossene Berufsausbildung.[58] Noch im vorletzten Jahrhundert wurde die nichteheliche Geburt oft zur Ursache für das Verstoßen von Mutter und Kind aus der Gesellschaft. Die Kirche betrachtete die nichteheliche Mutter als Sünderin, die Bevölkerung drangsalierte sie.[59] Auch dem Kind ging es kaum besser, häufig wurde ihm sogar die Taufe verweigert.[60] Dies resultierte nicht unwesentlich daraus, dass es eine Hauptsorge der Kirchen – der katholischen wie auch der reformierten Kirche – war, *„das Sexualleben durch eine Zurückdrängung in den Schoß der Ehe und die Auferlegung zwingender Normen sittlich zu heben."*[61] Die sich in Folge der fortschreitenden Industrialisierung zunehmend verändernden Gesellschaftsverhältnisse führten vor dem Erlass des BGB zu vermehrten nichtehelichen Geburten, aber auch zu Vermeidungsstrategien, die vor allem darin

---

55 *Baumgarten*, Die Entstehung des Unehelichenrechts, S. 50 – 52.

56 *Harms-Ziegler*, Illegitimität und Ehe, S. 25; *Baumgarten*, Die Entstehung des Unehelichenrechts, S. 69.

57 *Nave-Herz/Krüger*, Ein-Eltern-Familien, Bielefeld, 1992, S. 19 und 51. Die Mütter waren wegen der nichtehelichen Geburt oft gesellschaftlich geächtet und lebten in wirtschaftlicher Armut und in Schande. Vielfach wurden sie zur Selbsttötung getrieben: *Puls*, Der Betreuungsunterhalt der Mutter eines nichtehelichen Kindes, FamRZ 1998, S. 866. Die durch ihre Zeugung begründeten Konflikte vor allem für ledige Mütter haben die Literatur der vergangenen Jahrhunderte entscheidend bereichert; angeführt sei hier nur das Gretchen in Goethes Faust. Ein weiteres Beispiel bietet *Feuchtwanger*, der in seinem 1952 erstmals erschienen Roman: *„Narrenweisheit oder Tod und Verklärung des Jean-Jaques Rousseau"* den Philosophen ein nichteheliches Kind als *„bequemen Ausweg aus der Misslichkeit"* in ein *„Findelhaus"* bringen ließ, nicht zuletzt auch, um die *„Ehre"* der damals nicht mit ihm verheirateten Kindsmutter zu retten: S. 90. Weitere Beispiele für berühmt gewordene nichtehelich geborene Personen finden sich bei: *Buske*, Ledige Mütter – Uneheliche Kinder, S. 11.

58 *Nave-Herz*, Familie ohne legale Eheschließung, S. 5; vgl. auch *Prinzing*, in: Handwörterbuch der Staatswissenschaften, => *„Uneheliche Geburten"*, S. 37.

59 Beispiele bei: *Scheiffarth*, Das Amt Menden, Siegburg, 1964, S. 544. Zur Rechtsbeschränkung nichtehelicher Kinder in Europa: *Coester*, Entwicklungslinien im europäischen Nichtehelichenrecht, ZEP 1993, S. 538.

60 *Scheiffarth*, Das Amt Menden, S. 544.

61 *Burguière/Lebrun*, Der Priester, S. 157.

bestanden, nichteheliche Geburten als unsittlich herauszustellen und ihre Vermeidung zu erzwingen.[62]

Die Anschauungen über die nichteheliche Geburt änderten sich im Verlauf des 20. Jahrhundert erheblich. Das daraus folgende und zum Allgemeingut gewordene Diskriminierungsverbot nichtehelicher Kinder impliziert nicht zuletzt, dass sie auch nicht durch ihre Bezeichnung herabgewürdigt werden dürfen. Dies hatte im Recht auch sprachliche Konsequenzen. Die Geburt eines Kindes, dessen Eltern nicht verheiratet sind, wurde in der Rechtssprache des BGB durch den Begriff „*unehelich*" beschrieben. Erst im Zusammenhang mit dem NEhelG vom 19. August 1969[63] wurde in der „*alten*" Bundesrepublik Deutschland der Begriff durch das Wort „*nichtehelich*" ersetzt. Durch das *Gesetz zur Neuregelung der elterlichen Sorge* vom 18. Juli 1979[64] wurde in der „*alten*" Bundesrepublik Deutschland der Begriff des nichtehelichen Kindes zumindest im einfachen Recht verbindlich.[65] In Art. 6 Abs. 5 GG werden dagegen unverändert die Rechte der „*unehelichen Kinder*" geschützt. Im ostdeutschen FGB-Entwurf aus dem Jahr 1965 wurde auf die Bezeichnung des Kindes als „*un-*" bzw. „*nichtehelich*" bewusst ganz verzichtet. Da jedoch die rechtliche Stellung eines außerhalb der Ehe geborenen Kindes auch damals als regelungsbedürftig erschien, wurde die Lösung in wortgewaltigen Umschreibungen gesucht. So formulierte etwa § 46 des Entwurfes: „*Kind, dessen Eltern nicht miteinander verheiratet sind.*"[66] Im Folgenden wird, soweit nicht der Zusammenhang etwas anderes gebietet, ohne jegliche Wertung der Begriff „*nichtehelich*" verwandt.

III. Darstellungsgang und Literaturlage

Der Vergleich zwischen den Rechtssystemen der beiden deutschen Staaten ist und war vielfach Gegenstand der wissenschaftlichen Betrachtung. Ein wesentlicher Erkenntnisgewinn kann daraus dann gezogen werden, wenn ein Vergleich

62 *Buske*, Ledige Mütter – Uneheliche Kinder, S. 62; *Dies.*, Die Debatte über die „Unehelichkeit" in: Wandlungsprozesse in Westdeutschland, Herbert (Hrsg.), Göttingen, 2002, S. 316; vgl. *Brötel*, Der Anspruch auf Achtung des Familienlebens, Baden-Baden, 1991, S. 253.

63 *Gesetz über die rechtliche Stellung der nichtehelichen Kinder* vom 19. August 1969, BGBl. I., S. 1243.

64 BGBl. I., S. 1061.

65 Anders lautet dagegen noch Art. 6 Abs. 5 GG:
„*Den unehelichen Kindern sind durch die Gesetzgebung die gleichen Bedingungen für ihre leibliche und seelische Entwicklung und Stellung in der Gesellschaft zu schaffen, wie den ehelichen Kindern*"

66 *Walther/Finke*, Probleme der Familienerziehung und ihre Widerspiegelung im FGB-Entwurf, NJ 1965, S. 244.

durch das Herausarbeiten von Gemeinsamkeiten und Unterschieden ermöglicht wird.[67] Dies für das Recht der nichtehelichen Kinder vorzunehmen, ist Ziel dieser Arbeit. Begonnen wird mit einem kurzen Abriss über das Recht des nichtehelichen Kindes vom Inkrafttreten des BGB zum 1. Januar 1900 bis zur deutschen Teilung. Die Entwicklung in der ehemaligen Bundesrepublik bis zur Wiedervereinigung soll insoweit dargestellt werden, wie es für die Bewertung der getrennten Entwicklung in beiden Teilen Deutschlands erforderlich ist. Das Schwergewicht der Bearbeitung wird in der Entwicklung des Nichtehelichenrechts in der ehemaligen DDR liegen, die anhand der vor allem in der Neuen Justiz veröffentlichten Rechtsprechung, der wissenschaftlichen Stellungnahmen dazu, der Gesetzentwürfe und archivarischen Quellen behandelt werden soll. Bei der Erforschung der Rechtswirklichkeit in der ehemaligen DDR kann, wie im Folgenden geschehen, wesentlich auf die in der Neuen Justiz veröffentlichten Entscheidungen[68] und Fachaufsätze zurückgegriffen werden.[69] Diese Zeitschrift war es nämlich, die die (gerichtliche) Rechtswirklichkeit gleichermaßen wiedergeben und bestimmen sollte.[70] Die veröffentlichten Entscheidungen und Aufsätze sollten von der Praxis für die Entscheidungsfindung genutzt werden.[71] So stellte Hans *Nathan*,[72] ein für das Familienrecht der frühen DDR maßgeblicher Rechtswissenschaftler, missbilligend fest, dass, obwohl die *„erdrückende Überfülle der bürgerlichen Literatur“* in der DDR nicht mehr bestehe, vielfach selbst auf die

---

67 *Gängel*, Recht und Juristen in der DDR, NJ 2004, S. 161.

68 Die dort veröffentlichte Entscheidungen unterschieden sich nicht wesentlich von den nicht veröffentlichten Entscheidungen, so dass sie, jedenfalls in den fünfziger Jahren des vergangenen Jahrhunderts, repräsentativ waren: *Knauf*, Die Zivilentscheidungen, S. 253.

69 Daneben wurden Entscheidungen des Obersten Gerichts der DDR auch in der amtlichen Sammlung (OGZ) publiziert, von der in den Jahren 1951 bis 1983 insgesamt 16 Bände erschienen. Jeweils wurden die Entscheidungen gezielt unter dem Gesichtspunkt der Anleitung der Gerichte ausgewählt: *Knauf*, Die Rolle der Generalklauseln in den Zivilentscheidungen des Obersten Gerichts der DDR von 1950 bis 1958, forum historia, 2004, Rn. 4. In der Neuen Justiz erschienen die Entscheidungen jedoch in der Regel zeitnäher und wurden zudem oft zusätzlich besprochen. Dort wurden zudem auch untergerichtliche Entscheidungen publiziert.

70 .Die *„enge Verzahnung“* zwischen dem OG und der Neuen Justiz ergibt sich auch daraus, dass die Neue Justiz gemeinsam vom Ministerium der Justiz, dem Generalstaatsanwalt und dem Ministerium der Justiz herausgegeben wurde: *Knauf*, Die Zivilentscheidungen, S. 227.

71 Die in der Neuen Justiz veröffentlichen Aufsätze wurden häufig in den Entscheidungen zitiert: *Knauf*, Die Zivilentscheidungen, S. 227.

72 Der promovierte Jurist war in der Weimarer Republik Rechtsanwalt, bevor er nach England emigrierte. Er trat in die KPD ein und wurde 1945 vortragender Rat in der Deutschen Justizverwaltung. Bis 1952 war er Leiter der Hauptabteilung Gesetzgebung im Ministerium der Justiz. Weiter war er Chefredakteur der Neuen Justiz. Nach 1952 war er Professor für Gerichtsverfassungs- und Zivilprozessrecht an der Humboldt-Universität Berlin: *Brentzel*, Die Machtfrau, S. 388; *Schneider*, Hausväteridylle, S. 60 – 61.

ausreichende Orientierung am Stichwortverzeichnis der NJ verzichtet worden sei. Diese Kritik ist ein deutliches Indiz für die die Bedeutung der Neuen Justiz für die Rechtswirklichkeit in der DDR. Von einem Richter in der DDR wurde erwartet, dass er die Publikationen in der Neuen Justiz nicht nur vollständig zur Kenntnis nahm, sondern diese auch beachtete. Zur Darstellung der Gesetzgebungsbemühungen wurde auf Archivalien des im Bundesarchiv Berlin zugänglichen Bestands des Ministeriums der Justiz der DDR/Verwaltungsarchiv[73] zurückgegriffen. Dort sind vornehmlich Protokolle, allgemeiner Schriftverkehr sowie Gutachten zu verzeichnen. Im gleichfalls eingesehenen Bestand der Volkskammer[74] befanden sich dagegen kaum relevante Unterlagen für die Entwicklung des Nichtehelichenrechts. Abschließend erfolgt die Darstellung der seit dem 3. Oktober 1990 wieder gemeinsamen Genese des Nichtehelichenrechts, an die die zusammenfassende Bewertung anknüpft.

Sekundärliteratur für das Thema ist reichlich vorhanden. Sie soll hier nur auszugsweise vorgestellt werden. Eine instruktive historische Darstellung der Situation der nichtehelichen Mütter in Europa bietet *Mitterauer*.[75] Mit der nichtehelichen Familie befasst sich *Schumann*[76] ausführlich. Die Diskriminierung nichtehelicher Mütter und ihrer Kinder bis 1970 behandelt *Buske*.[77] Eine ausführliche Darstellung der Frauen- und Familienpolitik in der DDR hat *Schneider* vorgelegt.[78] Die Entwicklung der Rechtslage nichtehelicher Mütter und Kinder im 18. und 19. Jahrhundert untersucht *Harms-Ziegler*.[79] Eine ostdeutsche literaturwissenschaftlich orientierte Behandlung der nichtehelichen Geburt dieser Zeit hat *Schubart-Fikentscher* vorgelegt.[80] Hinsichtlich der Lage des BGB zur Jahrhundertwende wurde auf das Werk von *Hirsch*[81] sowie die Motive zum Bürgerlichen Recht zurückgegriffen. Die Entstehung des Nichtehelichenrechts des BGB schildert *Baumgarten*.[82] Für die Zeit unmittelbar nach dem Ersten Weltkrieg wurde die Monographie von *Wolff*[83] herangezogen. Die Reformbemühungen bis zum

73 BArch DP 1.
74 BArch DA 1.
75 Ledige Mütter, München, 1983.
76 Die nichteheliche Familie, München, 1998.
77 Ledige Mütter – Uneheliche Kinder. Recht, öffentliche Debatte, soziale Praxis in Deutschland, 1900 bis 1970, Göttingen, 2004.
78 Hausväteridylle oder sozialistische Utopie, Köln, 2004.
79 Illegitimität und Ehe, Berlin, 1991
80 Die Unehelichenfrage in der Frühzeit der Aufklärung, Berlin, 1967.
81 Die Rechtsverhältnisse der unehelichen Kinder nach dem Bürgerlichen Gesetzbuch, Stuttgart, 1897.
82 Die Entstehung des Unehelichenrechts im Bürgerlichen Gesetzbuch, Köln, 2007.
83 Die Rechtsstellung der unehelichen Kinder im BGB und ihre Reform, Stuttgart, 1918.

Jahr 1929 schildert *Brandis*,[84] der selbst federführend an den Entwürfen mitgearbeitet hat.[85] Die Quellen der Reformdiskussion in der Weimarer Republik hat *Schubert* aufgearbeitet.[86] Einen Eindruck über das Nichtehelichenrecht in der NS-Zeit verschaffen *Roquette*[87] und *Dörner*.[88] *Fischer-Langosch* stellt unter Berücksichtigung von archivalischen Quellen den Werdegang des FGB von 1965 dar.[89] *Arnold*[90] befasst sich mit den Regelungen des FGB unter dem Gesichtspunkt der den staatlichen Organen gewährten Eingriffsmöglichkeiten und stellt ausführlich auch die Rolle der Erziehungshilfeorgane vor. *Markovits*[91] beschreibt auf der Grundlage der Auswertung des Aktenbestandes eines Kreisgerichts anschaulich die Rechtswirklichkeit in einer Kleinstadt als „*Geschichtsschreibung von unten*". Eine instruktive Darstellung der gesellschaftlichen Realität in der DDR gibt *Fulbrook*[92] wieder. Mit den Umständen der „*Wende*" befasst sich *Schuller*.[93] Die Geschichte der deutschen Teilung schildert detailliert – im Wesentlichen von der Geschichte der „*alten*" Bundesrepublik aus betrachtet – *Kielmansegg*.[94]

Für das Recht der Bundesrepublik vor und nach der Wiedervereinigung wurde wesentlich auf die höchstrichterliche Rechtsprechung abgestellt. Die jeweiligen Reformen wurden in der Literatur maßgeblich begeleitet; wesentliche Erwägungen haben ihren Niederschlag in den Fußnoten gefunden. Einen guten Überblick über die Reformüberlegungen nach der ersten – so genannten „kleinen" – Reform im Jahr 1961 sowie der Reformbemühungen bis in die 90er Jahre des

---

84 Der Gesetzentwurf über das Unehelichenrecht und seine Probleme, Berlin, 1929.

85 *Brandis* wurde am 22. April 1880 in Magdeburg als eheliches Kind geboren. Seine zweite juristische Staatsprüfung bestand er im Jahr 1902. Danach war er zunächst als Richter beim Amtsgericht Berlin Schöneberg, bei dem Landgericht Berlin und dem Kammergericht tätig. Seit Dezember 1919 beim Reichsjustizministerium beschäftigt, wurde er dort am 1. April 1920 zum Ministerialrat ernannt. In der NS-Zeit war er weiter im Reichsjustizministerium tätig, wurde in die Akademie für Deutsches Recht berufen und Senatspräsident beim Reichsgericht. Im Sommer 1946 verstarb er: *Schubert*, Die Projekte der Weimarer Republik, S. 32f.

86 Die Projekte der Weimarer Republik zur Reform des Nichtehelichen-, des Adoptions- und des Ehescheidungsrechts, Paderborn, 1986. Dort befindet sich auch eine ausführliche Darstellung der Literatur für den Zeitraum 1917 bis 1932 (S. 16 – 21).

87 Das Recht des unehelichen Kindes, Berlin, 1943.

88 Das Recht der unehelichen Kinder, Berlin, 1935.

89 Die Entstehungsgeschichte des Familiengesetzbuches der DDR von 1965, Frankfurt am Main, 2007.

90 Art und Umfang der elterlichen Rechte in der DDR, Berlin, 1973.

91 Gerechtigkeit in Lüritz, Bonn, 2006.

92 Ein ganz normales Leben, Alltag und Gesellschaft in der DDR, Darmstadt, 2008.

93 Die Deutsche Revolution 1989, Berlin, 2009.

94 Das geteilte Land, Deutsche Geschichte 1945 – 1990, München, 2007.

vergangenen Jahrhunderts bietet Bosch.[95] Die Zeit nach der Reform durch das Nichtehelichengesetz wird auch von Kropholler[96] beschrieben.

95 Probleme einer Reform des Unehelichenrechts, FamRZ 1961, S. 457; Unehelichenrecht als Diskussions- und Streitgegenstand, FamRZ 1967, S. 517, Reform des Unehelichenrechts, FamRZ 1968, S. 621; Welche Anforderungen sind an eine Reform des Rechts des nichtehelichen Kindes zu stellen?, Gutachten für den 44. Deutschen Juristentag, Tübingen, 1962; Familien- und Erbrecht als Themen der Rechtsangleichung nach dem Beitritt der DDR zur Bundesrepublik Deutschland, FamRZ 1992, S. 869 und 993; Zum Erbrecht nichtehelicher Kinder: Ein verfehlter Gesetzesvorschlag, FamRZ 1993, S. 1257.

96 Kritische Bestandsaufnahme im Nichtehelichenrecht, AcP 185 (1985), S. 244.

B. Das Nichtehelichenrecht des BGB bis zur deutschen Teilung

Die wissenschaftliche Auseinandersetzung mit dem Recht der nichtehelichen Kinder war seit dem Inkrafttreten des BGB zum 1. Januar 1900 vielfältig und führte zu einer Vielzahl von Monographien.[97] Diese Diskussion sowie die Reformentwürfe in der Weimarer Republik und in der NS-Zeit sind Gegenstand der folgenden Ausführungen.

I. Die Reformüberlegungen

Bereits im Zusammenhang mit den Beratungen zum BGB[98] setzte sich Clara *Zetkin*[99] mit einem Antrag an den Parteitag der SPD in Breslau[100] für eine Besserstellung der nichtehelichen Kinder ein. Sie führte an, dass die Bestimmungen des *„bürgerlichen Rechts"* über die Stellung der nichtehelichen Kinder und die Pflichten der Väter ihnen gegenüber den Charakter der Klassengesetzgebung tragen würden. Dies ergebe sich aus der Orientierung der Unterhaltspflicht an den Vermögensverhältnissen der Mutter, was zu einer Begünstigung der *„reichen Wüstlinge"* führe, die sich *„gelegentlich geruhten, zum Volke herunterzusteigen"*, wenn das Volk *„rote Wangen und hübsche Augen"* habe und schön gewachsen sei. Darunter würden jedoch, wie viele Kindstötungen zeigen würden, vor allem Proletarierfrauen leiden. Diese Darstellung ist zweifellos überspitzt, war jedoch nicht völlig abseits der Realität. Zum Zeitpunkt der Verabschiedung des BGB im Jahr 1896 war in den deutschen wie auch in den übrigen

97 *Bernhardt*, Das Recht des unehelichen Kindes und dessen Neuregelung in beiden Teilen Deutschlands, Bielefeld, 1962, S. 13. Zu den rechtlichen Regelungen in den europäischen Nachbarländern und in Deutschland bis zum Inkrafttreten des BGB: *Wolff*, Die Rechtsstellung, S. 4 – 6.

98 Zu den Beratungen: *Schumann*, Die nichteheliche Familie, S. 92; zur Entstehungsgeschichte des BGB: *Baumgarten*, Die Entstehung des Unehelichenrechts, S. 21.

99 Clara *Zetkin* wurde am 5. Juli 1857 in Wiedrau bei Rochlitz geboren. Seit 1890 war sie ein führendes Mitglieder der internationalen sozialistischen Frauenbewegung. Im Jahr 1918/1919 war sie Mitbegründerin der USPD/KPD. Von 1920 bis 1933 war sie Mitglied des Deutschen Reichstages: Die Zeit, Das Lexikon, Hamburg, 2005, Band 16, S. 186.

100 Abgedruckt in NJ 1955, S. 172.

europäischen Rechtsordnungen[101] noch die Tendenz zu verzeichnen, das nichteheliche Kind zu isolieren.[102] Es hatte von Beginn an schlechtere Lebenschancen.[103] Die Sterblichkeit nichtehelicher Kinder war ebenso signifikant höher wie die Zahl der Totgeburten.[104] Die Gesetzgebung im Bereich des Familienrechts war wesentlich durch den für das Familienrecht der ersten Kommission verantwortlichen Redakteur Gottlieb *Planck* geprägt. So wurde, entgegen einiger anderer Landesrechte, vor allem auf das *Preußische Allgemeine Landrecht* (PALR) in der 1854 reformierten Fassung abgestellt.[105] Die Emanzipation der Frau sollte durch es gerade nicht gefördert werden. Vielmehr war beabsichtigt, die „*Unsittlichkeit und Nichtehelichkeit*" zu bekämpfen.[106]

Die am 1. Januar 1900 in Kraft getretenen Regelungen des BGB beruhten auf dem Grundsatz, dass die eheliche Abstammung die Grundlage familienrechtlicher Rechte und Pflichten war.[107] Die Erfahrung, dass die nichtehelichen Väter ihre Kinder regelmäßig als Last empfinden würden, habe dazu geführt, dass zwischen dem Vater und dem Kind kein familienrechtliches Band und insbesondere kein Verwandtschaftsverhältnis geschaffen worden sei.[108] Nichteheliche Väter, die eine familienrechtliche Beziehung zu ihrem Kind aufnehmen wollten, wurden auf die Adoption oder die Ehelichkeitserklärung verwiesen.[109] Schon zu Beginn des Ersten Weltkrieges erfolgte eine erste Korrektur zu Gunsten der nichtehelichen Kinder. Ihnen und ihren nicht verheiraten Mütter wurde Zugang zu einigen sozialen Sicherungsleistungen verschafft.[110] Das *Gesetz betreffend die*

---

101 Zu den wesentlichen Varianten des in den Ländern geltenden Nichtehelichenrechts: *Harms-Ziegler*, Illegitimität, S. 273 – 290.

102 *Voss*, Das Erbrecht des nichtehelichen Kindes in beiden Teilen Deutschland, Berlin, 1974, S. 17; insbesondere zum französischen Recht: *Zweigert*, Zur Reform des Unehelichenrechts, JuS 1967, S. 241. Die Lebenswirklichkeit eines nichtehelichen Kindes zu Beginn des 19. Jahrhunderts schildert: *Buske*, Ledige Mütter – Uneheliche Kinder, S. 73.

103 Diese waren wesentlich auch davon abhängig, ob sie bei ihrer unverheiratet bleibenden Mutter, oder in einer „vollständigen Familie" aufwuchsen: *Prinzing*, in: Handwörterbuch der Staatswissenschaften, => „*Uneheliche Geburten*", S. 341.

104 *Prinzing*, in: Handwörterbuch der Staatswissenschaften, => „*Uneheliche Geburten*", S. 39; *Baumgarten*, Die Entstehung des Unehelichenrechts, S. 16.

105 Dies bedeutete für eine Reihe von Staaten eine Verschärfung des Rechtszustandes: *Buske*, Die Debatte über die „Unehelichkeit, S. 321.

106 *Buske*, Ledige Mütter – Uneheliche Kinder, S. 75.

107 *Hirsch*, Die Rechtsverhältnisse der unehelichen Kinder nach dem Bürgerlichen Gesetzbuch, Stuttgart, 1897, S. 1. Zur damaligen Situation nichtehelicher Mütter und ihrer Kinder: *Buske*, Ledige Mütter – Uneheliche Kinder, S. 31.

108 *Hirsch*, Die Rechtsverhältnisse, S. 2.

109 *Schumann*, Die nichteheliche Familie, S. 94.

110 Diese betrafen etwa einen Zuschlag zu den Kosten der Entbindung, die ärztliche Behandlung sowie ein Wochen- und Stillgeld: *Buske*, Ledige Mütter – Uneheliche Kinder, S. 95.

Unterstützung von Familien in den Dienst eingetretener Mannschaften vom 28. Februar 1888[111] wurde durch das Gesetz vom 4. August 1914[112] dahingehend geändert, dass nunmehr auch nichteheliche Kinder eines eingezogenen Kriegsteilnehmers Unterstützung beanspruchen konnten, wenn die Unterhaltspflicht des Vaters festgestellt worden war.[113] Der Bevölkerungsrückgang, der nicht zuletzt auch auf die hohe Sterblichkeitsquote der nichtehelichen Kinder in den ersten Lebensjahren zurückgeführt wurde, führte schon während des Ersten Weltkriegs zu Reformüberlegungen. Insbesondere wurde die Mehrverkehrseinrede hinterfragt, die vielfach zu Notlagen der Mütter führen konnte.[114] Am 15. Mai 1917 ersuchte der bevölkerungspolitische Ausschuss des Reichstages den Reichskanzler, „*sich behufs der besseren Ausgestaltung des Schutzes der unehelichen Kinder mit den verbündeten Regierungen baldigst ins Benehmen zu setzen.*“[115] Gefordert wurden etwa, dem Stand des Vaters bei der Bemessung des Unterhalts eine Bedeutung zuzumessen, eine zeitliche Ausdehnung des Unterhaltsanspruchs sowie die Möglichkeit des nichtehelichen Kindes, den Namen des Vaters anzunehmen.[116]

Die Vorschriften des BGB bestanden auch nach dem Ende des Ersten Weltkrieges unverändert fort. Dem Gesetzgeber war aber durch Art. 121 der Weimarer Reichsverfassung (WRV)[117] aufgegeben worden, den nichtehelichen Kindern die „*gleichen Bedingungen für die leibliche, seelische und gesellschaftliche Entwicklung zu schaffen, wie den ehelichen Kindern.*“ Diese verfassungsrechtliche Bestimmung wurde jedoch nicht als eine die nichtehelichen Kinder unmittelbar berechtigende Vorschrift angesehen, sondern als Verpflichtung des Gesetzgebers, deren Rechtsstellung zu verbessern.[118] Insoweit geeignete gesetzgeberische Bemühungen[119] waren vor allem in den zwanziger Jahren zu verzeichnen.[120]

---

111 RGBl. S. 59.

112 RGBl. S. 332.

113 *Brandis*, Der Gesetzentwurf über das Unehelichenrecht, S. 17.

114 *Schubert*, Die Projekte der Weimarer Republik, S. 43.

115 *Brandis*, Der Gesetzentwurf über das Unehelichenrecht, S. 17. *Schubert*, Die Projekte der Weimarer Republik, S. 43.

116 *Brandis*, Der Gesetzentwurf über das Unehelichenrecht, S. 17.

117 Art. 131 WRV:
„*Den unehelichen Kindern sind durch die Gesetzgebung die gleichen Bedingungen für ihre leibliche, seelische und gesellschaftliche Entwicklung zu schaffen wie den ehelichen Kindern.*“

118 *Brandis*, Der Gesetzentwurf über das Unehelichenrecht, S. 18; vgl. *Voss*, Das Erbrecht, S. 1, 19. Die rechtliche Gleichstellung ehelicher und nichtehelicher Kinder wurde in der verfassungsrechtlichen Literatur der Weimarer Republik sogar als unzulässig angesehen: *Anschütz*, Die Verfassung des Deutschen Reiches, 14. Auflage, Berlin, 1933, Art. 121; Sch*midt*, Buchbesprechung zu: Kipp, Theodor, zur Reform des Rechts der unehelichen Kinder, AcP 6 (126), 1926, S. 351.

119 Dazu: *Buske*, Ledige Mütter – Uneheliche Kinder, S. 121.

Hierzu gaben die tatsächlichen Verhältnisse auch hinreichenden Anlass. In einer 1918 erschienen Publikation wurde eindrucksvoll dargelegt, dass es sich bei der nichtehelichen Geburt bereits nicht mehr um ein bloßes Randproblem handelte. Danach lebten zu diesem Zeitpunkt im Deutschen Reich 2.500.000 nichteheliche Kinder unter 25 Jahren. Jede zehnte Geburt war eine nichteheliche. Die Sterblichkeit der nichtehelichen Kinder unmittelbar nach der Geburt war doppelt so hoch wie bei ehelichen Kindern. Auch die nichtehelichen Kinder, die die ersten Jahre überlebt hatten, wiesen eine nur geringere Lebenserwartung auf. Sie waren oft körperlich geschwächt und machten bei den „*Fürsorgezöglingen*" einen fünfmal höheren Anteil aus, als es ihrem Anteil an der Bevölkerung entsprach. Auch die Kriminalitätsrate war bei ihnen erheblich höher. Gerade diejenigen, die in der Praxis mit nichtehelichen Kindern zu tun hatten, forderten eine Reform der rechtlichen Regelungen.[121] Dabei wurden die Nachteile, denen nichteheliche Kinder ausgesetzt waren, deutlich herausgestellt. So begründet *Brandis* die Erforderlichkeit der Reform des Nichtehelichenrechts mit folgenden Worten:

> „*... so steht diese Frage vor den Menschen und Völkern, so mühsam sie sich, seit die Ehe der Grundpfeiler jedes Gemeinschaftslebens geworden ist, vor jenen, die vor den Pforten der Familie im Dunkeln stehen, Verhältnis und Beziehung zu gewinnen, und ihnen, den Außenseitern des Lebens, ihre Stellung zum Einzelnen und einen Platz inmitten der Gesamtheit anzuweisen. Gewiss keinen Platz an der Sonne! Die warmen Strahlen der Familiengeborgenheit leuchten dem nicht, der kein Elternhaus kennt – sein Leben ist Halbheit, Freudlosigkeit, Zurücksetzung, Entbehren, oft wohl sogar das Gefühl des Zuvielseins auf der Welt. Was bei dem ehelichen Kinde die Ausnahme, ist bei ihm die traurige Regel: unerwünscht, mit Sorge und Angst erwartet, von fremden Menschen betreut, tritt ihm meist schon in jungen Jahren der Zwiespalt und die ganze Tragik seines Lebens entgegen.*"[122]

Schon am 12. Juli 1920 übersandte das Reichsjustizminsterium den Ländern einen „*unverbindlichen Referentenentwurf*" zur Reform des Nichtehelichenrechts, dessen wesentlicher Vorschlag die Beseitigung der Mehrverkehrseinrede war.[123] Auch der 32. Deutsche Juristentag nahm sich im Jahr 1921 des Themas der Stellung des unehelichen Kindes und seiner Mutter auf dem Gebiet des Erbrechts an und schlug unter anderem vor, dem nichtehelichen Kind einen – wenn auch geminderten – Erbanspruch gegen den Vater zukommen zu lassen.[124] Am 29. Juli 1922 übersandte der Reichsminister der Justiz Gustav *Radbruch* den Ländern den *Entwurf eines Gesetzes über die unehelichen Kinder und die An-*

---

120 *Voss*, Das Erbrecht, S. 17; *Bernhardt*, Das Recht des unehelichen Kindes, S. 14; *Hedemann*, Die künftige Rechtsstellung der unehelichen Kinder, MDR 1952, S. 454.

121 *Wolff*, Die Rechtsstellung der unehelichen Kinder, S. 1f.

122 *Brandis*, Der Gesetzentwurf über das Unehelichenrecht, S. 7.

123 *Schubert*, Die Projekte der Weimarer Republik, S. 48.

124 *Voss*, Das Erbrecht, S. 17, S. 20; *Schubert*, Die Projekte der Weimarer Republik, S. 54.

nahme an Kindesstatt. Dieser differenzierte zwischen der festgestellten Vaterschaft auf der einen, und der (bloßen) Verpflichtung zur Bezahlung von Unterhalt auf der anderen Seite.[125]

Die so herausgearbeitete Reformbedürftigkeit führte jedoch zunächst nur zu rudimentären Änderungen des geltenden Rechts. So erhielten die nichtehelichen Kinder durch den Erlass des *Reichsgesetzes für Jugendwohlfahrt* vom 7. Juli 1922 (RJWG) eine geringfügige Besserstellung. Gemäß § 35 RJWG trat für sie mit ihrer Geburt die Amtsvormundschaft des für den Geburtsort zuständigen Jugendamtes ein, wodurch die zuvor gemäß § 1786 BGB erforderliche Suche nach einem Vormund obsolet und eine handlungsfähige Vormundschaft mit der Geburt gesichert wurde.[126] Durch eine Änderung der *Reichspersonenstandsgesetze* vom 11. Juni 1920[127] wurde geregelt, dass in Heirats- und Sterberegistern sowie den Auszügen daraus der Name der Eltern, der Verlobten oder Verstorbenen und damit die nichteheliche Herkunft nicht mehr anzugeben war.[128]

Nach dem Ergebnis der Anhörung der Länder wurde der Gesetzentwurf aus dem Jahr 1922 erneut überarbeitet. Der darauf basierende Gesetzentwurf aus dem Mai 1925[129] folgte der Absichtserklärung des Reichstagsausschusses für Bevölkerungspolitik vom 15. Mai 1917, sich mit dem Reichskanzler wegen der Ausgestaltung des Schutzes der nichtehelichen Kinder in Verbindung zu setzen und dabei insbesondere auch den Stand des Vaters bei der Berechnung des Unterhaltsanspruchs des Kindes zu berücksichtigen sowie die Dauer der Unterhaltspflicht bis zum 18. Lebensjahr auszudehnen.[130] Die Probleme des Reiches mit der Umsetzung der Reformüberlegungen wurden darin gesehen, dass die Interessen der nichtehelichen Kinder mit dem Interesse an der Erhaltung und Wahrung der Ehe abgewogen werden mussten.[131] Beraten wurde der von der Reichsregierung am 22. Mai 1925 dem Reichrat vorgelegte Gesetzentwurf jedoch nicht.[132] Vielmehr wurden erneut Stellungnahmen der Länder eingeholt, die erst bis zum

125 *Schubert*, Die Projekte der Weimarer Republik, S. 54.

126 *Brandis*, Der Gesetzentwurf über das Unehelichenrecht, S. 20; *Schumann*, Die nichteheliche Familie, S. 106.

127 RGBl. I., S. 765.

128 *Brandis*, Der Gesetzentwurf über das Unehelichenrecht, S. 21.

129 Dazu: *Schmidt*, Die Stellung des unehelichen Kindes und der Gesetzentwurf vom 22. Mai 1925, AcP 127 (1927), S. 210; *Buske*, Ledige Mütter – Uneheliche Kinder, S. 126; zu den Gesetzentwürfen aus den Jahren 1922 und 1925: *Schumann*, Die nichteheliche Familie, S. 109 – 113; *Schubert*, Die Projekte der Weimarer Republik, S. 56 – 64.

130 *Schmidt*, Die Stellung des unehelichen Kindes, AcP 127 (1927), S. 210. Zu den Einzelheiten des Gesetzentwurfs: *Wagner*, Die Reformbestrebungen zur Neugestaltung des Nichtehelichenrechts – Eine analytische Dokumentation, Bremen, 1971, S. 79.

131 *Schmidt*, Die Stellung des unehelichen Kindes, AcP 127 (1927), S. 214.

132 *Brötel*, Der Anspruch, S. 254.

Ende des Jahres 1927 eingingen.[133] Im Folgejahr wurden im Reichsjustizministerium die Arbeiten an dem Entwurf wieder aufgenommen. Am 11. Januar 1929 legte dann der Justizminister *Koch (*Weser*)* dem Reichstag den vom Reichsrat verabschiedeten Gesetzentwurf[134] vor,[135] der dazu beitragen sollte, dass

> *„ein nicht unerheblicher Teil unserer Jugend mehr als bisher vor wirtschaftlicher Not und gesellschaftlicher Zurücksetzung bewahrt bleibt und dass diese Jugendlichen, die ohnehin die Segnungen eines geordneten Familienlebens meist entbehren müssen, nicht verkümmert und verbittert, sondern – soweit durch gesetzliche Vorschriften überhaupt geholfen werden kann – gesund an Leib und Seele in das Leben hineintreten.“*[136]

Der Gesetzentwurf wurde als Wendepunkt angesehen, der auch dringend erforderlich sei, weil das Nichtehelichenrecht schließlich ein Zehntel der Bevölkerung betreffen würde.[137] Er sah ein Anfechtungsrecht des Vaters sowie des Kindes vor. Der Mutter sollte die Sorge für das Kind, nicht aber dessen Vertretung zustehen. Ihr wurde ein Vormund für das Kind zur Seite gestellt, dessen Befugnisse im Umfang des Sorgerechts der Mutter eine Beistandschaft sein sollte. Dem Vater sollte auf seinen Antrag die Sorge für das Kind übertragen werden können, sofern dies aus besonderen Gründen im Interesse des Kindes lag. Für den Fall, dass Vater und Mutter gleichermaßen sorgeberechtigt waren, sollte bei Meinungsverschiedenheiten das Vormundschaftsgericht entscheiden. Zukunftsweisend war der Vorschlag, dass auch die Vermögens- und Einkommensverhältnisse des Vaters bei der Kindesunterhaltsberechung berücksichtigt werden konnten. Das Gesetzgebungsverfahren durchlief dieser Entwurf jedoch nicht bis zum Abschluss. Nach der Auflösung des Reichstags im Juli 1930 hätte die Vorlage in den neu gewählten Reichstag erneut eingebracht werden müssen. Dies geschah aber nicht mehr.[138]

Auch in der NS-Zeit stand das Recht der nichtehelichen Kinder auf dem Prüfstand.[139] Die Reformbestrebungen waren inhaltlich nicht vollständig neu, sondern schlossen an die Reformbemühungen in der Weimarer Republik an.[140] Sie

---

133 *Schubert*, Die Projekte der Weimarer Republik, S. 64.

134 Anhang: G. I. Dieser ist auch abgedruckt bei: *Brandis*, Der Gesetzentwurf über das Unehelichenrecht, S. 172; dazu: *Wagner*, Die Reformbestrebungen, S. 120.

135 *Schubert*, Die Projekte der Weimarer Republik, S. 68.

136 *v. Olshausen*, Dem Reichstag und dem Landtage vorliegende Gesetzentwürfe, JW 1929, S. 390.

137 *Brandis*, Der Gesetzentwurf über das Unehelichenrecht, S. 8.

138 *Schubert*, Die Projekte der Weimarer Republik, S. 76.

139 Zu den Reformbestrebungen: *Schumann*, Die nichteheliche Familie, S. 116 – 123.

140 *Schumann*, Die nichteheliche Familie, S. 115.

waren aber auch von dem „*neuen*" Ehe- und Familienverständnis geprägt.[141] Dieses wurde wie folgt formuliert:

> „*Die Ehe ist die Keimzelle der Volksgemeinschaft. Sie bildet die Grundlage eines geschlossenen Familienlebens und bietet als solche den gesündesten Boden für die Aufzucht von Kindern. In ihr können die rassisch und erbgesundheitlich entscheidenden Lebensbedingungen verwirklicht werden. Deshalb ist die Ehe der beste Bürge für die Arterhaltung und damit der sicherste Garant für die Zukunft des Volkes. Darin liegt der Wert begründet, den die Ehe für die Volksgemeinschaft und damit auch für den Staat hat. Es ist Aufgabe des Staates, die Ehe in jeder Beziehung zu fördern, die Eheschließung zu erleichtern und die Aufzucht von Kindern zu begünstigen.*"[142]

Aus der Bedeutung der ehelichen Lebensgemeinschaft folge auch, dass über die nichteheliche Lebensgemeinschaft ein Unrechtsurteil getroffen werden müsse. Die nichteheliche Geschlechtsgemeinschaft könne vom Staat nicht verboten werden. Sie könne aber nicht erwarten, in gleicher Weise vom Staat anerkannt und gefördert zu werden. Das müsse sich auch auf die Nachkommenschaft auswirken. Der Staat müsse daher die nichtehelichen Kinder rechtlich schlechter stellen als die ehelichen.[143]

Erörtert wurde vor diesem Hintergrund auch die Feststellung der Vaterschaft von Amts wegen, die mit verstärkten Pflichten und „*gewissen Erziehungsrechten verbundene*" Anerkennung des Verwandtschaftsverhältnis zwischen Erzeuger und Kind sowie die Beseitigung der Einrede des Mehrverkehrs[144] und, statt derer, eine gesamtschuldnerischen Haftung.[145] Die Rechtsabteilung der Reichsleitung der NSDAP veröffentlichte 1934 einen Reformentwurf,[146] der nicht nur ein praktisches dringendes Bedürfnis befriedigen, sondern auch durch die Verdrängung von „*Fremdrechten*" dem „*deutschen Rechtsbewusstsein*" zum Durchbruch verhelfen sollte. Das bisherige Familienrecht orientiere sich als „*Privatrecht*" an den Interessen Einzelner. Für das nationalsozialistische Recht sei aber gerade beim Familienrecht nicht das Wohl des Einzelnen, sondern die Beziehung zur „*Volks-*

---

141 *Dörner*, Das Recht der unehelichen Kinder, S. 2. Bei diesem stand die nationalsozialistische Weltanschauung mit den mit ihm verbundenen rassen- und bevölkerungspolitischen Zielen im Mittelpunkt: *Buske*, Ledige Mütter – Uneheliche Kinder, S. 147.

142 *Roquette*, Das Recht des unehelichen Kindes, S. 79.

143 *Roquette*, Das Recht des unehelichen Kindes, S. 79f.; vgl. *Dörner*, Das Recht der unehelichen Kinder, S. 3.

144 Diese war erst durch die 1. Kommission in den Entwurf des BGB eingefügt worden: *Schumann*, Die nichteheliche Familie, S. 98.

145 *Siebert*, Das Recht der Familie und die Rechtsstellung der Volksgenossen, S. 9.

146 Anhang: G. II. Der unter Federführung von *Dr. Bechert* und *Dr. Cornelius* erstellte Entwurf und die Begründung dazu wurden in DR 1934, S. 442 veröffentlicht.

gemeinschaft" maßgeblich.[147] Dementsprechend sei auf den „*tatsächlichen Blutszusammenhang*"[148] und nicht auf die „*fiktive Vaterschaft*" abzustellen. Das Pflichtbewusstsein beider Eltern sei nach Kräften zu schärfen, im Hinblick auf die Eingliederung der nichtehelichen Kinder müssten auch beide zum Unterhalt herangezogen werden.[149] So sah der Entwurf vor, dass der Erzeuger der Vater des Kindes war. Sofern die Vaterschaft festgestellt war, sollte das Kind auch mit dem Vater und seinen Angehörigen verwandt sein. Der Unterhaltsanspruch sollte an den Lebensverhältnissen von Vater und Mutter gleichermaßen orientiert werden. Erbrechtlich sollte das nichteheliche Kind nach den ehelichen Abkömmlingen und vor den Verwandten erben, allerdings auf den Pflichtteil beschränkt sein.

Der Familienrechtsausschuss der Akademie für Deutsches Recht[150] sah, der nationalsozialistischen Rasseideologie entsprechend, in der Feststellung der Vaterschaft die wesentliche Voraussetzung für die Feststellung der „*blutsmäßigen Verwandtschaft*" des Kindes mit dem Vater.[151] Dementsprechend durften die Gerichte nach eigenem Ermessen Beweise erheben, das Anerkenntnis hatte lediglich die Bedeutung eines Beweismittels. Trotz der durch die Feststellung begründeten Verwandtschaft sollte das nichteheliche Kind einem ehelichen Kind aber nicht gleichgestellt werden. Eine abschließende Entscheidung über erbrechtliche Konsequenzen war von dem Familienrechtsausschuss noch nicht getroffen worden. Die Reformbemühungen wurden damit begründet, dass das nichteheliche Kind von dem zu „*Unrecht durch Kirchenanschauung aufgedrückten Makel*"[152] befreit werden solle, was auch die Befreiung der nichtehelichen Mutter-

---

147 Begründung zu dem Entwurf über Aenderung des Rechts der unehelichen Kinder, DR 1934, S. 442.

148 Dem „*rassischen Aufbau*" sei oberste Priorität zuzuweisen. Die „*Volksführung*" sollte verpflichtet sein, Maßnahmen zu ergreifen, um „*unerwünschte Blutmischungen auszuscheiden*" und „*erwünschte Blutmischungen zu fördern.*" Dies führe zu der erheblichen Bedeutung der Abstammung für jeden „*Volksgenossen*": *Roquette*, Das Recht des unehelichen Kindes, S. 12f.

149 Begründung zu dem Entwurf, DR 1934, S. 442.

150 Zu dem 1934 eingesetzten Familienrechtsausschuss gehörte auch Ernst *Brandis* der als Rechtsexperte bereits in der Weimarer Republik Entwürfe zur Reform des Nichtehelichenrechts vorgelegt hatte: *Buske*, Ledige Mütter – Uneheliche Kinder, S. 149. Zu dem Gesetzentwurf der Akademie für Deutsches Recht aus dem Jahr 1938: *Wagner*, Die Reformbestrebungen zur Neugestaltung des Nichtehelichenrechts, S. 159.

151 So auch: *Roquette*, Das Recht des unehelichen Kindes, S. 13.

152 *Bechert*, Die Akademie und das Unehelichenrecht, DR 1936, S. 475 – 477.
Nach einer anderen Auffassung wurden die Mütter nichtehelicher Kinder dagegen wie folgt beschrieben: „*Es ist nicht zu bezweifeln, daß die erbliche Veranlagung der unehelichen Mütter und infolgedessen auch die ihrer Kinder im Durchschnitt ungünstiger ist als die der ehelichen. Sie bestehen zum großen Teil aus dummen, leichtsinnigen, unbeherrschten Personen, auch wirtschaftlich sind sie meist weniger tüchtig als die ehelichen Mütter. Geistig hochstehende*

schaft von ihrem Makel erfordere. Die Stellung des Kindes sei ebenso zu heben wie das Verantwortungsbewusstsein von Vater und Mutter.[153] Gleichwohl sollte der ehelichen Geburt und dem Großziehen der Kinder in einer vollständigen Familie der Vorzug gegeben werden.[154] Trotz der Vorarbeiten des Gesetzgebers kamen die Reformbemühungen kriegsbedingt ins Stocken.[155] Im Juli 1940 wurde noch ein Gesetzentwurf vorgelegt, nach dem das nichteheliche Kind im Verhältnis zur ehelichen Mutter die Stellung eines ehelichen Kindes haben und mit dem Vater verwandt sein sollte.[156] Dieser Gesetzentwurf scheiterte jedoch letztlich daran, dass Adolf *Hitler* in ihm die Rechte der Mutter als nicht ausreichend berücksichtigt ansah und jegliche weitere Mitwirkung daran verweigerte.[157]

Statt einer umfassenden Reform erfolgten so erneut lediglich Detailregulierungen. Durch das *Gesetz über die Änderung und Ergänzung familienrechtlicher Vorschriften und über die Rechtsstellung der Staatenlosen* vom 12. April 1938[158] wurde in § 1595a BGB[159] die Möglichkeit des Staatsanwaltes eingeführt, die Ehelichkeit im öffentlichen Interesse oder im Interesse des Kindes anzufechten. Zugleich wurde der Beginn der einjährigen Anfechtungsfrist von der Kenntnis der Geburt auf die Kenntnis der Umstände verschoben, die für die Nichtehelichkeit sprachen.[160] Mit der Verordnung über die Angleichung familienrechtlicher Vorschriften vom 6. Februar 1943[161] wurden die Anfechtungsmöglichkeiten erneut geringfügig modifiziert.

---

sind unter ihnen wenig vertreten. Von den unehelichen Vätern gilt entsprechendes in geringerem Grade", Zitiert nach: *zur Nieden*, Gedanken zum Unehelichenrecht aus der Praxis der Adoptionsvermittlung, DR 1936, S. 481.

153 *Bechert*, Die Akademie und das Unehelichenrecht, DR 1936, S. 476. *Eben-Servaes*, Zur Erneuerung des Unehelichenrechts, DR 1936, S. 478.

154 *Eben-Servaes*, Zur Erneuerung des Unehelichenrechts, DR 1936, S. 478

155 *Roquette*, Das Recht des unehelichen Kindes, S. 6.

156 *Schumann*, Die nichteheliche Familie, S. 118.

157 *Buske*, Ledige Mütter – Uneheliche Kinder, S. 161.

158 RGBl., S. 380.

159 § 1595a BGB:
„*Hat der Ehemann die Ehelichkeit eines Kindes nicht innerhalb eines Jahres angefochten oder ist er gestorben oder ist sein Aufenthalt unbekannt, so kann der Staatsanwalt die Ehelichkeit anfechten, wenn er dies im öffentlichen Interesse oder im Interesse des Kindes oder seinen Nachkommenschaft für geboten erachtet.*"

160 *Wolf*, Biologische Abstammung und rechtliche Zuordnung, NJW 2005, S. 2417.

161 RGBl. I., S. 80.

II. Gesetzesauslegung und konkrete Reformvorhaben

Die dargestellten Grundzüge der Entwicklung des Rechts der nichtehelichen Kinder zeigen, dass die Gesetzesfassung des BGB vom 1. Januar 1900 im Wesentlichen unverändert bis zum Ende des Zweiten Weltkrieges fortbestand. Im Folgenden sollen die Detailregelungen mit den Reformüberlegungen einer näheren Betrachtung unterzogen werden.

1. Die Verwandtschaft

Das nichteheliche Kind war nach den Vorstellungen des Gesetzgebers des BGB vor allem eine Angelegenheit der Mutter. Sein Verhältnis zu seinem biologischen Vater, der für seine Ehefrau und gegebenenfalls für seine ehelichen Kinder frei bleiben sollte, war dagegen auf dessen Pflicht zur Unterhaltsleistung beschränkt. Im sechsten und siebten Abschnitt des am 1. Januar 1900 in Kraft getretenen vierten Buches des BGB (§§ 1699 bis 1718 BGB) wurde somit eine deutliche Differenzierung zwischen „*unehelichen*" und „*ehelichen*" Kindern getroffen. Die nichtehelichen Kinder wurden bewusst schlechter gestellt als die ehelichen. Nach der bis zum Ende des Zweiten Weltkrieges geltenden Gesetzeslage hatte das nichteheliche Kind nur zu seiner Mutter und deren Verwandten verwandtschaftliche Beziehungen (§ 1705 BGB).[162] Familienrechtliche Ansprüche gegen den Vater sollten ihm nicht zustehen. Dies wurde im Gesetzgebungsverfahren damit begründet, dass lediglich eine durch die eheliche Abstammung begründete Verbindung die sittliche Grundlage vermitteln und damit die Voraussetzung familienrechtlicher Rechte und Pflichten bilden könne.[163] Als Konsequenz dessen seien verwandtschaftliche Beziehungen zwischen dem nichtehelichen Kind und dessen Abkömmlingen und seinem Erzeuger und dessen Verwandten grundsätzlich nicht anerkannt worden. Die durch die Natur geknüpften Bande zwischen den beiden würden nur in den wenigsten Fällen zu einer innigen Verbindung zwischen ihnen führen. Vielmehr stehe der Vater seinem nichtehelichen Kind meist ablehnend und fremd gegenüber. Er betrachte es als eine Last

---

162 § 1705 BGB.
„*Das uneheliche Kind hat im Verhältnisse zu der Mutter und zu den Verwandten der Mutter die rechtliche Stellung eines ehelichen Kindes.*"

163 *Mugdan*, Die gesammten Materialien zum Bürgerlichen Gesetzbuch für das Deutsche Reich, IV. Band, Familienrecht, Berlin, 1899, S. 451.

und habe kein Interesse an dessen Entwicklung.[164] Auch wenn der Vater selbst „*die Pflege*" des Kindes übernehme, geschehe dies in aller Regel aus dem eigenen finanziellen Interesse des Vaters. Für die Begründung familienrechtlicher Beziehungen fehle es insbesondere dann, wenn die Vaterschaft nicht freiwillig anerkannt werde, an den sittlichen und faktischen Voraussetzungen.[165] Hinzu kämen die erheblichen praktischen Probleme bei der Feststellung der Vaterschaft, so dass es schon wegen der unvermeidlichen Unsicherheit sachgerecht sei, die familienrechtlichen Beziehungen auf den Unterhaltsanspruch zu beschränken.[166] Eine Verwandtschaft mit dem biologischen Vater war somit konsequent ausdrücklich ausgeschlossen (§ 1589 Abs. 2 BGB).[167] Diese konnte aber dadurch begründet werden, dass dieser die Mutter des Kindes heiratete (§ 1719 BGB)[168] oder er die Ehelichkeitserklärung gemäß § 1723 BGB abgab.[169] Ein Erziehungsrecht stand dem biologischen Vater sonst nicht zu.[170]

Diese Regelung stand in den Jahren 1933 bis 1945 schon wegen der in dieser Zeit angenommenen überragenden Bedeutung der „*blutsmäßigen Abstammung*" im Zentrum der Kritik. Der Vorschlag des Familienrechtsausschuss der Akademie für Deutsches Recht sah daher konsequent ein verschärftes Anerkennungs-

---

164 *Mugdan*, Die gesammten, S. 451; *Hirsch*, Die Rechtsverhältnisse der unehelichen Kinder, S. 1; a.A. *Wolff*, Die Rechtsstellung der unehelichen Kinder, S. 10, der die engere Beziehung der Mutter zum Kind weder als nachweisbar noch nachgewiesen anders als bei ehelichen Kindern ansah.

165 *Mugdan*, Die gesammten, S. 451.

166 *Mugdan*, Die gesammten, S. 451. In einer zum Vergleich herangezogenen Regelung im französischen Recht wurde die Gefahr gesehen, dass es „*gerade in den unteren Volksklassen*" das Konkubinat befördere und den Familienleben und den ehelichen Frieden störe: *Mugdan*, Die gesammten, S. 452.

167 § 1589 BGB:
„*(1) Personen, deren eine von der anderen abstammt, sind in gerader Linie verwandt. Personen, die nicht in gerader Linie verwandt sind, aber von derselben dritten Person abstammen, sind in der Seitenlinie verwandt. Der Grad der Verwandtschaft bestimmt sich nach der Zahl der vermittelnden Geburten.*
(2) Ein uneheliches Kind und dessen Vater gelten nicht als verwandt."

168 § 1719 BGB:
„*Ein uneheliches Kind erlangt dadurch, dass sich der Vater mit der Mutter verheiratet, mit der Eheschließung die rechtliche Stellung eines ehelichen Kindes.*"

169 § 1723 BGB:
„*Ein uneheliches Kind kann auf Antrag seines Vaters durch eine Verfügung der Staatsgewalt für ehelich erklärt werden.*
Die Ehelichkeitserklärung steht dem Bundesstaate zu, dem der Vater angehört; ist der Vater ein Deutscher, der keinem Bundesstaat angehört, so steht sie dem Reichskanzler zu.
Über die Erteilung der einem Bundesstaate zustehenden Ehelichkeitserklärung hat die Landesregierung zu bestimmen."

170 *Hirsch*, Die Rechtsverhältnisse, S. 12 und 15.

verfahren vor, dessen Ziel es war, die *„blutsmäßige Verwandtschaft“* des Kindes zu dem Vater festzustellen. Ohne das Kind einem ehelichen Kind gleichzustellen, sollte danach das Kind den Namen des Vaters erhalten, der Vater seinem Kind gegenüber unbeschränkt unterhaltspflichtig sein.[171] Durch die allein zur Mutter und ihren Verwandten bestehende Verwandtschaft sollte nach der nationalsozialistischen Ideologie das ohnehin bestehende *„natürliche Band“* zwischen dem unehelichen Kind und seiner Mutter fester geknüpft und die bestehende durch die *„Einheit des Blutes“* begründete Beziehung zu der Familie der Mutter aufrechterhalten werden.[172] Dies beruhte auf rein praktischen, den Sozialstaat entlastenden Überlegungen. Das Interesse des Kindes, aber auch dasjenige der Gesellschaft, die die Verwahrlosung des Kindes verhindern müsse, gebiete es, eine Verwandtschaft zu der Familie der Mutter zu begründen.[173] Dementsprechend erhielt das Kind den Namen der Mutter,[174] was zu einer Erweiterung der Rechte der Mutter im Hinblick auf den *„Ausfall des nicht verwandten Vaters“* führte.[175]

171 *Bechert*, Die Akademie, DR 1936, S. 475f.

172 *Mugdan*, Die gesammten, S. 453. Hinzu kam, dass die Verwandtschaft hier an die *„Sicherheit des physiologischen Vorgangs“* anknüpfen konnte: *Wolff*, Die Rechtsstellung, S. 9. Durch das BGB sei aber die Verwandtschaft des Kindes zu seiner Mutter und deren Verwandtschaft und damit auch ein insoweit bestehendes Erbrecht geschaffen worden (§ 1705 BGB): *Hirsch*, Die Rechtsverhältnisse, S 2.

173 *Mugdan*, Die gesammten, S. 453.

174 Den Ehenamen der Mutter durfte es gemäß § 1706 BGB nur mit Zustimmung des Ehemannes führen

§ 1706 BGB:

„Das uneheliche Kind erhält den Familiennamen der Mutter.

Führt die Mutter in Folge ihrer Verheiratung einen andern Namen, so erhält das Kind den Familiennamen, den die Mutter vor der Verheiratung geführt hat. Der Ehemann der Mutter kann durch Erklärung gegenüber der zuständigen Behörde dem Kinde mit Einwilligung des Kindes und der Mutter seinen Namen erteilen; die Erklärung des Ehemannes sowie die Einwilligungserklärungen des Kindes und der Mutter sind in öffentlich beglaubigter Form abzugeben.“

175 *Wolff*, Die Rechtsstellung, S. 11. Nach dem Gesetzentwurf aus dem Jahr 1929 sollte auch die Möglichkeit geschaffen werden, dass das Vormundschaftsgericht dem Kind auf Antrag des Vaters auch dessen Namen erteilen konnte: v. *Olshausen*, Dem Reichstage, JW 1929, S. 391.

2. Die Vaterschaft

Vater[176] war gemäß § 1717 BGB[177] derjenige Mann, der in der Empfängniszeit mit der Mutter verkehrt hatte, sofern dies nicht auch bei einem anderen Mann der Fall gewesen war. Die Vaterschaftsklage wurde zugelassen, weil die natürliche und sittliche Pflicht der Väter für den Unterhalt ihres Kindes zu sorgen sowie das „*sittliche Gefühl des Volkes*" und nicht zuletzt soziale Gründe dafür gesprochen hatten.[178] Zum Nachweis der Vaterschaft sollte der Nachweis der Beiwohnung durch den in Anspruch genommenen Mann in der Empfängniszeit genügen.[179] Die Mehrverkehrseinrede wurde trotz erheblicher Differenzen über ihre Berechtigung[180] zugelassen, um einen stärkeren Schutz der Ehe[181] zu gewährleisten. Sie sei im Hinblick darauf, dass die Vaterschaft allein auf der Blutsverwandtschaft beruhe, sachgerecht. Die Gefahr liege nicht darin, dass so eine Reihe nichtehelicher Kinder keinen unterhaltspflichtigen Vater hätten, sondern darin, dass die Zahl nichtehelicher Kinder überhand nehme.[182] Ohne die Mehrverkehrseinrede[183] könne die Mutter unter mehreren möglichen Erzeugern den zahlungsfähigsten

176 Die Bezeichnung als „*Vater*" sollte jedoch nicht dazu führen, dass dem Mann irgendwelche Rechte im Zusammenhang mit dem Kind zukamen. Es ging allein um die Feststellung der aus der Vaterschaft resultierenden (Unterhalts-)verpflichtungen: *Hirsch*, Die Rechtsverhältnisse, S. 64.

177 § 1717 BGB:
„*Als Vater des unehelichen Kindes im Sinne der §§ 1708 bis 1716 gilt, wer der Mutter innerhalb der Empfängniszeit beigewohnt hat, es sei denn, dass auch ein Anderer ihr innerhalb dieser Zeit beigewohnt hat. Eine Beiwohnung bleibt jedoch außer Betracht, wenn es den Umständen nach offenbar unmöglich ist, dass die Mutter das Kind aus dieser Beiwohnung empfangen hat.*
Als Empfängniszeit gilt die Zeit von dem einhunderteinundachtzigsten bis zum dreihundertundzweiten Tage vor der Geburt des Kindes, mit Einschluß sowohl des einhunderteinundachtzigsten als des dreihundertundzweiten Tages."

178 *Buske*, Ledige Mütter – Uneheliche Kinder, S. 79.

179 *Mugdan*, Die gesammten, S. 469; *Hirsch*, Die Rechtsverhältnisse, S. 65f.

180 *Dörner*, Das Recht der unehelichen Kinder, S. 6; vgl. *Buske*, Ledige Mütter – Uneheliche Kinder, S. 80. Gottlieb *Planck*, der Redakteur des Vorentwurfs zum Familienrecht aus dem Jahr 1880 wollte die 1854 durch das preußische Nichtehelichenrecht in Kraft getretenen „*großzügigeren*" Regelungen des PALR wieder abschaffen, die Mehrverkehrseinrede beseitigen und eine gesamtschuldnerische Haftung der in Betracht kommenden Väter konstituieren: *Schubert*, Die Projekte der Weimarer Republik, S. 33.

181 *Schubert*, Die Projekte der Weimarer Republik, S. 33 – 35.

182 *Mugdan*, Die gesammten, S. 470. Dagegen wurde angeführt, dass die Erhaltung als sittlich gewerteter Institutionen nicht zu Lasten des Kindes gehen dürften: *Wolff*, Die Rechtsstellung, S. 50.

183 Die Regelung des § 1717 BGB wurde in der Literatur als eine Fiktion angesehen: *Wolff*, Die Rechtsstellung, S. 46.

heraussuchen. Das „*Dirnenwesen*“ und die Prostitution würden so gefördert.[184] Das Feststellungsverfahren war formalisiert.[185] Für die „*Beiwohnung*“ konnte etwa die Mutter als Zeugin vernommen werden.[186] Dem in Betracht kommenden Vater oblag, wenn er die Mehrverkehrseinrede erheben wollte, der Beweis dafür, dass es in der Empfängniszeit zu sexuellen Kontakten der Mutter mit anderen Männern gekommen war.[187]

Der Reformentwurf aus dem Jahr 1928 ging davon aus, dass unverändert keine hinreichend sicheren naturwissenschaftlichen Nachweismethoden der Vaterschaft gegeben waren. Die schon möglichen Blutgruppengutachten könnten allenfalls dazu dienen, einen zunächst in Betracht kommenden Erzeuger als Vater auszuschließen.[188] Vor allem diese Probleme auf der einen, und die mögliche nachteilige Folge der Mehrverkehrseinrede, dass dem „*Kind keiner der möglichen Erzeuger Unterhalt schuldete*“ auf der anderen Seite führten zu dem Vorschlag, dass im Falle des Mehrverkehrs jedenfalls einer der möglichen Väter für den Unterhalt haften sollte.[189] Das Anerkenntnis sollte gemäß § 1705a des Entwurfes nur gegenüber dem Vormundschaftsgericht abgegeben werden können.[190] Um das Kind vor den Folgen eines unberechtigten Anerkenntnisses zu schützen, sah der Entwurf in § 1705b weiter vor, dass die Mutter und das Kind zustimmen mussten. In § 1705d des Entwurfes wurde eine Anfechtungsmöglichkeit des Anerkennenden nach den allgemeinen Anfechtungsmöglichkeiten (§§ 119, 120, 123 BGB) vorgesehen.[191]

---

184 *Mugdan*, Die gesammten, S. 471.

185 Die Abstammungsklage konnte als Feststellungsklage erhoben werden. Sie war auf die Feststellung der „*blutsmäßigen Abstammung*“ gerichtet: *Roquette*, Das Recht des unehelichen Kindes, S. 46.

186 *Hirsch*, Die Rechtsverhältnisse, S. 68.

187 *Hirsch*, Die Rechtsverhältnisse, S. 75.

188 *Brandis*, Der Gesetzentwurf über das Unehelichenrecht, S. 25. Nur wenige Jahre später sah allerdings *Roquette* die Möglichkeiten der Wissenschaft (ohne diese jedoch näher zu bezeichnen) erheblich positiver. Der Nachweis, dass ein Mann der Vater des Kindes sei, lasse sich aufgrund der von der Wissenschaft zur Verfügung gestellten Erkenntnismethoden in den meisten Fällen mit Wahrscheinlichkeit, in vielen Fällen sogar mit Sicherheit feststellen: *Roquette*, Das Recht des unehelichen Kindes, S. 26.

189 Die Mehrverkehrseinrede wurde jedoch auch kritisch betrachtet. Der Ausschluss jeglichen Unterhaltsanspruchs des Kindes gegen die in Betracht kommenden Väter sei dem Kind gegenüber eine nicht zu rechtfertigende Härte, zumal es an der Lebensführung seiner Mutter doch völlig unschuldig sei: *Brandis*, Der Gesetzentwurf über das Unehelichenrecht, S. 13, 43.

190 Dazu sollte der Vater aber nicht vor dem Vormundschaftsgericht erscheinen müssen. Vielmehr wurde die Erklärung zu einer öffentlichen Urkunde als ausreichend angesehen: *Brandis*, Der Gesetzentwurf, S. 50.

191 *Brandis*, Der Gesetzentwurf, S. 49 – 52.

In einem nichtamtlichen Entwurf des Arbeitsausschusses des Amtes „Rechtsabteilung – Reichsleitung der NSDAP“ aus dem Jahr 1934, der dazu dienen sollte, *„den unehelichen Kindern die Rechtsstellung zu geben, die ihrem Blute entspricht und ihre Erziehung zu vollwertigen Volksgenossen zu fördern“*, wurde vorgeschlagen, die nichteheliche Vaterschaft von Amts wegen festzustellen, wobei das Gericht bei der Wahl der Hilfsmittel freie Hand haben und etwa auch ein Blutgruppengutachten anordnen können sollte.[192] Die Regelung des § 1705 BGB sollte danach dahingehend umgestaltet werden, dass die Feststellung mit einer genauen Prüfung der Vaterschaft einherging. Die Feststellung dürfe nicht mehr dem Belieben der Mutter überlassen werden, sondern habe von Amts wegen zu erfolgen, wobei die Mutter zu hören sei. Da der natürliche *„Blutszusammenhang“* dem Kind die gleiche Erbmasse vom Vater wie von der Mutter gebe, müssten die Eltern eines nichtehelichen Kindes auch als *„gleich verwandt“* angesehen werden. Gleichwohl müssten auch Unterschiede Berücksichtigung finden, die schon dadurch begründet seien, dass nichteheliche Kinder in der Regel Folgen von *„Verbindungen des Leichtsinns“* oder der *„Ausnützung eines Machtverhältnisses“* seien. Das sei für die *„Erhaltung und Höherzüchtung der deutschen Rasse“* unerwünscht, weil sie in der Regel eine dauerhafte Verbindung und Verpflichtung der Eltern voraussetze.[193] Das Anerkenntnis sollte künftig lediglich die Funktion eines Beweismittels und keine rechtsbegründende Kraft mehr haben. Ziel des Verfahrens sei es vor allem, den *„blutsmäßigen Vater“* festzustellen. Durch die Feststellung solle die Blutsverwandtschaft des Kindes mit dem Vater mit allen unterhaltsrechtlichen Folgen begründet werden.[194]

Der Entwurf des Familienrechtsausschusses der Akademie für Deutsches Recht aus dem Jahr 1936 ging davon aus, dass die *„Volksgemeinschaft aus rassepolitischen und eugenischen Gründen“* die Klarlegung der Abstammung des Kindes erfordere.[195] Da die Feststellung der Vaterschaft als im *„Interesse der Volksgemeinschaft“* liegend angesehen wurde, musste ein der Parteihoheit entzogenes Verfahren entwickelt,[196] die Verwandtschaft im biologischen Sinne zu einer Verwandtschaft im Rechtssinne werden.[197] Wegen der Bedeutung der

192 *Bechert*, Die Akademie, DR 1936, S. 475.

193 Begründung zu dem Entwurf, DR 1934, S. 442f.

194 *Bechert*, Die Akademie, DR 1936, S. 475f.

195 *Eben-Servaes*, Zur Erneuerung des Unehelichenrechts, DR 1936, S. 478.

196 Allerdings waren die beschränkten praktischen Erkenntnismöglichkeiten bekannt; die möglichen Blutgruppengutachten konnten lediglich zum Ausschluss in Betracht kommender Erzeuger, nicht aber zu der sicheren Feststellung führen. Abstammungsmerkmale und – als Beweismittel – auch ein Anerkenntnis seien zu beachten: *Eben-Servaes*, Zur Erneuerung, DR 1936, S. 478.

197 *Eben-Servaes*, Zur Erneuerung, DR 1936, S. 479.

„blutsmäßigen Verwandtschaft“ sollte die Mutter dem Kind gegenüber zur – wenn auch nicht erzwingbaren – Auskunftserteilung über die Person des Vaters verpflichtet sein.[198]

Der Vater konnte auch gemäß § 1718 BGB[199] das nichteheliche Kind als von ihm gezeugt anerkennen. Hierauf sollte das Vormundschaftsgericht vor der Durchführung des streitigen Verfahrens zunächst hinwirken.[200] Als zivilprozessuale Erklärung konnte das Anerkenntnis – wie jede andere Willenserklärung auch – nach den allgemeinen Vorschriften angefochten werden.[201] Das gerichtliche Feststellungsverfahren war regelmäßig inzident bei der Prüfung von Unterhaltsansprüchen durchzuführen.[202]

Das Anerkenntnis führte in der NS-Zeit wegen der Hervorhebung der blutsmäßigen Abstammung auch in der Praxis zu Problemen, denn sie führte ohne Prüfung der tatsächlichen Verhältnisse zur Feststellung der Vaterschaft. Da das Anerkenntnis jedoch keine konstitutive, sondern lediglich deklaratorische Wirkung hatte, setzte sich ein Mann, der wissentlich ein falsches Anerkenntnis abgab, der Strafverfolgung nach § 169 StGB[203] aus.[204]

---

198 *Roquette*, Das Recht, S. 17f.

199 § 1718 BGB:
„Wer seine Vaterschaft nach der Geburt des Kindes in einer öffentlichen Urkunde anerkennt, kann sich nicht darauf berufen, dass ein Anderer der Mutter in der Empfängniszeit beigewohnt hat.“

200 *Wolff*, Die Rechtsstellung, S. 20.

201 *Hirsch*, Die Rechtsverhältnisse, S. 80.

202 *Wolff*, Die Rechtsstellung, S. 20.

203 § 169 StGB:
„Wer ein Kind unterschiebt oder vorsätzlich verwechselt, oder wer auf andere Weise den Personenstand eines anderen vorsätzlich verändert oder unterdrückt, wird mit Gefängnis bis zu drei Jahren und, wenn die Handlung in gewinnsüchtiger Absicht begangen wurde, mit Zuchthaus bis zu zehn Jahren bestraft.
Der Versuch ist strafbar.“
In der älteren Kommentarliteratur wurde die Strafwürdigkeit noch wesentlich aus dem *„Unterschieben eines Kindes“* abgeleitet. Als Beispiele wurden die Bewirkung der Eintragung eines Kindes bei einer anderen Mutter oder die Eintragung eines nichtehelichen Kindes als ehelich genannt: *Frank*, Das Gesetz betreffend Änderung des Strafgesetzbuches vom 19. Juni 1912, Nachtrag zum Strafgesetzbuch für das Deutsche Reich, Tübingen, 1912, § 169, S. 282. Das unrichtige Anerkenntnis wurde dagegen nicht als Beispiel genannt.

204 *Roquette*, Das Recht des unehelichen Kindes, S. 36.

3. Das Sorgerecht

Auch im Sorgerecht war das nichteheliche Kind gegenüber dem ehelichen Kind schlechter gestellt. Der Mutter war zwar die Aufgabe der Personensorge für das Kind übertragen. Das Recht zur Vertretung ihres Kindes stand ihr jedoch nicht zu (§ 1707 BGB).[205] Dies wurde mit den tatsächlichen Verhältnissen, aber auch dem Bemühen darum begründet, die Ehe als Institut und die Eheleute sowie die ehelichen Kinder zu schützen. Die Kommission bezweifelte, dass nicht verheiratete Mütter in der Lage seien, die mit der elterlichen Gewalt verbundenen Rechte und Pflichten zu erfüllen.[206] Die Schlechterstellung der nichtehelichen im Verhältnis zur verwitweten Mutter sei der Verschiedenheit der Sachlage geschuldet. Die nichteheliche Mutter sei nicht so zuverlässig wie die (ehemals) verheiratete. Die Erfahrung lehre, dass nichteheliche Kinder in körperlicher und geistiger Hinsicht oft verwahrlosten. Auch habe die nichteheliche Mutter oft keinen festen Hausstand.[207] Das Gesetz gehe davon aus, dass die Mütter nichtehelicher Kinder in diesen häufig eine Last erblickten und ihnen nicht dieselbe Liebe und Fürsorge zukommen lassen würden wie ehelichen Kindern. Der Vormund – dementsprechend als erforderlich angesehen – vertrat das Kind nach außen und verwaltete dessen Vermögen. Er war vom Vormundschaftsgericht zu bestimmen. Die Mutter war berechtigt und verpflichtet, unter Aufsicht des Vormundes, die tatsächliche Sorge für das nichteheliche Kind auszuüben.[208] Der nichteheliche Vater hatte, auch wenn dies bereits in der Weimarer Republik kritisch betrachtet wurde,[209] auch dann keinerlei durchsetzbare Einflussmöglichkeiten auf die Entwicklung des Kindes, wenn er seinen Unterhaltspflichten minutiös nachkam.

Im Entwurf aus dem Jahr 1928 blieb es dabei, dass das nichteheliche Kind weder unter der elterlichen Gewalt der Mutter noch der des Vaters stehen sollte. Allerdings sah er in § 1707b eine Regelung für die erleichterte Verleihung der vollen elterlichen Gewalt an die Mutter vor. Auch dem Vater konnte nach dem Entwurf durch das Vormundschaftsgericht in seltenen Ausnahmefällen die elterliche Gewalt über das Kind verliehen werden. Diese sollten in der Regel eine

---

205 § 1707 BGB:
„Der Mutter steht nicht die elterliche Gewalt über das uneheliche Kind zu. Sie hat das Recht und die Pflicht, für die Person des Kindes zu sorgen; zur Vertretung des Kindes ist sie nicht berechtigt. Der Vormund des Kindes hat, soweit der Mutter die Sorge zusteht, die rechtliche Stellung eines Beistandes."

206 *Buske*, Ledige Mütter – Uneheliche Kinder, S. 77; *Baumgarten*, Die Entstehung des Unehelichenrechts, S. 124.

207 *Mugdan*, Die gesammten, S. 456f; vgl. *Brötel*, Der Anspruch, S. 253.

208 *Hirsch*, Die Rechtsverhältnisse, S. 11 – 13.

209 *Brandis*, Der Gesetzentwurf, S. 14.

bereits gelebte, enge und zuverlässige Beziehung des Vaters zu seinem Kind erfordern.[210]

Der Entwurf der Rechtsabteilung-Reichsleitung der NSDAP aus dem Jahr 1934 sah eine grundlegende Änderung der elterlichen Gewalt vor. Generell seien die Eltern die berufenen Erzieher. Dies gelte bei ehelichen Kindern, und auch bei nichtehelichen Kindern sei ein Grund dafür, dies nicht anzunehmen, nicht ersichtlich. Wenn das Recht bisher die nichteheliche Mutter wegen ihres bewiesenen Leichtsinns als ungeeignet angesehen habe, die Erziehung zu gewährleisten, werde übersehen, dass die Verantwortung für das Kind das beste Mittel sei, einen leichtsinnig veranlagten Menschen zu einem Pflichtbewusstsein zu bringen. Daher solle die elterliche Gewalt, wie in § 1707 des Entwurfes vorgesehen, bis zur Feststellung der Vaterschaft der Mutter und danach beiden Eltern zustehen. Von dem Gedanken, dem Vater nach Vollendung des sechsten Lebensjahres des Kindes die Sorge anzuvertrauen, sei Abstand genommen worden, weil dies nur den bisherigen Fehler des alleinigen Vorrangs der Mutter umgekehrt hätte.[211]

In dem Entwurf des Familienrechtsausschusses der Akademie für Deutsches Recht aus dem Jahr 1936 wurde an der Vormundschaft festgehalten, wobei diese grundsätzlich der Mutter übertragen werden sollte. Mit Zustimmung der Mutter und seiner Ehefrau sollte auch der Vater das Kind in seinen Haushalt aufnehmen und ihm die *„väterliche Gewalt“* über das Kind übertragen werden können.[212] Die Übertragung der elterlichen Gewalt auf den Vater sollte jedoch auf Ausnahmefälle beschränkt werden.[213]

4. Der Unterhalt

Der biologische Vater hatte dem Kind Unterhalt zu gewähren.[214] Der Mutter selbst stand allein im unmittelbaren zeitlichen Zusammenhang mit der Geburt

210 *Brandis*, Der Gesetzentwurf, S. 69, 75.

211 Begründung zu dem Entwurf, DR 1934, S. 443.

212 *Bechert*, Die Akademie, DR 1936, S. 477; vgl. *Dörner*, Das Recht der unehelichen Kinder, S. 3

213 *Zur Nieden*, Gedanken zum Unehelichenrecht, DR 1936, S. 483.

214 Diese Unterhaltspflicht beschränkte sich auf ihn persönlich. Wenn er zur Unterhaltsleistung nicht in der Lage war, konnten seine Verwandten nicht zur Unterhaltspflicht herangezogen werden: *Hirsch*, Die Rechtsverhältnisse, S. 20. Der Unterhalt konnte auch für die Vergangenheit verlangt werden: *Brandis*, Der Gesetzentwurf, S. 11. Die Zahlungswillig- und fähigkeit nichtehelicher Väter war allerdings gerade in der wirtschaftlichen Krise der 20er Jahre des vergangenen Jahrhunderts problematisch. Im Zuge der Hyperinflation erreichten die Unterhaltsbeträge oft die Kosten für den Lebensunterhalt bei weitem nicht: *Buske*, Ledige Mütter – Uneheliche Kinder, S. 109.

ein unterhaltsähnlicher Anspruch zu. So konnte die Mutter vor der Geburt des Kindes von dem nichtehelichen Vater einen Anteil der Entbindungs- und Wochenbettkosten verlangen (§ 1715 BGB)[215] und diesen Anspruch vorab sichern lassen (§ 1716 BGB).[216] Der Anspruch bestand auch dann, wenn das Kind tot zur Welt kam.[217]

Wegen der unverändert bestehenden praktischen Probleme bei der Feststellung der Vaterschaft war auch die Begründung des aus der Vaterschaft resultierenden (Unterhalts-)rechts umstritten.[218] So wurde dem Unterhaltsanspruch in den älteren Rechten teilweise ein deliktischer Charakter zugemessen.[219] Schließlich wurde aber das durch *„die Zeugung geknüpfte natürliche Band"* als ausreichend angesehen, dem Vater die natürliche und sittliche Pflicht aufzuerlegen, für den Unterhalt des Kindes zu sorgen.[220] Soweit er nicht dem Kind die Stellung eines ehelichen Kindes verschaffte oder das Kind an Kindes statt annahm, beschränkten sich die Rechtsbeziehungen des Vaters zu dem Kind also auf die Pflicht zur Unterhaltsleistung, die jedoch bereits als familienrechtliche Pflicht angesehen wurde.[221]

Gemäß § 1709 BGB[222] war der nichteheliche Vater somit primär unterhaltspflichtig, seine Beziehung zu dem Kind wurde zu einer rein finanziellen Angele-

---

215 § 1715 BGB:
„Der Vater ist verpflichtet, der Mutter die Kosten der Entbindung sowie die Kosten des Unterhalts für die ersten sechs Wochen nach der Entbindung und, falls in Folge der Schwangerschaft oder der Entbindung weitere Aufwendungen nothwendig werden, auch die dadurch entstehenden Kosten zu ersetzen. Den gewöhnlichen Betrag der zu ersetzenden Kosten kann die Muter ohne Rücksicht auf den wirklichen Aufwand verlangen.
Der Anspruch steht der Mutter auch dann zu, wenn der Vater vor der Geburt gestorben oder wenn das Kind tot geboren ist.
Der Anspruch verjährt in vier Jahren. Die Verjährung beginnt mit dem Ablaufe von sechs Wochen nach der Geburt des Kindes"

216 § 1716 BGB:
„Schon vor der Geburt des Kindes kann auf Antrag der Mutter durch einstweilige Verfügung angeordnet werden, dass der Vater den für die ersten drei Monate dem Kinde zu gewährenden Unterhalt alsbald nach der Geburt an die Mutter oder den Vormund zu zahlen und den erforderlichen Betrag eine angemessene Zeit vor der Geburt zu hinterlegen hat.
(...)
Zur Erlassung der einstweiligen Verfügung ist es nicht erforderlich, dass eine Gefährdung des Anspruchs glaubhaft gemacht wird."

217 *Hirsch*, Die Rechtsverhältnisse, S. 52.

218 *Wolff*, Die Rechtsstellung, S. 28.

219 Vgl. *Mugdan*, Die gesammten, S. 458; *Hirsch*, Die Rechtsverhältnisse, S. 17.

220 *Mugdan*, Die gesammten, S. 460; *Wolff*, Die Rechtsstellung, S. 31.

221 *Hirsch*, Die Rechtsverhältnisse, S. 15 – 17.

222 § 1709 BGB:

genheit.[223] Dies entsprach der Regelung der meisten vorherigen Landesrechte. Dementsprechend konnte sich der Vater nicht darauf berufen, dass die Mutter selbst in der Lage war, den Unterhalt zu bestreiten. Der Mutter und deren Verwandten stand vor deren Inanspruchnahme die Einrede der Vorausklage zu.[224] Zu entrichten war der Unterhalt gemäß § 1710 BGB[225] für ein Vierteljahr im Voraus. Empfangszuständig war der Vormund, nicht die Mutter. Selbst wenn noch ein darüber hinausgehender bereits bezahlter Unterhaltsbetrag vorhanden war, musste der Vater die Rente auf Anforderung erneut entrichten.[226] Etwas anderes galt, wenn der Vater eine vom Vormundschaftsgericht genehmigte Vereinbarung mit dem Kind getroffen hatte, die allerdings keinen unentgeltlichen Verzicht auf den Unterhalt beinhalten durfte (§ 1714 BGB).[227] Mit dieser allein auf zukünftige Unterhaltsansprüche gerichteten Regelung, die auch eine endgültige Abfindung ermöglichte, sollte auf der einen Seite dem Kind die Möglichkeit verschafft werden, sich vor einer Vermögensverschlechterung oder einer etwa auswanderungsbedingten späteren Unerreichbarkeit zu schützen und es auf der anderen Seite dem nichtehelichen Vaters ermöglicht werden, auch zum Schutze des künftigen Familienfriedens bei einer späteren Verheiratung, keinen zukünftigen Unterhaltslasten für das Kind mehr ausgesetzt zu sein.[228]

Der Unterhalt des Kindes war, was den Vater häufig entlastete, an der Lebensstellung der Mutter orientiert[229] und bis zur Vollendung des sechzehnten

---

„*Der Vater ist vor der Mutter und den mütterlichen Verwandten des Kindes unterhaltspflichtig.*
Soweit die Mutter oder ein unterhaltspflichtiger mütterlicher Verwandter dem Kinde den Unterhalt gewährt, geht der Unterhaltsanspruch des Kindes auf die Mutter oder den Verwandten über. Der Übergang kann nicht zum Nachteil des Kindes geltend gemacht werden.“

223 *Hirsch*, Die Rechtsverhältnisse, S. 16.

224 *Hirsch*, Die Rechtsverhältnisse, S. 31f.

225 § 1710 BGB
„*Der Unterhalt ist durch Entrichtung einer Geldrente zu gewähren.*
Die Rente ist für drei Monate vorauszuzahlen. Durch eine Vorausleistung für eine spätere Zeit wird der Vater nicht befreit.
Hat das Kind den Beginn eines Vierteljahres erlebt, so gebührt ihm der volle, auf das Vierteljahr entfallende Betrag.“

226 *Hirsch*, Die Rechtsverhältnisse, S. 34f.

227 § 1714 BGB:
„*Eine Vereinbarung zwischen dem Vater und dem Kinde über den Unterhalt für die Zukunft oder über eine an Stelle des Unterhalts zu gewährende Abfindung bedarf der Genehmigung des Vormundschaftsgerichts.*
Ein unentgeltlicher Verzicht auf den Unterhalt für die Zukunft ist nichtig.“

228 *Hirsch*, Die Rechtsverhältnisse, S. 44; vgl. *Wolff*, Die Rechtsstellung, S. 36.

229 Die Höhe des Unterhaltsanspruchs war also gerade nicht von der Stellung des Vaters, sondern allein von den Lebensumständen der Mutter abhängig, wobei auf den „*wirklichen*“ und nicht

Lebensjahres des Kindes begrenzt (§ 1708 BGB).[230] Das war im Verhältnis zu den früheren Rechten und dem ersten Entwurf zum BGB, die weitgehend eine Beschränkung auf das vierzehnte Lebensjahr vorgenommen hatten, ein Fortschritt. Zu den Kosten der Erziehung des Kindes sollten die Kosten für Ernährung, Kleidung und Schulbildung gehören. Der angemessene Beruf sollte sich nach dem Stand der Mutter bestimmen.[231]

Die Verpflichtung zum Unterhalt betraf den Vater im Grundsatz auch dann, wenn er selbst bedürftig war oder in schlechteren Lebensverhältnissen als die Mutter lebte. Hier erhielt er lediglich in der Zwangsvollstreckung einen Schutz.[232] Der nichteheliche Vater konnte gemäß § 1603 Abs. 1 BGB[233] die Einrede des Notbedarfs erheben. Danach musste er seinem nichtehelichen Kind dann keinen Unterhalt gewähren, wenn er unter Berücksichtigung seiner sonstigen Verpflichtungen außer Stande war, den Unterhalt zu leisten. Dem Vater wurde nicht zugemutet, sich in seinem eigenen standesgemäßen Unterhalt einzuschränken.[234]

Gemäß § 1711 BGB[235] durfte der Unterhalt in den Grenzen der Verjährung[236] nachgefordert werden, wohingegen bei der Unterhaltspflicht von Verwandten,

---

auf den „*notdürftigen*" Bedarf des Kindes abgestellt werden sollte: *Hirsch*, Die Rechtsverhältnisse, S. 24; *Wolff*, Die Rechtsstellung, S. 34.

230 § 1708 BGB:
„*Der Vater des unehelichen Kindes ist verpflichtet, dem Kinde bis zur Vollendung des sechzehnten Lebensjahres den der Lebensstellung der Mutter entsprechenden Unterhalt zu gewähren. Der Unterhalt umfasst den gesamten Lebensbedarf sowie die Kosten der Erziehung und der Vorbildung zu einem Berufe.*
Ist das Kind zur Zeit der Vollendung des sechzehnten Lebensjahres infolge körperlicher oder geistiger Gebrechen außerstande, sich selbst zu unterhalten, so hat ihm der Vater auch über diese Zeit hinaus Unterhalt zu gewähren; die Vorschrift des § 1603 Abs. 1 findet Anwendung."

231 *Hirsch*, Die Rechtsverhältnisse, S. 23 – 26.

232 *Brandis*, Der Gesetzentwurf, S. 11.

233 § 1603 BGB:
„*Unterhaltspflichtig ist nicht, wer bei Berücksichtigung seiner sonstigen Verpflichtungen außerstande ist, ohne Gefährdung seines standesgemäßen Unterhalts den Unterhalt zu gewähren.*
Befinden sich Eltern in dieser Lage, So sind sie ihren minderjährigen unverheirateten Kindern gegenüber verpflichtet, alle verfügbaren Mittel zu ihrem und der Kinder Unterhalte gleichmäßig zu verwenden. Diese Verpflichtung tritt nicht ein, wenn ein anderer unterhaltspflichtiger Verwandter vorhanden ist; sie tritt auch nicht ein gegenüber einem Kinde, dessen Unterhalt aus dem Stamme seines Vermögens bestritten werden kann."

234 *Hirsch*, Die Rechtsverhältnisse, S. 29.

235 § 1711 BGB:
„*Der Unterhalt kann auch für die Vergangenheit gefordert werden.*"

236 Die anzuwendende Verjährungsfrist betrug gemäß § 197 BGB vier Jahre: *Hirsch*, Die Rechtsverhältnisse, S. 27.

die für das eheliche Kind galten, gemäß § 1613 BGB[237] Unterhalt für die Vergangenheit nur im Falle des Verzuges oder der Rechtshängigkeit gefordert werden konnte.[238] Gemäß § 1712 BGB[239] konnte das nichteheliche Kind auch nach dem Tod des Vaters Unterhaltsleistungen verlangen, die allerdings auf die Höhe des Pflichtteils beschränkt werden konnten. Diese Regelung war erforderlich, weil das nichteheliche Kind mit dem Vater nicht verwandt, und es damit nach den allgemeinen erbrechtlichen Regelungen nicht erbberechtigt war. So sollte verhindert werden, dass das nichteheliche Kind mit dem frühzeitigen Tod des Vaters der „*Armenpflege*" anheim fiel.[240] Mit dem Tode des Kindes endete gemäß § 1713 BGB[241] die Unterhaltspflicht, soweit noch keine Fälligkeit begründet worden war. Die Verpflichtung des Vaters endete spätestens mit der Entrichtung der Beerdigungskosten, wenn diese nicht von den Erben erlangt werden konnten.

Die Klage des nichtehelichen Kindes auf Unterhalt war trotz ihrer familienrechtlichen Anbindung keine Statusklage, sondern allein auf die Folge, nämlich die Bezahlung des Unterhalts, gerichtet.[242] Zuständig für die Klage auf Gewährung von Unterhalt war das Amtsgericht, in dessen Bereich der Vater seinen gewöhnlichen Gerichtsstand begründet hatte.[243]

Im Zuge der Gesetzgebungsbemühungen in der Weimarer Republik wurde in dem Entwurf aus dem Jahr 1928 vorgesehen, dem nichtehelichen Vater eine über die Unterhaltsverpflichtung hinausgehende statusrechtliche Stellung einzuräumen. Der Mehrverkehrseinrede sollte ihre unterhaltsrechtliche Schärfe genommen werden. Auch wenn sie das Feststellen der Vaterschaft verhindern konnte,

---

237 § 1613 BGB:
„*Für die Vergangenheit kann der Berechtigte Erfüllung oder Schadensersatz wegen Nichterfüllung nur von der Zeit an fordern, zu welcher der Verpflichtete in Verzug gekommen oder der Unterhaltsanspruch rechtshängig geworden ist.*"

238 *Hirsch*, Die Rechtsverhältnisse, S. 36.

239 § 1712 BGB:
„*Der Unterhaltsanspruch erlischt nicht mit dem Tode des Vaters; er steht dem Kinde auch dann zu, wenn der Vater vor der Geburt des Kindes gestorben ist.*
Der Erbe des Vaters ist berechtigt, das Kind mit dem Betrag abzufinden, der dem Kinde als Pflichttheil gebühren würde, wenn es ehelich wäre, Sind mehrere uneheliche Kinder vorhanden, so wird die Abfindung so berechnet, wie wenn sie alle ehelich wären."

240 *Hirsch*, Die Rechtsverhältnisse, S. 38.

241 § 1713 BGB:
„*Der Unterhaltsanspruch erlischt mit dem Tode des Kindes, soweit er nicht auf Erfüllung oder Schadensersatz wegen Nichterfüllung für die Vergangenheit oder auf solche im voraus zu bewirkende Leistungen gerichtet ist, die zur Zeit des Todes des Kindes fällig sind.*
Die Kosten der Beerdigung hat der Vater zu tragen, soweit ihre Bezahlung nicht von den Erben des Kindes zu erlangen ist."

242 *Hirsch*, Die Rechtsverhältnisse, S. 18.

243 *Brandis*, Der Gesetzentwurf, S. 11.

sollte dem nichtehelichen Kind jedenfalls ein, wenn auch nicht aus dem Vaterschaftsverhältnis, sondern aus der Möglichkeit des Bestehens einer Blutsverbindung abgeleiteter Unterhaltsanspruch zustehen. Bei ungewisser Abstammung sollte der gesetzliche Vertreter des Kindes die Möglichkeit haben, aus der Menge der in Betracht kommenden Verpflichteten einen Mann auszuwählen, der dem Kind dann allein auf Unterhalt haften sollte.[244] Zudem sollte die Unterhaltspflicht des nichtehelichen Vaters dahingehend erweitert werden, dass sie über das sechzehnte Lebensjahr hinaus bestehen konnte, wenn sich das Kind unverschuldet noch in der Berufsausbildung befand und sich dementsprechend nicht selbst unterhalten konnte. Hinsichtlich der Höhe des Anspruchs sollten zwar die Maßgeblichkeit der Verhältnisse der Mutter beibehalten, aber auch die Vermögens- und Erwerbsverhältnisse des Vaters berücksichtigt werden. Weiterhin sollte auch auf die Eltern des Vaters zurückgegriffen werden können.[245]

Der Entwurf der Rechtsabteilung-Reichsleitung der NSDAP aus dem Jahr 1934 sah vor, dass der Vater nach seiner eigenen Lebensstellung zum Unterhalt heranzuziehen war (§ 1708 Abs. 1). Hinzu kam die Heranziehung der Verwandten der Eltern des Kindes, um so das *„Elend"* der nichtehelichen Kinder zu mildern.[246] Der Familienrechtsausschuss der Akademie für Deutsches Recht sah eine unbeschränkte Unterhaltspflicht des Mannes vor, der als Vater festgestellt worden war, wie sie *„unter Verwandten rechtens"* war. Das nichteheliche Kind sollte danach insoweit dem ehelichen gleichgestellt werden. Dementsprechend war – wie beim ehelichen Kind – auch eine zeitlich unbegrenzte Unterhaltspflicht vorgesehen und der Vater sollte sich auf ein etwaiges Unvermögen berufen können. Um die Mutter, die neben dem Vater als Unterhaltspflichtige vorgesehen war, angesichts ihrer fehlenden Unterhaltsansprüche gegen den Vater zu entlasten, sollten die Verwandten des Vaters neben der Mutter herangezogen werden können, und zwar in *„gesamtschuldnerischer Sippenhaft."*[247] Anders als nach dem damals geltenden, an den Lebensverhältnissen der Mutter orientierten, Recht sollte nach dem Entwurf der Unterhaltsbedarf des Kindes einschließlich der Erziehung und Berufsausbildung maßgeblich sein.[248] Für den Fall, dass ein Vater nicht sicher festgestellt werden konnte, wurde vorgeschlagen, die in Betracht kommenden Väter als Gesamtschuldner zu verpflichten.[249]

---

244 v. *Olshausen*, Dem Reichstage, JW 1929, S. 390; vgl. *Brandis*, Der Gesetzentwurf, S. 26 und 81.

245 v. *Olshausen*, Dem Reichstage, JW 1929, S. 390f.

246 Begründung zu dem Entwurf, DR 1934, S. 443.

247 *Bechert*, Die Akademie, DR 1936, S. 476.

248 *Bechert*, Die Akademie, DR 1936, S. 476; *Eben-Servaes*, Zur Erneuerung, DR 1936, S. 479.

249 *Eben-Servaes*, Zur Erneuerung, DR 1936, S. 480; *Dörner*, Das Recht, S. 1.

5. Das Erbrecht

Ein gesetzliches Erbrecht gegenüber dem Vater stand dem mit ihm nicht verwandten nichtehelichen Kind nicht zu. Dabei blieb es auch während der Weimarer Republik, auch wenn nicht nur sozialistische Abgeordnete, sondern auch Abgeordnete der Deutschen Demokratischen Partei bei den Verhandlungen über die Weimarer Reichsverfassung verlangt hatten, dass das nichteheliche Kind einen Anteil am Erbe des Vaters erhalten sollte. Auch die Referenten des 32. Deutsche Juristentags im Jahr 1921 schlugen vor, dem nichtehelichen Kind ein Erbrecht und Pflichtteilsanspruch auch neben dem ehelichen Kind einzuräumen, was von der Mehrheit des Deutschen Juristentags jedoch abgelehnt wurde.[250] Die zur Umsetzung des Verfassungsauftrags eingebrachten Gesetzentwürfe der Reichsregierung aus den Jahren 1925 und 1928 sahen kein Erbrecht des nichtehelichen Kindes nach seinem Vater, sondern lediglich einen „*Fortkommensbeitrag*“ in Höhe des Pflichtteils vor.[251] Allerdings hätte § 1708e des Entwurfes zu einer Unterhaltspflicht der Eltern des Vaters, wenn auch aus eigener Verbindlichkeit, führen können.[252]

Der Entwurf der Rechtsabteilung-Reichsleitung der NSDAP aus dem Jahr 1934 sah in § 1712 eine annähernde Gleichstellung des nichtehelichen Kindes vor. Neuartig enthielt er ein Erbrecht, das in der Ordnung zwischen den ehelichen Abkömmlingen, aber vor den Verwandten der aufsteigenden Linie eingeordnet war. Die ehelichen Kinder seien den nichtehelichen Kindern gegenüber deshalb vorrangig zu behandeln, weil die ehelichen Kinder in erster Linie berufen seien, die Familientradition fortzuführen.[253]

III. Zusammenfassung

Das Nichtehelichenrecht in der Zeit bis zum Ende des Zweiten Weltkriegs war wesentlich dadurch geprägt, dass die nichteheliche Geburt als Gefahr für die als Bastion geschützte Ehe angesehen wurde. Nichteheliche Mütter wurden bis zum

250 *Voss*, Das Erbrecht, S. 20.

251 *Voss*, Das Erbrecht, S. 21; vgl. *Brandis*, Der Gesetzentwurf, S. 104.

252 *Brandis*, Der Gesetzentwurf, S. 105.

253 Begründung zu dem Entwurf, DR 1934, S. 444. Auch wenn die erbrechtliche Stellung des nichtehelichen Kindes vom Familienrechtsausschuss der Akademie für Deutsches Recht nicht abschließend behandelt wurde (*Bechert*, Die Akademie, DR 1936, 477), wurde doch das Erbrecht als ein Ausfluss der biologischen Verwandtschaft angesehen, ohne jedoch insoweit eine völlige Gleichbehandlung zu fordern: *Eben-Servaes*, Zur Erneuerung, DR 1936, S. 479.

Ende des Zweiten Weltkrieges im Verhältnis zu ehelichen Müttern als unzuverlässiger betrachtet. Die Aufgabe des biologischen Vaters, der die Mutter seines Kindes nicht heiratete, war nach der Regelung des BGB vom 1. Januar 1900 im Wesentlichen darauf beschränkt, für sein Kind Unterhalt zu bezahlen. Die Allgemeinheit sollte so von Unterhaltslasten freigestellt werden. Erziehungs-, Umgangs- oder Sorgerechte für das Kind standen dem Vater dagegen nicht zu. Eine Verwandtschaft zwischen ihm und seinem nichtehelichen Kind sowie das damit korrespondierende Erbrecht waren ausgeschlossen. Dies beruhte nicht zuletzt auf der Vermutung, dass der biologische Vater sein nichteheliches Kind lediglich als Last empfinden würde und kein Interesse an dessen Aufwachsen habe.

Obwohl dem Gesetzgeber in Art. 121 WRV aufgegeben worden war, für eine Angleichung der Rechtsverhältnisse ehelicher und nichtehelicher Kinder zu sorgen, blieb diese Rechtslage während der Weimarer Republik weitgehend unverändert. Die verfassungsrechtliche Vorgabe der Weimarer Reichsverfassung führte vor allem zu Überlegungen darüber, wie das Kind wirtschaftlich versorgt werden konnte. So war der nicht umgesetzte Gesetzentwurf aus der Weimarer Republik wesentlich von dem Ziel geprägt, die soziale Benachteiligung des nichtehelichen Kindes zu bekämpfen.

An der Gesetzeslage änderte sich trotz der der nationalsozialistischen Ideologie geschuldet gestiegenen Bedeutung der Abstammung in der NS-Zeit nichts Wesentliches. Dort zeigte sich aber die Bereitschaft, die Interessen des nichtehelichen Kindes an denjenigen der staatlichen Ideologie, der „*blutsmäßigen Reinheit*" und der Pönalisierung der nichtehelichen Schwangerschaft zu orientieren. Folglich standen auch nicht mehr die Begriffe „*ehelich*" *und* „*nichtehelich*", sondern „*rassepolitisch wertvoll oder nicht wertvoll*" im Mittelpunkt der Überlegungen.[254] Nichteheliche Mütter wurden als minderwertig angesehen, was sich auch auf die Kinder durchschlagen sollte. Das Institut der Ehe sollte als „*Keimzelle der Volksgemeinschaft*" geschützt, die nichteheliche Lebensgemeinschaft bekämpft werden.

Nichteheliche Kinder sowie deren Mütter und Väter mussten so bis zum Ende des Zweiten Weltkrieges mit den Konsequenzen davon leben, dass die nichteheliche Geburt eigentlich nicht gewollt war. Obwohl bereits in der Weimarer Republik vermehrt eine Ausweitung der Rechte der nichtehelichen Mutter gefordert worden war, konnte das Misstrauen ihr gegenüber nicht überwunden werden. Anders als etwa einer geschiedenen oder verwitweten alleinerziehenden Mutter wurde ihr die eigenverantwortliche Sorge für ihr Kind über die Personensorge hinaus unverändert schlicht nicht zugetraut. Dem nichtehelichen Vater blieb bis zum Ende des Zweiten Weltkrieges im Wesentlichen die Stellung eines Zahl-

254 *Buske*, Ledige Mütter – Uneheliche Kinder, S. 151f.

vaters, obwohl bereits Clara *Zetkin* das Problem der rechtlichen Regelung der nichtehelichen Kinder im Wesentlichen in der Frage verortet hatte, wie den nichtehelichen Vätern die Möglichkeit zur Flucht vor der Verantwortung genommen werden konnte. Das BGB kannte keine Verwandtschaft des nichtehelichen Kindes zu seinem Vater. Es wurde gerade unterstellt, dass der nichteheliche Vater an einer persönlichen Beziehung zu seinem Kind kein Interesse habe. Konsequent wurde dem Vater damit auch jegliches eigenes Erziehungsrecht versagt. In der NS-Zeit wurde aber im Hinblick auf die dort angenommene gesteigerte Bedeutung der Eltern für die Erziehung in Erwägung gezogen, der Mutter und in geeigneten Fällen auch dem Vater das Sorgerecht zumindest eingeschränkt zu übertragen.

Das Abstammungsrecht war noch immer dadurch geprägt, dass sichere Methoden zur Vaterschaftsfeststellung nicht zur Verfügung standen. Dies gab der Mehrverkehrseinrede ein besonders Gewicht. Konnte der Verkehr mit mehreren Männern in der Empfängniszeit bewiesen werden, konnten die angesichts fehlender sicherer Nachweismethoden oft kaum auszuräumenden Zweifel dazu führen, dass der biologische Vater gleichwohl nicht als solcher festgestellt wurde. Unter fiskalischen Gründen war dieses Ergebnis nicht attraktiv, was im Reformentwurf von 1928 sogar zu dem Vorschlag führte, es der Mutter zu gestatten, einen der in Betracht kommenden Männer als Schuldner auszusuchen. Die nichteheliche Mutter konnte das Erlangen eines eigenen Unterhalts vom nichtehelichen Vater nur für den unmittelbaren Zeitraum der Geburt erwarten. Bei dem Kindesunterhalt wurde es jedoch, wenn auch ohne dies letztendlich zu verändern, als nicht gerecht angesehen, die Höhe des Unterhalts nicht auch an der Lebensstellung des Vaters zu orientieren. Auch eine zeitliche Verlängerung des Unterhaltsanspruchs war, letztendlich ergebnislos, im Gespräch. Ebenso erfolglos waren die Bemühungen, der Benachteiligung im Erbrecht entgegenzutreten, wobei auch ein über den Pflichtteilsanspruch hinausgehender Erbanspruch in Erwägung gezogen wurde. In der NS-Zeit wurde hier sogar eine annähernde Gleichstellung vorgeschlagen.

Auch wenn das Recht der nichtehelichen Kinder im Zeitraum zwischen dem Erlass des BGB und dem Ende des Zweiten Weltkrieges kaum geändert wurde, haben die Reformüberlegungen unter den unterschiedlichen Systemen die Probleme aufgezeigt und teilweise bereits erörtert, deren Beseitigung zu einer rechtlichen Besserstellung der nichtehelichen Kinder führen konnte. Bereits herausgearbeitete Lösungsmöglichkeiten bestimmten die nachfolgenden Reformüberlegungen mit, blieben jedoch teilweise jahrzehntelang unverwirklicht.

C. Das Nichtehelichenrecht in der „alten" Bundesrepublik

In der „*alten*" Bundesrepublik wurde der bereits dem Gesetzgeber des Deutschen Reiches durch Art. 121 WRV erteilte Auftrag in Art. 6 Abs. 5 GG[255] fortgeschrieben und, wenn auch inhaltlich nicht erweitert,[256] von einem unverbindlichen Programmsatz zu einem bindenden Befehl an den Gesetzgeber umgestaltet.[257] Unverändert verlangten die verfassungsrechtlichen Normen aber nicht eine Gleichstellung der nichtehelichen mit den ehelichen Kindern, sondern allein eine Angleichung ihrer rechtlichen Entwicklungsmöglichkeiten.[258] Daneben waren nichteheliche Kinder verfassungsrechtlich auch vom Schutzumfang des Begriffs der Familie in Art. 6 Abs. 1 GG erfasst. Die Familie wurde darin als Gemeinschaft von Eltern und Kinder definiert, aus der den Eltern das Recht und die Pflicht zur Pflege und Erziehung von Kindern erwuchs.[259] Zu dem grundrechtlich geschützten Bereich der Mutter und der Familie zählte auch das nichteheliche Kind.[260] In diesem verfassungsrechtlichen Rahmen musste den nichtehelichen

255 Art. 6 Abs. 5 GG:
„*Den unehelichen Kindern sind durch die Gesetzgebung die gleichen Bedingungen für ihre leibliche und seelische Entwicklung und ihre Stellung in der Gesellschaft zu schaffen, wie den ehelichen Kindern.*"
Dazu: *Schlosser*, Der Einfluss des Grundgesetzes auf die privatrechtliche Stellung des Kindes, FamRZ 1963, S. 603 – 609.

256 *Bernhardt*, Das Recht des unehelichen Kindes, S. 14.

257 *Zweigert*, Zur Reform des Unehelichenrechts, JuS 1967, S. 241. Zum politischen Diskurs über die Gesetzesfassung: *Buske*, Ledige Mütter – Uneheliche Kinder, S. 203 – 206.

258 Noch in der jüngeren familienrechtlichen Literatur wird eine völlige Gleichstellung mit der Begründung abgelehnt, dass diese zu einer „Entwertung" der Familie führe und die regelmäßig anderen soziologischen Verhältnisse, unter denen nichteheliche Kinder aufwachsen, nicht hinreichend berücksichtige: *Beitzke*, Familienrecht, 25. Aufl., München, 1988, S. 8. Selbst eine völlige rechtliche Gleichstellung der nichtehelichen Kinder mit den ehelichen könnte nicht zu einer vollständigen tatsächlichen Gleichstellung führen: *Neuhaus*, Das Ende des deutschen Unehelichenrechts, FamRZ 1966, S. 528.

259 BVerfG, Urteil vom 29. Juli 1959, 1 BvR 205,332333,367/58,1 BvL 27/100/58, BVerfGE 10,59,66 = NJW 1959,1483,1483; BVerfG, Beschl. vom 18. April 1989, 2 BvR 1169/84, BVerfGE 80,81,90 = NJW 1989,2195,2196.

260 BVerfG, Urteil vom 31. Januar 1989, 1 BvL 17/87, BVerfGE 79,256,267 = NJW 1989, 891,891 (Kenntnis der Abstammung): BVerfG. Beschl. vom 17. Oktober 1984, 1 BvR 284/84, BVerfGE 68,176,187; BVerfG, Urteil vom 30. Juni 1964, 1 BvL 16,17,18,19,20,21,22, 23,24,25/62, BVerfGE 18,97105 = NJW 1964,1563,1563.

Kindern ihre neue Rolle zugewiesen werden.[261] Dies erfasste vor allem das Sorgerecht der Mutter, aber auch die Rolle des biologischen Vaters und seine Beziehung zu seinem nichtehelichen Kind.

Die Rechtsänderungen der ersten Nachkriegsjahre betrafen lediglich Detailfragen, ohne ein Gesamtkonzept erkennen zu lassen.[262] Die erste kleine Korrektur erfasste eine Modifikation der rechtlichen Regelung der Verwandtschaft des nichtehelichen Kindes zu seinem biologischen Vater.[263] Geringfügige Verbesserungen[264] erfolgten auch durch das *Personenstandsgesetz* von 1957 mit den Ausführungsverordnungen,[265] durch die verstärkt verhindert werden konnte, dass die Tatsache der nichtehelichen Geburt nach außen hervortrat.[266] Erste Schritte zu einer weiteren „*kleinen Reform*“[267] wurden durch das sonst im Wesentlichen andere Bereiche des Familienrechts wie das Ehe- und Abstammungsrecht sowie das Recht der ehelichen Kinder betreffende *Familienrechtsänderungsgesetz* vom 11. August 1961[268] vorgenommen, durch das spürbare Verbesserungen für nichteheliche Kinder und Mütter herbeigeführt wurden.[269] Durch dieses Gesetz wurde dem Vormundschaftsgericht die Möglichkeit eingeräumt, der Mutter die volle

261 Dabei wurde allerdings auch darauf hingewiesen, dass die rein verfassungsrechtliche Betrachtungsweise nicht ausreichen könne. Die Rechtsentwicklung dürfe die Augen vor der Unterschiedlichkeit der Lebensverhältnisse nicht verschließen. Das Grundgesetz verlange nicht mehr, als dem nichtehelichen Kind nach seiner tatsächlichen Situation tatsächlich zugebilligt werden könne: *Meyer*, Zur Reform des Unehelichenrechts, München, 1952, S. 3f.

262 Zur Lebenssituation nichtehelicher Kinder in der Nachkriegszeit: *Buske*, Ledige Mütter , S. 196.

263 Die Reformüberlegungen davor waren davon getragen, dass die Verwandtschaft zwischen dem Vater und seinem nichtehelichen Kind künftig nicht mehr weiter bezweifelt werden sollte: *Hedemann*, Die künftige Rechtsstellung, MDR 1952, S. 454.

264 Gefördert wurde die fortschreitende rechtliche Entwicklung durch den naturwissenschaftlichen Fortschritt, bei den, in der Nachkriegszeit allerdings noch nicht immer zuverlässigen, Blutgruppenuntersuchung, die den Vaterschaftsnachweis aber nur wahrscheinlicher machen konnten, einen sicheren Vaterschaftsnachweis jedoch unverändert nicht ermöglichten: vgl. *Hedemann*, Die künftige Rechtsstellung, MDR 1952, S. 454.

265 Personenstandsgesetz in der Fassung vom 8. August 1957, BGBl. I., S. 1125; Verordnung zur Ausführung des Personenstandsgesetzes vom 12. April 1957, BGBl. I., S. 1139.

266 BTDrs. V/2370, S. 16.

267 *Wägenbaur*, Zur Aktualisierung des Art. 6 Abs. 5 GG durch die Rechtsprechung, FamRZ 1962, S. 129.

268 BGBl. I., S. 1221; dazu: *Wägenbaur*, Zur Aktualisierung, FamRZ 1962, S. 129; *Dunz*, Das neue Familienrechtsänderungsgesetz, NJW 1961, S. 2137. Zur Gesetzesgeschichte: *Buske*, Ledige Mütter – Uneheliche Kinder, S. 234 – 237.

269 Diese Veränderungen gingen der Fachöffentlichkeit jedoch nicht weit genug. Zu dem Streitstand in der Literatur kurz vor dem *Nichtehelichengesetz*: *Bosch*, Unehelichenrecht als Diskussions- oder Streitgegenstand?, FamRZ 1967, S. 522.

elterliche Gewalt zu übertragen,[270] und die Unterhaltspflicht des nichtehelichen Vaters verlängert.[271] Prozessual wurde in den §§ 644, 640 ZPO dafür Sorge getragen, dass für die Klage des nichtehelichen Kindes auf Feststellung seiner blutsmäßigen Abstammung gegen seinen Vater die für das Statusverfahren geltenden Regelungen der §§ 640ff. ZPO zur Anwendung kommen sollten.[272] Die Änderungen durch das *Familienrechtsänderungsgesetz* von 1961 wurden jedoch nicht als ausreichend angesehen, um das Nichtehelichenrecht den verfassungsrechtlichen Vorgaben entsprechend umzugestalten.[273] Noch immer waren aber erhebliche Widerstände zu überwinden. Die Besserstellung der nichtehelichen Kinder musste sich immer wieder gegen den Verdacht zur Wehr setzen, durch sie werde der Schutz der ehelichen Familie ausgehöhlt.[274]

Umfassender umgesetzt wurde der Verfassungsauftrag erst 1969 durch die damalige Große Koalition, nachdem das Bundesverfassungsgericht dies zunächst angemahnt[275] und dann eine Frist dafür gesetzt hatte,[276] mit dem Erlass des *Nichtehelichengesetzes*.[277] Das Ergebnis der Reform entsprach im Wesentlichen noch dem Gesetzesstand zum Zeitpunkt der Wiedervereinigung.

---

270 Die Regelung in § 1707 BGB hatte die Übertragung der elterlichen Gewalt auf die Mutter nur sehr eingeschränkt ermöglicht: *Bosch*, Probleme einer Reform des Unehelichenrechts, FamRZ 1961, S. 457. Zur tatsächlichen Umsetzung: *Buske*, Ledige Mütter – Uneheliche Kinder, S. 238.

271 *Wägenbaur*, Zur Aktualisierung, FamRZ 1962, S. 129. Die Regelung des § 1708 BGB wurde dahingehend neu gefasst, dass die Alterbegrenzung für die Möglichkeit des nichtehelichen Kindes, Unterhalt von seinem Vater zu verlangen, von dem sechzehnten auf das achtzehnte Lebensjahr erweitert wurde: *Bosch*, Probleme einer Reform des Unehelichenrechts, FamRZ 1961, S. 458.

272 *Wägenbaur*, Zur Aktualisierung, FamRZ 1962, S. 130; kritisch; *Bosch*, Probleme einer Reform des Unehelichenrechts, FamRZ 1961, S. 458.

273 *Bosch*, Probleme einer Reform des Unehelichenrechts, FamRZ 1961, S. 457; vgl. *Schlosser*, Der Einfluss des Grundgesetzes auf die privatrechtliche Stellung des Kindes, FamRZ 1963, S. 601.

274 *Zweigert*, Zur Reform des Unehelichenrechts, JuS 1967, S. 243.

275 BVerfG, Beschl. vom 23. Oktober 1958, 1 BvL 45/56, BVerfGE 8,210,216f. = NJW 1958, 2059,2059f. In dieser Entscheidung ließ das Bundesverfassungsgericht noch offen, welche Folgen das Ausbleiben des von Art. 6 Abs. 5 verlangten Anpassungsgesetzes hatte, weil den Gerichten die Möglichkeit einer verfassungskonformen Auslegung zur Verfügung stehe. Sie wurde gleichwohl als „*Fanal*" bezeichnet, weil das Bundesverfassungsgericht hier erstmals über eine mögliche Frist zur Umsetzung des Gleichstellungsgebots nachgedacht habe: *Bosch*, Probleme einer Reform des Unehelichenrechts, FamRZ 1961, S. 457.

276 BVerfG, Beschl. vom 29. Januar 1969, BVerfGE 25,167,184f = NJW 1969,597,601; dazu: *Brinkmann*, Der Zeitpunkt der Aktualisierung von Art. 6 Abs. V GG, FamRZ 1970, S. 70.

277 Gesetz über die rechtliche Stellung der nichtehelichen Kinder vom 19. August 1969, BGBl. I., S. 1243.

Die hier nur in ihren Grundzügen darzulegende Entwicklung der Rechtslage in der „*alten*" Bundesrepublik verlief nicht gleichförmig und konnte mit der Änderung der gelebten Familienverhältnisse nicht mithalten. Andere Familienmodelle entwickelten und verfestigten und die Zahl der nichtehelichen Geburten verstetigte sich auf einem hohen Niveau. Die in der gesellschaftlichen Realität vielfach gelebte nichteheliche Partnerschaft, in der beide (nicht miteinander verheirateten) Elternteile die Verantwortung für ihre gemeinsamen Kinder auch gemeinsam übernahmen, verlangte Änderungen im Recht. Dies galt insbesondere auch im Hinblick auf die Rolle des (biologischen) Vaters vor und nach einer Trennung. Daneben war auch die Frage zu beantworten, in welchem Umfang die nichteheliche Mutter schlechter gestellt werden durfte als etwa die geschiedene alleinerziehende Mutter. Noch zum Zeitpunkt der Wiedervereinigung war die dadurch veranlasste Entwicklung bei weitem nicht abgeschlossen.

I. Vor der Reform durch das Nichtehelichengesetz

Angesichts der verfassungsrechtlichen Vorgaben waren die Bemühungen des Gesetzgebers, diesen durch die veranlassten Rechtsänderungen Folge zu leisten, lange unzureichend. Art. 6 Abs. 5 GG forderte den Gesetzgeber unmissverständlich dazu auf, die rechtliche Gleichstellung der nichtehelichen und ehelichen Kindern zu gewährleisten, wozu ersichtlich Korrekturen des geltenden Rechts erforderlich waren. Es bedurfte jedoch mehrerer deutlicher Mahnungen des Bundesverfassungsgerichts, bis zum 1. Januar 1970 das *Gesetz über die Stellung des nichtehelichen Kindes* vom 19. August 1969[278] in Kraft treten konnte.[279] Bis dahin waren es, mit Ausnahme kleinerer Korrekturen des Gesetzgebers, im Wesentlichen die Gerichte, die durch eine maßvolle Rechtsfortbildung in der Lage waren, den Verfassungsauftrag zumindest teilweise umzusetzen.[280]

278 BGBl. I., S. 1243.

279 Gerade das Fehlen der Umsetzung dieser verfassungsrechtlichen Vorgabe im Zusammenhang mit dem Gleichberechtigungsgesetz im Jahr 1957 wurde in der ostdeutschen Literatur scharf kritisiert: *Artzt*, Das westdeutsche Gleichberechtigungsgesetz – ein großer Schritt zurück, NJ 1957, S. 657.

280 Dabei war der Umfang der Berechtigung der Gerichte umstritten, als „*Ersatzgesetzgeber*" einzuschreiten. In der westdeutschen Literatur wurde die zögerliche Haltung des Gesetzgebers teilweise kritisiert und von den Gerichten erwartet, dass „*im praktischen Gesetzesvollzug*" (insbesondere im Besoldungs- und Tarifrecht) die nichtehelichen Kinder im Verhältnis zu den ehelichen gleichgestellt wurden: *Krüger*, Art. 6 Abs. 5 GG, ein Programmsatz, DÖV 1957, S. 356,361; *Wägenbaur*, Zur Aktualisierung, FamRZ 1962, S. 134; vgl. auch: *Zweigert*, Zur Reform des Unehelichenrechts, JuS 1967, S. 242; *Schlosser*, Der Einfluss des Grundgesetzes,

1. Der Reformansatz

Das Bundesverfassungsgericht sah die Verwirklichung der Vorgaben von Art. 6 Abs. 5 GG zunächst nicht als vordringlich an. In seiner Entscheidung aus dem Jahr 1958 stellte es noch heraus, dass bei den von Art. 6 Abs. 5 GG geforderten gleichen Bedingungen die Unterschiede zwischen ehelichen und nichtehelichen Kindern nicht nivelliert werden dürften. Bei einem in die Ehe hineingeborenen Kind werde die Ehegemeinschaft durch die ihrer gemeinsam Sorge- und Erziehungsberechtigung unterstehenden Kinder erweitert. Beim nichtehelichen Kind bestehe dessen Familie dagegen stets nur mit der sorge- und erziehungsberechtigten Mutter.[281]

Auch in der obergerichtlichen Rechtsprechung wurde dem Gesetzgeber lange eine Schonfrist eingeräumt. Das Bundesverwaltungsgericht wies 1960 trotz des bestehenden Verfassungsauftrags darauf hin, dass nach seiner Auffassung Art. 3 Abs. 2 GG durch Art. 117 GG hinsichtlich seines Vollzuges klarer gefasst sei als Art. 6 Abs. 5 GG. Letztere Regelung sehe gerade nicht eine Gleichbehandlung nichtehelicher Kinder und ehelicher Kinder durch das Gesetz vor, sondern verlange lediglich die Schaffung gleicher Bedingungen für die körperliche und seelische Entwicklung. Die Umsetzung dieses Ziels sei in materieller, weltanschaulicher und soziologischer Art vielschichtiger. Dementsprechend könne die Rechtsprechung dieses Ziel allenfalls in Einzelfragen verfolgen, wobei dem Gesetzgeber für eine gesetzliche Regelung noch Zeit eingeräumt werden müsse.[282]

In der Literatur kamen dagegen schon früh konkrete Reformüberlegungen auf. Auf der Basis der Reformvorschläge aus der Weimarer Republik legte der Rechtsausschuss des Deutschen Instituts für Jugendhilfe einen Reformentwurf

---

FamRZ 1963, S. 630. Auch *Bosch* sah die unterlassene Korrektur u.a. des Nichtehelichenrechts vor allem deshalb als problematisch an, weil der Gesetzgeber so nicht herausgestellt habe, welche Regelungen er als verfassungskonform angesehen hätte: *Bosch*, Bemerkungen zum „Gleichberechtigungsgesetz", FamRZ 1957, S. 191. In einer späteren Veröffentlichung warb er dann, trotz der Kritik an dem *„langen Hinauszögern"* der Reform jedenfalls im Hinblick auf die aktuellen Bemühungen darum, dem Gesetzgeber die volle Entscheidung über die Reformen zu überlassen: *Bosch*, Unehelichenrecht als Diskussions- oder Streitgegenstand?, FamRZ 1967, S. 518, vgl. *Bosch*, Reform des Unehelichenrechts?, FamRZ 1968, S. 621. Andere vertraten, dass die Gerichte entsprechend der Regelung in Art. 117 Abs. 1 GG auch aus Art. 6 Abs. 5 GG unmittelbar die Unanwendbarkeit der dieser Regelung widersprechenden Vorschriften jedenfalls ab dem 19. Oktober 1969 ableiten sollten: *Brinkmann*, Der Zeitpunkt der Aktualisierung von Art. 6 Abs. V GG, FamRZ 1970, S. 70f.

281 BVerfG, Urteil vom 23. Oktober 1958, 1 BvL 45/56, BVerfGE 8,210,215 = NJW 1958,2059, 2059f.

282 BVerwG, Urteil vom 30. Mai 1960, IV C 386/58, NJW 1961,694,696.

zur „*Neuordnung des Unehelichenrechts*“ vor.[283] Danach sollte die rechtliche Beziehung des Kindes zu seinem Vater von einem Anerkenntnis oder einer gerichtlichen Entscheidung abhängen. Der Vorschlag sah weiter vor, dass die Vaterschaftsanerkennung vom Kind und dem Staatsanwalt angefochten werden konnte.[284] Der Mutter sollte das Sorgerecht für das Kind zustehen, ohne dass sie aber zur Vertretung des Kindes berechtigt war.[285] Der festgestellte Vater hätte damit auf sein Verlangen ein Anhörungsrecht gegenüber dem Vormund des Kindes erhalten.[286] Mit Einwilligung des Vormunds und nach Anhörung der Mutter und des Jugendamtes sollte der Vater, der die Vaterschaft anerkannt hatte, zum persönlichen Verkehr mit dem Kind ermächtigt werden können, wenn es im Interesse des Kindes geboten erschien.[287] Weiter war die Möglichkeit vorgesehen, dass ihm unter dieser Voraussetzung auch die Personensorge für das Kind übertragen werden konnte, was aber in der Regel nur erfolgen sollte, wenn der Mutter das Sorgerecht nicht mehr zustand.[288] Die Unterhaltspflicht sollte bis zum 18. Lebensjahr des Kindes ausgedehnt werden und, wenn der Vater die Vaterschaft anerkannt hatte, derjenigen gegenüber einem ehelichen Kind gleichstehen. Sie sollte Vater und Mutter unter Berücksichtigung ihrer Vermögens- und Einkommensverhältnisse gemeinsam obliegen und sich der Höhe nach an der Lebensstellung der Mutter orientieren.[289] Nach dem Versterben des Vaters sollte der Unterhaltsanspruch gegen dessen Erben fortbestehen. Den Erben sollte ein Abfindungsrecht zukommen. Hatte der nichteheliche Vater seine Vaterschaft anerkannt, sollte sich das Kind zwischen dem Unterhaltsanspruch oder einem Anspruch in Höhe des Pflichtteilsanspruchs eines ehelichen Kindes entscheiden können.[290]

Auch der im September 1962 in Hannover tagende 44. Deutsche Juristentag hatte dem Gesetzgeber eine Reihe von beachtlichen Forderungen für das kommende Reformvorhaben angetragen.[291] Der die Beratungen vorbereitende Zweit-

---

283 Hildesheimer Entwurf, ZBlJugR 1951, S. 110. Dazu: *Schumann*, Die nichteheliche Familie, S. 126.

284 § 1705e des Hildesheimer Entwurfs, ZBlJugR 1951, S. 111. Nach dem Versterben des Erzeugers sollten auch dessen Erben die Vaterschaft anerkennen können. Gegenüber diesen sollte auch die gerichtliche Feststellung der Vaterschaft des Verstorbenen betrieben werden können: § 1705f des Hildesheimer Entwurfs, ZBlJugR 1951, S. 111.

285 § 1707 des Hildesheimer Entwurfs, ZBlJugR 1951, S. 111.

286 § 1707a des Hildesheimer Entwurfs, ZBlJugR 1951, S. 112.

287 § 1707b des Hildesheimer Entwurfs, ZBlJugR 1951, S. 112.

288 § 1707c des Hildesheimer Entwurfs, ZBlJugR 1951, S. 112.

289 § 1708; § 1708a des Hildesheimer Entwurfs, ZBlJugR 1951, S. 112f.

290 § 1712, § 1712a des Hildesheimer Entwurfs, ZBlJugR 1951, S. 113.

291 Die Beschlüsse sind abgedruckt in: NJW 1962, S. 1854. Zur Kontroverse um die Gutachten: *Buske*, Ledige Mütter – Uneheliche Kinder, S. 241 – 246.

gutachter Friedrich Wilhelm *Bosch* stellte auf der einen Seite eine Reihe von Gesichtspunkten, insbesondere im Unterhaltshaltsrecht und im Verhältnis zum Vater, als reformbedürftig heraus, ließ aber auf der anderen Seite auch keinen Zweifel daran, dass die Reform des Nichtehelichenrechts „*nicht zum Schaden der Ehe und der ehelichen Familie ausfallen*" dürfe.[292] Eine beschränkte Verwandtschaft zwischen dem nichtehelichen Kind und seinem Vater solle hergestellt werden. Der Juristentag beschloss schließlich, dass der volljährigen nichtehelichen Mutter die elterliche Gewalt kraft Gesetzes zustehen solle. Das Jugendamt solle allein für die Feststellung der Vaterschaft und das Durchsetzen von Unterhaltsansprüchen als Amtspfleger tätig werden. Eine Pflicht der Mutter, den Erzeuger zu benennen, war aber nicht vorgesehen. Weiterhin wurde eine größere Flexibilität in der Regelung des Namensrechts verlangt. Der Mutter und dem Kind solle ein Anfechtungsrecht gegen das Vaterschaftsanerkenntnis binnen drei Monaten zustehen und dieses im Anfechtungsprozess durchsetzbar sein. Es solle nur ein vor dem Familiengericht durchzuführendes Feststellungsverfahren geben. Die Unterscheidung zwischen dem „*Ist-Vater*" und dem „*Zahlvater*" sei ebenso zu beseitigen[293] wie die Mehrverkehrseinrede.[294] Der Vater solle zur persönlichen Verantwortung herangezogen und ihm auf Antrag die elterliche Gewalt und die Personensorge übertragen werden können, wenn die Mutter zustimme oder verstorben oder außerstande sei, die elterliche Gewalt oder die Personensorge auszuüben. In wichtigen Angelegenheiten des Kindes sei der Vater zu hören.[295] Das nichteheliche Kind solle am Nachlass des Vaters beteiligt werden, und zwar neben der Ehefrau und den ehelichen Kindern über ein Vermächtnis in Höhe des Pflichtteils, neben sonstigen Erben bis zur dritten Ordnung mit der Hälfte des Nachlasses und sonst mit dem gesamten Nachlass.

Im Anschluss an die Ergebnisse des 44. Deutschen Juristentags legte auch das Deutsche Institut für Vormundschaftswesen einen Reformentwurf vor.[296] Um den Anforderungen des Art. 6 Abs. 5 GG entsprechend die gleichen Bedingungen für eheliche und nichteheliche Kinder herbeizuführen, sei es eine Grundvoraussetzung, die Regelung des § 1589 Abs. 2 BGB, die eine Verwandtschaft zwischen den nichtehelichen Kind und seinem Vater ausschließe, zu streichen. Die nicht-

---

292 *Bosch*, Welche Anforderungen, S. 61.

293 Deutscher Juristentag, Beschlüsse, NJW 1962, S. 1854f.

294 So auch: *Bosch*, Zur notwendigen Reform des Unehelichenrechts, Zur sozialen Lage des unehelichen Kindes, in: Uneheliche Kinder – rechtlose Kinder, S. 70; *Ders.*, Welche Anforderungen, S. 29.

295 Deutscher Juristentag, Beschlüsse, NJW 1962, S. 1855.

296 Gesetzentwurf des Deutschen Instituts für Vormundschaftswesen zur Neuordnung des Unehelichenrechts, Heidelberger Entwurf 1963, ZBlJugR 1963, S. 199. Dazu: *Beitzke*, Zur Neuordnung des Unehelichenrechts, ZBlJugR 1963, S. 174.

eheliche Verwandtschaft solle künftig als Statusverhältnis anerkannt und das Entstehen von Rechtsbeziehungen zwischen dem Kind und dem Vater im weiteren Umgang ermöglicht werden. Innerhalb der nichtehelichen Kinder sollten grundsätzlich keine Gruppen mehr gebildet werden.[297] Der Entwurf sah zudem das Ermöglichen eines engeren Verhältnisses des Kindes zu seinem Vater vor, wenn er die Vaterschaft anerkannt hatte. Er blieb aber dabei, dass das nichteheliche Kind im Verhältnis zu seiner Mutter und deren Verwandten die Rechtsstellung eines ehelichen Kindes erhalten sollte. Angesichts der bereits durch das Familienrechtsänderungsgesetz vom 11. August 1961 geänderten Fassung von § 1707 Abs. 2 BGB werde das Beibehalten der Amtsvormundschaft in der bisherigen Form als ausgeschlossen angesehen. Ebenso sei es nicht angezeigt, der nichtehelichen Mutter die volle elterliche Gewalt zu übertragen. Dies dürfe auch nicht mit einer Analogie zur verwitweten oder geschiedenen Mutter begründet werden, weil die soziologische Situation der nichtehelichen Kinder eine andere sei. Daher müsse die Beistandschaft für das nichteheliche Kind im Bereich der Personensorge eine ständige Überwachung des leiblichen und seelischen Wohls des Kindes zum Inhalt haben. Zudem sei auch eine Unterstützung bei der Feststellung der Vaterschaft und der Durchsetzung von Unterhaltsansprüchen erforderlich. Der nichtehelichen Mutter könnte jedoch die volle Vermögensverwaltung übertragen werden, wenn die Frage des Unterhalts endgültig geklärt sei. Für die Feststellung der Vaterschaft lehnte der Entwurf das Erforschen der Vaterschaft von Amts wegen ab. Die „*Ausforschungsuntersuchung*“ dürfe nicht zum Gegenstand des Prozesses erhoben werden. Für das nichteheliche Kind sei eine äußerlich gesicherte Position oft wichtiger als die sichere Erforschung seiner blutsmäßigen Abstammung.[298]

Kurz vor der grundlegenden Reform durch das *Nichtehelichengesetz* zeigte das Bundesverfassungsgericht, dass es nun bereit war, den Gesetzgeber an seine Pflicht zur Beachtung der realen Lebenssituation nichtehelicher Kinder nachdrücklich zu erinnern. So stellte es hinsichtlich des Begehrens des Stiefvaters eines nichtehelichen Kindes fest, dass die Eheschließung der Mutter eines nichtehelichen Kindes mit einem anderen Mann als dem Kindsvater häufig vorkomme. Auch in dieser Situation müsse der Gesetzgeber der besonderen Situation nichtehelicher Kinder Rechnung tragen. Entsprechend der im Rahmen des Gleichheitssatzes zu beachtenden Wertentscheidung des Art. 6 Abs. 5 GG müsse eine Schlechterstellung nichtehelicher Kinder vermieden werden. Der entscheidende Nachteil für die (seelische) Entwicklung nichtehelicher Kinder sei das Fehlen einer Familiengemeinschaft mit Vater und Mutter. Daher müsse der Ge-

---

297 *Beitzke*, Zur Neuordnung, ZBlJugR 1963, S. 175.

298 *Beitzke*, Zur Neuordnung, ZBlJugR 1963, S. 176 – 179.

setzgeber auch bei der Gewährung sozialer Familienhilfe das ihm mögliche tun, um das Aufwachsen des Kindes in einer Ersatzfamilie zu fördern.[299]

Diese tiefgreifenden Überlegungen führten jedoch zunächst nicht zu der für die Herbeiführung eines verfassungskonformen Zustandes erforderlichen Initiative des Gesetzgebers. Letztlich war es das Bundesverfassungsgericht, das die Entwicklung des Nichtehelichenrechts aus dem Stadium der Reformentwürfe hinaushob und ein zeitnahes Einschreiten des Gesetzgebers erzwang. Mit seinem Beschluss vom 29. Januar 1969 stellte es unmissverständlich klar, dass der Gesetzgeber inzwischen hinreichend Zeit gehabt habe, den verfassungsrechtlichen Vorgaben zum Recht der nichtehelichen Kinder zu entsprechen und dieses verfassungskonform zu reformieren. Der Gesetzgeber sei im Kernbereich des Verfassungsauftrags, nämlich im Privatrecht, seinem Verfassungsauftrag nicht nachgekommen sei. Die Regelung des Art. 6 Abs. 5 GG enthalte einen bindenden Auftrag an den Gesetzgeber, dessen Erfüllung nicht in seinem freien Belieben stehe. Er verletze die Verfassung, wenn er es unterlasse, den Verfassungsauftrag in angemessener Zeit umzusetzen; hier müsse zur Not die Rechtsprechung eingreifen.[300] Der Gesetzgeber habe mit Art. 6 Abs. 5 GG eine Regelung treffen wollen, die es ermöglicht habe, für einen begrenzten Zeitraum mit der Verfassung nicht vereinbare Regelungen des einfachen Rechts weiter gelten zu lassen, um so dem Gesetzgeber die Möglichkeit einzuräumen, eine umfassende Neuordnung zu schaffen.[301] Art. 6 Abs. 5 GG gebiete es, nichtehelichen Kindern, die ohnehin mit durch die Mittel des Rechts nicht behebbaren sozialen Nachteilen leben müssten, mit den Möglichkeiten des Rechts zu helfen, ihre Diskriminierung zu beseitigen.[302] Auch unter Berücksichtigung der Komplexität der zu treffenden Regelungen und der Belastung des Deutschen Bundestages in den ersten zehn Jahren des Bestehens der Bundesrepublik müsse die Reform jedenfalls bis

---

299 BVerfG, Beschl. vom 11. Juli 1967, 1 BvL 23/64, NJW 1967,2003,2004.

300 BVerfG, Beschl. vom 19. Januar 1969, 1 BvR 26/66, *BVerfGE 25,167,173*. Kritisch im Hinblick auf die Missachtung der verfassungsgerichtlichen Vorgaben: *Schultz*, Blick in die Zeit, MDR 1962, S. 710,711; *Krüger*, Art. 6 Abs. 5 GG ein Programmsatz, DÖV 1957, S. 356, 360f.; *Habscheid*, Rezension Zivilprozessordnung und Nebengesetze, kommentiert von Bernhard Wieczorek, Berlin, FamRZ 1958, S. 350f; a.A. *Fuss*, Buchbesprechung zu Krüger, Die Rechtsstellung des unehelichen Kindes nach dem Grundgesetz, Berlin, 1960, JZ 1963, S. 39,40; *Bosch*, Fehlender Reformeifer im Bereich des Unehelichenrechts, FamRZ 1962, S. 293; *Bosch*, Unehelichenrecht als Diskussions- oder Streitgegenstand?, FamRZ 1967, S. 517; BVerwG, Urteil vom 30. Mai 10960, IV C 386/58, NJW 1961,694,696. *Bosch* empfahl noch 1967, auf das Handeln des zwischenzeitlich aktiv gewordenen Gesetzgebers zu warten: *Bosch*, Unehelichenrecht als Diskussions- und Streitgegenstand?, FamRZ 1967, S. 518. Zur konträren Diskussion: *Brühl*, Juristinnentag in Wiesbaden, FamRZ 1961, S. 359.

301 BVerfG, Beschl. vom 29. Januar 1969, 1 BvR 26/66, BVerfGE 25,167,179f.

302 BVerfG, Beschl. vom 29. Januar 1969, 1 BvR 26/66, BVerfGE 25,167,182f.

zum Ende der (laufenden) fünften Legislaturperiode erfolgen.[303] Neben dieser Fristsetzung stellte das Bundesverfassungsgericht die Grundsätze heraus, die bei der gesetzlichen Regelung zu beachten seien. Die Ehe sei nach den verfassungsrechtlich garantierten Wertvorstellungen die einzige Lebensgemeinschaft zwischen Mann und Frau. Die gesunde körperliche und seelische Entwicklung eines Kindes setze grundsätzlich eine in der Ehe verwirklichte Lebensgemeinschaft mit Mutter und Vater[304] voraus.[305] Es komme häufiger vor, dass die nichteheliche Mutter einen anderen Mann heirate als den Kindsvater und das Kind im gemeinsamen Haushalt der Mutter und des Stiefvaters aufwachse.[306]

Auch in der Literatur war der Ruf nach einer zeitnahen und gründlichen Reform des Rechts der nichtehelichen Kinder immer lauter geworden.[307] Anders als im Gesetzentwurf aus dem Jahr 1967 angenommen,[308] treffe es vielfach nicht (mehr) zu, dass der nichteheliche Vater in den meisten Fällen nicht gewillt sei, sich um sein Kind zu kümmern. Zu denken sei etwa an die harmonischen „*Onkelehen*", aber auch an die Vielzahl der Kinder aus zerrütteten oder geschiedenen Ehen. Ein Grund, eheliche und nichteheliche Kinder hier anders zu behandeln, sei nicht ersichtlich.[309] Der Vorschlag des 44. Juristentags, bei dem Vorhandensein mehrerer Erzeuger in einem Prozess den wahrscheinlichsten als Vater feststellen zu lassen und bei gleicher Wahrscheinlichkeit von der Feststellung eines Vaters abzusehen, sei abzulehnen. In Kenntnis der Entscheidung auf der Grundlage einer bloßen Wahrscheinlichkeit sei es, auch im Hinblick auf die fortschreitenden wissenschaftlichen Erkenntnismöglichkeiten, sachgerecht, sich in einem Prozess mit der Feststellung nur eines möglichen Vaters zu begnügen.[310] Inzwischen gehe es in der öffentlichen Diskussion nicht mehr um das „*ob*", sondern nur noch um das „*wie*" der Neugestaltung. Es dürfe jedoch nicht unüberlegt dem Grundsatz gefolgt werden, dass das nichteheliche Kind in die Familie des Erzeu-

303 BVerfG, Beschl. vom 29. Januar 1969, 1 BvR 26/66, BVerfGE 25,167,187f. Die Umsetzung war der Bundesregierung noch dadurch erschwert, dass sie die damals regierende Große Koalition herbeiführen musste: *Kielmannsegg*, Das geteilte Land, München, 2007, S. 371.

304 BVerfG, Beschl. vom 11. Juli 1967, 1 BvL 23/64, NJW 1967,2003,2005 = BVerfGE 22,163, 173 (Zweitkindergeld des Stiefvaters); BVerfG, Beschluss vom 29. Juli 1968, 1 BvL 20/63 u.a., NJW 1968,2233,2236 = BVerfGE 22,163,173.

305 BVerfG, Beschl. vom 29. Januar 1969, 1 BvR 26/66, BVerfGE 25,167,196.

306 BVerfG, Beschl. vom 11. Juli 1967, 1 BvL 23/64, NJW 1967,2003,2004 = BVerfGE 22,163,172.

307 Zur Literatur: *Bosch*, Reform des Unehelichenrechts?, FamRZ 1968, S. 621.

308 BTDrs. V/2370, S. 19.

309 *Zweigert*, Zur Reform des Unehelichenrechts, JuS 1967, S. 244.

310 *Beitzke*, Zur Neuordnung, ZBlJugR 1963, S. 182.

gers einzubinden sei. Jedenfalls sei es nicht sachgerecht, über die Forderungen des Grundgesetzes hinauszugehen.[311]

2. Konkrete Vorschläge der Rechtspraxis und Literatur

Die Detailbereiche des Rechts der nichtehelichen Kinder entwickelten sich in der Rechtspraxis mit der ihnen innewohnenden unterschiedlichen Intensität. Der Reformeifer wurde durch kritische Autoren beeinflusst, die unverändert Gefahren für die Sozialisationsbemühungen bei nichtehelichen Kindern sahen.[312] Das Anwachsen des Anteils bis zu 25-jähriger Mütter an den nichtehelichen Geburten und deren oft verhältnismäßig geringer Ausbildungsstand wurden mit Sorge betrachtet.[313] Allerdings wurde auch herausgearbeitet, dass bei jeglicher Reform das nichteheliche Kind in den Mittelpunkt zu stellen sei. Es gehe nun um das Kind, nicht mehr um seine Eltern.[314]

a) Die Verwandtschaft

Trotz der Regelung in Art. 6 Abs. 5 GG galten das nichteheliche Kind und sein Vater als nicht miteinander verwandt (§ 1589 Abs. 2 BGB).[315] Diese gravierende Ungleichbehandlung blieb bis zum Erlass des *Nichtehelichengesetzes* bestehen.[316] Eine Verwandtschaft mit dem Vater konnte unverändert nur durch die Heirat der Eltern,[317] die Adoption oder die Ehelichkeitserklärung[318] herbeigeführt werden.[319] Im Vaterschaftsfeststellungsprozess stand dem in Anspruch genom-

---

311 *Bosch*, Reform des Unehelichenrechts?, FamRZ 1968, S. 622.

312 *Menges*, Zur sozialen Lage, S. 16.

313 *Menges*, Zur sozialen Lage, S. 23.

314 *Bosch*, Zur notwendigen Reform des Unehelichenrechts, S. 65f.

315 Dies wurde im Hinblick auf die angenommene fehlende Möglichkeit, die Situation des nichtehelichen Kindes durch das Schaffen einer Verwandtschaft zu verbessern, als eine sachgerechte Lösung angesehen: *Meyer*, Zur Reform des Unehelichenrechts, München, 1952, S. 9; vgl. auch *Bosch*, Zur notwendigen Reform des Unehelichenrechts, S. 71, der eine völlige Gleichstellung des nichtehelichen Kindes ablehnte.

316 Dies wurde bereits von *Bosch* kritisiert, der zumindest eine Art Verwandtschaft zwischen dem nichtehelichen Kind und seinem Vater konstituieren wollte: Welche Anforderungen, S. 61 – 65.

317 Zur Eheschließung der Eltern: *Buske*, Ledige Mütter – Uneheliche Kinder, S. 46.

318 Die Quote der später legitimierten nichtehelich geborenen Kinder betrug jedoch in den 50er Jahren des vergangenen Jahrhundert lediglich 30 bis 35 %: *Menges*, Zur sozialen Lage, S. 19.

319 Auch der Referentenentwurf sah keinerlei „*auch nur potentielle*“ elterliche Gewalt des nichtehelichen Vaters vor, was in der Literatur durchaus positiv gewertet wurde. Ein nichtehelicher

menen Mann – trotz erheblicher Kritik[320] – weiter die Mehrverkehrseinrede zur Seite.[321] Wurde das Kind auf Antrag des Vaters für ehelich erklärt, verlor die Mutter die Pflicht der Personensorge für das Kind. Als Hemmnis für die Gleichstellung der nichtehelichen und der ehelichen Kinder bei der Verwandtschaft wurde der Grundsatz angesehen, dass das außereheliche Geschlechtsverhältnis nach dem Grundgesetz nicht mit der gleichen Wirkung wie die Ehe ausgestattet werden durfte.[322]

b) Die Anfechtung

Bei dem Anfechtungsrecht[323] wurde mit dem *Familienrechtsänderungsgesetz* aus dem Jahr 1961 das durch das *Familienrechtsänderungsgesetz* vom 12. April 1938 eingeführte Anfechtungsrecht des Staatsanwalts aufgehoben. Die Anfechtungsfrist für den Ehemann wurde bei gleich bleibenden Lauf auf zwei Jahre verlängert, endete jedoch im Interesse des Kindes zehn Jahre nach seiner Geburt.[324] Der Mutter stand dagegen unverändert kein Anfechtungsrecht zu. Neu eingeführt wurde aber ein Anfechtungsrecht des Kindes.[325] Über die Ehelichkeitserklärung entschied nicht mehr die Justizverwaltungsbehörde, sondern, gemäß § 1723 BGB, das Vormundschaftsgericht; die nach § 1734 BGB noch mögliche Versagung der Ehelichkeitserklärung auch wenn die gesetzlichen Voraussetzungen vorlagen,[326] war entfallen, die Ehelichkeitserklärung hatte den Charakter eines Gnadenaktes verloren.[327]

Vater, der Verantwortung für sein Kind übernehmen wolle, könne den Weg der Ehelichkeitserklärung oder der Adoption wählen: *Bosch*, Reform des Unehelichenrechts, FamRZ 1968, S. 625.

320 *Bosch*, Welche Anforderungen, S. 71 – 80.

321 Zu den möglichen Konsequenzen für die nichteheliche Mutter: *Buske*, Ledige Mütter – Uneheliche Kinder, S. 213.

322 *Bernhardt*, Das Recht des unehelichen Kindes, S. 45.

323 Zur Rechtsnatur der Anfechtung: *Gaul*, Randbemerkungen zum Wesen der Ehelichkeitsanfechtung, FamRZ 1963, S. 631.

324 *Dunz*, Das neue Familienrechtsänderungsgesetz, NJW 1961, S. 2137,2138; *Wolf*, Biologische, NJW 2005, S. 2417.

325 *Dunz*, Das neue Familienrechtsänderungsgesetz, NJW 1961, S. 2137,2139.

326 § 1734 BGB:
„*Die Ehelichkeitserklärung kann versagt werden, auch wenn ihr ein gesetzliches Hindernis nicht entgegensteht.*"

327 *Bernhard*, Das Recht des unehelichen Kindes, S. 69.

c) Die elterliche Gewalt

Auch wenn das nichteheliche Kind hinsichtlich der Mutter die Stellung eines ehelichen Kindes hatte, stand dieser nicht die volle elterliche Gewalt, sondern lediglich ein Personensorgerecht zu (§ 1707 Abs. 1 BGB).[328] Die übrigen Rechte und Obliegenheiten der elterlichen Gewalt, also insbesondere die Vermögenssorge und die Vertretung des Kindes, wurden gemäß § 35 JWG vom Jugendamt wahrgenommen.[329]

Bis zum Inkrafttreten des *Familienrechtsänderungsgesetzes* vom 11. August 1961 konnte die nichteheliche Mutter nur dann die volle elterliche Sorge über das Kind erhalten, wenn sie das Kind adoptierte, oder sie zum Vormund des Kindes bestellt wurde.[330] Mit dem durch das *Familienrechtsänderungsgesetz* 1961 neu geschaffenen § 1707 Abs. 2 BGB wurde die Möglichkeit eröffnet, auch der nichtehelichen Mutter die volle elterliche Gewalt zu übertragen.[331] In der Literatur wurde diese verbleibende Sonderstellung der nichtehelichen Mutter bei dem Sorgerecht und die verbliebene Ungleichbehandlung mit alleinerziehenden (ehemals) verheirateten Müttern begrüßt. In einer Gesellschaft, die die „*Vereinigung der Geschlechter*" grundsätzlich nur im Rahmen der Ehe billige, bedeute die nichteheliche Geburt ein Warnsignal, das im Interesse des Kindes das Erfordernis einer individuellen Prüfung begründe.[332] Das Gesetz trage der Beobachtung der Praxis Rechnung, dass die Mehrzahl der Mütter nichtehelicher Kinder „*kein großes Interesse an der Ausübung der elterlichen Gewalt*" zeige. Das Gericht solle jedoch bei der Prüfung, ob dem Antrag einer Mutter auf Übertragung der vollen elterlichen Gewalt entsprochen werden könne, nicht „*kleinlich*" verfahren.[333]

So waren bis kurz vor Erlass des *Nichtehelichengesetzes* der Umfang der Rechte, die die Mutter als auszuüben im Stande angesehen wurde und die Art und Ausgestaltung der dies ermöglichenden Stellung der Mutter umstritten. Die Regelungen des Referentenentwurfes zum *Nichtehelichengesetz*, die die Amts-

328 Kritisch zu dieser Lösung: *Zweigert*, Zur Reform des Unehelichenrechts, JuS 1967, S. 245.

329 *Bernhardt*, Das Recht des unehelichen Kindes, S. 54. Kritisiert wurde hier insbesondere, dass diese umfassende Befugnis des Jugendamtes allein die nichteheliche Mutter betreffe und etwa die alleinstehende eheliche Mutter unberührt lasse. Das gesetzgeberische Misstrauensvotum des Gesetzgebers werde so perpetuiert: *Zweigert*, Zur Reform des Unehelichenrechts, JuS 1967, S. 245.

330 *Göppinger*, Elterliche Gewalt über nichteheliche Kinder, FamRZ 1970, S. 57.

331 *Bernhardt*, Das Recht des unehelichen Kindes, S. 58; *Göppinger*, Elterliche Gewalt über nichteheliche Kinder, FamRZ 1970, S. 57; *Wägenbaur*, Zur Aktualisierung, FamRZ 1962, S. 129.

332 *Dunz*, Das neue Familienrechtsänderungsgesetz, NJW 1961, S. 2137,2139.

333 *Wägenbaur*, Zur Aktualisierung, FamRZ 1962, S. 129.

vormundschaft in eine Amtsbeistandschaft mit einem erheblich beschränkteren Aufgabenkreis umgestalten sollten, wurden kritisch aufgenommen. Die Reaktionen reichten von dem Vorschlag, die „*alten*“ Regelungen beizubehalten bis dahin, auch die Amtspflegschaft weitgehend freiwillig auszugestalten.[334] Die Übertragung der elterlichen Gewalt auf die volljährige Mutter sei vertretbar. Das Jugendamt müsse aber daneben noch eine konkrete Funktion, etwa durch die im Referentenentwurf vorgesehene allgemeine Beistandschaft, erhalten. Das Kind und seine Mutter würden im Allgemeinen mehr als eine bloße Prozesshilfe benötigen. Etwaige Ungleichbehandlung zu geschiedenen oder verwitweten Müttern könnten auch dadurch beseitigt werden, dass auch diesem Personenkreis ein Amtsbeistand bestellt werde. Sämtlichen alleinstehenden Müttern würde damit ein Dienst erwiesen werden.[335]

d) Die Rechte des Vaters

Die Rolle des biologischen Vaters des nichtehelichen Kindes wurde in der Literatur zwiespältig gesehen.[336] Dies resultierte wesentlich aus der Bewertung der tatsächlichen Bedeutung des Vaters für die Kinder. Kinder aus „*Fragmentfamilien*“ seien durch „*einseitige Entwicklungsanreize der Gefahr seelischer Deformationen*“ ausgesetzt. Selbst bei vollständigen Familien sei jedoch die Vaterrolle durch die Berufstätigkeit und Veränderungen der Freizeitgewohnheiten erschwert. Die Vaterkontakte würden sich auch in der vollständigen Familie auf sporadische Erziehungssituationen beschränken, in denen der Vater als „*autoritäre, strenge Persönlichkeit*“ auftrete.[337] Als Ansatzpunkt für ein Verkehrsrecht wurde das Recht des nicht sorgeberechtigten ehelichen Vater aus § 1634 BGB angesehen.[338]

---

334 Zum Meinungsstand: *Bosch*, Unehelichenrecht, FamRZ 1967, S. 523.

335 *Bosch*, Reform des Unehelichenrechts?, FamRZ 1968, S. 624f.

336 *Schlosser*, Der Einfluss, S. 624.

337 *Reuther*, Verkehrsrecht für den unehelichen Vater?, FamRZ 1967, S. 259.

338 Ein bedingungsloses Verkehrsrecht sei dem nichtehelichen Vater nicht zuzuweisen. Das Interesse des Kindes müsse im Vordergrund stehen. Wenn der Ausbau der Beziehungen zwischen dem Vater und dem Kind mit der Mutter Konflikte hervorrufe, sei dies, anders als bei dem ehelichen Kind, wo dies als notwendiges Übel hingenommen werden müsse, abzulehnen: *Reuther*, Verkehrsrecht, FamRZ 1967, S. 260f.

e) Das Unterhaltsrecht

Die Vorschriften der §§ 1708, 1709 BGB begründeten den primär gegen den Vater bestehenden Unterhaltsanspruch des Kindes. Danach bestand der Alimentationsanspruch des nichtehelichen Kindes unabhängig von seiner Bedürftigkeit. Maßgeblich für die Höhe war die Lebensstellung der Mutter. Bis zum 31. Dezember 1961 war er auf das 16. und danach auf das 18. Lebensjahr beschränkt.[339] Der sich allein gegen den Vater richtende Unterhaltsanspruch war zudem vererblich.[340]

Bis zum *Gleichberechtigungsgesetz* aus dem Jahr 1957 war umstritten, ob die Eltern für den Unterhalt des nichtehelichen Kindes gesamtschuldnerisch hafteten. Der BGH stellte, wenn dies auch bestritten war,[341] schließlich auf eine durch deren Leistungsfähigkeit begrenzte Gesamtschuld der Eltern ab.[342] Bereits im Vorgriff auf das *Gleichberechtigungsgesetz* wurde jedoch dann davon ausgegangen, dass die Eltern jeweils nur anteilig nach ihren Einkommens- und Vermögensverhältnissen haften sollten.[343]

In dem Referentenentwurf zum *Nichtehelichengesetz* war zunächst geplant, den Unterhaltsanspruch des Kindes von einem primär schuldrechtlichen in einen familienrechtlichen Anspruch zu überführen. Dies wurde jedoch im Hinblick darauf, dass durch die dadurch begründete Anrechenbarkeit von Leistungen wie etwa des Kindergeldes und des Kinderzuschlags Rechtsunsicherheiten und Verschlechterungen für das nichteheliche Kind zu befürchten seien,[344] zurückgestellt. Zudem wurde befürwortet, auch der Mutter ein weitergehendes Unterhaltsrecht gegen den Vater einzuräumen, weil dies gut für das Kind sei. Soweit der Anspruch auf die Zeit der Schwangerschaft und die Nachschwangerschaftszeit beschränkt werde, bestehe auch nicht mehr die Gefahr, dass sich Frauen dadurch zur nichtehelichen Mutterschaft berufen fühlen würden.[345]

---

339 Die darin liegende Folge, dass das nichteheliche Kind von seinem Vater die Kosten einer anspruchsvolleren Berufsausbildung nicht erstattet verlangen konnten, wurde als „*krasse Diskriminierung*" des nichtehelichen Kindes gegenüber dem ehelichen angesehen: *Schlosser*, Der Einfluss, FamRZ 1963, S. 602.

340 *Bernhardt*, Das Recht des unehelichen Kindes, S. 102f.

341 *Bernhardt*, Das Recht des unehelichen Kindes, S. 118.

342 BGH, Urteil vom 19. Oktober 1956, VI ZR 201/55, NJW 1957, 177,178; *Siebert*, Anmerkung zu LG Koblenz, Urteil vom 16. November 1954, 3 S 224/54, NJW 1955, S. 753,754.

343 *Bernhardt*, Das Recht des unehelichen Kindes, S. 119; OLG Celle, Urteil vom 4. Februar 1958, 2 Ss 440/57, NJW 1958,641,641; OLG Frankfurt a.M., Urteil vom 23. Oktober 1957, 2 Ss 827/57, NJW 1957,1937,1938.

344 *Bosch*, Unehelichenrecht, FamRZ 1967, S. 519.

345 *Bosch*, Reform des Unehelichenrechts? FamRZ 1968, S. 626.

Durch das *Familienrechtsänderungsgesetz* wurde 1961 auch § 1766 BGB neu gefasst. Dadurch wurde klargestellt, dass die Unterhaltspflicht des nichtehelichen hinter diejenige des annehmenden Vaters zurücktrat.[346] Die Unterhaltspflicht des nichtehelichen Vaters[347] wurde aber über das 16. Lebensjahr hinaus auf das 18. Lebensjahr erweitert,[348] wobei allerdings das Einkommen des Kindes ab dem 16. Lebensjahr zu berücksichtigen war, wenn dies der Billigkeit entsprach.[349] Unverändert orientierte sich die Höhe des zu begehrenden Unterhalts allein an der Lebensstellung der Mutter.[350]

f) Das Erbrecht

Seit den fünfziger Jahren des vergangenen Jahrhunderts wurden im Erbrecht[351] verschiedenartige Modelle für die Behandlung nichtehelicher Kinder vertreten, die von einem bloßen Fortkommensbeitrag zur Unterhaltssicherung über Legalvermächtnisse und Pflichtteilsrechte bis zur vollständigen Angleichung mit dem Recht der ehelichen Kinder reichten.[352] Im Regierungsentwurf eines Gesetzes über die rechtliche Stellung der unehelichen Kinder[353] wurde das nichteheliche Kind in die Erbrechtsfolge des BGB aufgenommen, jedoch auf einen Erbersatz-

346 *Bernhardt*, Das Recht des unehelichen Kindes, S. 140.

347 Ob es zulässig war, allein diesen, abweichend von § 1606 Abs. 2 BGB, mit der Unterhaltspflicht zu belasten, wurde nicht geklärt: *Wägenbaur*, Zur Aktualisierung, FamRZ 1962, S. 129.

348 *Wägenbaur*, Zur Aktualisierung, FamRZ 1962, S. 129. Zur Frage, ob der Unterhalt nach der Gesetzesänderung unmittelbar bis zum 18. Lebensjahr gerichtlich geltend gemacht werden konnte: *Bosch*, Zur erweiterten Unterhaltspflicht des nichtehelichen Vaters (§ 1708 I BGB), FamRZ 1962, S. 137f.

349 *Dunz*, Das neue Familienrechtsänderungsgesetz, NJW 1961, S. 2137,2139.

350 Kritisch dazu: *Wägenbaur*, Zur Aktualisierung, FamRZ 1962, S. 129.

351 Zum Meinungsstand: *Schlosser*, Der Einfluss des Grundgesetzes, FamRZ 1963, S. 620. Nach einer in der Literatur vertretenen Auffassung verlangte die vom Grundgesetz geforderte Herstellung von gleichen Bedingungen von ehelichen und nichtehelichen Kindern nicht zwingend die rechtliche Gleichstellung. Im Erbrecht spreche aber vieles für eine rechtliche Gleichstellung der ehelichen und nichtehelichen Kinder. Dies gelte insbesondere deshalb, weil gerade eine Ausstattung mit „*geringeren Rechten*" die gesellschaftliche Position des nichtehelichen Kindes erheblich beeinträchtigen könne: *Lutter*, Das Erbrecht des nichtehelichen Kindes, FamRZ 1967, S. 68. Sowohl die Unterhaltspflicht des nichtehelichen Kindes gegenüber seinem Vater und dessen Verwandten als auch dessen erweitertes Erbrecht wurde in der Literatur im Hinblick auf seine möglichen Folgen als verfehlt kritisiert: *Bosch*, Unehelichenrecht, FamRZ 1967, S. 518.

352 *Voss*, Das Erbrecht, S. 32; *Lutter*, Das Erbrecht des nichtehelichen Kindes, FamRZ 1967, S. 65.

353 BRDrs. 468/67.

anspruch beschränkt.[354] Der Entwurf ging schließlich sogar über die Vorschläge des 44. Deutschen Juristentages hinaus.[355] Allerdings sei auch zu beachten, dass das Erbrecht in der Regel den Vermögenserhalt im Verband der (Klein-)familie gewährleiste. In dieser sei das nichteheliche Kind oft noch ein „Eindringling", was seiner Beteiligung an der personenrechtlichen Nachlassgemeinschaft (Erbengemeinschaft) entgegenstehen könne.[356] Der Referentenentwurf gewährte in § 1930ff. BGB dem nichtehelichen Kind nur ein beschränktes gesetzliches Erbrecht. Neben ehelichen Kindern sollte das nichteheliche Kind nicht gesetzlicher Erbe werden können. Neben Verwandten zweiter Ordnung war ein Erbrecht des nichtehelichen Kindes zur Hälfte und neben Verwandten der dritten Ordnung ein umfassendes Erbrecht vorgesehen. Gegenüber der Ehefrau seines nichtehelichen Vaters sollte dem Kind das Erbrecht eines Verwandten der zweiten Ordnung zustehen.[357]

g) Das Prozessrecht

In der Rechtsprechung wurde die durch das Reichsgericht eingeräumte Möglichkeit, auf § 644 ZPO gestützt Statusklagen zu erheben, fortgesetzt.[358] Die biologische Vaterschaft sei, anders als etwa vom Obersten Gerichtshof in der britischen Zone angenommen,[359] nicht lediglich eine biologische Tatsache, die kein Rechtsverhältnis begründe. Die gesetzlichen Regelungen über das Verhältnis des nichtehelichen Kindes zu seinem Vater ließen vielmehr keinen Zweifel daran entstehen, dass zwischen diesen beiden ein gerichtlich feststellbares Rechtsverhältnis bestehe.[360] In dieser Entscheidung erkannte der BGH das familienrechtliche Verhältnis zwischen dem Kind und dem Vater an.[361] Durch das Familienrechtsänderungsgesetz aus dem Jahr 1961 wurde die von der Rechtsprechung aus un-

---

354 *Voss*, Das Erbrecht, S. 36.

355 Vgl. *Lutter*, Das Erbrecht, FamRZ 1967, S. 65.

356 *Lutter*, Das Erbrecht, FamRZ 1967, S. 70.

357 *Lutter*, Das Erbrecht, FamRZ 1967, S. 73.

358 BGH, Urteil vom 28. April 1952, IV ZR 99/51, BGHZ 5,385,399; BGH, Urteil vom 5. Juni 1952, IV ZR 185/51, NJW 1952,935,935; a.A. noch OGHBrZ Köln, Urteil vom 24. Juni 1949, IIb ZS 78/48, NJW 1952,750,751, der feststellte, dass Art. 6 Abs. 6 GG kein unmittelbar geltendes Recht, sondern lediglich eine Richtlinie für den Gesetzgeber begründe. Daher lehnte er für die Feststellung der Vaterschaft sowohl eine Statusklage aus § 644 ZPO, als auch eine allgemeine Feststellungsklage ab. Die Rechtsprechung des RG sei auf der nicht mehr maßgeblichen nationalsozialistischen Rassegesetzgebung begründet (S. 753); dazu: *Bernhardt*, Das Recht des unehelichen Kindes, S. 20. Dazu: *Schlosser*, Der Einfluss, FamRZ 1963, S. 609f.

359 OGHBrZ Köln, Urteil vom 24. Juni 1949, IIb ZS 78/48, NJW 1952,750,751.

360 BGH, Urteil vom 28. April 1952, IV ZR 99/51, BGHZ 5,385,388.

361 BGH, Urteil vom 28. April 1952, IV ZR 99/51, BGHZ 5,385,391.

terschiedlichen Motiven vorweggenommene Anwendbarkeit der für die allgemeine Statusklage geltenden Regelungen in den §§ 640ff. ZPO also legalisiert; der dem Wortlaut nach bis dahin entgegenstehende § 644 ZPO entfiel. Dies führte dazu, dass ein Unterhaltsurteil seine Wirkung durch ein im Anschluss daran ergangenes Statusurteil verlieren konnte, wenn der im Unterhaltsprozess verurteilte Vater (später) rechtskräftig festgestellt nicht der biologische Vater war. Der Bestand von Unterhaltsurteilen war damit gefährdet, die „*Zweispurigkeit*" des Verfahrens blieb bestehen.[362] Nunmehr konnten Statusurteile auch Vorrang selbst vor rechtskräftigen Urteilen in Unterhaltssachen erhalten.[363]

II. Die Reform durch das Nichtehelichengesetz

Am 7. Dezember 1967 legte der stellvertretende Bundeskanzler der Großen Koalition Willy *Brandt* dem Deutschen Bundestag den *Entwurf eines Gesetzes über die rechtliche Stellung der unehelichen Kinder* vor.[364] Die Gesetzesbegründung befasste sich ausführlich mit der bisherigen Entwicklung und den verfassungsrechtlichen Vorgaben, die zu dem Entwurf geführt hatten. Als unbefriedigend gelöst seien insbesondere die Rechtsbeziehungen des Kindes zu seinem Vater empfunden worden. Es sei allgemein gefordert worden, eine Verwandtschaft des Kindes zu seinem Vater herzustellen und dem Vater die Möglichkeit zu verschaffen, mit dem Kind zu verkehren. Im Unterhaltsrecht sei es erforderlich gewesen, das Kind auch von der Lebensstellung des Vaters profitieren lassen zu können. Zudem sei auch der vollständige Ausschluss des Kindes vom Erbrecht gegenüber seinem Vater als nicht sachgerecht empfunden worden. Die Reformarbeiten seien auf den Bereich des bürgerlichen Rechts beschränkt worden, weil die Einbeziehung der öffentlich-rechtlichen Regelungen das Reformvorhaben derart verzögert hätten, dass der verfassungsrechtlich gebotene Zeitrahmen nicht hätte eingehalten werden können.[365] Dem Reformentwurf sei der Gedanke zugrunde gelegt worden, dass sich die Benachteiligung der nichtehelichen Kinder vor allem aus der Tatsache der nicht geschlossenen Ehe seiner Eltern ergeben

---

362 *Wägenbaur*, Zur Aktualisierung, FamRZ 1962, S. 130.

363 BGH, Urteil vom 18. Mai 1953, IV ZR 126/52, NJW 1953,1545,1545; *Dunz*, Das neue Familienrechtsänderungsgesetz, NJW 1961, S. 2137,2140; vgl. *Lewald*, Anmerkung zu BGH, Urteil vom 5. Juni 1952, IV ZR 185/51, NJW 1952, S. 935,935.

364 BTDrs. V/2370. Die Entwicklung des Gesetzestext wird von *Jansen/Knöpfel*, Das neue Unehelichengesetz, Berlin, 1967 und von *Schubert*, Die Reform des Nichtehelichenrechts (1961 – 1969), Paderborn, 2003, dokumentiert. Zur Gesetzgebungsgeschichte: *Buske*, Ledige Mütter – Uneheliche Kinder, S. 323 – 343.

365 BTDrs. V/2370, S. 18f.

würde und diese nicht in einem dauerhaften und rechtlich geschützten Familienverband lebten. Der nichteheliche Vater, wenn er überhaupt festgestellt werden könne, könne in der Regel den ehelichen Vater nicht ersetzen, weil er nicht bei der Mutter lebe und zwischen ihm und der Mutter zudem nicht selten Spannungen bestehen würden. Der Mutter würde der Schutz des Ehemannes fehlen, sie stehe vielfach wirtschaftlich ungünstiger da und müsse ihren Unterhalt selbst verdienen. Zudem sei nicht selten die Einstellung der Mutter zum Vater des Kindes *„von Enttäuschung, von Hass gegen den Vater des Kindes oder gar von Verzweiflung*" geprägt. Erschwert werde die Stellung der nichtehelichen Mutter und ihres Kindes noch durch die ablehnende Haltung der Gesellschaft zu ihnen, die sich zwar abgeschwächt habe, aber noch immer nicht überwunden sei. Angesichts dieser Umstände sei eine ungleiche rechtliche Behandlung von ehelichen und nichtehelichen Kindern geradezu geboten, um eine tatsächliche Gleichstellung zu fördern. Alle Regelungen des Entwurfes seien von dem Grundsatz geprägt, dass das Kindeswohl im Vordergrund stehen müsse.[366]

Das ehemals weitgehend geschlossene System der rechtlichen Stellung nichtehelicher Kinder wurde aufgegeben.[367] Das BGB wies nicht zwei gesonderte Titel für eheliche und nichteheliche Kinder auf, sondern regelte diese Rechtsbereiche in einem Titel, allerdings mit Sonderregelungen für nichteheliche Kinder.[368] Am 1. Juli 1970[369] trat dann das den Entwurf weitgehend umsetzende[370] am 19. August 1969 beschlossene *Nichtehelichengesetz*[371] gerade noch in der von dem Bundesverfassungsgericht gesetzten Frist in Kraft, ohne jedoch – vor allem vor dem Hintergrund der Beziehungen zum biologischen Vater – abschließend zu überzeugen.[372] Mit ihm wurde allenfalls ein Etappenziel erreicht. In der Folgezeit führte akuter Reformbedarf mehrfach zum Tätigwerden des Gesetzgebers.

---

366 BTDrs. V/2370, S. 19 – 21.

367 *Buske*, Ledige Mütter – Uneheliche Kinder, S. 249.

368 *Kropholler*, Kritische Bestandsaufnahme im Nichtehelichenrecht, AcP 185 (1985), S. 254; *Schumann*, Das Nichtehelichenrecht, JuS 1996, S. 506.

369 Zu diesem Zeitpunkt war der Anteil der nichtehelichen Kinder auf 5,4 % der lebend geborenen Kinder und damit auf den niedrigsten Stand seit dem Ende des Zweiten Weltkrieges gesunken: *Buske*, Ledige Mütter – Uneheliche Kinder, S. 343.

370 Dabei war das beschlossene Gesetz jedoch, insbesondere im Erbrecht, stärker an der weitergehenden rechtlichen Gleichstellung ehelicher und nichtehelicher Kinder orientiert, als der ursprüngliche Entwurf: *Lange*, Das neue Nichtehelichenrecht, NJW 1070, S. 297.

371 Gesetz über die rechtliche Stellung der nichtehelichen Kinder vom 19. August 1969, BGBl. I., S. 1243.

372 Noch immer wurde in der Literatur die Auffassung vertreten, dass die Schöpfer des Grundgesetzes nicht die rechtliche Gleichstellung von nichtehelichen und ehelichen Kindern gewollt, sondern darauf abgezielt hätten, soziale Äquivalente zu schaffen. So lange das nichteheliche Kind außerhalb des Lebenskreises des Vaters aufwachse, sei eine schematische Gleichstellung auch nicht sinnvoll: *Voss*, Das Erbrecht, S. 28.

Zum 1. Januar 1980 wurde durch das *Gesetz zur Neuregelung der elterlichen Sorge* in § 1711 BGB[373] das Umgangsrecht des Kindes zu Gunsten des Vaters neu geregelt. Keine zehn Jahre später wurde ein erneuter Reformentwurf erörtert, der es zum Ziel hatte, das Umgangsrecht des nichtehelichen Vaters mit seinem biologischen Kind auszuweiten.[374] Am 27. Oktober 1989 legte die Bundesregierung den *Entwurf eines Gesetzes über die rechtliche Möglichkeit des Umgangs zwischen Vater und nichtehelichem Kind (Nichtehelichen-Umgangsgesetz – NEhelUmgG)*[375] vor. Erneut zeigte sich in einem Kernbereich des Rechts der nichtehelichen Kinder, dass die Rechtsentwicklung allenfalls einen Zwischenstopp eingelegt hatte, aber von einem Ruhezustand unverändert weit entfernt war.

1. Abstammung und Verwandtschaft

Auch nach der Reform durch das *Nichtehelichengesetz* waren nur wenige der Rechte und Pflichten des nichtehelichen Kindes im Verhältnis zu seinen Eltern unmittelbar an die Verwandtschaft geknüpft.[376] Unverändert unterschied auch das neue Nichtehelichenrecht zwischen der ehelichen (§§ 1591ff. BGB) und der nichtehelichen Abstammung (§§ 1600aff. BGB).[377] Trotzdem begründete die Reform einen wesentlichen Fortschritt für die Rechtsbeziehung des nichtehelichen Kindes zu seinem Vater. Durch die Streichung vom § 1589 Abs. 2 BGB

---

373 § 1711 BGB:
„*(1) Derjenige, dem die Personensorge für das Kind zusteht, bestimmt den Umgang des Kindes mit dem Vater. § 1634 Abs. 1 Satz 2 gilt entsprechend.*
(2) Wenn ein persönlicher Umgang mit dem Vater dem Wohle des Kindes dient, kann das Vormundschaftsgericht entscheiden, dass dem Vater die Befugnis zum persönlichen Umgang zusteht. § 1634 Abs. 2 gilt entsprechend. Das Vormundschaftsgericht kann seine Entscheidung jederzeit ändern.
(3) Die Befugnis, Auskunft über die persönlichen Verhältnisse des Kindes zu verlangen, bestimmt § 1634 Abs. 3.
(4) In geeigneten Fällen soll das Jugendamt zwischen dem Vater und dem Sorgeberechtigten vermitteln."

374 *Lempp*, Zur Umgangsbefugnis des nichtehelichen Vaters, FamRZ 1989, S. 17.

375 BTDrs. 11/5494, auszugsweise abgedruckt in: FamRZ 1988, S. 584; kritisch besprochen von: *Schwab*, Zum Entwurf eines Gesetzes über die rechtliche Möglichkeit des Umgangs zwischen Vater und nichtehelichem Kind – Nichtehelichenumgangsgesetz – NEhelUmgG, FamRZ 1990, S. 932; *Hahne*, Überlegungen zur Verbesserung der Rechtsstellung des nichtehelichen Kindes, FamRZ 1990, S. 928.

376 *Holzhauer*, Verwandtschaftliche Elternstellung, FamRZ 1982, S. 111.

377 *Kropholler*, Kritische Bestandsaufnahme im Nichtehelichenrecht, AcP 185 (1985), S. 260.

war die Verwandtschaft des nichtehelichen Kindes zu ihm hergestellt.[378] Die Reform führte auch dazu, dass neben der Mutter, deren Elternrecht auch zuvor nicht bestritten worden war,[379] auch dem nichtehelichen Vater ein solches Recht zuerkannt wurde.[380] Gemäß § 1600a BGB bedurfte aber die Herstellung der rechtlichen Vaterschaft für das nichteheliche Kind weiterhin ihrer Feststellung durch Anerkennung[381] oder eine gerichtliche Entscheidung.

2. Die Anfechtung und die Vaterschaftsfeststellung

Kinder, die in die Ehe geboren wurden, galten als ehelich, solange der Ehemann die Vaterschaft nicht erfolgreich angefochten hatte.[382] Die Anfechtbarkeit des Anerkenntnisses war gemäß § 1600h Abs. 1 BGB im Interesse der Rechtssicherheit und des Rechtsfriedens zeitlich auf ein Jahr befristet. Der Ehemann konnte die Ehelichkeit aber innerhalb einer Frist von zwei Jahren nach Kenntnis der die nichteheliche Abstammung begründenden Tatsachen anfechten (§ 1593f BGB). Die mit zwei Jahren längere Frist für den Ehemann in § 1594 Abs. 2 BGB wurde mit der vielfach fehlenden Kenntnis des Ehemanns davon begründet, dass er Klage erheben müsse, um seine Rechte zu wahren.[383] Anders als der Anerken-

378 *Buske*, Ledige Mütter – Uneheliche Kinder, S. 248. Mit der aufgehobenen Regelung habe nach Auffassung der Entwurfverfasser nicht das durch die Zeugung zwischen dem Kind und dem Vater geknüpfte Band geleugnet, sondern lediglich zum Ausdruck gebracht werden sollen, dass die an die Verwandtschaft anknüpfenden Regelungen nicht zur Anwendung kamen. Das Streichen der Regelung sei jedoch im Hinblick auf Art. 6 Abs. 5 GG erforderlich: BTDrs. V/2370, S. 24.

379 *Hahnzog*, Inhaber des Elternrechts aus Art. 6 Abs. II GG, FamRZ 1971, S. 337.

380 *Holzhauer*, Verwandtschaftliche Elternstellung, FamRZ 1982, S. 111; zurückhaltender noch: *Hahnzog*, Inhaber des Elternrechts aus Art. 6 Abs. II GG, FamRZ 1971, S. 336.

381 Überlegungen im Gesetzgebungsverfahren, auch bei einer Anerkennung der Vaterschaft mit Zustimmung des Kindes ein gerichtliches Feststellungsverfahren durchzuführen, wurden im Hinblick auf die als gering eingeschätzte Zahl der unrichtigen Anerkenntnisse verworfen: BTDrs. V/2370, S. 26.

382 Diese Regeln führten dazu, dass ein weniger als 302 Tage nach der Eheschließung geborenes Kind einer inzwischen mit dem biologischen Vater verheirateten Frau zunächst als eheliches Kind des alten Ehemannes galt, dieser die Ehelichkeit anfechten musste und das Kind dann bis zur nachträglichen Legitimation durch den neuen Ehemann unehelich war: *Schumann*, Das Nichtehelichenrecht, JuS 1996, S. 506.

383 Das Kind selbst konnte nur in den engen Grenzen der §§ 1596 – 1598 BGB anfechten, eine Einschränkung, die jedoch nach der Rechtsprechung des Bundesverfassungsgerichts gegen das allgemeine Persönlichkeitsrecht des Kindes verstieß. Die Kenntnis der Abstammung gehöre als Individualisierungsmerkmal zur Persönlichkeit und biete Einzelnen wichtige Anknüpfungspunkte für die Entfaltung der eigenen Individualität: BVerfG, Urteil vom 31. Januar

nende müsse sich der eheliche Vater nicht ausdrücklich zu seinem Kind bekennen.[384]

Wurde ein Kind in eine Ehe hineingeboren, war bis zur erfolgreichen Anfechtung der Ehelichkeit durch den rechtlichen Vater eine Klage des nach seiner Überzeugung biologischen Vaters auf Feststellung seiner Vaterschaft unzulässig. Gemäß § 1593 BGB[385] konnte also der als Ehemann rechtliche Vater durch das Unterlassen der Ehelichkeitsanfechtung das Entstehen jeglicher Rechte des biologischen Vater verhindern. Die eingeschränkte Möglichkeit der Vaterschaftsanfechtung sollte, so der BGH, dem Familienfrieden und damit dem Kindeswohl dienen. Deshalb sei das Eindringen von außen in die Intimsphäre der Familie, das mit dem Aufdecken der außerehelichen Zeugung verbunden wäre, untersagt. So könne den Interessen des Kindes, die denjenigen der Mutter und des Vaters gegenüber vorrangig seien, am besten entsprochen werden. Das Interesse des Kindes wiederum sei darauf gerichtet, ungestört in einer Familie aufzuwachsen. Dem diene es, die Anfechtbarkeit der Ehelichkeit frühzeitig und endgültig enden zu lassen. Durch die Unanfechtbarkeit seines Personenstammes würden Schwierigkeiten des Kindes hinsichtlich seiner Stellung in Familie und Gesellschaft vermieden werden.[386]

Die Regelungen der Vaterschaftsfeststellung blieben inhaltlich weitgehend unverändert. Allerdings wurde mit der Reform auch das Ziel verfolgt, die Mehrverkehrseinrede zu beseitigen.[387] Die in dem Entwurf vorgesehenen Regelung wurde jedoch kritisiert, weil in der Vermutungsregel die Gefahr gesehen wurde, dass sie zur bloßen Beweislastregel in Form eines Anscheinsbeweises mutierte.[388]

1989, 1 BvL 17/87, BVerfGE 79,256,268; BVerfG, Urteil vom 4. Dezember 1974, 1 BvL 14/73, NJW 1975,203,201 = BVerfGE 38,241,257 (Verfassungsmäßigkeit der zeitlichen Beschränkung der Ehelichkeitsanfechtung in § 1594 Abs. 1 BGB). Die unterschiedliche Ausgestaltung des Anfechtungsrechts des Kindes und des Scheinvaters waren danach durch einleuchtende Gründe gerechtfertigt.

384 BTDrs. V/2370, S. 33.

385 § 1593 BGB:
„*Die Nichtehelichkeit eines Kindes, das während der Ehe oder innerhalb von dreihundertundzwei Tagen nach Auflösung oder Nichtigerklärung der Ehe geboren ist, kann nur geltend gemacht werden, wenn die Ehelichkeit angefochten und die Nichtehelichkeit rechtskräftig festgestellt ist.*“

386 BGH, Urteil vom 25. März 1981, IVb ZR 561/80, NJW 1981,1372,1373.

387 Die Möglichkeit dazu sei durch den wissenschaftlichen Fortschritt verschafft worden. Durch die neuen Begutachtungsmethoden sei es inzwischen möglich, Personen, die nicht der Vater seien könnten, mit großer Sicherheit auszuschließen: BTDrs. V/2370, S. 37.

388 *Zweigert*, Zur Reform des Unehelichenrechts, JuS 1967, S. 246.

3. Die Benennung des Vaters

Das nichteheliche Kind hatte unverändert Schwierigkeiten, gegen seine Mutter einen Auskunftsanspruch auf Benennung des Vaters oder zumindest die dafür in Betracht kommenden Männer durchzusetzen. Hierbei wurde in der höchstrichterlichen Rechtsprechung vor dem *Nichtehelichengesetz* davon ausgegangen, dass die Preisgabe des Namens der denkbaren Erzeuger zur grundrechtlich geschützten Intimsphäre der Mutter gehörte.[389] Daran wurde auch nach der Reform zunächst festgehalten.[390] In einem Urteil vom 31. Januar 1988 stellte das Bundesverfassungsgericht dann aber fest, dass das nichteheliche Kind aus dem allgemeinen Persönlichkeitsrecht auch ein Recht auf Kenntnis der eigenen Abstammung ableiten könne. Vor diesem Hintergrund sei auch die Frage zu beantworten, ob auch ein volljähriges Kind, dessen Nichtehelichkeit nicht festgestellt war, beim Bestand der Ehe weiterhin gemäß § 1596 BGB von der gerichtlichen Feststellung der Vaterschaft ausgeschlossen werden durfte (§ 1600a BGB). Es sei mit dessen Persönlichkeitsrecht nicht vereinbar, dass ein Kind im Falle des weiteren Bestehens der Ehe seiner (rechtlichen) Eltern ausnahmslos kein Recht dazu habe, die gerichtliche Feststellung seiner Abstammung zu veranlassen.[391] Die Kenntnis der Abstammung sei ein konstitutiver Faktor der Entfaltung der Persönlichkeit. Ein Eingriff darin sei nur dann verhältnismäßig, wenn er tatsächlich geeignet sei, einen bestehenden Familienfrieden zu bewahren.[392] Mit dieser Entscheidung geriet der Gesetzgeber erneut in Zugzwang. Sie rief die Gefahr hervor, dass die Instanzgerichte – ohne hinreichende gesetzliche Grundlage – die

389 Dementsprechend konnte eine Beamtin dem Grunde nach auch dann die Gewährung eines Kinderzuschlags verlangen, wenn sich weigerte, den Namen des nichtehelichen Vaters zu benennen: BGH, Urteil vom 20. Oktober 1958, III ZR 121/57, FamRZ 1959,116,17. Ebenso wenig durfte einer Beamtin daraus ein beihilferechtlicher Nachteil erwachsen, dass sie den Vater, gegen den sie wegen der Entbindungskosten einen Anspruch geltend machen könnte, nicht benannte: BVerwG, Urteil vom 3. September 1970, II C 130/67, FamRZ 1971,163,165.

390 BGH, Beschl. vom 11. November 1981, IVb ZB 783/81, NJW 1982,381,382; einschränkend: LG Bremen, Urteil vom 10. März 1998, 1 S 518/97, NJW 1999,729. Nach Auffassung der 1. Zivilkammer des LG Münster sollte die Mutter aus § 1618a BGB zumindest verpflichtet sein, dem Kind die Namen und Anschriften der Männer mitzuteilen, mit denen sie in der Empfängniszeit Geschlechtsverkehr hatte: LG Münster, Urteil vom 26. August 1998, 1 S 414/89, NJW 1999,726,727.

391 BVerfG, Urteil vom 31. Januar 1989, 1 BvL 17/87, BVerfGE 79,256,268 = NJW 1989,891, 891.

392 BVerfG, Urteil vom 31. Januar 1989, 1 BvL 17/87, BVerfGE 79,256,272 = NJW 1989,891, 892.

Anforderungen an die Prognose über die Störung des Ehe- und Familienfriedens unterschiedlich treffen würden.[393]

4. Das Sorgerecht

Mit der seit dem 1. Januar 1970 in § 1705 BGB geregelten Zuweisung ging die elterliche Gewalt auf die Mutter über,[394] war jedoch einer Reihe von Einschränkungen[395] unterworfen.[396] Gleichzeitig trat in § 1706 für bestimmte Angelegenheiten, vor allem für Status- und Unterhaltsfragen, eine Amtspflegschaft im Zuständigkeitsbereich des Jugendamts ein, die bereits deutlich weniger Eingriffsmöglichkeiten eröffnete, als die ursprünglich von der Regierung befürwortete Amtsbeistandsschaft.[397] Auch diese Regelung war von dem Gedanken geprägt, dass die *tatsächlich-soziale* Lage eines nichtehelichen Kindes durch das Fehlen einer mit den Eltern bestehenden Familiengemeinschaft geprägt war; die Beziehungen von ehelichen und nichtehelichen Kindern zu ihren Eltern wurden somit als grundsätzlich unterschiedlich angesehen.[398]

Gemäß § 1706 BGB wurde der nichtehelichen Mutter zur sachgerechten Wahrung der Interessen gegen den Vater ein Amtspfleger zur Seite gestellt, der ihr bei der Feststellung der Vaterschaft und der Geltendmachung von Unterhalts- und Erbansprüchen zur Seite stehen sollte.[399] Von der früher gegebenen Möglichkeit der Erlangung des uneingeschränkten Sorgerechts war nur noch die Adoption geblieben; die Bestellung als Einzelvormund war nicht mehr vorgese-

---

393 *Ramm*, Ehelichkeitsanfechtung und Bundesverfassungsgericht, in: *Ramm*, Familienrecht Verfassung Geschichte Reform, Tübingen, 1996, S. 71.

394 *Buske*, Ledige Mütter – Uneheliche Kinder, S. 344.

395 Durch die Neufassung von § 1705 BGB wurden die Rechte der Mutter erweitert. Sie entsprachen aber noch nicht denen einer ehelichen Mutter. Hauptziel der Reform sei es gewesen, die Situation des nichtehelichen Kindes zu verbessern. Sinn der Amtsvormundschaft sei der Schutz des Kindes vor den Folgen von Problemen, denen die nichteheliche Mutter typischerweise ausgesetzt sei. Dies würde unverändert eine Beschränkung des Sorgerechts der Mutter rechtfertigen, die jedoch auf die Beistandschaft beschränkt werden könnte: BTDrs. V/2370, S. 63.

396 *Göppinger*, Elterliche Gewalt über nichteheliche Kinder, FamRZ 1970, S. 57f; *Finger*, Die Beendigung der Amtspflegschaft des Jugendamtes nach § 1707 BGB, FamRZ 1983, S. 429.

397 *Richter*, Soll die gesetzliche Amtspflegschaft abgeschafft werden?, FamRZ 1994, S. 6.

398 Das Sorgerecht war gleichzeitig der am meisten umstrittene Teil des deutschen Nichtehelichenrechts: *Kropholler*, Kritische Bestandsaufnahme im Nichtehelichenrecht, AcP 185 (1985), S. 267.

399 Zu den Vorteilen der vom Antrag der Mutter unabhängigen Amptspflegschaft: *Schumann*, Das Nichtehelichenrecht, JuS 1996, S. 508.

hen. Der nichtehelichen Mutter stand gemäß § 1627 BGB die elterliche Gewalt zu, die sie *„in eigener Verantwortung zum Wohle des Kindes“* auszuüben hatte. Begrenzt wurde die elterliche Sorge der nichtehelichen Mutter gemäß § 1642 BGB etwa bei der Anlage des Geldes, gemäß § 1649 BGB bei der Vermögensverwaltung und gemäß §§ 1666 bis 1669 BGB bei allgemeinen Einschränkungen. In § 1706 BGB sah das neu gefasste Gesetz eine Pflegschaft für das nichteheliche Kind vor, die sich wesentlich auf die Verfahren zur statusrechtlichen Situation des Kindes und seines Vaters, also die mit der Vaterschaft und seines Unterhaltsanspruchs gegen den Vater zusammenhängenden Verfahren bezog. Dem lag der Gedanke zugrunde, dass die Mutter mit der Führung derartiger Prozesse überfordert und zu unerfahren sein konnte. Anders als ein Vormund durfte der Pfleger Unterhaltsansprüche allein geltend machen, musste die Zahlungseingänge aber an die Mutter weiterleiten und durfte sie nicht verwalten. Unterhaltsansprüche gegen die Mutter und deren Verwandte durfte der Pfleger nicht verfolgen.[400] Pfleger des Kindes wurde gemäß § 1709 BGB mit der Geburt des Kindes das Jugendamt.[401] Zudem konnte die Mutter beantragen, dass die Pflegschaft von vornherein nicht eintrat (§ 1707 S. 2 Nr. 1 BGB), aufgehoben (§ 1707 S. 2 Nr. 2 BGB)[402] oder beschränkt (§ 1707 S. 1 Nr. 3 BGB) wurde. Auch hierfür war allein das Wohl des Kindes maßgeblich. Dies hatte zur Konsequenz, dass nicht mehr die Mutter für die Legitimation ihres Antrages im Hinblick auf das Kindeswohl darlegungs- und beweispflichtig war, sondern ihr die elterliche Sorge schon dann übertragen werden musste, wenn ihre Pläne *„wohlverstandenen Kindesinteressen“* nicht entgegenstanden.[403]

Gerade im Hinblick auf das Sorgerecht des Vaters erwies sich das Nichtehelichenrecht auch nach der ersten Kindschaftsrechtsreform als weiterhin reformbedürftig. Dem Vater konnte, da entsprechende Regelungen fehlten, die elterliche Gewalt nicht übertragen werden. Erlangen konnte er sie vor allem durch die Ehelichkeitserklärung des Kindes (§ 1723 BGB) oder die Adoption.[404] Sein Elternrecht war, weitgehend unumstritten, nicht mit dem Sorgerecht verbun-

400 *Göppinger*, Elterliche Gewalt über nichteheliche Kinder, FamRZ 1970, S. 59f.

401 Dazu: *Göppinger*, Elterliche Gewalt über nichteheliche Kinder, FamRZ 1970, S. 61f.

402 Eine Aufhebung der Pflegschaft kam vor allem dann in Betracht, wenn das Verhältnis zu dem Vater im Hinblick auf den Status und die Unterhaltszahlung geklärt war und künftige gerichtliche Auseinandersetzungen darüber unwahrscheinlich erschienen: vgl. *Göppinger*, Elterliche Gewalt über nichteheliche Kinder, FamRZ 1970, S. 63. Zur Rechtsprechung, der Mutter die uneingeschränkte elterliche Gewalt zu übertragen: *Finger*, Die Beendigung der Amtspflegschaft, FamRZ 1983, S. 431.

403 *Finger*, Die Beendigung der Amtspflegschaft, FamRZ 1983, S. 429; für die Beibehaltung der Amtspflegschaft dagegen: *Bosch*, Die Beendigung der Amtspflegschaft des Jugendamtes nach § 1707 BGB, FamRZ 1983, S. 433.

404 *Göppinger*, Elterliche Gewalt über nichteheliche Kinder, FamRZ 1970, S. 65.

den.[405] Der nichteheliche Vater nehme an dem persönlichen Schicksal seines Kindes kaum Anteil und vernachlässige zudem oft seine Unterhaltspflichten.[406] Um dem gegenüber dem ehelichen Kind ohnehin benachteiligten nichtehelichen Kind die gebotene Sicherheit zu verschaffen und ein ruhiges Aufwachsen zu gewährleisten, werde eine alleinige Zuordnung zu der Mutter vorgenommen.[407] Auch wenn das Kind mit beiden nicht verheirateten Eltern zusammenlebe, sei diese Lebensgemeinschaft – so die Begründung des Gesetzentwurfes – durch ihre Unverbindlichkeit – ihre jederzeitige folgenlose Auflösbarkeit – geprägt. Durch die Regelung in § 1705 BGB habe der Gesetzgeber dem Kind Sorgerechtsstreitigkeiten erspart. Diese auf der überkommenen Vorstellung von der Rolle des nichtehelichen Vaters beruhende Regelung wurde jedoch nicht einhellig hingenommen. Kritisiert wurde vor allem, dass der radikale Ausschluss des nichtehelichen Vaters vom Sorgerecht auf der verfehlten Annahme beruhe, der Vater sei weder an dem Kind noch an der Mutter interessiert.[408] Dieses Vaterbild des *Nichtehelichengesetzes* sei schon zum Zeitpunkt dessen Erlasses zu vereinfachend gewesen. Angesichts der Mannigfaltigkeit der Lebensverhältnisse habe es sich jedenfalls wegen des Zeitablaufs als nicht sachgerecht erwiesen. Die Ermöglichung der Einräumung eines Sorgerechts des Vaters sei in Erwägung zu ziehen.[409]

Hatten bei ehelichen Kindern während der Ehe grundsätzlich beide Eltern das Sorgerecht inne, ging das erste *Kindschaftsrechtsreformgesetz* davon aus, dass es dem Wohl des nichtehelichen Kindes am besten entsprach, das Sorgerecht ausschließlich einem Elternteil zuzuordnen.[410] Nachdem das Bundesverfassungsgericht dies bei Scheidungskindern für verfassungswidrig erklärt hatte,[411] entwickelte die Rechtsprechung das Institut des gemeinsamen Sorgerechts geschiedener Eltern. Bei nichtehelichen Kindern legte dagegen § 1705 BGB[412] das

405 *Holzhauer*, Verwandtschaftliche Elternstellung, FamRZ 1982, S. 111 – 114.

406 BTDrs. V/2370, S. 19; *Lipp*, Das elterliche Sorgerecht, FamRZ 1998, S. 67.

407 *Lipp*, Das elterliche Sorgerecht, FamRZ 1998, S. 67. Das alleinige Sorgerecht der Mutter wurde durch das BVerfG zunächst als verfassungsgemäß bestätigt: BVerfG, Urteil vom 24. März 1981, 1 BvR 1516/78, 964/80, 1337/80, NJW 1981,1201,1204; kritisch: *Ziegler/Mäuerle*, Familienrecht, S. 224.

408 *Kropholler*, Kritische Bestandsaufnahme, AcP 185 (1985), S. 268.

409 *Kropholler*, Kritische Bestandsaufnahme, AcP 185 (1985), S. 269, 276.

410 BTDrs. V 2370, S. 75.

411 BVerfG, Urteil vom 3. November 1982, 1 BvL 25/80, NJW 1983,101.

412 § 1705 BGB:
„Das nichteheliche Kind steht, solange es minderjährig ist, unter der elterlichen Sorge der Mutter. Die Vorschriften über die elterliche Sorge für eheliche Kinder gelten im Verhältnis zwischen dem ehelichen Kinde und seiner Mutter entsprechend, soweit sich nicht aus den Vorschriften dieses Titels ein anderes ergibt.“

alleinige Sorgerecht der Mutter fest. Die Mutter konnte den Vater lediglich faktisch oder durch eine Vollmacht an der Ausübung der elterlichen Sorge beteiligen. Der Vater konnte nach einer Ehelichkeitserklärung (§ 1723 BGB),[413] die einen Antrag des Vaters und – beim minderjährigen Kind – die Einwilligung der Mutter voraussetzte und dem Wohle des Kindes entsprechen musste, sorgeberechtigt werden. Allerdings verlor dann die Mutter gemäß § 1738 Abs. 1 BGB[414] das Recht und die Pflicht zur elterlichen Sorge. Eine gemeinsame Sorge beider Eltern sah das Gesetz nicht vor. Im Gesetzentwurf wurde dies damit begründet, dass der Natur der Sache nach nur eine Zuordnung der elterlichen Sorge zu der Mutter in Betracht komme. Der Vater habe, anders als die Mutter, selten die Gelegenheit, das Kind selbst zu pflegen. Zudem hätte nur eine kleine Minderheit von Vätern ein Interesse daran, das Kind zu sich zu nehmen. Daher sei es sachgerecht, dem Vater grundsätzlich die elterliche Gewalt nicht zu übertragen und – entsprechend § 46 FGB – die Erlangung der elterlichen Gewalt durch ihn nur in Ausnahmefällen zuzulassen.[415]

Weiteren Reformüberlegungen im Hinblick auf das gemeinsame Sorgerecht wurden in der Literatur unverändert mit der Begründung als nicht erforderlich angesehen, dass es *„aus Gründen der Stabilität und der faktischen und rechtlichen Absicherung des Kindes"* sachgerecht wäre, die elterliche Sorge allein bei der Mutter zu belassen. Dies sei schon damit zu begründen, dass es den nichtehelichen Beziehungen an dem in der Ehe fest institutionalisierten Gegenseitigkeitsverhältnis mit klaren während und nach der Ehe bestehenden Pflichten fehle. Die Bindungstiefe der nichtehelichen Lebensgemeinschaften sei dagegen vielfältig. Das Kind benötige ab seiner Geburt eine klare rechtliche Zuordnung auch über das Ende der Beziehung seiner Eltern hinaus.[416]

Diese Regelung wurde durch das Bundesverfassungsgericht als verfassungskonform bestätigt: BVerfG, Urteil vom 24. März 1981, 1 BvR 1516/78, 964,1337/80, BVerfGE 56,363,380 = NJW 1981,1201,1204.

413 1723 BGB:
„Ein nichteheliches Kind ist auf Antrag seines Vaters vom Vormundschaftsgericht für ehelich zu erklären, wenn die Ehelichkeitserklärung dem Wohle des Kindes entspricht und ihr keine schwerwiegenden Gründe entgegenstehen."

414 § 1738 Abs. 1 BGB:
„Mit der Ehelicherklärung verliert die Mutter das Recht und die Pflicht, die elterliche Sorge auszuüben."

415 BTDrs. V/2370, S. 63.

416 *Hahne*, Überlegungen, FamRZ 1990, S. 929.

5. Das Umgangsrecht

Auch beim Umgangsrecht wurde der nichteheliche Vater erheblich schlechter gestellt als der geschiedene eheliche Vater. Ehelichen Vätern stand gemäß § 1634 Abs. 1 BGB grundsätzlich ein Umgangsrecht zu. Dieses Recht blieb den nichtehelichen Vätern versagt.[417] Für nichteheliche Kinder schuf § 1711 BGB[418] zum 1. Juli 1970 aber erstmalig[419] die Regelung, dass gegen den Willen der Mutter ein Umgangsrecht des Vaters durchgesetzt werden konnte.[420] Das galt jedoch nur dann, wenn dies dem Wohl des Kindes diente, also für das Kind als vorteilhaft, nützlich oder förderlich angesehen wurde.[421] Einen Anspruch auf die Durchsetzung eines Verkehrsrechts hatte der Vater nicht. Ob das Verkehrsrecht des Vaters dem Wohle des Kindes diente, hatte das Vormundschaftsgericht zu entscheiden, wobei die bisherigen Kontakte des Vaters zu seinem Kind, aber auch seine Bereitschaft, den geschuldeten Unterhalt zu leisten, maßgeblich sein sollten.[422]

Diese Regelung wurde in der Literatur kritisiert. Das Wohl des Kindes erfordere es nicht von vornherein, den nichtehelichen Vater von jeglicher persönlichen Beziehung zum Kind auszuschließen. Jedenfalls dann, wenn der Vater mit der Mutter zusammengelebt habe, müsse sein Elternrecht akzeptiert werden. Dies gebiete schon der Blick auf geschiedene eheliche Väter. Selbst bei einer räumlichen Trennung könne der nichteheliche Vater bei entsprechendem Verantwortungsbewusstsein seiner Aufgabe bei der Erziehung und Pflege nachkommen.[423]

---

417 *Lange*, Das neue Nichtehelichenrecht, NJW 1070, S. 303.

418 § 1711 BGB lautete ursprünglich:
„*(1) Derjenige, dem die Sorge für die Person des Kindes zusteht, bestimmt, ob und in welchem Umfang dem Vater Gelegenheit gegeben werden soll, mit dem Kinde persönlich zu verkehren. Wann ein persönlicher Umgang mit dem Vater dem Wohle des Kindes dient, kann das Vormundschaftsgericht entscheiden. Es kann seine Entscheidung jederzeit ändern.*
(2) In geeigneten Fällen soll das Jugendamt zwischen dem Vater und dem Sorgeberechtigten vermitteln.“

419 BVerfG, Urteil vom 24. März 1981, 1 BvR 1516/78, 964,1337/80, BVerfGE 56,363,366 = NJW 1981,1201,1203f.

420 Die Schaffung eines eigenständigen Verkehrsrechts des Vaters war damit aber nicht beabsichtigt: BTDrs. V/2370, S. 68.

421 *Ziegler/Mäuerle*, Familienrecht, S. 224.

422 *Göppinger*, Elterliche Gewalt über nichteheliche Kinder, FamRZ 1970, S. 67f.

423 *Hahnzog*, Inhaber des Elternrechts aus Art. 6 Abs. II GG, FamRZ 1971, S. 338. Im Jahr 1971 hatte das Bundesverfassungsgericht im Zusammenhang mit dem Verkehrsrecht des geschiedenen nicht sorgeberechtigten Vaters auch einen Vergleich mit dem nichtehelichen Vater vorgenommen. Das Verkehrsrecht stehe grundsätzlich auch dem nicht sorgeberechtigten Elternteil zu. Die Andersbehandlung des geschiedenen und des nichtehelichen Vater folge schon da-

Bei den Einschränkungen blieb es aber dennoch mit geringfügigen, vor allem technischen Verbesserungen bis zur Wiedervereinigung. Auch durch die Neufassung von § 1711 BGB[424] durch das *Gesetz zur Neuregelung der elterlichen Sorge* vom 18. Juli 1979[425] verbesserte sich die Situation für den nichtehelichen Vater nicht wesentlich.[426] Gleichwohl kamen die Reformüberlegungen nicht zum Erliegen. Im Jahr 1989 wurde erneut ein Gesetzentwurf erörtert, der es zum Ziel hatte, das Umgangsrecht des nichtehelichen Vaters mit seinem biologischen Kind auszuweiten. Danach sollte dem nichtehelichen Vater ein Umgangsrecht mit dem Kind schon dann eingeräumt werden, wenn der persönliche Kontakt mit dem Vater mit dem Wohl des Kindes vereinbar war.[427] Noch kurz vor der Maueröffnung, am 27. Oktober 1989, legte die Bundesregierung den *Entwurf eines Gesetzes über die rechtliche Möglichkeit des Umgangs zwischen Vater und nichtehelichem Kind (Nichthelichen-Umgangsgesetz – NEhelUmgG)*[428] vor. Die Gesetzesbegründung schilderte die bestehende Rechtslage als unbefriedigend. Das geltende Recht sehe ein Entscheidungsrecht der Personensorgeberechtigten, in der Regel der Mutter, über das Umgangsrecht des nichtehelichen Vaters mit

---

raus, dass letzterem kein Verkehrsrecht zu seinem Kind zustehe, was, entsprechend der Gesetzesbegründung, auf der andersartigen soziobiologischen Stellung des nichtehelichen Vaters beruhe: BVerfG, Beschl. vom 15. Juni 1971, 1 BvR 192/70, NJW 1971,1447,1449.

424 § 1711 BGB:
„(1) *Derjenige, dem die Personensorge für das Kind zusteht, bestimmt den Umgang des Kindes mit dem Vater. § 1634 Abs. 1 Satz 2 gilt entsprechend.*
(2) *Wenn ein persönlicher Umgang mit dem Vater dem Wohle des Kindes dient, kann das Vormundschaftsgericht entscheiden, dass dem Vater die Befugnis zum persönlichen Umgang zusteht. § 1634 Abs. 2 gilt entsprechend. Das Vormundschaftsgericht kann seine Entscheidung jederzeit ändern.*
(3) Die Befugnis, Auskunft über die persönlichen Verhältnisse des Kindes zu verlangen, bestimmt § 1634 Abs. 3.
(4) In geeigneten Fällen soll das Jugendamt zwischen dem Vater und dem Sorgeberechtigten vermitteln."

425 BGBl. I., S. 1061.

426 Die Einschränkungen des väterlichen Verkehrsrechtes wurden vom Bundesverfassungsgericht nicht als verfassungswidrig angesehen. Es sei zu akzeptieren, wenn die Mutter aus Gründen verschiedenster Art Kontakte des nichtehelichen Vaters zu seinem Kind ablehne. Die Erfahrungen nach Ehescheidungen hätten gezeigt, dass gerichtliche Verkehrsregelungen vielfach die Schwierigkeiten des Kindes vermehren würden: BVerfG, Urteil 24. März 1981, 1 BvR 1516/78 und 964, 1337/80, BVerfGE 56,363 = NJW 1981,1201,1203.

427 *Lempp*, Zur Umgangsbefugnis des nichtehelichen Vaters, FamRZ 1989, S. 17.

428 BTDrs. 11/5494, auszugsweise abgedruckt in: FamRZ 1988, S. 584; kritisch besprochen von: *Schwab*, Zum Entwurf eines Gesetzes über die rechtliche Möglichkeit des Umgangs zwischen Vater und nichtehelichem Kind – Nichtehelichenumgangsgesetz – NEhelUmgG, BT-Drucks. 11/5494, FamRZ 1990, S. 932; *Hahne*, Überlegungen zur Verbesserung der Rechtsstellung des nichtehelichen Kindes, FamRZ 1990, S. 928.

dem Kind vor. Wenn die Mutter den Umgang verweigere, könnte das Vormundschaftsgericht diesen nur dann gestatten, wenn er dem Wohl des Kindes diene. Dadurch werde der Wert der Vaterbeziehung nicht hinreichend beachtet; nichteheliche Väter würden davon abgehalten, das Umgangsrecht gegen den Willen der Mutter durchzusetzen.[429] Gegen die bestehende Regelung sei eingewandt worden, es sei angesichts des Ansteigens der Zahl der nichtehelichen Lebensgemeinschaften und des Anstiegs der Zahl der Geburten nichtehelicher Kinder anzunehmen, dass die Kinder häufig auch in nichteheliche Lebensgemeinschaften hineingeboren würden. Zudem steige im Hinblick auf das neue Rollenverständnis das Interesse der Männer an der Pflege und Erziehung ihrer nichtehelichen Kinder. Letztlich entschärfe die gestiegene gesellschaftliche Toleranz gegenüber nichtehelichen Kindern die Probleme, die sich den Eltern früher gestellt hätten.[430] Nach der geplanten Neufassung von § 1711 Abs. 2 BGB[431] wäre den Bindungen des Kindes an den Vater eine größere Bedeutung eingeräumt worden.[432]

Unabhängig von dem erkannten Regelungsbedürfnis wurde in Frage gestellt, ob die Reform zum richtigen Zeitpunkt geplant wurde. Es sei zu prüfen, ob es vernünftig sei, aus dem Gesamtkomplex der möglichen Überarbeitung des Nichtehelichenrechts den Umgang des nichtehelichen Kindes mit seinem biologischen Vater isoliert zu reformieren. Diese Regelung hinge inhaltlich mit derjenigen zum Sorgerecht, insbesondere nach dem Ausfall der Mutter als Sorgeberechtigte, zusammen. Die auf das Umgangsrecht beschränkte Reform beinhalte die Gefahr, dass diese wichtigen Bereiche unbearbeitet blieben.[433] Auch inhaltlich wurde der Entwurf kritisiert. Maßgeblich sei jedenfalls zu beachten, dass das Kindeswohl im Mittelpunkt der Reform stehen müsse. Unverändert würden viele nichteheliche Kinder aus flüchtigen Verbindungen hervorgehen. Die Mutter

429 BTDrs. 11/5494, S. 1 und 5.

430 BTDrs. 11/5494, S. 7.

431 § 1711 Abs. 2 BGB:
„*Wenn ein persönlicher Umgang mit dem Vater dem Wohl des Kindes nicht widerspricht, kann das Vormundschaftsgericht dem Vater die Befugnis zum persönlichen Umgang einräumen; hierbei sind die Bindungen des Kindes an seinen Vater besonders zu berücksichtigen.*"

432 Mit der geplanten Neuregelung sollten nach dem Willen des Gesetzgebers der Wert der Vaterbeziehung zu seinem Kind besonders betont und die Bereitschaft der Mütter, sich mit den Vätern über deren Beziehung zu ihren Kindern auseinanderzusetzen, gefördert werden. Es sei davon abgesehen worden, eine Entscheidung für oder gegen ein Umgangsrecht als den Normalfall zu normieren: BTDrs. 11/5494, S. 8.

433 *Schwab*, Zum Entwurf, FamRZ 1990, S. 932.

bejahe dort zwar das Kind, nicht aber den Partner. In diesen Fällen sei ein Umgangsrecht des Vaters kontraproduktiv.[434]

6. Der Unterhalt

Der Kindesunterhalt des nichtehelichen Kindes bemaß sich seit dem 1. Januar 1970 nach §§ 1615a, 1601 BGB. Mindestens hatte das nichteheliche Kind einen Anspruch auf Regelunterhalt gemäß § 1615 BGB, der den Vorteil hatte, einfach fest- und schnell durchzusetzen (§§ 642ff ZPO) zu sein. Nach § 1615c BGB war der Unterhaltsanspruch nicht mehr von der Lebensstellung der Mutter, sondern von der des Vaters und der Mutter abhängig. Dadurch sollten im Regelfall die wirtschaftlichen Verhältnisse des Kindes verbessert werden.[435] Dieser Unterhalt konnte angesichts der Sondersituation des nichtehelichen Kindes gemäß § 1615d BGB auch für die Vergangenheit verlangt werden. In § 1615e BGB war die Möglichkeit einer Abfindungsvereinbarung[436] und in § 1615f BGB die Einführung einer Rechtsverordnung über den Regelunterhalt vorgesehen. Damit sollte die Durchsetzung von Unterhaltsansprüchen zu Gunsten des Kindes beschleunigt werden.[437]

Die Unterhaltsansprüche der Mutter gegen den Erzeuger des Kindes wurden im Verhältnis zu dem bis dahin geltenden Recht erheblich erweitert.[438] Neben dem Ersatz der Entbindungskosten hatte sie nun maximal ein Jahr nach der Entbindung einen Anspruch auf Unterhalt (§ 1615l BGB),[439] während der geschie-

---

434 Es gebe aber auch die genau gegenteiligen Konstellationen, in denen der Abbruch des Kontaktes mit dem Vater für das Kind schädlich sei. Beide Möglichkeiten müssten mit der gesetzlichen Regelung erfasst werden, was der Entwurf nicht hinreichend gewährleiste: *Schwab*, Zum Entwurf, FamRZ 1990, S. 933f.

435 BTDrs. V/2370, S. 47.

436 Derartige Verträge seien zwar selten, es bestehe aber in einigen Fällen das Bedürfnis für eine Möglichkeit, eine Abfindung zu vereinbaren, etwa dann, wenn der Vater auswandern wolle: BTDrs. V/2370, S. 47.

437 Das Kind nach einem langwierigen Prozess über die Vaterschaftsfeststellung in einen weiteren langwierigen Prozess über die Unterhaltshöhe zu zwingen, würde dem Anliegen die Stellung des nichtehelichen Kindes zu verbessern, widersprechen: BTDrs. V/2370, S. 48f.

438 *Lange*, Das neue Nichtehelichenrecht, NJW 1070, S. 302.

439 Die Ausweitung des Unterhaltsanspruchs auf das erste Jahr sei erfolgt, weil dies für die Entwicklung des Kindes förderlich sei. Nichteheliche Mütter würden oft das Kind erst ablehnen, dann aber durch die Pflege eine Beziehung zu ihm entwickeln. Es sei wissenschaftlich anerkannt, dass die Pflege des Kindes im ersten Jahr in Heimen zu lebenslangen Schäden für das Kind führen könne, weil es dort an der richtigen Beziehung fehle: BTDrs. V/2370, S. 56.

dene das eheliche Kind betreuende Ehepartner regelmäßig mindestens bis zum achten Lebensjahr des Kindes Unterhalt verlangen konnte (§§ 1569, 1570 BGB).

7. Das Erbrecht

Korrekturen des Erbrechts waren bereits als eine notwendige Konsequenz der nunmehr bestehenden Verwandtschaft des nichtehelichen Kindes zu seinem Vater erforderlich. Durch den Wegfall des § 1589 Abs. 2 BGB waren die nichtehelichen Kinder in die Verwandtschaft mit dem Vater aufgenommen; ihre Erbberechtigung bedurfte keiner besonderen Begründung mehr.[440] Ohne ergänzende erbrechtliche Sonderregelungen wäre das nichteheliche Kind dadurch uneingeschränkt erbberechtigt geworden. Dies war aber nach der Gesetzesbegründung so nicht gewollt. Bisher sei das nichteheliche Kind in der Bundesrepublik Deutschland, wie auch in einer Vielzahl der Nachbarstaaten, von dem Erbrecht gegenüber seinem Vater ausgeschlossen gewesen. Unbeschadet des allgemein gesehenen Erfordernisses der Verbesserung der erbrechtlichen Rechtsstellung des nichtehelichen Kindes seien die Meinungen über die Art und den Umfang des Erbrechts weit auseinander gegangen. Durch die Zuweisung eines eigenständigen Erbrechts für das nichteheliche Kind sei es möglich, diesem in der Öffentlichkeit eine bessere Stellung zu verschaffen. Auch der Umstand, dass das nichteheliche Kind in aller Regel mit seinem Vater nicht in einem Haushalt lebe, solle dem Erbrecht nicht entgegenstehen. Allerdings müsse berücksichtigt werden, dass eheliche Kinder häufig durch Mitarbeit zum Erwerb und Erhalt des Vermögens des Vaters beigetragen hätten. Das nichteheliche Kind habe dagegen wegen des fehlenden Bezuges dazu häufig kein Interesse an der Erhaltung des Familienvermögens und der Fortsetzung des Lebenswerks seines Vaters. Es sei zu befürchten, dass ein nichteheliches Kind, das zu seinem Vater keine persönlichen und familiären Bindungen unterhalten habe, als Teil der Erbengemeinschaft eine Gefahr bedeute. Dieses Kind werde häufig versuchen, seine finanziellen Interessen rücksichtslos durchzusetzen. Dieses Problem sollte dadurch gelöst werden, dass das nichteheliche Kind, ohne eine wertmäßige Beschränkung des Erbes, aus der Erbengemeinschaft mit der Ehefrau und den ehelichen Kindern des Vaters ausgeschlossen wurde.[441]

Erbrechtlich hatten nichteheliche Kinder nach der gesetzlichen Neuregelung damit gegenüber ihrem Vater einen Erbersatzanspruch (§ 1934a, f BGB) und

440 *Voss*, Das Erbrecht, S. 69.

441 BTDrs. V/2370, S. 89 – 91.

einen Anspruch auf Erbausgleich (§ 1934d BGB).[442] Der so geschaffene Erbersatzanspruch begründete lediglich einen rein schuldrechtlichen Anspruch des nichtehelichen Kindes gegen die Erben des Vaters. Dingliche Rechte an der Erbmasse standen ihm nicht zu.[443] Diese, in der Literatur angegriffene,[444] Regelung hielt einer ersten verfassungsgerichtlichen Prüfung im Jahr 1981 stand.[445]

In § 10 Abs. 2 NEhelG[446] war zudem für vor dem 1. Juli 1949 geborene Kinder und ihre Eltern ein Erbrecht ausgeschlossen.[447] Auch dies hielt einer Überprüfung durch das Bundesverfassungsgericht stand.[448] Dem Erbrecht komme bei einer Gesamtbetrachtung nicht der gleiche Rang zu, wie der unmittelbaren Verbesserung der Lebensbedingungen für das heranwachsende Kind, insbesondere

---

442 *Kropholler*, Kritische Bestandsaufnahme im Nichtehelichenrecht, AcP 185 (1985), S. 254.

443 *Strintzing*, Erbersatzanspruch und vorzeitiger Erbausgleich nichtehelicher Kinder gem. §§ 1934a–e BGB im Lichte des Art. 6 Abs. 5 GG, FuR 1994, S. 74.

444 *Zweigert*, Zur Reform des Unehelichenrechts, JuS 1967, S. 246.

445 BVerfG, Beschl. vom 3. November 1981, 1 BvL 11/77, 85/78, 1 BvR 47/81, NJW 1982,565, 565. Am 8. Dezember 1976 hatte das Bundesverfassungsgericht bereit erkannt, dass die Fristenregelung im *Nichtehelichengesetz* durch die die vor dem 1. Juli 1949 geborenen Kinder auf das vor der Reform geltende Recht verwiesen wurden, verfassungsgemäß war: BVerfG, 1 BvR 810/70, 57/73, 147/76, NJW 1977,1677,1680. Der Gesetzgeber sei durch Art. 6 Abs. 5 GG verpflichtet zu beachten, dass das nichteheliche Kind wegen seiner Verwandtschaft zu dem Vater mit dem ehelichen Kind grundsätzlich gleichgestellt werden müsse und daher neben den ehelichen Kindern zu seinen Erben erster Ordnung gehöre. Der Verfassungsauftrag ziele darauf ab, die gesamte Situation des nichtehelichen Kindes derjenigen des ehelichen anzugleichen. Das rechtfertige auch, das nichteheliche Kind in Teilbereichen günstiger zu behandeln als das eheliche: BVerfG, Beschl. vom 3. November 1981, 1 BvL 11/77, 85/78, 1 BvR 47/81, NJW 1982,565,565. Selbst das nichteheliche Kind, das mit seinen nicht verheirateten Eltern zusammen und damit in einer vollständigen Familie lebe, müsse aber mit der jederzeit form- und fristlos auflösbaren Beziehung der Eltern leben. Regelmäßig fehle jedoch nichtehelichen Kindern der Rückhalt in der Familie, den eheliche Kinder hätten: BVerfG, Beschl. vom 3. November 1981, 1 BvL 11/77, 85/78, 1 BvR 47/81, NJW 1982,565,565.

446 § 10 Abs. 1 NELG:
„*Für die erbrechtlichen Verhältnisse eines vor dem 1. Juli 1949 geborenen nichtehelichen Kindes und seiner Abkömmlinge zu dem Vater und dessen Verwandten bleiben die bisher geltenden Vorschriften auch dann maßgeblich, wenn der Erblasser nach Inkrafttreten dieses Gesetzes stirbt. Ist der Vater der Erblasser und hatte er zur Zeit des Erbfalls dem Kinde Unterhalt zu gewähren, so ist der Erbe zur Gewährung des Unterhalts verpflichtet; der bisher geltende § 1717 Abs. 2 des Bürgerlichen Gesetzbuchs ist auf den Unterhaltsanspruch des Kindes anzuwenden.*“

447 Diese Regelung war bereits im Gesetzgebungsverfahren umstritten. Insbesondere der Bundesrat hatte sich dafür ausgesprochen, auch diese noch verbleibende Ungleichbehandlung nichtehelicher Kinder zu beseitigen: *Radzwill/Steiger*, Erbrechtliche Gleichstellung der vor dem 1. Juli 1949 geborenen Kinder – Steht der Gesetzgeber in der Pflicht? –, FamRZ 1997, S. 268.

448 BVerfG, Beschl. vom 8. Dezember 1976, 1 BvR 810/70, 57/73, 147/76, NJW 1977, 1677 = BVerfGE 41, 1 = FamRZ 1977, 446.

im Unterhaltsrecht und der Beseitigung der rechtlichen Diskriminierung durch verstärkte Rechte der Mutter sowie die Begründung familienrechtlicher Beziehungen zum Vater.[449] Das *Nichtehelichengesetz* habe aber die rechtliche Stellung des Vaters nicht so ausgebaut, dass künftig vom Bestehen engerer persönlicher Beziehungen zwischen Vater und Kind ausgegangen werden könne.[450]

8. Das Prozessrecht

Verfahrensrechtlich waren die Rechtsfragen nichtehelicher Kinder dem Vormundschaftsgericht zugeordnet, was den Rechtsweg über das Amtsgericht zum Landgericht bedeutete, wohingegen die ehelichen Kinder die Familiengerichte beim Amtsgericht mit dem Rechtsmittelzug zum Oberlandesgericht anzurufen hatten.

III. Zusammenfassung

Das Nichtehelichenrecht gehörte nicht zu den Rechtsgebieten, bei denen in der Bundesrepublik Deutschland vor dem Beitritt der DDR davon ausgegangen werden konnte, dass rechtliche Regelungen vorhanden waren, die die in diesem Bereich hervorgetretenen tatsächlichen Veränderungen und die dadurch begründeten Probleme und Rechtsfragen zufriedenstellend lösen konnten. Der Reformwille des Gesetzgebers war im gesamten Zeitraum – vorsichtig ausgedrückt – als zurückhaltend zu bezeichnen. Dies galt unbeschadet davon, dass durch Art. 6 Abs. 5 GG ein Verfassungsauftrag zur Schaffung gleicher Bedingungen für die leibliche und seelische Entwicklung ehelicher und nichtehelicher Kinder normiert war. Die Reformbemühungen und Überlegungen verliefen bis zum Beitritt der DDR im Wesentlichen in zwei Etappen. In der ersten Etappe, die mit dem Inkrafttreten des *Nichtehelichengesetzes* am 1. Januar 1970 ihren Abschluss fand, ging es vor allem um die Rechte des nichtehelichen Kindes selbst. Danach geriet zunehmend das Verhältnis des nichtehelichen Kindes zu seinem Vater in den Blickpunkt.

449 BVerfG, Beschl. vom 8. Dezember 1976, 1 BvR 810/70, 57/73, 147/76, NJW 1977, 1677, 1679.

450 Insbesondere sei der Vater unverändert grundsätzlich von der elterlichen Gewalt ausgeschlossen; ein eigenständiges Recht auf persönlichen Verkehr habe er nicht: BVerfG, Beschl. vom 8. Dezember 1976, 1 BvR 810/70, 57/73, 147/76, NJW 1977, 1677,1679.

Bis zum 1. Juli 1970 wurde das Recht der nichtehelichen Kinder trotz der verfassungsrechtlichen Vorgaben nur marginal geändert. Insbesondere blieb, trotz anders lautender Vorschläge aus der Literatur und der Praxis, die Verwandtschaft zwischen dem biologischen Vater und dem Kind ausgeschlossen. Der nichteheliche Vater war unverändert „*Zahlvater*". Die Problematik der Ausweitung der Anfechtungsberechtigten, der gemeinsamen Sorge und der Auskunft über den Vater blieben Gesichtspunkte, die überwiegend sogar erst nach dem Beitritt der neuen Länder in der Praxis Berücksichtigung fanden. Neuerungen waren zunächst im Sorgerecht zu verzeichnen.

Die erste Novelle durch das *Familienrechtsänderungsgesetz* vom 11. August 1961 betraf im Wesentlichen das Kindschaftsrecht.[451] Durch sie wurde der nichtehelichen Mutter die Möglichkeit eingeräumt, die volle elterliche Sorge zu erhalten. Die gesetzliche Regel war dies jedoch unverändert nicht. Die darin liegende Ungleichbehandlung im Verhältnis zu verwitweten oder geschiedenen Müttern lag darin begründet, dass weiterhin von einer anderen sozialen Situation der nichtehelichen Mütter ausgegangen wurde. Dies spiegelte auch der Entwurf des Institutes für das Vormundschaftswesen wider. Auch der „*Fachverein*" traute den ledigen Müttern nicht abschließend. Gleiches galt für den Rechtsausschuss des Deutschen Instituts für Jugendhilfe und den 44. Deutsche Juristentag. So blieb es zunächst bei der geringfügigen Verbesserung durch das *Familienrechtsänderungsgesetz.*

„*Modern*" waren in den Reformüberlegungen erste vorsichtige Überlegungen dazu, Regelungen zu schaffen, nach denen auch dem nichtehelichen Vater die Personensorge übertragen werden konnte. Gleichwohl war weiterhin die verbreitete Einschätzung zu verzeichnen, dass der nichteheliche Vater in der Regel kein Interesse an der Entwicklung seines Kindes und daran hatte, mit diesem zusammen zu leben. Die Fähigkeit und Bereitschaft, seine nichtehelichen Kinder wie ein ehelicher Vater zu erziehen, wurde dem nichtehelichen Vater schlicht abgesprochen. Damit korrespondierte auch die erbrechtliche Behandlung des nichtehelichen Kindes. Im Erbrecht wurde das nichteheliche Kind nämlich noch immer als „*Eindringling*" angesehen, vor dem die Familie des leiblichen Vaters, insbesondere dessen Ehefrau und die gemeinsamen ehelichen Kinder, geschützt werden mussten.

Immer mehr setzte sich jedoch nach der „*kleinen Reform*" aus dem Jahr 1961 die Erkenntnis durch, dass auch die geänderten Lebensverhältnisse – insbesonde-

451 *Dieckmann*, Zum Einfluss des Grundgesetzes und der Rechtsprechung des Bundesverfassungsgerichts auf die Entwicklung des Familienrechts in der Bundesrepublik Deutschland bis zur Wiedervereinigung, in: Deutsche Wiedervereinigung, Zur Familienpolitik nach der Wiedervereinigung, Ramm/Grandke (Hrsg.), Köln, 1995, S. 227.

re die sich steigernde Zahl stabiler nichtehelicher Lebensgemeinschaften mit Kindern – zu Änderungen Anlass geben mussten. Immer mehr wurde das nichteheliche Kind nicht nur als Unterhaltsempfänger seines leiblichen Vaters betrachtet. Dies führte dazu, dass auch das Sorge- und Umgangsrecht des Vaters verstärkt in den Blick genommen wurde. Gleichwohl bedurfte es neben den teilweise sehr modernen Vorschlägen und Entwürfen aus der Praxis, etwa des Vorschlags des 62. Deutschen Juristentages, der Mutter ein Sorgerecht und dem Vater ein Verkehrsrecht einzuräumen, des massiven Einschreitens des Bundesverfassungsgerichts, um die Gesetzgebung, zumal in der Endphase der großen Koalition, zu einem zügigen Einschreiten zu veranlassen, dem schließlich mit dem zum 1. Januar 1970 in Kraft getretenen *Nichtehelichengesetz* in *„letzter Sekunde"* entsprochen wurde. Dieses Gesetz wurde durch den damaligen Bundesminister der Justiz Hans Jochen *Vogel* anlässlich seines zehnten Jahrestages dahingehend gewürdigt, dass es die die nichtehelichen Kinder *„seit Menschengedenken von Geburt an begleitende rechtliche Benachteiligung und Diskriminierung endgültig beseitigt"* habe.[452] Eine Einschätzung, die sich im Rückblick als nicht zutreffend erweisen sollte.[453] Auch diese Reform ließ nämlich viele Problemfelder unerledigt, deren Bearbeitung angesichts der fortentwickelten tatsächlichen Lebensverhältnisse nicht mehr weiter aufgeschoben werden konnte.[454] Der gesellschaftliche Wandel, der in der Zunahme der nichtehelichen Lebensgemeinschaften und der nichtehelichen Geburten, aber auch im wachsenden Selbstbewusstsein und der wachsenden Selbständigkeit der Frau begründet war, war bei der Reform durch das *Nichtehelichengesetz* weitgehend ausgeblendet worden.[455]

Auch mit dem *Nichtehelichengesetz* wurde die gemeinsame Sorge nicht verwirklicht. Dem Vater blieb, im Wesentlichen mit der Begründung, er sei, anders als etwa ein geschiedener Ehemann, nicht verlässlich, sowie dem Erfordernis einer klaren Zuordnung ein rechtlich durchsetzbarer Einfluss auf die Entwicklung seines Kindes versagt. Ein klagbares Umgangsrecht stand ihm ebenso wenig zu. Gerade dieser Bereich war jedoch kurz vor dem Beitritt der DDR, nicht

---

452 Zitiert nach: *Kropholler*, Kritische Bestandsaufnahme, AcP 185 (1985), S. 245.

453 Ein Grund für den geringen Reformeifer im Nichtehelichenrecht kann darin bestehen, dass der Gesetzgeber wegen einer Vielzahl anderer erforderlicher familienrechtlicher Korrekturen diesen Bereich nicht mehr vorrangig behandeln wollte und das Nichtehelichenrecht einerseits weltanschaulich umstritten, andererseits aber als Wahlkampfthema nicht geeignet war: *Kropholler*, Kritische Bestandsaufnahme, AcP 185 (1985), S. 253.

454 *Brötel*, Der Anspruch auf Achtung, S. 256f.

455 Zudem wurde von einem gestiegenen Interesse vieler Männer an der Pflege und Erziehung ihrer nichtehelichen Kinder ausgegangen: *Kropholler*, Kritische Bestandsaufnahme, AcP 185 (1985), S. 246.

zuletzt wegen der Forderungen des Bundesverfassungsgerichts, in Bewegung gekommen. Die Erkenntnis, dass der Umgang mit ihren Vätern auch für nichteheliche Kinder ein Gewinn sein konnte, führte zu dem am 27. Oktober 1989 vorgelegten Gesetzentwurf eines *Nichtehelichen-Umgangsgesetzes*. Das noch immer fehlende Zutrauen in die Fähigkeit der nichtehelichen Mutter, für ihr Kind die volle Sorge zu übernehmen, zeigte sich, als ihr die uneingeschränkte elterliche Sorge nicht eingeräumt wurde. Noch immer wurde aus der Tatsache der nichtehelichen Geburt auf die Leichtfertigkeit der Mutter geschlossen. Auch bei dem Unterhalt der nichtehelichen Mutter erwies sich die Sorge, diese könne sich in einen Unterhaltsanspruch des nichtehelichen Vaters flüchten, unverändert als Hemmschuh. Beim Erbrecht blieb der Gedanke der Schutzbedürftigkeit der „*Kernfamilie*“ bestimmend. Stabile und dauerhafte nichteheliche Lebensbeziehungen wurden nicht ernsthaft ins Kalkül gezogen. In der Gesetzesbegründung wurde die Vermutung eines zerrütteten Verhältnisses der nichtehelichen Mutter und des biologischen Vaters als wesentliches Argument herangezogen. Wichtig war aber, dass endgültig die Verwandtschaft zwischen dem nichtehelichen Kind und dem Vater geschaffen worden war. Das Recht auf Kenntnis der Abstammung spielte dabei jedoch noch keine Rolle.

D. Das Nichtehelichenrecht in der SBZ/DDR

Die rechtliche Behandlung der nichtehelichen Kinder nach dem Zweiten Weltkrieg begann auch in der SBZ und – nach der Staatsgründung – in der DDR nicht im luftleeren Raum. Sie knüpfte vielmehr an Reformüberlegungen der Weimarer Republik und die Gesetzesänderungen in der Zeit des Nationalsozialismus an. Die konkreten Themen bestimmten zunächst aber die Folgen des Krieges und die gewünschte, sich *„immer stärker manifestierende Verankerung“* der *„neuen Gesellschaftsordnung“*. Wie die Entwicklung verlief, welche bereits gelegten Entwicklungsstränge weiterverfolgt, welche tradierten Wege aufgegeben und welche neuen gesucht wurden, ist Gegenstand der folgenden Ausführungen.

I. Allgemeine Einführung

Von Beginn an wurde das Recht in der SBZ/DDR in einem bisher unbekannten Umfang auch als Mittel zur Förderung der gesellschaftlichen Entwicklung angesehen. So war auch das Familienrecht nicht mehr auf seine Rolle bei der Regelung privatrechtlicher Verhältnisse beschränkt, sondern wurde zudem auch als ein Instrument des öffentlichen Rechts benutzt. Der Schutz der Ehe stand dabei ebenso außer Frage wie das Erfordernis eines eigenständigen Familienrechts.[456] Als Folge der so neu definierten Aufgabenzuweisung ist dem Einfluss des Rechts für die Bewertung der Entwicklung der tatsächlichen Lebenssituationen der nichtehelichen Kinder ebenso Beachtung zu schenken wie ihren sozialen Verhältnissen. Dies gilt umso mehr, als eine *„komplexe rechtliche Einflussnahme“* auf die Familie und damit auch auf die zunächst nicht gewünschte Lebensform von Partnerschaften mit nichtehelichen Kindern gerade gewollt war.[457]

---

456 Dazu: *Klose*, Ehescheidung, S. 108; vgl. *Fischer-Langosch*, Die Entstehungsgeschichte, S. 19.

457 *Grandke* in: Familienrecht, Autorenkollektiv unter Leitung von Anita Grandke, Berlin, 1981, S. 57.

1. Zur Bedeutung des Rechts für die gesellschaftlichen Verhältnisse

Anders als in der „*alten*" Bundesrepublik diente das Recht in der SBZ/DDR nicht primär dem Schutz der individuellen Privatautonomie, sondern wurde gezielt als Steuerungsinstrument mit dem Ziel gebraucht, die „*bürgerliche Rechtsordnung*", insbesondere die von dieser umfassten Eigentumsverhältnisse ab- und eine „*neue Gesellschaft*" aufzubauen.[458] Das Gesetz selbst sollte ein „*starkes Element (...) erzieherischer Qualität*" enthalten.[459] Ehe, Familie und Kindschaft waren davon nicht ausgenommen. Ihren Schutz erhielten diese allerdings nicht wegen ihrer auf der christlich-abendländischen Kulturordnung gewachsenen Bedeutung für die Gesellschaft, sondern nur insoweit wie sie dem Aufbau der sozialistischen Gesellschaft dienen konnten.[460] Die Ehe sollte nicht mehr dem „*Privateigentum an Produktionsmitteln*", sondern allein der Förderung der Familienbeziehungen dienen.[461] Die Kernfunktion der Familie[462] wurde wiederum in der Förderung des Aufbaus der sozialistischen Gesellschaft gesehen.[463] Die Gleichberechtigung der Frau und ihre uneingeschränkte Einbindung in den Produktionsprozess mutierten zum zentralen Anliegen der Familienpolitik.[464] Die Kindererziehung wurde, nicht zuletzt auch, um die Frauen uneingeschränkt in das Berufsleben integrieren zu können, verstaatlicht, also aus der Familie in die Gesellschaft hinein verlagert.[465] Das „*neue*" Familienrecht der DDR sollte aus dem Zivilrecht mit dem Schwerpunkt bei den „*Vermögensbeziehungen und den*

---

458 *Juristinnen in Deutschland*, Deutscher Juristinnenbund e.V. (Hrsg.), S. 46; *Gerhard*, Die staatlich institutionalisierte „Lösung" der Frauenfrage. Zur Geschichte der Geschlechterverhältnisse in der DDR, in: Sozialgeschichte der DDR, Kaelble/Kocka/Zwahr (Hrsg.), Stuttgart, 1994, S. 385. Zur Rangfolge und zur Kompetenz zum Erlass von Rechtsvorschriften: *Janke*, Zur Rangfolge und Veröffentlichung der DDR-Rechtsvorschriften, NJ 1997, S. 455.

459 *Nathan*, Das Familienrecht als Faktor der Erziehung zur Demokratie, StuR 1954, S. 567; vgl. *Grandke* in: Familienrecht, S. 13.

460 Vgl. *Bernhardt*, Das Recht des unehelichen Kindes, S. 28 – 30; *Klose*, Ehescheidung, S. 110.

461 *Grandke* in: Familienrecht, S. 19.

462 Diese wurde nicht allein auf Grundlage der verwandtschaftlichen Beziehungen, sondern, soweit es um die Familienförderung ging, als eine „*Gemeinschaft von Eltern mit ihren Kindern, solange die Kinder minderjährig sind, solange sie – ohne eine eigene Familie gegründet zu haben – bei den Eltern leben oder solange sie keine Familie haben und wirtschaftlich noch nicht selbständig sind.*" angesehen: *Grandke* in: Familienrecht, S. 35.

463 *Grandke* in: Familienrecht, S. 20.

464 Vgl. *Grandke/Ramm*, Zur Rolle der Familie in der Gesellschaft, in: Deutsche Wiedervereinigung, Zur Familienpolitik nach der Wiedervereinigung, Ramm/Grandke (Hrsg.), Köln, 1995, S. 17. Das Ziel der Gleichberechtigung der Frau soll zu Beginn der 80er Jahre des vergangenen Jahrhunderts bereits erreicht gewesen sein: *Grandke* in: Familienrecht, S. 22.

465 *Bernhardt*, Das Recht des unehelichen Kindes, S. 36; *Klose*, Ehescheidung und Ehescheidungsrecht, S. 113.

Austauschverhältnissen" herausgelöst und als eigenständiger, der Bedeutung der Familie für das sozialistische Rechtssystem entsprechender Rechtszweig hergestellt werden.[466]

Das Familienrecht entwickelte sich, wie das gesamte Recht der SBZ/DDR, in mehreren Phasen.[467] In der ersten von 1945 bis 1949 dauernden Phase, der unmittelbaren Nachkriegszeit, in der DDR-Rechtsgeschichte als die Phase der „*antikapitalistisch-demokratischen Umwälzung*" und die Phase der „*Herausbildung des Arbeiter- und Bauernstaates*" und seines Rechts bezeichnet,[468] wurden der Aufbau der „*antifaschistisch-demokratischen*" Staatsorgane,[469] die Bodenreform und die wirtschaftliche Umgestaltung sowie die führende Rolle der SED durchgesetzt.[470] Der Grundsatz der Gleichberechtigung von Mann und Frau erhielt eine gesteigerte Bedeutung.[471] Mit der Staatsgründung der DDR begann die zweite Phase, deren Ende nach der Babelsberger Konferenz von 1958[472] mit dem Mauerbau am 13. August 1961 einherging. In dieser wurde das Recht weiter gezielt zur Umgestaltung der Produktions- und Gesellschaftsverhältnisse genutzt.[473] Entsprechend eines Beschlusses der 2. Parteikonferenz der SED im Juli 1952 wurde das Recht als „*Hebel zur Errichtung des Sozialismus*" gebraucht.[474] Es erfolgte also eine Akzentverschiebung zum Recht als Mittel für den beschleunigten Aufbau des Sozialismus.[475] Auf dem VI. Parteitag der SED wurde dann im Januar 1963 der „*Sieg der sozialistischen Produktionsverhältnisse*" beschlossen, der zum Eintritt in die Phase der entwickelten sozialistischen Gesellschaft geführt habe. Der Klassenkampf wurde als überwunden angesehen.[476]

---

466 *Grandke* in: Familienrecht, S. 75.

467 *Friesen/Heller*, Das Familienrecht in Mitteldeutschland, Bonn, 1967, S. 9.

468 *Juristinnen in Deutschland*, S. 47.

469 *Benjamin*, Zehn Jahre demokratische Justiz, StuR 1955, S. 350.

470 *Juristinnen in Deutschland*, S. 47; *Brümmer*, Die Entwicklung des elterlichen Sorge- und Erziehungsrechts in der DDR, Köln, 1980, S. 212.

471 *Friesen/Heller*, Das Familienrecht in Mitteldeutschland, S. 10.

472 Zu deren Bedeutung für die DDR-Rechtsgeschichte: *Markovits*, Die Rechtswissenschaft der Anderen, NJ 2010, S. 372.

473 *Juristinnen in Deutschland*, S. 47.

474 *Rottleuthner*, Zur Steuerung der Justiz in der DDR, in: Steuerung der Justiz in der DDR, Bundesministerium der Justiz (Hrsg.), Köln, 1994, S. 20. Auf der vom 9. bis 12. Juli 1952 stattfindenden Parteikonferenz war beschlossen worden, in allen Bereichen der Gesellschaft „*planvoll die Grundlagen des Sozialismus zu schaffen*": *Geschichte der Sozialistischen Einheitspartei Deutschlands*, Berlin, 1978, S. 275.

475 *Rottleuthner*, Zur Steuerung der Justiz in der DDR, S. 20.

476 *Dilcher*, Politische Ideologie und Rechtstheorie, Rechtspolitik und Rechtswissenschaft, in: Sozialgeschichte der DDR, Haelble/Kocka/Zwahr (Hrsg.), Stuttgart, 1994, S. 469; *Juristinnen in Deutschland*, S. 47.

Auch in den 80er Jahren des vergangenen Jahrhunderts gehörte die Rechtsordnung nach der Anschauung in der DDR noch zu den unverzichtbaren Elementen der sozialistischen Staatsordnung. Der *„planmäßige Ausbau der sozialistischen Rechtsordnung, die Festigung der sozialistischen Gesetzlichkeit, die Geborgenheit unserer Bürger und ihr gewachsenes Staats- und Rechtsbewusstsein“* gehöre zur beeindruckenden Bilanz, die der X. Parteitag der SED habe ziehen können.[477] Ihre Festigung, etwa durch umfangreiche Öffentlichkeitsarbeit, diene auch der weiteren Vervollkommnung des sozialistischen Rechts.[478]

2. Zu den Aufgaben der Gerichte und ihrer „*Anleitung*“

Eine wesentliche Aufgabe bei der Umsetzung der neuen gesellschaftlichen Vorgaben übernahmen die Gerichte, die ihrerseits hinsichtlich ihres Aufbaus erheblichen Veränderungen unterworfen waren.[479] Auch wenn nach dem Krieg zunächst das vorhandene Gerichtssystem übernommen wurde, erfolgte durch die *Verordnung über die Neugliederung der Gerichte* vom 28. August 1952[480] bereits eine grundlegende Änderung. An die Stelle der Amts-, Land- und Oberlandesgerichte traten Bezirks- und Kreisgerichte. Die Kreisgerichte übernahmen die wesentlichen Aufgaben der Amtsgerichte, die Bezirksgerichte die der Landgerichte. Soweit die Aufgaben der Oberlandesgerichte nicht weggefallen waren, waren auch diese von den Bezirksgerichten wahrzunehmen.[481] Diese Verordnung wurde nur wenige Monate später durch das den neuen Aufbau fortführende *Gerichtsverfassungsgesetz* (GVG) vom 2. Oktober 1952 ersetzt.[482] In § 55 Abs. 2 GVG

477 *Sorgenicht*, Unser Staat in den achtziger Jahren, Berlin, 1982, S. 195.

478 *Sorgenicht*, Unser Staat, S. 200.

479 Um die in der NS-Zeit tätig gewordenen Richter weitgehend ersetzen zu können, wurde verstärkt auf in Kurzlehrgängen ausgebildete „*Volksrichter*“ zurückgegriffen: *Markowitz*, Gerechtigkeit in Lüritz, S. 35; *Fischer-Langosch*, Die Entstehungsgeschichte, S. 45; *Schneider*, Hausväteridylle, S. 76. Gerade in der „*Umbruchzeit*“ sollte, wie Hilde *Benjamin* ausführte, so dafür Sorge getragen werden, dass bereits vor dem Tätigwerden der Gesetzgebung die politischen Forderungen der KPD und SED über die Auslegung der Generalklauseln umgesetzt wurden: *Haverkamp/Wudtke*, Richterbildung in der DDR; forum historae iuris, 1997, Rn 13. Zu der Bedeutung der Generalklauseln in der Rechtsprechung: *Knauf*, Die Rolle der Generalklauseln in den Zivilentscheidungen des Obersten Gerichts der DDR von 1950 bis 1958, forum historiae iuris, 2004, Rn 16.

480 GBl. 1952, 791.

481 *Baer*, Rechtsquellen der DDR – Steuerung auf der normativ-symbolischen Ebene, in: Steuerung der Justiz in der DDR, Bundesministerium der Justiz (Hrsg.), Köln, 1994, S. 72.

482 *Gesetz über die Verfassung der Gerichte der Deutschen Demokratischen Republik* vom 2. Oktober 1952 (Gerichtsverfassungsgesetz – GVG –), GBl. 1952, 983.

wurde darin dem Obersten Gericht neben seiner Aufgabe im Rechtsmittelzug auch die *„Aufsicht über die Rechtsprechung der unteren Gerichte“* übertragen. Dazu stand dem Präsidenten des Obersten Gerichts die Möglichkeit offen, aus eigener Initiative sämtliche Urteile des eigenen, aber auch der unteren Gerichte zu überprüfen und aufzuheben. Über die Kassation[483] von Urteilen des Obersten Gerichts entschied dessen Plenum, an dem sämtliche Richter des Obersten Gerichts, der Generalstaatsanwalt und der Minister der Justiz teilnehmen konnten (§ 56f.).[484] Geändert wurde das GVG durch den Rechtspflegeerlass vom 4. April 1963,[485] in dessen unmittelbarer Folge die Anleitung der Gerichte durch das Oberste Gericht[486] noch verstärkt wurde.[487]

Anders als in der Bundesrepublik erfolgte die Anleitung der Rechtsprechung durch das Oberste Gericht der DDR also nicht allein durch die Überzeugungskraft seiner Entscheidungen. Vielmehr wurde durch das Oberste Gericht gezielt die *„Fortbildung“* der Untergerichte betrieben. Die Direktoren der unteren Gerichte wurden in Plenen und Fachtagungen der oberen Gerichte eingebunden und zu Sonderaussprachen an das Oberste Gericht bestellt. Die Instanzgerichte berichteten den Obergerichten regelmäßig. Zudem führten die Obergerichte Inspektionen und andere Einsätze vor Ort durch. Weiter waren – ein gravierender Unterschied zum bundesdeutschen Instanzenzug – die Richter nicht nur berechtigt, sondern sogar gehalten, in Zweifelsfragen Rücksprache mit dem Obersten Gericht zu nehmen. Dazu traten eine Vielzahl schriftlicher Unterweisungen wie Richtlinien, Beschlüsse, Berichte und Protokolle des Plenums des Obersten Gerichts, aber auch wesentlich dessen Entscheidungen.[488] Neben dem Obersten Gericht war auch das Ministerium der Justiz, das 1949 der Deutschen Zentralverwaltung der Justiz[489] nachfolgte, maßgeblich in die Steuerung der Justiz und der Rechtsprechung eingebunden. Dort war vor allem die Hauptabteilung Rechtsprechung mit der Anleitung der Gerichte befasst, die durch ein enges Berichtswesen sowie durch Justizaussprachеabende Einfluss auf die konkrete Rechtspre-

483 Dazu: *Janke*, Zur Kassationstätigkeit des Obersten Gerichts der DDR in Zivilsachen, forum historiae iuris, 2007, Rn 10 – 50.

484 *Baer*, Rechtsquellen der DDR, S. 72f.

485 Gbl. 1963, 21.

486 Dessen Aufgaben behandelt: *Knauf*, Die Zivilentscheidungen, S. 25.

487 So sah das neue GVG in § 11 Abs. 2 ausdrücklich vor, dass das Oberste Gericht die Rechtsprechung aller Gerichte in der DDR zu leiten hatte (GBl. 1963, 45). Durch das GVG vom 27.9.1974 (GBl. I., 457) wurde das Oberste Gericht als Leitungsorgan bestätigt, dem aber das Ministerium der Justiz deutlich zur Seite gestellt wurde: *Baer*, Rechtsquellen, S. 78, 84.

488 *Rottleuthner*, Zur Steuerung der Justiz in der DDR, S. 33.

489 Dazu: *Lorenz*, Die Deutsche Zentralverwaltung der Justiz (DJV) und die SMAD in der sowjetischen Besatzungszone 1945 – 49, in: Steuerung der Justiz in der DDR, Bundesministerium der Justiz (Hrsg.), Köln, 1994, S. 135.

chung nahm.[490] Hinzu kam die Aufgabe des Ministeriums der Justiz, zu den Gesetzen auf dem Gebiet der Rechtspflege Kommentare herauszugeben, was auch Anlass für den Kommentar zum *Familiengesetzbuch (FGB*) war.[491]

3. Zur Entwicklung des Familienrechts

Nicht nur Juristen der Justizverwaltung, sondern auch Frauenausschüsse befassten sich bereits in der unmittelbaren Nachkriegszeit mit den Fragen des Nichtehelichenrechts. Das Familienrecht, und dabei an herausragender Stelle auch das Recht der nichtehelichen Kinder, wurde schon vor der Gründung der DDR als reformbedürftig erkannt. So teilte der Präsident des Sächsischen Oberlandesgerichts Dresden im Oktober 1949 dem aus der schon im Juli 1945 von der Sowjetischen Militäradministration in Deutschland (SMAD) errichteten Zentralverwaltung für Justiz hervorgegangenen Justizministerium der DDR mit, dass sich auch infolge der verfassungsrechtlichen Vorgaben, die unmittelbar geltendes Recht geworden seien, auf dem Gebiet des „*Unehelichenrechts*" Unsicherheiten gezeigt hätten. Insbesondere stelle sich die Frage, ob die nichteheliche Mutter die Vertretung des Kindes erhalten und die Amtsvormundschaften abgeschafft werden sollten.[492] Es folgten Gesetzgebungsbemühungen im Justizministerium, die den Leiter der Hauptabteilung Recht Hans *Nathan* dazu veranlassten, dem stellvertretenden Ministerpräsidenten Otto *Nuschke* mitzuteilen, dass der Entwurf eines neuen Familienrechtsgesetzes kurz vor dem Abschluss stehe.[493] Unter dem 22. Januar 1951 übersandte dann Hans *Nathan* Otto *Nuschke* ein Exemplar des vom Ministerium der Justiz ausgearbeiteten Referentenentwurfs, der aber von den zuständigen Stellen noch nicht genehmigt worden war.[494] Mit Schreiben seines persönlichen Referenten *Enke* ließ Otto *Nuschke* beim Ministerium der Justiz nachfragen, wie weit die Arbeiten am Familienrechtsgesetz seien.[495] Da-

490 *Künzel*, Das Ministerium der Justiz im Mechanismus der Justizsteuerung 1949 bis 1976, in: Steuerung der Justiz in der DDR, Bundesministerium der Justiz (Hrsg.), Köln, 1994, S. 175 und 184.

491 *Familienrecht der DDR*, S. 5.

492 Schreiben des Präsidenten des Sächsischen Oberlandesgerichts an das Justizministerium der Deutschen Demokratischen Republik vom 20. Oktober 1949, BArch DP 1/8002.

493 Schreiben Hauptabteilung Gesetzgebung an Otto *Nuschke* vom 5. Mai 1950, BArch DP 1/8038. Mit Schreiben vom 2. August 1950 ersuchte Otto *Nuschke* das Ministerium um die Übersendung des Entwurfes: Otto *Nuschke* an Ministerium der Justiz vom 2. August 1950, BArch DP 1/7198.

494 Schreiben Ministerium der Justiz an Otto *Nuschke* vom 22. Januar 1951, BArch, DP 1/7198.

495 Schreiben *Enke* an das Ministerium der Justiz vom 29. Mai 1953, BArch DP 1/7198.

raufhin teilte der Hauptabteilungsleiter im Justizministerium Dr. *Artzt*[496] der Dienststelle von Otto *Nuschke* mit, dass das Ministerium der Justiz an den Vorarbeiten nicht beteiligt sei und die zur Vorbereitung des Gesetzes erforderlichen Untersuchungen nicht auf der Ebene von Regierungsorganen geführt würden.[497] Mit Schreiben vom 2. Juni 1954 übergab der Minister der Justiz Hilde *Benjamin* der Hauptabteilung I den Entwurf eines Familiengesetzbuches der Deutschen Demokratischen Republik, den eine besondere Kommission fertig gestellt habe, mit dem Auftrag, nunmehr die Beratung und Inkraftsetzung des Gesetzes vorzubereiten.[498] Nachdem dieser Entwurf trotz der durchgeführten öffentlichen Diskussion zunächst nicht umgesetzt worden war, führten die kurz danach wieder aufgenommenen Bemühungen letztlich zu dem im Wesentlichen gleichlautenden am 1. Januar 1966 in Kraft getretenen FGB.

4. Die Situation der nichtehelichen Kinder und ihrer Mütter

Nach dem Zweiten Weltkrieg setzte sich, vor allem auch wegen der Neuregelung in Art. 33 VerfDDR 49,[499] die Erkenntnis durch, dass für die Interessen der nichtehelichen Kinder Sorge getragen werden musste.[500] Die als darauf gerichtet interpretierte verfassungsrechtliche Vorgabe wurde im Rückblick als Weichenstellung für die Entwicklung des Rechts der nichtehelichen Kinder angesehen.[501] In der Praxis spiegelte sich diese Einschätzung zunächst nicht unmittelbar wider. Auch wenn sich die Situation einer Vielzahl der Frauen nach der Rückkehr ihrer

---

496 Der im Jahr 1906 geborene Werner *Artzt* war Volljurist. In sowjetischer Kriegsgefangenschaft erwarb er Kenntnisse über den Marxismus und das sowjetische Rechtssystem. Im Jahr 1948 wurde er Leiter der Rechtsstelle in Chemnitz und im Oktober 1949 Abteilungsleiter im Justizministerium. Im Jahr 1952 wurde er dort Hauptabteilungsleiter Zivilrecht, bevor er zwei Jahre später zum Direktor des Instituts für Zivilrecht ernannt wurde: *Schneider*, Hausväteridylle, S. 65.

497 Vfg. Dr. *Artzt* vom 12. Juni 1953, BArch DP 1/7198.

498 Minister der Justiz an Hauptabteilung I vom 2. Juni 1954, BArch DP 1/122.

499 Art. 33 Verf. DDR 49:
„*(1) Die außereheliche Geburt darf weder dem Kinde noch den Eltern zum Nachteil gereichen.*
(2) Entgegenstehende Gesetze und Bestimmunen sind aufgehoben.“

500 Bereits in den ersten Landesverfassungen aus dem Jahr 1947 war die Schaffung gleicher Bedingungen für nichteheliche und eheliche Kinder gefordert worden: *Grandke*, Der Verzicht auf die Nichtehelichkeit als rechtliche Kategorie im Recht der ehemaligen DDR – Konzeption, Regelung, Erfahrungen und die Veränderungen durch den Einigungsvertrag in: Das nichteheliche Kind und seine Eltern – rechtliche und sozialwissenschaftliche Aspekte, Coester/Zubke (Hrsg.), Neuwied, 1991, S. 14.

501 *Grandke*, Der Verzicht auf die Nichtehelichkeit, S. 13.

zum Krieg eingezogenen Männer entspannte, war eine weitere nicht zu vernachlässigende Gruppe von Frauen kriegsbedingt zur Ehelosigkeit gezwungen.[502] Trotz dieser zeitbedingten Wirren war aber der Anteil der nichtehelichen Geburt in beiden Teilen Deutschlands nach dem Krieg rückläufig und erreichte annähernd das Vorkriegsniveau.[503] Dementsprechend blieb er im Gebiet der SBZ/DDR aber deutlich höher als in demjenigen der *„alten"* Bundesrepublik. Der höhere Anteil der nichtehelichen Geburten fügte sich problemlos in die Erwartungen an die neue sozialistische Gesellschaft ein. Für die *„bürgerlichen Gesetze"* sei es charakteristisch, dass sie einerseits die unverheiratete Mutter und ihr Kind benachteiligten und diskriminierten, anderseits aber für diese Mutter die Eheschließung erleichterten, bzw. ihr andere Wege eröffnen würden, um den *„Fakt der Nichtehelichkeit des Kindes"* zu verschleiern. Zu nennen seien hier die Instrumente der frühen Heirat oder der Ehelichkeitserklärung. Beides sei mit den sozialistischen Überzeugungen insbesondere von der Gleichberechtigung der Frau nicht zu vereinbaren.[504]

5. Die Förderung nichtehelicher Kinder

Nichteheliche Kinder erhielten bereits früh eine besondere Förderung soweit es darum ging, ihren (alleinstehenden) Müttern[505] die eigene Berufstätigkeit zu ermöglichen. Ende der sechziger Jahre wurde auf die tatsächlich geänderten Verhältnisse der Familien reagiert.[506] Die Geburtenzahl nahm ab. Die *„Pille"* und die durch das *Gesetz über die Unterbrechung der Schwangerschaft* vom 9. März 1972[507] geregelte Fristenregelung führten so mittelbar zur Notwendigkeit steu-

502 In der Altersgruppe der 14- bis 65-jährigen Frauen gab es 1946 einen *„Frauenüberschuss"* von 50 Prozent: *Grandke*, Der Verzicht auf die Nichtehelichkeit, S. 13.

503 *Grandke*, Der Verzicht auf die Nichtehelichkeit, S. 13.

504 *Ansorg* in: Familienrecht, S. 86.

505 Mit der Verfassung aus dem Jahr 1968 sollten nicht mehr *„unverheiratete Mütter und ihre Kinder"*, sondern *„alleinstehende Mütter und Väter"* besonders gefördert werden. Diese Neugestaltung sei ermöglicht worden, weil die Diskriminierung der unverheirateten Mütter und ihrer Kinder als gesellschaftliches Problem beseitigt worden sei, Kinder aus unvollständigen Familien aber erfahrungsgemäß ungünstigeren Bedingungen ausgesetzt seien: *Grandke* in: Familienrecht, S. 40.

506 Die *„flankierenden Maßnahmen"* für nichteheliche Mütter führten noch nach der Wiedervereinigung dazu, dass die Zahl der nichtehelichen *„Wunschkinder"* in den neuen Bundesländern erheblich größer war als in den *„alten"* Bundesländern: *Vascovics/Rost/Rupp*, Lebenslage nichtehelicher Kinder, S. 59.

507 GBl. I, S. 89. Wurde die Fristenlösung nicht beachtet, blieb die Abtreibung strafbar (§ 153 StGB DDR).

ernder sozialpolitischer Maßnahmen. Diese erfolgten etwa durch die Erhöhung des Kindergeldes, zinslose oder vergünstigte Kredite für junge Eheleute[508] und die Erhöhung der Zahl der Kinderkrippen- und Kindergartenplätze. Die Folge war ein Baby-Boom in den siebziger Jahren.[509]

Gemäß § 2 Abs. 1 der *Ersten Durchführungsbestimmung zur Verordnung über die Einrichtung der vorschulischen Erziehung und Horte*[510] vom 20. September 1952[511] waren Kindergärten „*vorschulische Einrichtungen für Kinder im Alter von drei bis sechs Jahren, in denen vordringlich Kinder berufstätiger Mütter Aufnahme finden*" sollten.[512] In Kinderwochenheimen für Kinder zwischen drei und zwölf Jahren sollten gemäß § 3 dieser Durchführungsbestimmung Kinder alleinstehender Mütter bevorzugt werden. Noch in § 40 der *Verordnung zur Sozialversicherung der Arbeiter und Angestellten* vom 17. November 1977[513] waren besondere Unterstützungsleistungen für alleinstehende Werktätige bei der Pflege erkrankter Kinder geregelt.

Seit 1972 folgten dann entsprechende Vergünstigungen für Alleinerziehende, die überwiegend die Mütter förderten.[514] In der *Anordnung über die Förderung und finanzielle Unterstützung von Müttern, die sich in einem Lehrverhältnis befinden* vom 19. Juni 1972[515] wurde allen sich in einem Lehrverhältnis befindenden Müttern das Recht auf eine besondere Unterstützung durch die Betriebe und einen Zuschuss eingeräumt. Gemäß § 6 dieser Verordnung hatten ausschließlich alleinstehende Mütter, denen für ihr Kind kein Kinderkrippenplatz zur Verfügung gestellt werden konnte, bei Fortbestehen des Lehrverhältnisses einen Anspruch auf die weitere Zahlung des Lehrlingsentgeltes sowie auf einen Zuschuss. Zudem sah § 2 Abs. 2 lit. k der *Verordnung über Gewährung und*

---

508 In der *Verordnung über die Gewährung von Krediten zu vergünstigten Bedingungen* vom 10. Mai 1972 (GBl. II., S. 316) waren Kredite für den Hausbau und die Wohnungseinrichtung vorgesehen, deren Rückzahlung durch die Geburt von Kindern vermindert werden konnte. Voraussetzung der Kreditgewährung war die Vorlage einer Heiratsurkunde (§ 6 Abs. 1d der VO). Diese Voraussetzung blieb gemäß § 6 Abs. 1 b) der Neufassung der Verordnung vom 24. April 1986 (GBl. I., S. 244) unverändert.

509 *Juristinnen in Deutschland*, S. 51.

510 *Verordnung über die Einrichtungen der vorschulischen Erziehung und der Horte* vom 18. September 1952, GBl. 888.

511 GBl. S. 889.

512 Diese Regelung wurde noch in § 12 Abs. 2 der *Verordnung über Kindereinrichtungen der Vorschulerziehung* vom 22. April 1976 (GBl. I., S. 201) übernommen. Kinder alleinstehender Mütter und Väter sollten danach ebenso wie Kinder berufstätiger und studierender, insbesondere schichtarbeitender Mütter sowie Kinder aus kinderreichen Familien bei Kapazitätsengpässen bevorzugt behandelt werden.

513 GBl. I., S. 373.

514 *Juristinnen in Deutschland*, S. 51; *Gerhard*, Die staatlich, S. 391.

515 GBl. II., S. 420.

Berechnung von Renten der Sozialversicherung vom 4. April 1974[516] vor, dass die Zeiten des Bezuges der Unterstützung für alleinstehende Mütter, die vorübergehend die Berufstätigkeit bis zur Bereitstellung eines Krippenplatzes unterbrechen mussten, ebenso als versicherungspflichtige Tätigkeit anzusehen war wie für alleinstehende Mütter, die sich in einem Lehrverhältnis befanden (§ 2 Abs. 2 lit. K der VO). Werktätigen Müttern wurde durch die *Verordnung über die weitere Verbesserung der Arbeits- und Lebensbedingungen der Familien mit Kindern* vom 24. April 1986[517] die Möglichkeit einer bezahlten Freistellung für ein Jahr (je Kind) eröffnet. Eine weitergehende Unterstützung für die Pflege erkrankter Kinder wurde gemäß § 7 und 8 dieser Verordnung aber nur den Müttern eingeräumt, die verheiratet waren. Bei der Betreuung schwerstgeschädigter Kinder konnten auch nicht verheiratete Mütter von der 40 Stundenwoche, einem Hausarbeitstag und einem erhöhten Grundurlaub profitieren.[518] Ausdrücklich sollten gemäß § 5 dieser Verordnung die Bestimmungen für werktätige Mütter auch für alleinstehende Väter Anwendung finden können. Gemäß § 128 Abs. 2 GBA[519] waren Werktätige von der Arbeit freizustellen, wenn dies für die Pflege erkrankter Kinder erforderlich war. Nur alleinstehende Werktätige[520] erhielten jedoch in diesem Fall gemäß § 128 Abs. 2 GBA eine finanzielle Unterstützung in Höhe des Krankengeldes und eine Aufstockung durch den Betrieb auf 90 % des Nettodurchschnittsverdienstes für einen Zeitraum von 2 Tagen (je Krankheit des Kindes). Durch § 2 Abs. 2 der *Verordnung über die Sozialversicherung der Arbeiter und Angestellten – SVO –* 21. Dezember 1961[521] wurde alleinstehenden Werktätigen darüber hinaus eine Unterstützung in Höhe des Krankengeldes über

516 GBl. I., S. 201.

517 GBl. I., S. 241.

518 *Verordnung über die Unterstützung der Familien mit schwerstgeschädigten Kindern* vom 24. April 1986, GBl. I., S. 243, § 2 und 3.

519 *Gesetzbuch der Arbeit der Deutschen Demokratischen Republik* vom 12. April 1961, GBl. I. S. 27.

520 Als alleinstehende Werktätige galten gemäß § 28 Abs. 1 der *Ersten Durchführungsbestimmung zur Verordnung über die Sozialversicherung der Arbeiter und Angestellten* vom 10. September 1962 (GBl. II, S. 625) „*ledige, verwitwete, geschiedene oder von ihrem Ehegatten dauerhaft getrennt lebende werktätige Mütter sowie andere alleinstehende werktätige Sorgeberechtigte, die das Kind selbst pflegen und deshalb von der Arbeit fernbleiben müssen.*“ In der *Ersten Durchführungsbestimmung zur Fünften Verordnung über die Verbesserung der Leistungen der Sozialversicherung* vom 10. Mai 1972 (GBl. II, S. 308) galten gemäß § 4 Abs. 1 nur „*ledige, verwitwete oder geschiedene Mütter*“ als alleinstehend.

521 GBl. II S. 533.

einen Zeitraum von vier Wochen im Kalenderjahr eingeräumt, wenn die Pflege des Kindes nicht anders gewährleistet werden konnte.[522]

Gemäß § 3 MKSchG[523] stand den alleinstehenden Müttern eine vorrangige Betreuung ihrer Kinder in staatlichen Einrichtungen zu. Alleinstehende Studentinnen konnten gemäß § 3 der *Anordnung über die finanzielle Unterstützung von Studentinnen mit Kind an den Hoch- und Fachhochschulen* vom 10. Mai 1972[524] eine von der Zahl der Kinder abhängige vom Stipendium unabhängige Unterstützung erlangen, wenn ihnen kein Krippenplatz zur Verfügung gestellt werden konnte. Gleiches galt für alleinstehende Mütter im Lehrverhältnis.[525] Die Mütterunterstützung erhielten gemäß der *Hinweise zur Mitwirkung der Einweisungsstellen für Kinderkrippen bei der Gewährung der Mütterunterstützung an alleinstehende werktätige Mütter, denen kein Krippenplatz zur Verfügung gestellt werden kann* vom 14. Juni 1972[526] auch sozialfürsorgeunterstützte alleinstehende Frauen. Familien, an die entsprechend der *Verordnung über die Gewährung eines staatlichen Kindergeldes für Familien mit 4 und mehr Kindern* vom 3. Mai 1967[527] ein erhöhtes Kindergeld auszuzahlen war, waren entsprechend § 1 Abs. 2 der dazu erlassenen Durchführungsbestimmung[528] neben den Ehepaaren mit Kindern auch alleinstehende Mütter oder Väter.

---

522 Gemäß § 2 der *Verordnung über die Verbesserung der Leistungen der Sozialversicherung für Arbeiter und Angestellte mit 2 und mehr Kindern* vom 3. Mai 1967 (GBl. II, S. 248) wurde die Bezugsdauer abhängig von der Kinderzahl auf sechs bis 13 Wochen verlängert.

523 § 3 MKSchG:
„(1) Gibt eine alleinstehende Mutter ihr Kind zur Erziehung in ein Kinderheim, so wird das Kind auf Staatskosten unterhalten und erzogen. Für die Zeit der Unterbringung des Kindes im Kinderheim wird die staatliche Unterstützung für die Mutter nicht ausgezahlt.
(2) Die Mutter kann das Kind jederzeit aus dem Kinderheim zurücknehmen und die Erziehung selbst übernehmen.
(3) Die alleinstehende arbeitende Mutter kann beanspruchen, daß ihr Kind bevorzugt in Kinderkrippen, Kindertagesstätten und Kinderheimen aufgenommen wird."

524 GBl. II, S. 321.

525 § 7 der *Anordnung über die Förderung und finanzielle Unterstützung von Müttern, die sich in einem Lehrverhältnis befinden* vom 19. Juni 1972, GBl. II, S. 420.

526 Staatliche Dokumente zur Förderung der Frau in der Deutschen Demokratischen Republik, Berlin, 1973, S. 361.

527 GBl. II, S. 248.

528 *Erste Durchführungsbestimmung zur Verordnung über die Gewährung staatlichen Kindergeldes für Familien mit 4 und mehr Kindern* vom 10. Juli 1967, GBl. II, S. 345.

II. Die Nachkriegszeit

In der DDR setzten die Bemühungen, die Rechtsstellung der nichtehelichen Kinder zu verbessern, unmittelbar nach der Bildung des neuen Staates ein. Die Deutsche Justizverwaltung musste sich unverzüglich des Problems annehmen, dass der rechtliche Status der nichtehelich geborenen Kinder weder mit der Realität der Nachkriegszeit noch mit dem Postulat der Gleichberechtigung vereinbar zu sein schien.[529] Durch Art. 33 VerfDDR 1949 wurde die rechtliche Gleichstellung ehelicher und nichtehelicher Kinder vorgeschrieben. Normen, die dem entgegenstanden, waren durch die Verfassung aufgehoben. Wodurch diese Vorschriften ersetzt werden sollten, war der Regelung jedoch nicht unmittelbar zu entnehmen. Der Verfassungsauftrag wurde aber zumindest so verstanden, dass zur Beseitigung der Benachteiligung des nichtehelichen Kindes auch zwischen dem nichtehelichen Vater und seinem Kind ein Verwandtschaftsverhältnis hergestellt und die bis dahin bestehende bloße „*Zahlvaterschaft*" beseitigt werden sollte.[530] Eine generelle Gleichstellung ehelicher und nichtehelicher Kinder wurde jedoch auch durch die Rechtsprechung weder intendiert noch bewirkt.[531]

Die verfassungsrechtlichen Vorgaben wurden durch das *Gesetz über den Mutter- und Kinderschutz und die Rechte der Frau* vom 27. September 1950 (MKSchG)[532] flankiert, durch das einige familienrechtliche Regelungen unmittelbar geändert wurden. Die Änderungen erfassten aber weniger Detailfragen als grundsätzliche Regelungen. Davon betroffen war insbesondere auch das Recht der nichtehelichen Kinder. Die bisherige „*moralische Verurteilung der außerehelichen Geburt*" sei von vornherein „*heuchlerisch*" und nur ein Mittel dafür gewesen, die Rechtlosigkeit von Mutter und Kind zu begründen.[533]

Dies sollte geändert werden. In § 17 Abs. 1 MKSchG[534] wurde bestimmt, dass die außereheliche Geburt weder dem Kind noch seinen Eltern zum Nachteil

---

529 *Schneider*, Hausväteridylle, S. 87.

530 *Eggers-Lorenz*, Die Feststellung der nichtehelichen Vaterschaft, NJ 1954, S. 473.

531 *Bernhardt*, Das Recht des unehelichen Kindes, S. 40.

532 GBl. S. 1037.

533 *Grandke* in: Familienrecht, S. 51. Gerade hier wurde von Richtern des Obersten Gerichts der DDR eine wichtige Erziehungsaufgabe der Gerichte gesehen. Es gelte, die noch im großen Umfang vorhandene „*bürgerliche Ansehung*" zu überwinden, wonach ein außereheliches Kind ein Kind zweiten Grades sei: *Heinrich/Klar*, Die Rechtsprechung des Obersten Gerichts auf dem Gebiete des Familienrechts, NJ 1953, S. 539.

534 § 17 MKSchG:
„(1) *Die nichteheliche Geburt ist kein Makel. Der Mutter eines nichtehelichen Kindes stehen die vollen elterlichen Rechte zu, die nicht durch die Einsetzung eines Vormunds für das Kind geschmälert werden dürfen. Zur Regelung der Ansprüche gegen den Vater sollen die unteren Verwaltungsbehörden nur noch als Beistand der Mutter tätig werden.*

gereichen durfte. Sämtliche dieser Vorschrift entgegenstehende Regelungen galten als aufgehoben.[535] In der Literatur der DDR wurde hierin ein „*bahnbrechender Fortschritt*" gesehen. Das MKSchG sei der gewichtige Schlusspunkt einer langandauernden Entwicklung, die von der Versklavung der Frau aufwärts geführt habe. Nun sei die volle Gleichberechtigung erreicht worden. Die natürliche Rolle der Frau als „*Gebärerin*" führe dazu, dass die Lasten des Kindes oft von ihr zu tragen seien, was ein Haupthemmnis für ihre gesellschaftliche Gleichstellung begründe. Dies auszugleichen sei Ziel des MKSchG gewesen.[536]

Allerdings setzte in der Realität auch das MKSchG die verfassungsrechtlichen Vorgaben der Beseitigung jeglicher Benachteiligung nichtehelicher Kinder nur ansatzweise um, bevorteilte auf der anderen Seite aber auch oft die alleinerziehenden Mütter. Gemäß § 3 MKSchG konnte etwa eine alleinstehende Mutter ihr Kind auf Kosten des Staates in einem Kinderheim unterbringen und erziehen lassen. Auch das noch heute unverändert als wesentliches Erfordernis der Vereinbarkeit von Familie und Beruf angesehene Recht zur Aufnahme von Kindern in Kinderkrippen, Kindertagesstätten und Kinderheimen stand vorrangig alleinstehenden Müttern zu (§ 3 Abs. 3 MKSchG). Anders als für die Gleichberechtigung der Frau, die in diesem Gesetz ausführlich behandelt wurde, enthält das MKSchG in dem sich mit der Stellung nichtehelicher Kinder befassenden § 17 MKSchG aber nur wenige Hinweise zur Auslegung des verfassungsrechtlichen Gleichstellungspostulates. Geregelt war vor allem, dass der Mutter des nichtehelichen Kindes die vollen elterlichen Rechte zustanden (§ 17 Abs. 1 S. 2 MKschG) und sich der von der Mutter für das nichteheliche Kind zu beanspruchende Unterhalt nach der wirtschaftlichen Lage beider Eltern richten sollte (§ 17 Abs. 2 MKSchG).

Angesichts der nur rudimentär vorhandenen gesetzlichen Regelungen mussten vor allem die Gerichte die Aufgabe erfüllen, bei sonst formal unveränderter Gesetzeslage den Verfassungsauftrag um- und die geänderten gesellschaftlichen Verhältnisse durchzusetzen, also eine Gleichstellung der nichtehelichen Kinder zu bewirken.[537] Hierbei zeigte es sich, dass die Gerichte, typisch für die Gründungsphase der DDR, diese Umsetzung ohne Rücksicht darauf vornahmen, ob die Lebensverhältnisse bereits den gewandelten gesellschaftlichen Erwartungen entsprachen. Sie erfolgte so nicht selten auf dem Rücken derjenigen, zu deren

---

(2) Der Unterhalt, den die Mutter für das nichteheliche Kind zu beanspruchen hat, soll sich nach der wirtschaftlichen Lage beider Eltern richten".

535 Dementsprechend konnte auch § 1589 Abs. 2 BGB, wonach ein nichteheliches Kind mit seinem Vater nicht als verwandt galt, nicht mehr gelten: KG, Urteil vom 27. Mai 1952, 2 U 227/51/ NJ 1952,380,380.

536 *Nathan*, Ein Jahr Gesetzgebung der Deutschen Demokratischen Republik, NJ 1950, S. 380.

537 *Heinrich/Klar*, Die Rechtsprechung des OG, NJ 1953, S. 537.

Schutz sie eigentlich dienen sollte, wie etwa auch ehemals verlobte ledige Mütter erfahren mussten.[538] Da gemäß Art. 33 VerfDDR 49 in Verbindung mit § 17 MKSchG jegliche Benachteiligung nichtehelicher Kinder gesetzlich verboten war, war sie nach Auffassung des Landgerichts Cottbus auch beseitigt.[539] Die Frage, ob sich die tatsächlichen Lebensverhältnisse tatsächlich in Übereinstimmung mit der Ideologie geändert hatten, blieb dagegen, letztlich auf Kosten des Kindes, unbeantwortet.

Bei den gesetzlichen Vorgaben der Verfassung und des MKSchG sollte es nicht bleiben. Noch in ihrer Funktion als Direktorin der Deutschen Justizverwaltung der Sowjetischen Besatzungszone veröffentlichte Hilde *Benjamin* Vorschläge für eine Neugestaltung des Familienrechts,[540] die auf den Erkenntnissen und Überlegungen *„fortschrittlicher Juristen"* aus der *„Weimarer Zeit"* und dem Kreise der Frauenbewegungen beruhen würden und mit der Gleichberechtigung der Frau und einem *„neuen Unehelichenrecht"* zwei Schwerpunkte haben sollten.[541] Hinsichtlich des Rechts der nichtehelichen Kinder beschränkte sich Hilde *Benjamin* auf die Wiedergabe einer Ausarbeitung der Rechtskommission des zentralen Frauenausschusses aus dem Jahr 1946. Diese zeigte eine Vielzahl *„moderner"* Überlegungen auf, die in beiden Teilen Deutschlands noch lange Jahre kein Gehör finden sollten. Entsprechend ihrer Bedeutung ist daher die Darstellung der Grundzüge der Vorschläge veranlasst.

Der volljährigen Mutter solle die volle elterliche Gewalt über das Kind zustehen, wobei allerdings das Jugendamt des Geburtsortes eine Amtspflegschaft mit der Aufgabe der Wahrnehmung der Rechte gegenüber dem Vater zu übernehmen hatte. Die Mutter solle nicht verpflichtet sein, den Namen des Vaters zu benennen. Dies dürfte das Jugendamt aber nicht daran hindern, im Interesse des Kindes die Vaterschaftsfeststellung zu betreiben. Die Amtspflegschaft solle im Falle ihrer Entbehrlichkeit aufgehoben werden können.[542]

Vater solle derjenige sein, der die Vaterschaft mit Zustimmung der Mutter und des Amtspflegers anerkannt hätte oder durch eine rechtskräftige Entschei-

---

538 Anzuführen ist hier etwa die Rechtsprechung zum Kranzgeld (§ 1300 BGB). Dieser Anspruch passte nicht mehr in das Gesellschaftsbild der DDR. In der sozialistischen Gesellschaft mussten Nachteile für *„nicht mehr unbescholtene"* ledige Frauen bereits deshalb ausgeschlossen sein weil die Frau in der sozialistischen Gesellschaft qua Definition wirtschaftlich selbständig und damit berufstätig war: *Klose*, Die Rechtsprechung zu § 1300 BGB in der Bundesrepublik und in der früheren DDR, FuR 1994, S. 27f. Dies sollte nach einer Entscheidung des LG Cottbus auch dann gelten, wenn aus dem Verlöbnis ein Kind hervorgegangen war: LG Cottbus, Beschl. vom 1. Juli 1951, Ta 89/51, NJ 1951,426,426.

539 LG Cottbus, Beschl. vom 1. Juli 1951, Ta 89/51, NJ 1951,424,425.

540 *Benjamin*, Vorschläge zum neuen deutschen Familienrecht, Berlin, 1949.

541 *Benjamin*, Vorschläge, S. 5.

542 *Benjamin*, Vorschläge, S. 29f.

dung des Vormundschaftsgerichts als Vater festgestellt sei. Dem Vater solle nach dem Anerkenntnis die Befugnis der Anfechtung wegen Irrtums oder arglistiger Täuschung zustehen, wobei jedoch ein Irrtum über einen anderweitigen Verkehr der Mutter unbeachtlich sein solle. Der Mann solle binnen fünf Jahren mit Zustimmung der Mutter und des Pflegers die Anerkennung widerrufen können, um so nach der Erkenntnis, dass er offensichtlich nicht der Vater sei, den Weg zur Anerkennung des wirklichen Vaters zu eröffnen. Bei der Feststellung sollte die Mehrverkehrseinrede des alten Rechts entfallen. Auch dürften nicht sämtliche in Betracht kommende Väter herangezogen werden können; diese Variante würde dazu führen, dass bei den unehelichen Kindern eine Differenzierung zwischen denen mit einem Vater und denen mit *„mehreren Zahlern“* begründet werde. Als Vater solle jeder festgestellt werden können, der in der Empfängniszeit mit der Mutter geschlechtlich verkehrt habe. Dem Vater geschehe wegen des vollzogenen Verkehrs auch kein Unrecht. Das Kind solle unabhängig davon, ob dies der Name der Mutter, des Stiefvaters oder des leiblichen Vaters gewesen sei, den Namen des Elternteils, in dessen Lebenskreis es aufgewachsen sei, tragen, wenn letzterem die elterliche Gewalt über das Kind verliehen worden sei. Es solle eine Möglichkeit vorgesehen werden, es dem Vater zu ermöglichen, das Sorgerecht und auch die volle elterliche Gewalt zu erlangen. Dies solle aber auch im Falle des Todes der Mutter nicht automatisch erfolgen, sondern von einem Antrag des Vaters, durch den er sein Interesse für das Kind zeige, abhängig sein. So lange aber die Mutter die elterliche Gewalt einschließlich der Personensorge inne habe, solle jedoch eine Beteiligung des Vaters an der Personensorge ausscheiden. Die *„gemeinsame Herrschaft“* über ein Kind von Personen, die sich gleichgültig oder gar feindlich gegenüberstehen, führe in der Regel zu Misshelligkeiten und wirke sich zum Nachteil der Kinder aus. Daher scheide auch ein Verkehrsrecht des Vaters und ein Recht des Vaters, in bestimmten Angelegenheiten wie etwa der Berufswahl gehört zu werden, aus. Es solle ein Schlussstrich unter die persönlichen Beziehungen von Vater und Mutter gezogen und es dem Vater nicht ermöglicht werden, Forderungen an die Mutter zu stellen, die sie gar zum Verzicht auf den Unterhalt veranlassen könnten. Auch dürften neuere Bindungen von Vater und Mutter nicht gefährdet werden. Die Mutter könne den Vater aber freiwillig an der Erziehung beteiligen. Wenn aber der Mutter die Personensorge nicht mehr zustehe, könne das Vormundschaftsgericht dem Vater die Personensorge einschließlich der gesetzlichen Vertretung zusprechen. Das solle aber von dem Antrag, der Einwilligung der Mutter oder deren Surrogat, der Zustimmung der Ehefrau des Vaters, mit der er zusammenlebe, der Zustimmung des über 16 Jahre alten und der Anhörung des über 12 Jahre alten Kindes, der Eignung, Vertrauenswürdigkeit und Volljährigkeit und der Absicht, das Kind im Haushalt zu versorgen, abhängen. Wenn sich der Vater eine längere Zeit bewährt habe, solle ihm die elterliche Gewalt dauerhaft übertragen werden können. Vater und Mutter sollten gleichermaßen für den Unterhalt des Kindes sorgen müssen. Die Mutter habe das Kind wie ein eheliches Kind zu unterhalten. Wenn dem Vater das Sorgerecht übertragen worden sei, gelte dies auch für ihn. In diesem Fall sei das Kind auch ihm gegenüber unterhaltspflichtig.[543]

Wenn der Vater weder personensorgeberechtigt sei noch die elterliche Gewalt inne habe, solle er seinem Kind bis zum vollendeten 18. Lebensjahr Unterhalt gewähren. Wenn das Kind zu diesem Zeitpunkt noch keine Berufsausbildung abgeschlossen habe, sei die Unterhaltspflicht längstens bis zur Vollendung des 24. Lebensjahres vorzusehen. Bei einem vor dem 25. Lebensjahr eingetretenen an der Berufstätigkeit hindernden Gebrechen gelte die Unterhaltspflicht nach dem Vorschlag lebenslang. Der Unterhalt solle den gesamten Lebensbedarf sowie die Kosten für die Berufsausbildung erfassen. Die Höhe solle sich nach der Lebensstellung der Mutter richten, weil das Kind ihren Lebenskreis teile. Wenn die Lebensverhältnisse des Vaters wesentlich günstiger seien als die der Mutter, solle sich der Unterhaltsbeitrag des Vaters erhöhen, wenn seine wirtschaftliche Lage im Hinblick auf vorgehende Unterhaltspflichten gegen Ehefrau und eheliche Kinder beengt sei, erniedrigen. Die Unterhaltspflicht solle an erster Stelle den Vater und daneben auch die Mutter treffen. Die Großeltern beider Seiten waren nach dem Entwurf zum Unterhalt verpflichtet, wenn die Eltern zur Unterhaltsleistung nicht imstande waren. Die Möglichkeit der Abfindung sollte fortbestehen. Nach einer Abfindung solle ihm das Sorgerecht und die elterliche Gewalt nur noch übertragen werden können, wenn der Vater sich verpflichte, das Kind bei Bedürftigkeit zu unterhalten.[544]

Das nichteheliche Kind solle in einem Teil der Fälle ein gesetzliches Erbrecht am Nachlass des Vaters erhalten. Wenn das Kind mit einer Ehefrau und ehelichen Abkömmlingen oder den Eltern des Vaters als Erben oder Pflichtteilsberechtigte zusammentreffe, solle es dagegen einen Anspruch gegen den Nachlass in Höhe der Hälfte des gesetzlichen Erbteils des ehelichen Kindes erhalten. Der Einräumung eines dem ehelichen Kinde vergleichbaren Erbrechts stünden jedenfalls so lange Bedenken entgegen, wie das eheliche Güterrecht nicht geändert sei. Erst dann, wenn der Ehefrau bei der Auflösung der Ehe vorweg ein angemessener Anteil an dem Vermögen, das der Mann während der Ehe unter Mitarbeit und Mitbewirtschaftung der Ehefrau erworben habe, zustehe, sei es vertretbar, dem nichtehelichen Kind wie dem ehelichen ein volles Erbrecht zukommen zu lassen.[545]

543 *Benjamin*, Vorschläge, S. 31 – 35.

544 *Benjamin*, Vorschläge, S. 35f.

545 *Benjamin*, Vorschläge, S. 36f.

Alle Entscheidungen sollten dem Vormundschaftsgericht übertragen und die Verfahren, insbesondere die, die mit dem Unterhalt zusammenhingen, schnell durchgeführt werden. Zur Beschleunigung insbesondere bei einer noch offenen Vaterschaftsfeststellung solle auch eine einstweilige Verfügung in Betracht kommen. Das Institut der Ehelichkeitserklärung sei entbehrlich, weil dem Vater durch die Möglichkeit der Übertragung der elterlichen Gewalt ein hinreichender Ersatz eingeräumt werde.[546]

Die vorstehenden Vorschläge kommentierte Hilde *Benjamin* abschließend damit, dass die Unmöglichkeit, das Recht des nichtehelichen Kindes widerspruchsfrei und allseits zufriedenstellend zu gestalten, evident sei. Es sei etwa ein Widerspruch, dass die Mutter die volle elterliche Gewalt über das Kind erhalte, auf der anderen Seite aber das Kind ehelichen Kindern gleichgestellt werden solle, was eine Verstärkung der Vater-Kind Beziehung erfordere. Diese sei im Erbrecht erfolgt und bei dem Sorgerecht und der elterlichen Gewalt des Vaters teilweise ermöglicht worden. Die Widersprüche selbst würden sich niemals endgültig beseitigen lassen, weil sie in der natürlichen und gesellschaftlichen Stellung des nichtehelichen Kindes wurzelten. Eine Lösung könne nur die Entwicklung bringen, innerhalb derer die Mutter wirtschaftlich unabhängiger und gesichert dastehe und in der die Kraft der gesellschaftlichen Erziehung die Unvollkommenheit der Familienerziehung des Kindes ausgleiche und im allgemeinen Bewusstsein die Unterschiede zwischen ehelichen- und nichtehelichen Kindern beseitigt werde.[547]

Annähernd zeitgleich publizierten andere einflussreiche Juristen der DDR teilweise diametral entgegenstehende Überlegungen. Um die Rechtseinheit auf dem Gebiet des Familienrechts zu fördern wurden 1951 von Vertretern des Ministeriums der Justiz, des Obersten Gerichts der DDR und der Obersten Staatsanwaltschaft der DDR *Rechtsgrundsätze für die Behandlung von Familienstreitigkeiten in Auslegung der Verfassung der Deutschen Demokratischen Republik und des MKSchG*[548] aufgestellt, die wie folgt lauteten:

- *„Das nichteheliche Kind ist mit dem Vater und dessen Verwandten ebenso verwandt wie mit der Mutter.*
- *Der Mutter steht die volle elterliche Sorge zu; der Vater hat kein Mitwirkungs- oder Verkehrsrecht.*
- *Die Unterhaltsansprüche des nichtehelichen Kindes gegen seine Eltern entsprechen grundsätzlich den Unterhaltsansprüchen ehelicher Kinder. Bei der Bemessung ist die wirtschaftliche Lage beider Eltern zu berücksichtigen; die Begrenzung auf das 16. Lebensjahr fällt weg. Lebt das Kind bei der Mutter oder ihren Verwandten, so wird durch die Pflege*

546 *Benjamin*, Vorschläge, S. 37.
547 *Benjamin*, Vorschläge, S. 39.
548 Zitiert nach *Voss*, Das Erbrecht, S. 45f.

und Erziehung des Kindes der Unterhaltsbeitrag der Mutter in der Regel abgegolten. Die Leistungsfähigkeit des Vaters, die sich gegebenenfalls nach § 1603 Abs. 2 BGB bemisst, ist schon im Prozessverfahren nicht erst in der Vollstreckungsinstanz nachzuprüfen.

- *Ein Unterhaltsabfindungsvertrag zwischen Vater und Kind ist unter den vorherigen Voraussetzungen zulässig, jedoch ist bei der Genehmigung eines solchen Vertrages mit äußerster Vorsicht vorzugehen.*
- *Hinsichtlich der Legitimation durch nachfolgende Ehe und der Erteilung des Namens durch den Ehemann der Mutter gelten die bisherigen Vorschriften.*
- *Die Einrede des Mehrverkehrs seitens des in Anspruch genommenen Mannes (§ 1717 BGB) ist noch zulässig*".

1. Rechtliche Sonderprobleme

Die Rechtswirklichkeit der frühen Nachkriegszeit spiegelt sich vor allem in den Gerichtsentscheidung wider, die angesichts der zu bewältigenden tatsächlichen Probleme getroffen wurden. In Ermangelung konkreter gesetzlicher Vorgaben oblag es in der Nachkriegzeit den Gerichten, die Anforderungen der „*neuen Staatsordnung*" in das gelebte Recht zu übertragen. Dabei hatten sie sich nicht nur mit der Frage zu befassen, welches Recht unbeschadet seiner nationalsozialistischen Herkunft fort gelten sollte, sondern auch damit, wie die durch die wirtschaftlichen und familiären Wirren der Nachkriegszeit entstandenen Probleme zu lösen waren.[549]

a) Kriegsfolgen

Ein Problem der Bewältigung der Folgen des Zweiten Weltkrieges stellte sich bei der Behandlung rückständigen Unterhalts von Soldaten, die während ihrer Gefangenschaft keinen Unterhalt bezahlt hatten. Anders als bei ehelichen Kindern war der Unterhaltsanspruch der nichtehelichen Kinder grundsätzlich nicht an die Leistungsfähigkeit des Vaters, sondern an die Lebensstellung der Mutter gebunden (§ 1708 BGB). Hierdurch waren nichteheliche Väter nach dem Gesetzeswortlaut daran gehindert, sich auf ihre kriegsbedingte Leistungsunfähigkeit zu berufen. Eine „*soldatenfreundliche*" Lösung wurde teilweise mit der Begründung unmittelbar aus Art. 33 Verf. DDR 49 abgeleitet, dass nichteheliche Kinder gegenüber ehelichen keine Nachteile erleiden, aber auch keine Vorteile erlangen dürften. Da sich eheliche Kinder die Leistungsunfähigkeit ihres Vaters entge-

549 *Markowitz*, beschreibt die Tätigkeit des Familiengerichts in dem von ihr untersuchten Gerichtsbezirk als „*praktisch und unpolitisch*" und von dem Bestreben getragen, die „*Kriegs- und Nachkriegswirren*" zu beseitigen: Gerechtigkeit in Lüritz, S. 97.

genhalten lassen müssten, sollte dies auch für nichteheliche Kinder gelten.[550] Nichteheliche Kinder waren jedenfalls dann gehalten, ihre Unterhaltsansprüche gegen aus dem Krieg zurückkehrende Väter durchzusetzen, wenn diese nach der Rückkehr wieder leistungsfähig geworden waren. Gingen sie dann nicht gegen ihren Vater vor, riskierten sie jedenfalls bei noch nicht verjährten Ansprüchen, deren Begründung lange zurücklag, dass diese der Verjährung unterlagen.[551]

Teilungsbedingte Nachteile mussten in der Bundesrepublik Deutschland lebende Kinder nichtehelicher Väter in der DDR erleiden. Auf einen höheren Lebensstandard in der Bundesrepublik Deutschland sollten sie sich nämlich nicht berufen dürfen. Die Preissteigerungen in der Bundesrepublik seien nichts anders als die *„Abwälzung von Ausgaben für die Regierung Adenauer im Widerspruch mit dem Willen und den Lebensinteressen des gesamten Volkes betriebene Wiederaufrüstung auf die werktätige Bevölkerung.“*[552] Durch die Verurteilung zu einer höheren Unterhaltsleistung wäre nach dieser Lesart indirekt die Wiederaufrüstung unterstützt und damit gegen das Gebot aus Art. 3 Verf DDR 49, den Frieden zu fördern verstoßen worden.[553]

b) Die Fortgeltung „*nationalsozialistischen*“ Rechts

Daneben hatten die Gerichte auch die Frage zu entscheiden, inwieweit in der Zeit des Nationalsozialismus entstandene Rechtsvorschriften weiter Anwendung finden durften. Einerseits bedeutete die Beachtung dieser Vorschriften die grundsätzliche Anerkennung des nationalsozialistischen Regimes als Gesetzgeber. Andererseits bestand ein praktisches Bedürfnis danach, den Teilen der zwischen 1933 und 1945 ergangenen Gesetzgebung, die nicht der Umsetzung der nationalsozialistischen Weltanschauung, sondern der objektiven Verbesserung des geltenden Rechts gedient hatten, weiter Anwendung zu verschaffen. Weitgehend hatte hier der alliierte Kontrollrat für Klarheit gesorgt und „*nationalsozialistische*“ Gesetze außer Kraft oder, wie etwa beim EheG 38, geringfügig modifiziert wieder in Geltung gesetzt. Ob und inwieweit von der gesetzgeberischen Tätigkeit des alliierten Kontrollrates nicht erfasste „*nationalsozialistische*“ Ge-

---

550 AG Brandenburg, Urteil vom 9. Januar 1951, 3 C 657/50, NJ 1951,425,426. Für eine weitergehende Entlastung aus der Kriegsgefangenschaft heimkehrender nichtehelicher Väter: *Grabow*, Unterhaltsrückstände nichtehelicher Kindsväter aus der Zeit des Kriegseinsatzes und der Gefangenschaft, NJ 1951, S. 172.

551 OG, Urteil vom 24. November 1952, 2 Zz 1/52, NJ 1953,84,85.

552 OG, Urteil vom 11. September 1952, 1a Zz 23/52, NJ 1952,489,489.

553 OG, Urteil vom 11. September 1852, 1a Zz 23/52, NJ 1952,489,489; *Heinrich/Klar*, NJ 1954, S. 540.

setze weiterhin anwendbar blieben, musste aber eine gerichtliche Bewertung ergeben. Im Nichtehelichenrecht stellte sich diese Frage hinsichtlich der Vorschrift des § 1594 BGB,[554] durch den die Anfechtungsfrist des nichtehelichen Vaters geregelt wurde. Nach der ursprünglichen Fassung begann diese Frist mit der Kenntnis des Ehemannes von der Geburt des Kindes. Durch Art. 2 § 4 des Familienrechtsänderungsgesetzes vom 12. April 1938[555] war der Fristbeginn gemäß § 1594 BGB auf den Zeitpunkt verlegt worden, zu dem der Ehemann Kenntnis von den Tatsachen erlangt hatte, die Zweifel an der ehelichen Geburt begründeten. Dieser den praktischen Bedürfnissen entsprechenden Regelung hatte das OLG Halle allein mit dem Hinweis auf deren nationalsozialistische Herkunft die Anwendung versagt.[556] In der Folgezeit erwies es sich jedoch als notwendig, die ideologischen Bedenken zurückzustellen und der praktisch sinnvolleren Lösung des Familienrechtsänderungsgesetzes von 1938 den Vorzug zu geben. Dementsprechend brachte sie das Kammergericht nur kurze Zeit später, gestützt auf die „*allgemeine Auffassung*" zur Anwendung und sah die Anfechtungsfrist erst mit Kenntnis der Tatsache, die den Verdacht der nichtehelichen Geburt begründete, als in Gang gesetzt an.[557]

2. Die rechtlichen Grundlagen der Nachkriegszeit

Auch in der SBZ/DDR war das Recht der nichtehelichen Kinder eine Materie, die im Alltag eine praktische Handhabung erfahren musste. So sehr auch versucht wurde, mit der Stellschraube des Rechts die gesellschaftlichen Verhältnisse neu zu justieren, so sehr musste auf der anderen Seite auch respektiert werden, dass jenseits der Ideologie menschliche Schicksale im Kernbereich der Familie betroffen waren. Hier wurden gerade in der Nachkriegszeit auch für die nichtehelichen Kinder und Mütter praktikable Lösungsmöglichkeiten gesucht. Gleich-

---

554 § 1594 BGB:
„*Die Ehelichkeit eines Kindes kann von dem Mann binnen Jahresfrist angefochten werden.*
Die Frist beginnt mit dem Zeitpunkt, in dem der Mann Kenntnis von den Umständen erlangt, die für die Unehelichkeit des Kindes sprechen. Sie beginnt frühestens mit der Geburt des Kindes.
Auf den Lauf der Frist finden die für die Verjährung geltenden Vorschriften der §§ 203, 206 entsprechende Anwendung."

555 *Gesetz über die Änderung und Ergänzung familienrechtlicher Vorschriften und über die Rechtsstellung der Staatenlosen* vom 12. April 1938, RGBl. I., S. 380.

556 OLG Halle, Urteil vom 20. Oktober 1948, 1 U 23/48, NJ 1949,143,143.

557 KG, Beschl. vom 20. April 1951, 2 W 39/51, NJ 1951,425,425.

wohl waren auch die Sachzwänge der neuen Gesellschaftsordnung zu beachten. Dies auszubalancieren erwies sich nicht immer als einfach.

a) Die Gleichberechtigung der Frau

Nicht allein das Verbot der Diskriminierung nichtehelicher Kinder, sondern auch die zu den Grundüberzeugungen der sozialistischen Ideologie gehörende Gleichberechtigung der Frau konnte der Anwendung von Vorschriften des überlieferten Nichtehelichenrechts entgegenstehen. Unter diesem Aspekt wurde – ohne ausdrückliche Gesetzesänderung – der Kreis der anfechtungsberechtigten Personen um die Mutter erweitert. Wenn das Anfechtungsrecht dem Mann zustand, musste es auch der Mutter gestattet werden, gemäß § 1594 Abs. 1 BGB die Ehelichkeit anzufechten.[558] Die Frage der Gleichberechtigung stellte sich auch bei dem Namensrecht. Welchen Namen das nichteheliche Kind tragen sollte, war in § 1706 BGB geregelt. Danach erhielt das nichteheliche Kind grundsätzlich den Familiennamen der Mutter. Hatte diese allerdings durch eine Heirat einen anderen Namen erworben, erhielt das Kind den Geburtsnamen der Mutter. Das hatte zur Folge, dass etwa das nichteheliche Kind einer verwitweten Mutter einen anderen Namen führen musste als seine Mutter. In dieser Regelung sah das Bezirksgericht Chemnitz einen Verstoß gegen die verfassungsrechtlich vorgeschriebene Gleichberechtigung. In den namensrechtlichen Bestimmungen des BGB liege generell eine Benachteiligung der Frau, der durch die Eheschließung abverlangt werde, den Familiennamen des Ehemannes aus einem abgeleiteten, delegierten Recht anzunehmen. Die Frau müsse daher den Familiennamen ihres Mannes derart erwerben, dass sie ihn als eigenen Namen führen dürfe. Mithin müssten die Kinder, die sie zur Welt bringe, auch diesen Namen tragen dürfen.[559]

---

558 OG, Urteil vom 1. Dezember 1950, 1 Zz 43/50, NJ 1951,185,186, mit zustimmender Anmerkung von *Nathan*, NJ 1951, S. 187.

559 BG Chemnitz, Beschl. vom 12. September 1952, 5c T 6/52, NJ 1952,584,584; zustimmend Anmerkung dazu von *Nathan*, NJ 1952, S. 584. Für das Adoptionsrecht: vgl. LG Meiningen, Beschl. vom 18. Dezember 1951, 1 T 326/51, NJ 1952,135,135. Der gleiche Gedanke spiegelt sich auch in der *Verfügung über die Bezeichnung „Frau“ durch unverheiratete weibliche Personen* 15. Dezember 1951 (*Staatliche Dokumente zur Förderung der Frau in der Deutschen Demokratischen Republik*, Berlin, 1973, S. 313) wider, wonach auch eine unverheiratete weibliche Person berechtigt war, die Bezeichnung „*Frau*“ zu führen.

b) Das Sorgerecht der Mutter

War in § 1707 BGB geregelt, dass das Sorgerecht generell vom Jugendamt bzw. dem Rat des Kreises zu übernehmen war, bestimmte § 17 Abs. 1 S. 2 MKSchG seit dem 27. September 1950,[560] dass der Mutter die vollen elterlichen Rechte zustehen mussten, die nicht durch das Einsetzen eines Vormundes für das Kind geschmälert werden durften.[561] Auch bei dem Geltendmachen von Ansprüchen gegen den Vater sollten staatliche Stellen allein dazu tätig werden, die Mutter bei der Durchsetzung zu unterstützen.[562] Insoweit war eine dem Schutzcharakter des § 35 JWG entsprechende Beistandschaft geschaffen worden, die auf die Unterstützung der Mutter bei der Feststellung des Vaters und die Durchsetzung der Unterhaltsansprüche beschränkt war. Gemäß § 16 Abs. 2 MKSchG[563] war diese Beistandschaft freiwillig.[564]

c) Die Vaterschaftsfeststellung und Anfechtung

Bei der Vaterschaftsfeststellung unterlag die Rechtsprechung auch nach dem Zweiten Weltkrieg unverändert den tatsächlichen Problemen des Fehlens einer hinreichenden naturwissenschaftlichen Nachweismethode.[565] Nicht zuletzt zum Schutz der ehelichen Treue musste daher derjenige, der unstreitig in der Empfängniszeit[566] mit einer Frau verkehrt hatte, mit der möglichen Konsequenz

---

560 Entsprechend der vom Ministerium der Justiz herausgegebenen Textsammlung war § 1707 BGB wegen seines Verstoßes gegen Gleichberechtigungsprinzip nicht mehr anwendbar und wurde durch § 17 Abs. 1 S. 3 MKSchG ersetzt.

561 In § 16 Abs. 1 MKSchG war eine gemeinsame elterliche Sorge für verheiratete Eltern vorgesehen.

562 *Bernhardt*, Das Recht des unehelichen Kindes, S. 59.

563 § 16 MKSchG:
„*(1) Die elterliche Sorge, die das Recht und die Pflicht umfaßt, für die Kinder und ihr Vermögen zu sorgen, sowie das Recht, die Kinder zu vertreten, steht beiden Eheleuten gemeinschaftlich zu.*
(2) Das Vormundschaftsgericht hat einem Elternteil, der allein die elterliche Sorge hat, auf Antrag oder, wenn es im Interesse des Kindes von Amts wegen geboten ist, von Amts wegen einen Beistand zu bestellen.
(3) Das Sorgerecht der Frau für ihre Kinder aus früheren Ehen erlischt nicht mit ihrer Wiederverheiratung."

564 *Bernhardt*, Das Recht des unehelichen Kindes, S. 61.

565 Zu Beginn der 50er Jahre des vergangenen Jahrhunderts standen vor allem Blutgruppenuntersuchungen und anthropologische Gutachten zur Verfügung: KG, Urteil vom 27. Mai 1952, 2 U 227/51, NJ 1952,380,380.

566 Hinsichtlich der Empfängniszeit hatte das Amtsgericht Bischofswerda: AG Bischofswerda (Urteil vom 3. Juli 1950, C 166/49, NJ 1950, 407,407) entschieden, dass die für eheliche

leben, auch ohne einen sicheren Nachweis als nichtehelicher Vater in Anspruch genommen zu werden. Hier wurde auf § 1717 BGB abgestellt. Die Mehrverkehrseinrede wurde dem in Anspruch genommenen Mann nicht leicht gemacht. Er musste vielmehr konkrete Anhaltspunkte dafür vorbringen können, die über das bloße Behaupten des Mehrverkehrs hinausgingen. In die Beweisaufnahme durch das Einholen eines Blutgruppengutachtens oder durch Vernehmung der Mutter und der in Betracht kommenden anderen Väter war nur dann einzutreten, wenn der in Anspruch genommene Mann entweder weitere in Betracht kommende Männer bezeichnen oder zumindest den Verdacht des Mehrverkehrs belegen konnte.[567] Dies hatte eine weitgehende Entwertung der Mehrverkehrseinrede zur Folge.

Schließlich sorgte das Oberste Gericht mit einer Richtlinie[568] für die Klärung einiger Zweifelsfragen bei der Vaterschaftsfeststellung. Diese war insgesamt von dem Gedanken getragen, dass (damals noch unsichere) Gutachten über die Vaterschaft nach Möglichkeit zu vermeiden waren, um so den Vätern die Möglichkeit zu nehmen, das Verfahren zu verschleppen. In der Präambel dieser Richtlinie wurde im Hinblick auf die Verantwortung des Staates für das Kind ausdrücklich vorangestellt, dass es dem als nichtehelichen Vater in Anspruch genommenen Verklagten nicht möglich sein sollte, sich seiner Sorgepflicht gegenüber dem Kind und der Gesellschaft allein dadurch zu entziehen, dass er leichtfertig einen unmoralischen Lebenswandel der Mutter oder erbbiologische Merkmale eines anderen Mannes behauptete.[569] Könne der Verklagte den Mehrverkehr der Mutter im Empfängniszeitraum nicht hinreichend beweisen, sei schon wegen der gebotenen Verfahrensbeschleunigung die Anordnung eines

---

Kinder geltende Vorschrift des § 1592 Abs. 2 BGB („*Steht fest, dass das Kind innerhalb eines Zeitraums empfangen worden ist, der weiter als dreihundertundzwei Tage vor dem Tage der Geburt zurückliegt, so gilt zugunsten der Ehelichkeit des Kindes dieser Zeitraum als Empfängniszeit*“) entsprechend angewandt wurde. Zustimmend: *Toeplitz*, Die Vorbereitung, NJ 1954, S. 662.

567 KrG Potsdam-Land, Urteil vom 12. Januar 1954, 4 C 474/53, NJ 1954,579,579 mit zustimmender Anmerkung von *Hintze*, NJ 1954, S. 579.

568 Richtlinie des Plenums des Obersten Gerichts der Deutschen Demokratischen Republik über Voraussetzungen und Beweiswert des erbbiologischen Gutachtens, Richtlinie Nr. 6 (R Pl 1/55) vom 29. Juni 1955, GBl. II, S. 264.

569 Richtlinie Nr. 6, GBl. 1955, II, S. 264. Es bleibe dabei, dass ein erbbiologisches Gutachten grundsätzlich zulässig sei: OG, Urteil vom 4. Dezember 1953, 1 Zz 158/53, NJ 1954,244.244; OG Urteil vom 23. November 1954, 1 Zz 200/54, NJ 1955,87.88. Jedoch sei zu beachten, dass auch dieses lediglich eine Wahrscheinlichkeitsentscheidung ermögliche, also nicht alleinige Entscheidungsgrundlage sein könne. Daher müsse vor seiner Einholung zunächst durch Partei- und Zeugenvernehmung eine Erforschung der möglichen Väter erfolgt sein: Richtlinie Nr. 6, GBl. 1955, II, S. 266.

Gutachtens fehlerhaft.[570] Im Ergebnis sollten an den Nachweis der offenbaren Unmöglichkeit, dass ein bestimmter Geschlechtsverkehr zur Zeugung des Kindes geführt hatte, strenge Anforderungen gestellt werden. Das erbbiologische Gutachten sei als bloßes Wahrscheinlichkeitsinstrument nicht hinreichend beweiskräftig, um den Richter von der offenbaren Unmöglichkeit zu überzeugen. Es müssten vorher also bereits andere Beweise gegen eine Vaterschaft gesprochen haben. Auch als alleiniger Gegenbeweis sei das erbbiologische Gutachten nicht geeignet.[571]

Wesentliche Neuerungen waren schon früh bei dem Kreis der Anfechtungsberechtigten zu verzeichnen. Durch Urteil vom 1. Dezember 1950 hatte das Oberste Gericht das Recht zur Anfechtung auch der Mutter zugesprochen. Auch § 1595a BGB, der das Anfechtungsrecht des Staatsanwalts eingeführt hatte, bestand fort.[572] Die Regelung entspringe zwar dem nationalsozialistischen Gedankengut,[573] stehe aber wegen der Gleichberechtigung der Frau durch die Verfassung und das MKSchG innerhalb der bestehenden Staatsordnung. Der Staatsanwalt wurde darauf beschränkt, nur noch im Interesse des Kindes anfechten zu dürfen.[574]

d) Die Abfindung

Gemäß § 1714 BGB konnte das nichteheliche Kind eine Abfindungsvereinbarung mit seinem nichtehelichen Vater treffen. Der eheliche Vater durfte sich dagegen gemäß § 1614 BGB[575] bei erneuter Bedürftigkeit seines Kindes nur für einen begrenzten Zeitraum durch eine Vorauszahlung von seiner Unterhaltspflicht befreien.[576] Hier kam es nach 1949 zum Streit darüber, ob die Regelung in § 1714 BGB unter Berücksichtigung von Art. 33 Verf DDR 49 noch haltbar war.

570 Richtlinie Nr. 6, GBl. 1955, II, S. 266.

571 Richtlinie Nr. 6, GBl. 1955, II, S. 268.

572 Zu den Auseinandersetzungen über das Anfechtungsrecht des Staatsanwalts in der Deutschen Justizverwaltung: *Schneider*, Hausväteridylle, S. 89.

573 Die Vorschrift wurde durch § 5 des Gesetzes vom 12. April 1938, RGBl. I., S. 380 eingeführt und durch die *Verordnung über die Angleichung familienrechtlicher Vorschriften* vom 6. Februar 1943 (RGBl. I., S. 80) modifiziert.

574 OG, Urteil vom 1. Dezember 1950, 1 Zz 43/50, NJ 1951,185,186 mit zustimmender Anmerkung von *Nathan*, NJ 1951, S. 187.

575 § 1614 BGB:
„Für die Zukunft kann auf Unterhalt nicht verzichtet werden.
Durch eine Vorausleistung wird der Verpflichtete bei erneuter Bedürftigkeit nur für den im § 1760 Abs. 2 bestimmten Zeitabschnitt oder, wenn er selbst den Zeitabschnitt zu bestimmen hatte, für einen den Umständen nach angemessenen Zeitabschnitt befreit."

576 BG Cottbus, Beschl. vom 13. August 1953, SH 45/53, NJ 1954,512,512.

Teilweise wurde angenommen, dass eine Befreiung von künftigen Unterhaltsansprüchen nach § 1714 BGB nur in den Grenzen des § 1614 BGB möglich war, wenn also auch das eheliche Kind nach Ablauf der Wartefrist wieder Unterhaltsansprüche gegen seinen Vater geltend machen könnte.[577] Auch nach dem Abschluss eines vormundschaftsgerichtlich genehmigten und erfüllten Abfindungsvertrages sollte danach das Kind bei erneuter Bedürftigkeit berechtigt sein, von seinem Vater Unterhalt zu verlangen. Diese Auffassung wurde vom BG Magdeburg[578] nicht geteilt. Unter Bezugnahme auf eine Entscheidung des Obersten Gerichts,[579] worin die Fortgeltung der für die nichtehelichen Kinder geltenden Vorschriften bestimmt worden war, sah das BG Magdeburg Abfindungsverträge als wirksam an. Anders als das eheliche erhalte das nichteheliche Kind seinen Unterhalt in der Regel nicht in Natur, sondern in Geld. Die Durchsetzung der Zahlungsansprüche sei vielfach schwierig. Durch die Ermöglichung der Schaffung eines Ausgleichs dieser Lage durch einen Abfindungsvertrag werde die Benachteiligung der nichtehelichen Kinder gerade erst beseitigt.[580] *Nathan* wies dagegen darauf hin, dass Art. 33 Verf DDR 49 nicht eine formale Gleichstellung von ehelichen und nichtehelichen Kindern verlange,[581] sondern nur dort eine Gleichbehandlung fordere, wo gleich gelagerte Lebensverhältnisse und Interessenlagen zugrunde gelegt werden könnten. Dementsprechend seien die auf der Tatsache der Unterschiedlichkeit der ehelichen und der nichtehelichen Geburt beruhenden Ungleichbehandlungen hinzunehmen.[582] Die Vorschrift des § 1714 BGB regele aber gerade die Folgen der Unterschiedlichkeit der Lebensverhältnisse. Die Kernanwendungsfälle seien die, in denen der nichteheliche Vater auswandere oder eine mit der nichtehelichen Mutter nicht identische Frau heiraten wolle. Insbesondere im letzten Fall bestehe unverändert ein Interesse des Vaters daran, durch die Abfindung eine endgültige Lösung aller Beziehungen zu dem nichtehelichen Kind herbeizuführen, um so bei Eingehung der Ehe das „*Bekanntgeben des Fehltrittes*“ verhindern zu können. Dieses Interesse läge bei

---

577 BG Cottbus, Beschl. vom 13. August 1954, SH 45/53, NJ 1954,512,513.

578 Urteil vom 12. Januar 1954, 1 S 385/54, NJ 1954,513.

579 OG, Urteil vom 8. Januar 1953, 1a Zz 3/52, NJ 1953,180,180.

580 BG Magdeburg, Urteil vom 12. Januar 1954, 1 S 385/54, NJ 1954,513,513. Diese Entscheidung wurde jedoch in der Literatur kritisiert. Durch die Abfindungsverträge hätten „*kapitalkräftige*“ Erzeuger die Möglichkeit genutzt, sich endgültig ihrer Unterhaltspflicht zu entledigen. Das Risiko derartiger Verträge sei ausschließlich von dem unterhaltsberechtigten Kind zu tragen. Das nichteheliche Kind müsse aber ebenso wie das eheliche vor der Gefahr geschützt werden, bei einer künftigen erneuten Bedürftigkeit keine Unterhaltsansprüche mehr gegen seinen Erzeuger zu haben: *Penndorf*, Anmerkung zu BG Magdeburg, Urteil vom 12. Januar 1954, 1 S 385/54, NJ 1954, S. 514.

581 So: *Heinrich/Klar*, Die Rechtsprechung, NJ 1953, S. 540.

582 *Nathan*, Die Abfindung, NJ 1954, S. 499.

ehelichen Kindern nicht vor, so dass die Regelung nicht gegen Art. 33 Verf. DDR 49 verstoße.[583]

e) Der Unterhalt

Gerade im Unterhaltsrecht[584] fanden nach der obergerichtlichen Rechtsprechung die angenommenen „*gesellschaftlichen Veränderungen*" ihren Niederschlag. So führte das Oberste Gericht der DDR aus:

> *„Denn die Änderung der gesellschaftlichen Verhältnisse gibt den von unserem Staate übernommenen Gesetzen, insbesondere den Bestimmungen des Bürgerlichen Gesetzbuches, vielfach einen neuen Inhalt, der wiederum auf die materiellen Voraussetzungen des Klageanspruchs zurückwirkt. Das gilt insbesondere in familienrechtlichen Prozessen, einschließlich Unterhaltsklagen, im Hinblick auf den Grundsatz der Gleichberechtigung von Mann und Frau und die Beseitigung der Benachteiligung in der Rechtsstellung des nichtehelichen Kindes (Art. 7, 33 der Verfassung, § 17 des Gesetzes über den Mutter- und Kinderschutz und die Rechte der Frau vom 27. September 1950). Auf den Inhalt dieser Bestimmung und auf ihre Einwirkung auf die §§ 1705 – 1718 BGB muss daher bei der Begründung von Unterhaltsklagen gegen den Vater des nichtehelichen Kindes Rücksicht genommen werden."*[585]

---

583 *Nathan*, Die Abfindung, NJ 1954, S. 499. Unter Berücksichtigung der vorgenannten Ansicht, die zur Fortgeltung des § 1714 BGB führte, gelangte das KG jedoch zu einer Einschränkung. Die Vereinbarung über eine Abfindung sei wirksam, führe aber nicht endgültig zu einem Untergang des Unterhaltsanspruchs. Der Vater sei dem Kind ebenso verpflichtet, wie die Mutter. Daher müsse er bei außergewöhnlichen Umständen, wie etwa einer Währungsreform oder einer allgemeinen Geldentwertung, erneut Unterhalt leisten: KG, Urteil vom 14. Februar 1955, Zz 2/55, NJ 1954,545,545.

584 Für die Höhe des Unterhaltsanspruchs des nichtehelichen Kindes gaben sich die Richter und Rechtspfleger des AG Güstrow aufgrund einer Dienstbesprechung vom 9. Februar 1951 folgende wegen der Publizierung in der NJ (NJ 1951, S. 321) überregional bedeutsamen Richtlinien:
„2. Bei der Feststellung der Höhe des Unterhalts ist die wirtschaftliche Lage beider Eltern zu berücksichtigen. Dabei ist insbesondere als Leistung der Kindmutter zu berücksichtigen, dass sie das Kind wartet und pflegt, vorausgesetzt, dass sie da Kind bei sich hat.
Bei der Prüfung der Leistungsfähigkeit des Erzeugers sind nicht nur die laufenden, sondern auch die rückständigen Unterhaltsbeiträge zu beachten. (...).
3. Die heutige Gesetzgebung ist in allen Entscheidungen zu beachten, die jetzt gefällt werden. Es ist mit der heutigen Auffassung des Familienrechts unvereinbar, dass Kinder, die vor dem 7. Oktober 1949 geboren sind, anders behandelt werden als später geborene Kinder.
4. Nach Art. 30 EGBGB ist auf die gesamten Unterhaltsansprüche das Recht der Deutschen Demokratischen Republik anzuwenden. Ausgenommen ist die gesetzliche Vertretung klagender nichtehelicher Kinder. Hier sollen die Jugendämter des Westens nach wie vor als gesetzliche Vertreter des klagenden nichtehelichen Kindes angesehen werden."

585 OG, Urteil vom 22. Januar 1954, 1 Zz 163/53, NJ 1954,179,179. Das Oberste Gericht der DDR begründete die Unanwendbarkeit der §§ 1708, 1709 mit der von ihm angenommenen fehlenden verwandtschaftlichen Beziehung, während in der Literatur auch die von dieser an-

Die Frage, in welchem Umfang das nichteheliche Kind von seinem Vater Unterhalt verlangen konnte, erwies sich damit als eines der wesentlichen zu klärenden Probleme. Es war kaum zu verkennen, dass die Vorschriften des BGB das nichteheliche Kind schlechter stellten als das eheliche. Das nichteheliche Kind konnte nur bis zu seinem sechzehnten Lebensjahr von seinem Vater Unterhalt beanspruchen, dessen Höhe zudem allein an den Lebensumständen der Mutter zu orientieren war (§ 1708 BGB). Im Hinblick auf § 17 MKSchG und Art. 7, 33 Verf DDR 49 waren diese Regelungen jedoch schon mit der verlangten Gleichberechtigung der Frau nicht zu vereinbaren.[586] Um die gleiche Verantwortung von Mann und Frau auch im Unterhaltsrecht zu berücksichtigen, war in § 17 Abs. 2 MKSchG normiert, dass nunmehr auf die Lebensverhältnisse beider Eltern abzustellen war. Entsprechend der verfassungsrechtlichen Vorgaben (Art. 33 und Art. 144 Abs. 1 Verf DDR 49) durfte ein nichteheliches Kind aber weder besser noch schlechter gestellt werden als ein eheliches. Eine Orientierung des Unterhaltsanspruchs allein an den Lebensumständen der Mutter konnte von der Rechtsprechung also nicht mehr hingenommen werden. Dementsprechend erkannte das Oberste Gericht, dass der Unterhaltsbedarf des nichtehelichen Kindes an den Lebensumständen beider Elternteile zu orientieren sei.[587]

Bei der konkreten Unterhaltsberechnung ging das Oberste Gericht aber trotz der Gleichberechtigung davon aus, dass die nichteheliche Mutter *„im Normalfall*

genommene Verwandtschaft zwischen dem Vater und dem Kind zur Argumentation herangezogen wurde: *Bernhardt*, Das Recht des unehelichen Kindes, S. 108.

586 Das nichteheliche Kind war deshalb besser gestellt, weil es seine eigene Bedürftigkeit nicht darlegen musste und es auf die Leistungsfähigkeit des Vaters nicht ankam. Der wegen der Pfändungsfreigrenzen nicht vollstreckbare Teil konnte zu einem späteren Zeitpunkt erneut vollstreckt werden: *Bernhardt*, Das Recht des unehelichen Kindes, S. 106.

587 OG, Urteil vom 25. September 1952, 1a Zz 21/52, NJ 1952,551,551; OG, Urteil vom 24. August 1953, 1 Zz 100/53, NJ 1953,620,620. Diese Grundsätze waren auch im internationalen Privatrecht zu beachten. Bei der Prüfung, ob ein (ausländisches) Gesetz im Sinne von Art. 30 EGBGB gegen die guten Sitten oder gegen den Zweck eines deutschen Gesetzes verstoßen würde, waren insbesondere die Grundsätze der Art. 33 und 144 Verf DDR 49 zu beachten, woraus sich etwa ein Unterhaltsanspruch gegen beide Elternteile ableiten ließ: OG, Urteil vom 7. November 1951, 1a Zz 14/51, NJ 1952,176,176f. Bei der konkreten Bemessung des Unterhalts durfte nicht von Mindestsätzen ausgegangen und der ermittelte Unterhaltsbedarf schematisch auf die Unterhaltsberechtigten verteilt werden. Vielmehr war der Unterhaltsbedarf unter Berücksichtigung der konkreten Lebensbedingungen von Vater und Mutter zu ermitteln: *Heinrich/Klar*, Die Rechtsprechung, NJ 1953, S. 539. Dies galt in der Rechtstheorie der DDR bereits seit dem Tage des Inkrafttretens der Verfassung der DDR am 7. Oktober 1949, weil diese auch schon vor dem Inkrafttreten des MKSchG am 27. September 1950 zum Wegfall der Benachteiligung nichtehelicher Kinder geführt habe: OG, Urteil vom 7. Mai 1952, 1a Zz 7/52, NJ 1952,316,317.

das Kind in Pflege und Erziehung behält."[588] Dementsprechend war von der Regel auszugehen, dass die Mutter ihrer Unterhaltspflicht durch das Aufwenden ihrer Arbeitskraft und Arbeitszeit für die Erziehung des Kindes in Natur erbrachte,[589] während der Vater für dieses durch eine Unterhaltsrente aufkommen musste. Jedoch sollte es auch möglich sein, die besseren finanziellen Verhältnisse der Mutter zu berücksichtigen, insbesondere dann, wenn der Vater aus gesundheitlichen Gründen an der Erzielung eines höheren Einkommens gehindert war oder weitere Unterhaltsverpflichtungen erfüllen musste.[590] Dementsprechend war im Unterhaltsprozess Vortrag zu den wirtschaftlichen Verhältnissen beider Eltern erforderlich,[591] wobei es im Regelfall genügen sollte, die Berufstätigkeit beider Eltern mitzuteilen, um es dem Gericht so zu ermöglichen, die wirtschaftlichen Verhältnisse aufgrund der eigenen Lebenserfahrung einzuschätzen.[592] Im Umkehrschluss bedeutete dies, dass die nichtehelichen Väter zu Lasten der Mütter entlastet wurden. Dies entsprach der sozialistischen Überzeugung der Einbindung der Frau in den Arbeitsprozess und der staatlichen Kindererziehung.[593]

Etwas anderes galt dann, wenn das Kind nicht in der DDR lebte. So hätte etwa ein in Westberlin bei seiner Mutter lebendes Kind auch die wirtschaftlichen Verhältnisse seines nichtehelichen Vaters darlegen müssen, um die Schlüssigkeit seiner Klage herbeizuführen.[594] Diese Grundsätze führten im Ergebnis dazu, dass die Unterhaltsrenten verhältnismäßig niedrig waren und diejenigen, die in der Bundesrepublik zugesprochen wurden, bei weitem nicht erreichten.

Konnte durch die Regelung des § 1708 BGB das nichteheliche Kind gleichermaßen benachteiligt wie bevorzugt werden, so normierte § 1711 BGB eine

588 OG, Urteil vom 22. Januar 1954, 1 Zz 165/53, NJ 1954,179,179.

589 OG, Urteil vom 24. August 1953, 1 Zz 100/53, NJ 1953,620,620.

590 OG, Urteil vom 22. Januar 1954, 1 Zz 165/53, NJ 1954,179,179. Hierbei stellte sich die Frage, ob die Orientierung an den Lebensverhältnissen beider Eltern mit dem Inkrafttreten der Verfassung der DDR 49, der Verkündung des MKSchG oder dem Zeitpunkt des Verlangens des Unterhaltes beginnen sollte. Überwiegend wurde hier jedoch auf den 7. Oktober 1949, also den Tag des Inkrafttretens der Verfassung abgestellt: *Waldmann*, Unterhaltsanspruch des nichtehelichen Kindes nach § 17 des Gesetzes vom 27. September 1950, NJ 1951, S. 320; *Nathan*, Unterhaltsanspruch des nichtehelichen Kindes nach § 17 des Gesetzes vom 27. September 1950, NJ 1951, S. 321.

591 OG, Urteil vom 24. August 1953, 1 Zz 1200/54, NJ 1953,620; *Heinrich/Klar*, Die Rechtsprechung, NJ 1953, S. 539. Noch 1964 wies das OG ausdrücklich darauf hin, dass in Unterhaltsprozessen der ehelichen und der nichtehelichen Kinder die Einkommensverhältnisse beider Eltern eingehend zu untersuchen waren: OG, Urteil vom 10. September 1964, 1 ZzF 19/64, NJ 1965,92,93.

592 OG, Urteil vom 22. Januar 1954, 1 Zz 165/53, NJ 1954,179,179.

593 *Bernhardt*, Das Recht des unehelichen Kindes, S. 128f.

594 OG, Urteil vom 24. August 1953, 1 Zz 1200/54, NJ 1953,620; *Heinrich/Klar*, Die Rechtsprechung, NJ 1953, S. 539.

ausschließliche Bevorzugung nichtehelicher Kinder. Anders als sie waren nämlich eheliche Kinder grundsätzlich daran gehindert, Unterhalt für die Vergangenheit zu beanspruchen. Entsprechend seiner Entscheidung zu § 1707 BGB,[595] in der das Oberste Gericht noch eine strikte Gleichbehandlung ehelicher und nichtehelicher Kinder gefordert hatte, wäre zu erwarten gewesen, dass es auch diese Vorschrift, die nichteheliche Kinder ausschließlich privilegierte, für unanwendbar erklären würde. Dem entsprach das Oberste Gericht jedoch nicht. Vielmehr stellte es auf den Wortlaut von Art. 33 Abs. 1 Verf DDR 49 ab, der ausdrücklich allein eine Benachteiligung nichtehelicher Kinder untersagte. Diese ausschließlich bevorzugenden Regelungen wie § 1711 BGB wollte es weiterhin angewendet wissen.[596]

Ebenso wurde auch bei der Verjährung die unterschiedliche Situation der ehelichen und der nichtehelichen Kinder berücksichtigt. Unterhaltsansprüche nichtehelicher Kinder verjährten gemäß der Regelverjährung des § 197 BGB in vier Jahren, wohingegen bei Ansprüchen von Ehegatten und ehelichen Kindern während ihrer Minderjährigkeit gemäß § 204 BGB[597] eine Hemmung galt. Aus dieser Ungleichbehandlung sollte jedoch nach Auffassung des Obersten Gerichts der DDR keine unzulässige Benachteiligung der nichtehelichen Kinder abgeleitet werden können. Die Verjährungshemmung betreffe nämlich gerade Ansprüche zwischen Ehegatten und berücksichtige das Leben in der Familie. In dieser solle es nicht erforderlich sein, Ansprüche gerichtlich geltend zu machen. Der Schutz des Familienlebens sei dagegen bei dem Verhältnis des Kindes zu seinem außerehelichen Vater in der Regel ohne Bedeutung, weil in diesem Verhältnis in aller Regel eine familiäre Bindung nicht bestehe.[598]

Bei der Durchsetzung eines titulierten Unterhaltsanspruchs mussten entsprechend den verfassungsrechtlichen Vorgaben nichteheliche Kinder den ehelichen gleichgestellt werden. Schuldete ein Vater mehreren Kindern Unterhalt, standen sich daher nicht nur eheliche, sondern gemäß § 6 Abs. 1 LohnpfVO[599] auch nichteheliche Kinder unabhängig vom Zeitpunkt der Pfändung gleich. Dement-

---

595 OG, Urteil vom 25. September 1952, 1a Zz 21/52, NJ 1952,551,551.

596 OG, Urteil vom 8. Januar 1953 1a Zz 3/52, NJ 1953,180,180; *Heinrich/Klar*, Die Rechtsprechung, NJ 1953, S. 540; vgl. *Bernhardt*, Das Recht des unehelichen Kindes, S. 116.

597 § 204 BGB:
„*Die Verjährung von Ansprüchen zwischen Ehegatten ist gehemmt, solange die Ehe besteht. Das gleiche gilt von Ansprüchen zwischen Eltern und Kindern während der Minderjährigkeit der Kinder und von Ansprüchen zwischen Vormund und dem Mündel während der Dauer des Vormundschaftsverhältnisses.*“

598 OG, Urteil vom 25. Juni 1953, 2 Zz 14/53, NJ 1953,748,748; zustimmend *Nathan*, Anmerkung, NJ 1953, S. 749.

599 *Verordnung zur einheitlichen Regelung des Pfändungsschutzes für Arbeitseinkommen* vom 30. Oktober 1940, RGBl. I., S. 1451.

sprechend war das pfändbare Einkommen zwischen allen Kindern, also den ehelichen und den nichtehelichen Kindern gleichmäßig aufzuteilen.[600]

Zu dem vom Vater geschuldeten Unterhalt gehörte grundsätzlich auch die Erstlingsausstattung. Unbeschadet der praktischen Probleme bei der pränatalen Feststellung des Erzeugers war es jedenfalls sinnvoll, der Mutter bereits vor der Geburt ein Verfahren zur Verfügung zu stellen, diesen Anspruch durchzusetzen. Dabei sollte nach der Auffassung des BG Potsdam ein unmittelbarer Rückgriff auf § 1705 BGB ausscheiden, weil die Erstlingsausstattung weder Teil der Entbindungskosten noch der Unterhaltskosten der ersten sechs Wochen sei. Für die Zeit nach dem Inkrafttreten der Verf DDR 49 sei ein derartiger Anspruch jedoch aus Art. 33 Verf DDR 49 abzuleiten. Bei ehelichen Kindern sei der Vater auch im Falle des Getrenntlebens verpflichtet, einen Teil dieser Kosten zu tragen. Die nichteheliche Mutter dürfe nicht schlechter stehen, als die Ehefrau.[601] Die Durchsetzung dieses Anspruchs wurde auf § 1716 BGB gestützt.

Im Unterhaltsprozess stellte sich auch die Frage, ob und in welchem Umfang die regelmäßig einkommens- und vermögenslosen Kinder bei der gerichtlichen Inanspruchnahme ihres Erzeugers auf Unterhalt wegen eines Prozesskostenvorschusses auf ihre Mutter verwiesen werden konnten. Bei den ehelichen Kindern war diese Frage umstritten.[602] Das nichteheliche Kind konnte sich dagegen auf § 118 Abs. 2 S. 2 ZPO[603] berufen, wonach es zur Geltendmachung seiner Ansprüche keines Mittellosigkeitszeugnisses bedurfte. Dies wurde im Hinblick auf die Bevorzugung der nichtehelichen Kinder als verfassungskonform angesehen,

---

600 KrG Bützow, Beschl. vom 16. November 1953, M 88/53, NJ 1954,152,152. Damit wurde unter Bezugnahme auf die verfassungsrechtlichen Vorgaben der Artt. 33, 144 Verf DDR 49 ausdrücklich herausgestellt, dass eine Ungleichbehandlung unzulässig war: *Nathan*, Anmerkung, NJ 1953, S. 152.

601 BG Potsdam, Urteil vom 4. Juni 1954, 3 S 154/54, NJ 1954,607,607.

602 Zustimmend: BG Leipzig, Beschl. vom 20. Januar 1953, 3 T 99/52, NJ 1953,343,344, weil die Prozessführung über den üblichen Bedarf zur Lebensführung hinausgehe. a.A. BG Schwerin, Beschl. vom 19. Dezember 1952, Bez. 1 T 68/52, NJ 1953,185,185.

603 § 118 ZPO:
„*Das Gesuch um Bewilligung des Armenrechts ist bei dem Prozeßgericht anzubringen; es kann vor der Geschäftsstelle zu Protokoll erklärt werden.*
Dem Gesuch ist ein von der obrigkeitlichen Behörde der Partei ausgestelltes Zeugnis beizufügen, in welchem unter Angabe des Standes und des Gewerbes, der Vermögens- und Familienverhältnisse der Partei sowie des Betrages, der von dieser zu entrichtenden direkten Staatssteuern das Unvermögen zur Bestreitung der Prozeßkosten ausdrücklich bezeugt wird. Für Personen, welche unter Vormundschaft oder Kuratel stehen, kann das Zeugnis auch von der vormundschaftlichen Behörde ausgestellt werden; soll von einem unehelichen Kinde ein Anspruch auf Unterhalt gegen seinen Vater geltend gemacht werden, so bedarf es des Zeugnisses nicht.
In dem Gesuche ist das Streitverhältnis unter Angabe der Beweismittel darzulegen.“

weil bis zur rechtskräftigen Inanspruchnahme des Vaters die Unterhaltslast für das Kind allein auf den Schultern der Mutter lag.[604]

Auch im Verhältnis zu angenommenen Kindern wurden nichteheliche Kinder erst durch die Rechtsprechung ehelichen Kindern gleichgestellt. Gemäß § 1766 BGB[605] war bei ehelichen Kindern der Annehmende vor dem Erzeuger unterhaltspflichtig. Dies auf das nichteheliche Kind zu übertragen, hätte es schlechter gestellt, als es nach dem früheren Rechtszustand gestanden hätte. Gleichwohl wurde die Anwendung des § 1766 BGB auch auf die Fälle nichtehelicher Kinder als erforderlich angesehen, weil eine andere Lösung nur mit dem Ausschluss der verwandtschaftlichen Beziehungen aus § 1589 Abs. 2 BGB,[606] hätte begründet werden können, der wiederum als mit Art. 33 Verf DDR 49 nicht vereinbar angesehen wurde.[607]

---

604 *Neumann*, Keine Prozesskostenvorschusspflicht der Mutter im Unterhaltsprozess ihres nichtehelichen Kindes, NJ 1955, S. 282.

605 § 1766 BGB:
„*Der annehmende ist dem Kinde und denjenigen Abkömmlingen des Kindes, auf welche sich die Wirkungen der Annahme erstrecken, vor den leiblichen Verwandten des Kindes zur Gewährung von Unterhalt verpflichtet.*
Der Annehmende steht im Falle des § 1611 Abs. 2 den leiblichen Verwandten der aufsteigenden Linie gleich.“

606 § 1589 Abs. 2 BGB:
„*Ein uneheliches Kind und dessen Vater gelten nicht als verwandt.*“
In der vom Staatsverlag herausgegebenen Textausgabe des BGB war § 1589 Abs. 2 mit folgender Anmerkung versehen: „*Die Bestimmung in Abs. 2 steht im Widerspruch mit Art. 33 Abs. 1 der Verfassung und ist daher nach Art. 33 Abs. 2 aufgehoben. Das bedeutet nicht, daß für das nichteheliche Kind in jeder Beziehung die gleiche Regelung gelten muß wie für eheliche Kinder; Unterschiede sind dadurch bedingt, daß die Eltern nicht durch Heirat miteinander verbunden sind.*“

607 BG Halle, Urteil vom 27. November 1953, 2 S 271/53, NJ 1954,280,281; zustimmend *Nathan*, Anmerkung, NJ 1954, S. 281; LG Leipzig, Urt. Vom 19. Mai 1950, 8 S 302/50, NJ 1950,320,320 (Ls); Dementsprechend kam der Unterhaltspflicht der Adoptiveltern ein Vorrang gegenüber derjenigen des nichtehelichen Vaters zu, so lange sie selbst leistungsfähig waren: AG Eisfeld, Urt. Vom 28. September 1950, C 132/49, NJ 1950,503,503. Das nichteheliche Kind dürfe nicht schlechter gestellt werden als das eheliche. Daraus folge, dass der Erzeuger im Sinne von § 1766 BGB zu den leiblichen Verwandten gehöre und daher seine Unterhaltspflicht hinter der der Adoptiveltern rangieren müsse: *Bode*, Geht die Unterhaltspflicht der Adoptiveltern der des unehelichen Kindes vor?, NJ 1951, S. 25.

f) Das Erbrecht

Auch die Frage, ob nichteheliche Kinder aus Art. 33 Verf. DDR 49 ein Erbrecht[608] gegenüber ihrem leiblichen Vater ableiten konnten, beschäftigte die Rechtswirklichkeit in der frühen DDR. Hierbei wurde der Grundsatz, dass es zumindest zukünftig einer Gleichstellung mit ehelichen Kindern bedurfte, nicht in Frage gestellt. Damit war jedoch nicht beantwortet, ob die nichtehelichen Kinder unmittelbar aus der Verfassung ein Erbrecht ableiten konnten.[609] Vorwiegend wurde die Auffassung vertreten, dass die verfassungsrechtlichen Vorgaben keine Aussage über den konkreten Umfang und die Ausgestaltung des Erbrechts des nichtehelichen Kindes trafen. In Art. 33 Verf. DDR 49 wurde dementsprechend lediglich als „*erbrechtlicher Programmpunkt*" für ein künftiges Familiengesetzbuch gesehen. Für die Übergangszeit bis zum Erlass des angekündigten FGB wurde vorgeschlagen, dass die Nachlassgerichte von den Erben die Erklärung über das Vorhandensein nichtehelicher Kinder verlangten, um gegebenenfalls unter einer entsprechenden Anwendung von § 2043 BGB die Erteilung eines Erbscheins bis zum Erlass des zu erwartenden FGB auszusetzen,[610] ein Warten, das bis zum 1. Januar 1966 gedauert hätte. Die Gerichte aber zeigten sich ablehnend gegenüber dem Erbrecht des nichtehelichen Kindes nach seinem Vater.[611]

Der Ausschuss für Recht und Rechtspflege des Deutschen Volksrates sah dagegen das Erbrecht der nichtehelichen Kinder nicht als ein Kernproblem an. Hilde B*enjamin* führte aus, dass beim Erbrecht die landläufige Auffassung auftrete, das nichteheliche Kind solle ein Erbrecht gegenüber dem nichtehelichen Vater haben. Dies würde aber dem ganzen System entgegenstehen[612] und auch in die Gewalt der nichtehelichen Mutter eingreifen.[613] Die vom Demokratischen

608 Das Erbrecht selbst wurde, trotz seiner im Sozialismus problematischen Begründung, in der DDR nicht angegriffen: *Freytag*, Das neue Erbrecht der DDR aus Sicht des BGB, Freiburg, 1981, S. 10.

609 Zustimmend: *Graf*, Wirkung der Verfassung, NJ 1950,14,15; *Koch*, Zur Frage des Erbrechts unehelicher Kinder, NJ 1950,345,345; ablehnend: *Radmacher*, Zur Frage des Rechts des nichtehelichen Kindes, NJ 1950,80,80. Zur Diskussion: *Voss*, Das Erbrecht, S. 42f.

610 *Sättler*, Die Berücksichtigung unehelicher Kinder bei der Erteilung eines Erbscheins, NJ 1954, S. 77.

611 *Voss*, Das Erbrecht, S. 44.

612 Deutscher Volksrat, Ausschuss für Recht und Rechtspflege, 7. Sitzung, 1. Oktober 1948, BArch DP 1/7894.

613 Deren Beschränkung müsse nicht vom Standpunkt der Mutter, sondern von dem des Kindes gesehen werden. Es gebe bei den Verhältnissen der DDR kein Recht des nichtehelichen Kindes, das nicht einen Widerspruch in sich schließe: Deutscher Volksrat, Ausschuss für Recht und Rechtspflege, 7. Sitzung, 1. Oktober 1948, BArch DP 1/7894.

Frauenbund geforderte Übertragung der elterlichen Gewalt auf die Mutter würde zu einer Stärkung des Mutter-Kind Verhältnisses führen. Die Gleichstellung mit ehelichen Kindern würde es auch erfordern, *„irgendwie auch das Verhältnis Kind-Vater herauszubilden.“* Das lasse sich aber durch ein Gesetz nicht lösen. Es würde die Möglichkeit bestehen, ein Erbrecht nach dem Vater zu gewährleisten. Es bestehe aber auch die Möglichkeit einer familienrechtlichen Verbindung, nach der der Vater bei Einwilligung der Mutter das Sorgerecht und die elterliche Gewalt erhalten könne.[614] In allen anderen Fällen solle das Erbrecht demjenigen eines ehelichen Kindes entsprechen. So solle es zu gleichen Teilen erben wie andere Adoptiv- oder nichteheliche Kinder. Mit der Einräumung eines Erb- bzw. Pflichtteilsrechts bzw. dem Anspruch gegen den Nachlass würden Unterhaltsverpflichtungen der Erben entbehrlich werden.[615]

g) Das Prozessrecht

Auch das Prozessrecht wurde genutzt, um dem Erziehungsgedanken der sozialistischen Rechtsordnung Rechnung zu tragen. So wurden durch eine Verordnung vom 9. November 1951[616] die Kindschaftsprozesse auf die Amtsgerichte übertragen. Ziel dieser Verlagerung auf die *„der Bevölkerung am nächsten stehenden Gerichte“* war es, den *„erzieherischen Charakter“* dieser Prozesse weiter zu entwickeln.[617]

Das MKSchG vom 27. September 1950 sah in den §§ 16 und 17 die Möglichkeit vor, dass auf Wunsch der Sorgeberechtigten durch den Rat des Kreises eine Beistandschaft eingeleitet werden konnte. Diese diente auch der Beratung des Sorgeberechtigten zur sachgerechten und schnelleren Durchsetzung möglicher Unterhaltsansprüche. Dabei stellte sich die Frage, wer das Kind im Unterhaltsprozess zu vertreten hatte, wenn durch die Abteilung für Volksbildung (Jugendhilfe und Heimerziehung) die Vertretung des Kindes übernommen worden war. Das BG Potsdam sah das Kind dann als durch das *Referat für Jugendhilfe und Heimerziehung* des Kreises vertreten an.[618] Dem trat das Kollegium des BG Chemnitz unter Berufung auf eine Rundverfügung des Ministers der Justiz

---

614 Deutscher Volksrat, Ausschuss für Recht und Rechtspflege, 7. Sitzung, 1. Oktober 1948, BArch DP 1/7894.

615 *Benjamin*, Vorschläge, S. 37.

616 *Verordnung betreffend die Übertragung der Kindschaftsprozesse in die Zuständigkeit der Amtsgerichte* vom 9. November 1951, GBl. I., S. 1038.

617 *Toeplitz*, Die Vorbereitung des neuen Familienrechts durch die Rechtsprechung, NJ 1954, S. 658.

618 BG Potsdam, Urteil vom 8. Januar 1954, 3 S 468/53, NJ 1954,249,249.

Nr. 2/54, wonach die Mutter auch im Prozess gegen den Vater Vertreterin des Kindes bleiben sollte, entgegen. Daraus leitete das Richterkollegium ab, dass die Abteilung für Volksbildung zur Vertretung des Kindes einer Vollmacht der Mutter bedurfte. Allein der Mutter sollte es auch zukommen, über die Heranziehung eines Anwaltes zu entscheiden.[619] Im Stadtbezirk Berlin wurde ein Mitarbeiter des *Referats Jugendhilfe/Heimerziehung* als Prozessbevollmächtigter in erster Instanz tätig.[620]

Das Statusverfahren nach §§ 640ff. ZPO war den nichtehelichen Kindern wegen der in § 644 ZPO[621] getroffenen Regelung verschlossen.[622] Die Folge davon war, dass eine Feststellungsklage erhoben werden musste, die jedoch gemäß § 256 Abs. 1 ZPO unzulässig war, wenn auch auf eine (Unterhalts-)leistung geklagt werden konnte. Ebenso war die Begründung des prozessual erforderlichen rechtlichen Interesses schwierig. Beholfen wurde sich teilweise damit, dass im Unterhaltsprozess auch die Vaterschaftsfeststellung getroffen wurde,[623] was jedoch dem Gesetzeswortlaut widersprach. Diesem Problem wurde dadurch entgegengetreten, dass unter Bezugnahme auf Art. 33 Verf DDR 49 die Regelung des § 644 ZPO als das nichteheliche Kind benachteiligend nicht angewandt wurde.[624] Schon vor dem Gesetzentwurf aus dem Jahr 1954 sollen eine Reihe

---

619 NJ 1954, S. 420. Zur Beiordnung eines Rechtsanwalts in der Berufungsinstanz: *Hofmann*, Vertretung im Unterhaltsprozess, NJ 1954, S. 139; *Nathan*, Vertretung im Unterhaltsprozess, NJ 1954, S. 139; *Mothes*, Nochmals zur Frage: Vertretung im Unterhaltsprozess, NJ 1954, S. 306; *Nathan*, Nochmals zur Frage: Vertretung im Unterhaltsprozess, NJ 1954, S. 307.

620 *Fincke*, Beistandschaft und Prozessvertretung im Unterhaltsprozess, NJ 1956, S. 731.

621 § 644 ZPO:
„*Die Vorschriften der §§ 640 bis 643 gelten nicht für einen Rechtsstreit, der die Feststellung des Bestehens oder Nichtbestehens der unehelichen Vaterschaft zum Gegenstande hat.*"

622 Weiter umstritten war, ob die Feststellung der Vaterschaft mit der Unterhaltsklage derart verbunden werden durfte, dass sie mit der Entscheidung über den Unterhaltsanspruch mit entschieden wurde. Hans *Nathan* hielt dies unter Hinweis auf § 640 ZPO für unzulässig, obwohl sich die Verbindung beider Anträge in der Gerichtspraxis eingebürgert habe und das vom Obersten Gericht wohl im Ergebnis gebilligt worden sei: *Nathan*, Anmerkung zu OG, Urteil vom 7. April 1960, 1 ZzF 18/60, NJ 1960, S. 445. Allerdings ging das Oberste Gericht jedenfalls im Säumnisverfahren von einem erhöhten Aufklärungsbedarf aus. Auch wenn nach § 331 Abs. 1 ZPO der Tatsachenvortrag des Klägers im Falle der Säumnis als wahr unterstellt werden müsse, müsse der Gefahr einer bei einer genaueren Nachprüfung falschen Entscheidung entgegengetreten werden. Jedenfalls dann, wenn sich aus den vorliegenden Urkunden Zweifel ergeben würden, müsse dem Kläger im Interesse des prozessualen Grundsatzes der Erfassung der objektiven Wahrheit nahe gelegt werden, eine Entscheidung nach Lage der Akten (§ 331a ZPO) zu beantragen. Dies gelte gerade für die Klärung des Vater-Kind Verhältnisses, das gesellschaftlich von hoher Bedeutung sei: OG, Urteil vom 7. April 1960, 1 ZzF 18/60, NJ 1960,444,445.

623 *Eggers-Lorenz*, Die Feststellung der nichtehelichen Vaterschaft, NJ 1954, S. 473.

624 KG, Urteil vom 27. Mai 1952, 2 U 227/51, NJ 1952,380,380.

von Gerichten davon abgerückt sein, die Feststellung der Vaterschaft im Unterhaltstitel mit zu tenorieren. Im Hinblick auf Art. 33 Verf. DDR 49 wurde wegen der zwischen dem Vater und dem Kind bestehenden von einer bloßen Zahlvaterschaft zu unterscheidenden Verwandtschaftsbeziehung die Anwendung von § 644 ZPO abgelehnt[625] und in der Praxis das Feststellungsverfahren nach §§ 640ff. ZPO durchgeführt.[626] Diese sollte allerdings nur zugunsten der Kinder und nicht der Väter, deren Unterhaltspflicht rechtskräftig tituliert war, wirken. Es sei nicht Sinn der Rechtsauslegung, einen früheren rechtskräftigen Unterhaltsanspruch des Kindes zu hindern. Dementsprechend mussten die Väter nach wie vor ein Feststellungsinteresse darlegen, an dem es fehlte, wenn ihre Unterhaltsverpflichtung vor der VO vom 13. Oktober 1950 rechtskräftig bejaht worden war.[627] Gerade diese Rechtsprechung sah Hans *Nathan* als ein deutliches Beispiel dafür, wie sich die geänderten gesellschaftlichen Verhältnisse auch auf die Rechtsprechung ausgewirkt hätten. Bereits 1939 habe das Reichsgericht nichtehelichen Kindern durch die nicht zugelassene Anwendung von § 644 ZPO den Weg zu dem Verfahren der §§ 640ff. ZPO eröffnet. Im Jahr 1939 sei jedoch, so *Nathan*, die Rassetheorie das alleinige Motiv gewesen. Diese habe die richtige Feststellung der „*blutmäßigen*“ Abstammung zum höchsten staatlichen Interesse erhoben. In der DDR verkörpere dagegen die inhaltlich gleiche Rechtsprechung den sozialen Fortschritt, nämlich die Anerkennung der Verwandtschaft zwischen dem nichtehelichen Kind und seinem Erzeuger und die daraus abzuleitende Gleichstellung mit ehelichen Kindern bei der Feststellung der Vaterschaft.[628]

Auch nach dieser Lösung hing es jedoch von der jeweiligen Parteirolle ab, ob, wie im Unterhaltsprozess des Kindes ausdrücklich oder inzident,[629] oder auf Betreiben des Vaters im Prozess nach § 640 ZPO die Vaterschaft festgestellt wurde.[630] Zudem war die Unterscheidung zwischen einem Feststellungs- und einem Statusverfahren keinesfalls lediglich akademisch. Im Feststellungsverfahren nach § 256 ZPO war das Gericht nämlich an der Amtsermittlung gehindert,

---

625 KG, Urteil vom 27. Mai 1952, 2 U 227/51, NJ 1952,380,380f.

626 *Eggers-Lorenz*, Die Feststellung der nichtehelichen Vaterschaft, NJ 1954, S. 473.

627 KG, Urteil vom 1. Juli 1952, 1 Sa 44/52, NJ 1952,382,383.

628 *Nathan*, Anmerkung zu KG, Urteil vom 1. Juli 1952, 1 Ss 44/52, NJ 1952, S. 381. Für die aus Art. 33 und 144 Verf. DDR 49 abzuleitende Verwandtschaft zwischen dem nichtehelichen Kind und seinem biologischen Vater: *Graf*, Wirkung der Verfassung der Deutschen Demokratischen Republik auf die Rechtsstellung des nichtehelichen Kindes und seiner Eltern, NJ 1950,1950, S. 14.

629 Auch im Unterhaltsprozess des Kindes ging es im Wesentlichen um die Beweiserhebung (vor allem die Vernehmung von Zeugen sowie Blutgruppen- und serologische Gutachten) über die Vaterschaft. Die Höhe des geschuldeten Unterhalts selbst war nach der Feststellung der Vaterschaft regelmäßig unproblematisch: *Eggers-Lorenz*, Die Feststellung, NJ 1954, S. 473.

630 *Eggers-Lorenz*, Die Feststellung, NJ 1954, S. 473.

während im Statusverfahren der Amtsermittlungsgrundsatz galt. Dementsprechend konnte in diesem Verfahren auch weder ein Anerkenntnis- noch ein Versäumnisurteil ergehen (§§ 640, 617 ZPO).

Der als Ehemann in Anspruch genommene Scheinvater konnte die Nichtehelichkeit eines gemäß § 1591 BGB[631] ehelichen Kindes gemäß § 1593 BGB[632] nur geltend machen, wenn die Nichtehelichkeit rechtskräftig festgestellt war.[633]

3. Zusammenfassung

Die Nachkriegsjahre waren auch im Bereich des Nichtehelichenrechts wesentlich durch die als vorhanden vorausgesetzte *„neue Gesellschaftsordnung*", die wiede-

---

631 § 1591 BGB:
„Ein Kind, das nach der Eingehung der Ehe geboren wird, ist ehelich, wenn die Frau es vor oder während der Ehe empfangen und der Mann innerhalb der Empfängniszeit der Frau beigewohnt hat. Das Kind ist nicht ehelich, wenn es den Umständen nach unmöglich ist, dass die Frau das Kind von dem Manne empfangen hat.
Es wird vermutet, dass der Mann innerhalb der Empfängniszeit der Frau beigewohnt hat. Soweit die Empfängniszeit in die Zeit vor der Ehe fällt, gilt die Vermutung nur, wenn der Mann gestorben ist, ohne die Ehelichkeit des Kindes angefochten zu haben"

632 In der vom Ministerium der Justiz herausgegebenen Textausgabe ist vermerkt, dass die *„ursprüngliche Fassung*" heranzuziehen sei, weil die Fassung des Gesetzes vom 12. April 1938 wegen ihres *„nazistischen*" Charakters nicht mehr anwendbar sei. Dabei hatte das KG mit Urteil vom 1. August 1947 (2 U 66/47, NJ 1948,50,51) noch entschieden, dass die *„heutige Anwendung*" maßgeblich und danach das Gesetz anwendbar sei. Die ursprüngliche Fassung konnte jedoch nach der Textausgabe auch nicht uneingeschränkt angewandt werden, da auch der Ehefrau ein Anfechtungsrecht zustehe: vgl. OG, Urteil vom 1. Dezember 1950, 1 Zz 43/50, NJ 1951,185,186 mit zustimmender Anmerkung von *Nathan*, NJ 1951, S. 187. Die ursprüngliche Fassung lautete:
„§ 1593 BGB:
„Die Unehelichkeit eines Kindes, das während der Ehe oder innerhalb von dreihundertundzwei Tagen nach der Auflösung der Ehe geboren ist, kann nur geltend gemacht werden, wenn der Mann die Ehelichkeit angefochten hat, oder, ohne das Anfechtungsrecht verloren zu haben gestorben ist."
Die durch das *Gesetz über die Änderung und Ergänzung familienrechtlicher Vorschriften und über die Rechtsstellung der Staatenlosen* vom 12. April 1938 geänderte Fassung von § 1593 lautete:
„Die Unehelichkeit eines Kindes, das während der Ehe oder innerhalb dreihundertzwei Tagen nach der Auflösung der Ehe geboren ist, kann nur geltend gemacht werden, wenn die Ehelichkeit angefochten ist."

633 Auch aus Art. 33 Verf. DDR 49 konnte nichts anderes abgeleitet werden, weil diese Vorschrift nicht Ausfluss einer Schlechterbehandlung eines nichtehelichen Kindes, sondern allein eine auf die Schaffung klarer Verhältnis gegenüber der Gesellschaft gerichtete Regelung sei: OG, Urteil vom 23. März 1953, 1 Zz 87/52, NJ 1953,338,339.

rum in der Verfassung und dem MKschG ihren Niederschlag gefunden haben sollte, geprägt. Praktische Probleme bereiteten auch hier die Kriegsfolgen, die Lösungen auch außerhalb der ideologischen Schranken erforderten. Teilungsbedingte Nachteile blieben jedoch bestehen. In der Folgezeit erwies sich vor allem das Unterhaltsrecht als ideologisch anfälliger Bereich. Das Erbrecht des nichtehelichen Kindes wurde dagegen im Hinblick darauf, dass es in der sozialistischen Gesellschaft ohnehin keine Rolle spielen sollte, deutlich weniger erörtert als in der „*alten*" Bundesrepublik.

Trotz des angenommenen Fortschritts der sozialistischen Gesellschaft erwies sich die rechtliche Lebenswirklichkeit des nichtehelichen Kindes als kaum verändert. Nach wie vor wurde davon ausgegangen, dass der nichteheliche Vater zeugte und zahlte und die Mutter die gesamte Versorgung und Pflege des Kindes zu übernehmen hatte. Dies entsprach noch den Vorstellungen aus der Zeit des beginnenden 20. Jahrhunderts. Noch immer wurde eine familienrechtliche Beziehung zwischen dem nichtehelichen Kind und seinem biologischen Vater skeptisch betrachtet. Dies beruhte sicher auch auf den praktischen Erwägungen, dass die naturwissenschaftlich sichere Vaterschaftsfeststellung noch in den Kinderschuhen steckte. Trotzdem konnte über die Mehrverkehrseinrede und die Beweislastentscheidungen (mit der Entlastung der Staatskasse als Nebenfolge) der Druck auf die Bevölkerung zur Stärkung der gesellschaftlich erwünschten ehelichen Treue erhöht werden. Die vielen die Vaterschaft freiwillig anerkennenden Väter wurden dagegen nicht hinreichend beachtet.

Auch in der DDR musste die nichteheliche Mutter zunächst damit leben, dass ihr ein geringeres Vertrauen entgegengebracht wurde als einer ehelichen Mutter. Eine alleinige und unabhängige Vertretung ihres Kindes wurde ihr nicht umfassend zugetraut. Sie erhielte allerdings eine besondere Förderung, deren Hintergrund jedoch weitgehend von dem Bemühen geprägt war, alle Frauen und damit auch die nichtehelichen Mütter in den Arbeitsprozess einzubinden. Aus diesem Grund stand ihnen insbesondere eine Bevorzugung bei der Kindesbetreuung in staatlichen Einrichtungen zu. Die Gleichberechtigung der Frau war auch im Recht der nichtehelichen Kinder ein Grundsatz, dessen Verwirklichung auch in der Rechtswirklichkeit gefördert werden sollte. Nichteheliche Väter konnten bis zum Ende der DDR nur sehr vereinzelt eine besondere Förderung erwarten. Von ihnen wurde jedoch auch wenig mehr erwartet, als für ihre Kinder Unterhalt zu leisten.

Die Rechtsprechung, die auch dazu eingesetzt werden sollte, das gesellschaftliche Ziel der Schaffung einer sozialistischen Ehe und Familie durchzusetzen,[634]

634 *Fischer-Langosch*, Die Entstehungsgeschichte, S. 45.

blieb bei den überkommenen Strukturen.[635] Hinsichtlich der Rechte des biologischen Vaters gegenüber dem nichtehelichen Kind wurde regelmäßig zu seinen Lasten entschieden. Seine Beziehung zum nichtehelichen Kind blieb weitgehend auf die Unterhaltszahlung beschränkt. Einen besonderen Schutz erhielt das nichteheliche Kind selbst. Nicht anwendbar waren lediglich die Regelungen, die nach Auffassung der Rechtsprechung das nichteheliche Kind entgegen der verfassungsrechtlichen Vorgaben benachteiligten. Die das nichteheliche Kind bevorzugenden Regelungen sollten aber anwendbar bleiben. Gerade bei der Frage des Unterhaltsanspruchs ergaben sich Möglichkeiten zur Auseinandersetzung mit dem System der benachbarten Bundesrepublik. Auch nichteheliche Kinder mussten erfahren, dass sie die Konsequenzen ihrer Wohnsitznahme im anderen Teil Deutschlands selbst zu tragen hatten und die nichtehelichen Väter in der DDR nicht verpflichtet werden konnten, dadurch entstehende „*Mehrkosten*" zu tragen. Die Anwendbarkeit „*nationalsozialistischen*" Rechts wurde zunächst als Problem erkannt. Die aus dieser Zeit stammenden Normen wurden dann aber pragmatisch daraufhin überprüft, ob sie (unabhängig von ihrer Herkunft) Grundlage einer sachgerechten Lösung sein konnten.

Auffallend ist, dass in der Nachkriegszeit verhältnismäßig viele Gerichtsentscheidungen zu dem Nichtehelichenrecht veröffentlicht worden sind. Dies wurde in der ostdeutschen Literatur unter dem Aspekt der Anleitung der Gerichte positiv bewertet. Im Bereich des Nichtehelichenrechts sei die Gefahr besonders groß gewesen, dass sich die Richter an die Stelle des Gesetzgebers gestellt und damit die Grenzen der Rechtsprechung überschritten hätten.[636] Anders als durch das BG Potsdam[637] dürften nicht Rechtsgrundlagen durch Billigkeitserwägungen ersetzt und aus dem formalen Vergleich zwischen der Lage des ehelichen und des nichtehelichen Kindes Rechtsfolgen abgeleitet werden.[638] Dem Obersten Gericht der DDR kam so bereits in der unmittelbaren Nachkriegszeit eine große Bedeutung zu. Über die Entscheidung des Einzelfalls hinaus seien die vom ihm vertretenen Anschauungen weitgehend Allgemeingut nicht nur der Gerichte, sondern – jedenfalls nach Auffassung des Ministeriums der Justiz – auch der

---

635 Vgl. *Fischer-Langosch*, Die Entstehungsgeschichte, S. 51.

636 *Toeplitz*, Die Vorbereitung, NJ 1954, S. 662. Dennoch wurde die Tätigkeit der Gerichte bei der Bemessung der Höhe des Unterhalts des nichtehelichen Kindes, die eine Zersplitterung des Rechts vermieden habe, ausdrücklich hervorgehoben: *Benjamin*, Einige Bemerkungen, NJ 1954, S. 350.

637 BG Potsdam, Urteil vom 4. Juni 1954, 3 S 154/54, NJ 1954,607.

638 *Toeplitz*, Die Vorbereitung, NJ 1954, S. 662; *Nathan*, Anmerkung zu BG Potsdam, Urteil vom 4. Juni 1954, 3 S 154/54, NJ 1954, S. 608.

Bürger und damit ein fester Bestandteil des Bewusstseins der Menschen geworden.[639]

III. Reformbemühungen

Schon wegen der Vorgaben der Verfassung von 1949 erwies sich eine Reform des gesamten Familienrechts als unausweichlich. Das Familienrecht des BGB wurde als *„in wesentlichen Teilen mit dem Inhalt und den Zielen der antifaschistisch-demokratischen Umwälzung und der Stellung der Familie in dieser neuen Ordnung*" unvereinbar angesehen.[640] Die Reformbemühungen konnten zwar auf 1947 in den Weg gesetzte erste Vorüberlegungen des Demokratischen Frauenbunds Deutschlands zurückgreifen,[641] verliefen jedoch zunächst nur zögerlich und führten im Jahr 1954 nur zu einem letztendlich nicht Gesetz gewordenen Entwurf, bevor im Jahr 1965 ein neues Familiengesetz, das *Familiengesetzbuch (FGB*), beschlossen werden konnte.

Im August 1948, also zu einem Zeitpunkt, zu dem der Ausschuss für Recht und Rechtspflege noch nicht mit Arbeiten für die Reform des Familienrechts begonnen hatte, legten Hans *Nathan* und Hilde *Benjamin* einen Entwurf für eine Neuregelung des Rechts der nichtehelichen Kinder vor, der das Gleichstellungspostulat umsetzen sollte. Danach sollte die Mehrverkehrseinrede ausgeschlossen sein und als Vater derjenige festgestellt werden können, der mit der Mutter in der Empfängniszeit geschlechtlich verkehrt hatte. Ohne dem Vater ein eigenes Sorge- oder Umgangsrecht zuzubilligen, sollte seine Beziehung zu dem Kind über die bloße Zahlvaterschaft hinausgehen. Die Mutter sollte danach dagegen die umfassende Sorge für das Kind erhalten.[642]

Zu Beginn der 50er Jahre lag im Justizministerium dann ein Gesetzentwurf vor,[643] der tatsächlich eine annähernde Gleichstellung der nichtehelichen Kinder mit ehelichen bewirkt hätte, diesen insbesondere gleiche Unterhaltsrechte und

639 *Benjamin*, Einige Bemerkungen, NJ 1954, S. 350.

640 *Grandke* in: Familienrecht, S. 47.

641 *Fischer-Langosch*, Die Entstehungsgeschichte, S. 28.

642 *Fischer-Langosch*, Die Entstehungsgeschichte, S. 37 – 39.

643 Die Arbeiten an dem Entwurf seien in der damaligen Deutschen Justizverwaltung bereits im Jahre 1946 aufgenommen worden. An den Arbeiten seien der Demokratische Frauenbund Deutschlands und später der Deutsche Volksrat und die Öffentlichkeit beteiligt worden. Ein großer Teil der Regelungen beruhe auf Anregungen unmittelbar aus der Bevölkerung: Ministerium der Justiz, Hauptabteilung Gesetzgebung, 3450/2 – I – 901/50, Entwurf für ein Gesetz zur Neuordnung des Familienrechts, BArch DP 1/8020.

Pflichten sowie ein annähernd volles Erbrecht zukommen ließ.[644] Erarbeitet worden war dieser Entwurf von einer aus Hans *Nathan,* Wolfgang *Abendroth,*[645] Wolfgang *Weiß*, Hilde *Benjamin*, Hilde *Neumann* und Frau *Schulte-Langforth* bestehenden, mit Billigung der SMAD und der politischen Führung[646] bei der Deutschen Justizverwaltung gebildeten, kleinen Referentenkommission.[647] Deren Entwurf versah das Ministerium der Justiz mit einer Einführung, ausweislich derer insbesondere die rechtliche Stellung der unehelichen Kinder (§§ 1705 – 1718 BGB) *„im Geiste der Verfassung und unserer antifaschistisch-demokratischen Gesellschaftsordnung"* völlig erneuert werden müsste.[648] Die Arbeiten an diesem Entwurf kamen jedoch bald ins Stocken und wurden im Juni 1951 beendet. Dies wurde darauf zurückgeführt, dass angesichts der politischen Lage ein *„Alleingang"* auf dem Gebiet des Familienrechts als politisch bedenklich erschien.[649]

Nachdem der Generalsekretär der SED Walter *Ulbricht* auf der II. Parteikonferenz der SED den *„planmäßigen Aufbau des Sozialismus in der DDR"* verkündet hatte, wurden die Arbeiten an dem neuen Familienrecht wieder aufgenommen.[650] Die dafür gebildete Unterkommission für das Familienrecht bestand aus Hilde *Benjamin*, Hans *Nathan*, Katharina *Kern*, Heinz *Such*,[651] Werner *Artzt*,

---

644 *Gesetz zur Neuordnung des Familienrechts (Familienrechtsgesetz)*, BArch DP 1/7400 = G IV.

645 Wolfgang *Abendroth* (1906 – 1985) war Volljurist. Wegen seiner politischen Tätigkeiten wurde er im Jahr 1933 aus dem Referendardienst *„entfernt"*. Wegen aktiven Widerstands wurde er 1937 verhaftet und zu vier Jahren Zuchthaus verurteilt. Nach seiner Rückkehr aus der britischen Kriegsgesgefangenschaft war er in der Justizverwaltung tätig und bestand 1947 das zweite juristische Staatsexamen. In diesem Jahr habilitierte er sich auch. Er erhielt einen Ruf auf den Lehrstuhl für öffentliches Recht in Leipzig und später in Jena. Nach einer kritischen Veröffentlichung zur Justizreform in der SBZ verließ er die DDR und war danach Professor in Wilhelmshaven und Marburg: *Schneider*, Hausväteridylle, S. 66.

646 *Schneider*, Hausväteridylle, S. 121.

647 *Fischer-Langosch*, Die Entstehungsgeschichte, S. 28. Nach der Gründung der DDR war es die Aufgabe von Hans *Nathan*, der anders als Hilde *Benjamin* und Ernst *Melsheimer* noch weiter im Justizministerium tätig war, die Gesetzgebungsarbeit zu fördern: *Schneider*, Hausväteridylle, S. 100.

648 Ministerium der Justiz, Hauptabteilung Gesetzgebung, 3450/2 – I – 901/50, Entwurf für ein Gesetz zur Neuordnung des Familienrechts, BArch DP 1/8020.

649 *Fischer-Langosch*, Die Entstehungsgeschichte, S. 65; *Schneider*, Hausväteridylle, S. 102f.

650 *Fischer-Langosch*, Die Entstehungsgeschichte, S. 66.

651 Heinz *Such* (1910 – 1976) konnte sein während der Weimarer Republik begonnenes Jurastudium zunächst nicht beenden, weil er wegen seiner politischen Tätigkeit nicht mehr weiter mit einem Stipendium der Studienstiftung gefördert wurde. Nach seiner Rückkehr aus der amerikanischen Kriegsgefangenschaft schloss er 1946 sein Studium ab. Im Jahr 1951 wurde er Professor für Zivilrecht. In der Familienrechtskommission befasste er sich auch mit dem sowjetischen Recht: *Schneider*, Hausväteridylle, S. 70.

Elfriede *Göldner*, Frau *Fuchs* und Herbert *Kietz*. In den Jahren 1952 und 1953 tagte die Unterkommission insgesamt sieben Mal.[652]

Bei den Beratungen über die Entwurfsfassung wurde auch das sowjetische Nichtehelichenrecht betrachtet.[653] Zu dessen Grundsätzen gehörte es bereits unmittelbar nach der Oktoberrevolution, die *„neue sowjetische Gesellschaft von dem Erzübel*" der Benachteiligung nichtehelicher gegenüber ehelichen Kindern zu befreien. Die tatsächliche Abstammung wurde zur Grundlage der Familie. In der Praxis waren nichteheliche Kinder jedoch deshalb oft schlechter gestellt, weil ihre Mütter die Väter nicht eintragen ließen. Das sowjetische FGB von 1918 sah hinsichtlich des Unterhalts eine Regelung vor, nach der allen in Betracht kommenden Erzeugern die Unterhaltsverpflichtung zu gleichen Teilen auferlegt werden konnte.[654] Ein Erlass vom 8. Juli 1944[655] führte dazu, dass die Mutter den Erzeuger eines nichtehelichen Kindes selbst dann nicht mehr im Standesregister eintragen lassen konnte, wenn sich dieser zu seinem Kind bekannt hatte. Eine gerichtliche Vaterschaftsfeststellung und Unterhaltsansprüche von Mutter und Kind gegen den nichtehelichen Vater waren faktisch ausgeschlossen.[656] Im Gegenzug wurde jedoch die staatliche Unterstützung für die allein stehende Mutter deutlich erhöht und ihr wurde ein Recht zugestanden, ihr Kind auf Staatskosten in einem Kinderheim unterzubringen.[657] Über diese Rechtslage informierte Prof. *Orlowski* eine Fachkonferenz des Ministeriums der Justiz am 19. Oktober 1954. Die sowjetische Regelung beruhe zunächst darauf, dass die Menschen zur Disziplin angehalten werden sollten. Weiter sei die Änderung der Gesetzgebung aber auch auf die tatsächlichen Probleme der Vaterschaftsfeststellung zurückzuführen. Deshalb würden außerehelich geborene Kinder allein auf den Namen der Mutter in das Register eingetragen. Der Vater könne nur eingetragen werden, wenn er dies mit der Mutter vereinbart habe.[658] Außerehelich geborene Kinder

---

652 *Fischer-Langosch*, Die Entstehungsgeschichte, S. 68.

653 Dazu: *Benninger*, Die sowjetische Gesetzgebung zur rechtlichen Stellung des nichtehelichen Kindes unter besonderer Berücksichtigung ihre Einflusses auf die Geburtenzahl, Berlin, 1976.

654 *Benninger*, Die sowjetische Gesetzgebung, S. 11 – 15.

655 Dazu: *Boehmer*, Welche Anforderungen, S. 18.

656 *Benninger*, Die sowjetische Gesetzgebung, S. 17 – 22, 57.

657 *Swerdlow*, Die Entwicklung des sowjetischen Familienrechts seit der Oktoberrevolution, NJ 1957, S. 685f. Das polnische Familiengesetz stellte dagegen die nichtehelichen Kinder sowohl hinsichtlich ihres Unterhaltsanspruchs als auch hinsichtlich des Erbrechts mit ehelichen Kindern gleich. Die elterliche Sorge stand, wenn der Vater die Vaterschaft anerkannt hatte, beiden Eltern zu: *Nowaski/Radwanski*, Das neue polnische Familien- und Vormundschaftsgesetz, NJ 1965, S. 392.

658 Ministerium der Justiz, Hauptabteilung I, Protokoll über die am 19. Oktober 1954 im Ministerium der Justiz stattgefundene Fachkonferenz über den Entwurf des Familiegesetzbuches, BArch DP 1/6874.

hätten die gleichen politischen und gesellschaftlichen Rechte. Sie seien durch das Strafrecht vor Beleidigungen geschützt. Eine „*Schmälerung*" ergebe sich allein dadurch, dass das nichteheliche Kind keinen Unterhalt von seinem Vater erhalten und durchsetzen könne. Die Mutter erhalte jedoch eine Unterstützung des Staates und Hilfe bei der Betreuung.[659] Diese sowjetischen Regelungen dienten allenfalls als fernes Leitbild. Schon auf dieser Tagung wurde, von ihnen offenbar kaum inspiriert, angeregt, dass dem Vater des nichtehelichen Kindes das Sorgerecht insbesondere dann erteilt werden können solle, wenn die Mutter verstorben sei, um so unklare Verhältnisse zu vermeiden. Die Rechte der nichtehelichen Kinder könnten so in einem wesentlichen Punkt gestärkt werden. Dem entgegnete Hilde *Benjamin*, dass die unklaren Verhältnisse durch die fehlende Eheschließung der Eltern hervorgerufen worden seien, worunter die Kinder nicht leiden dürften.[660]

1. Der Entwurf eines Familiengesetzbuches aus dem Jahr 1954

Im Jahr 1954 stand mit den übrigen Vorschriften des Familienrechts gerade auch das Recht der nichtehelichen Kinder zur Disposition. Der schließlich zur öffentlichen Diskussion gestellte Gesetzentwurf[661] beruhte auf den seit dem Kriegsende andauernden Reformbemühungen, die insbesondere auf die Durchsetzung der Gleichberechtigung der Frau gerichtet waren.[662] Der Entwurf zeigte den Willen, sich von der gemeinsamen deutschen Rechtstradition zu lösen und eine wesentliche Rechtsmaterie des bürgerlichen Rechts eigenständig zu kodifizieren.[663] Er sollte ein in „*volkstümlicher Sprache*" gehaltenes Gesetz darstellen, dessen Ziel-

659 Ministerium der Justiz, Hauptabteilung I, Protokoll über die am 19. Oktober 1954, BArch DP 1/6874; vgl. auch *Grandke*, Der Verzicht auf die Nichtehelichkeit, S. 16.

660 Ministerium der Justiz, Hauptabteilung I, Protokoll über die am 19. Oktober 1954, BArch DP 1/6874.

661 Entwurf des Familiengesetzbuches der Deutschen Demokratischen Republik, Büro des Präsidiums des Nationalrates der Nationalen Front des demokratischen Deutschland (Hrsg.), Berlin, 1954; veröffentlicht auch in: *Zum Familienrecht in der Sowjetzone.* Bundesministerium für Gesamtdeutsche Fragen (Hrsg.), 3. Aufl., Bonn, 1958; *Boehmer*, Welche Anforderungen, S. 13. Zur Entwicklung des Entwurfes: *Klose*, Ehescheidung, S. 161.

662 Zum Gang der Reformbemühungen: *Benjamin*, Einige Bemerkungen zum Entwurf des Familiengesetzbuches, NJ 1954, S. 349. Wesentliches Ziel des Entwurfes sollte es sein, die Frauen im Berufsleben den Männern gleichzustellen. Ein wesentliches Ziel sei es, Maßnahmen für die „*Befreiung der Frau von der Sorge für die Kinder*" zu treffen: Entwurf des Familiengesetzbuches der Deutschen Demokratischen Republik, Büro des Präsidiums des Nationalrates der Nationalen Front des demokratischen Deutschland (Hrsg.), Berlin, 1954, S. 8.

663 *Schneider*, Hausväteridylle, S. 110.

richtung unmittelbar auf die Erziehung der Bevölkerung gerichtet war.[664] Es war das Bemühen erkennbar, ein lehrhaftes Gesetz, also ein solches zu schaffen, das das Familienleben über die Rechtsdogmatik hinausgehend positiv zu regeln imstande war. Das Gesetz diente über die Information über die geltende Rechtslage hinausgehend auch der Bewusstseinsbildung der Bevölkerung zur Hinwendung auf die Herausbildung einer sozialistischen Persönlichkeit.[665] Diese erzieherische Bedeutung des Gesetzes wurde gerade deshalb als vordringlich angesehen, weil das Familienrecht eine Gruppe von Menschen betreffe, die die *„Grundzelle der Gesellschaft"* darstelle.[666] In den vorangestellten allgemeinen Grundsätzen wurde in § 1 erstmals der Begriff des Sozialismus im Familienrecht kodifiziert. In der DDR wurde so im Jahr 1954, im unmittelbaren zeitlichen Zusammenhang zur Volkskammerwahl,[667] ein deutlich an den überlieferten Regelungen des BGB orientierter Gesetzentwurf öffentlich diskutiert,[668] der jedoch keine Gesetzeskraft erlangte.[669] Mit dem Entwurf von 1954 wurde zum ersten Mal in der Rechtsgeschichte der DDR versucht, ein vollständiges Rechtsgebiet, nämlich das Familienrecht, eigenständig neu zu ordnen.[670] Die öffentliche Diskussion sollte erfolgen, weil gerade das Familienrecht wie kein anderes Gesetz unmittelbar in das persönliche Leben jedes einzelnen Menschen eingreife und mit den moralischen Anschauungen aufs engste verbunden sei.[671]

Nichteheliche Kinder hätten entsprechend des Entwurfes im Verhältnis zu ihren Eltern grundsätzlich die Stellung ehelicher Kinder erlangt. Abweichungen davon waren nach der Begründung deshalb veranlasst, weil die Eltern nicht verheiratet seien und das Kind in der Regel bei der Mutter lebe.[672] Das Kind hätte einen Unterhaltsanspruch gegenüber seinem Vater erhalten, nicht aber der Vater vom Kind. Ein Erbrecht für den Vater oder seiner Verwandten war nicht vorgesehen. Das nichteheliche Kind war dagegen, wenn es minderjährig oder als Voll-

---

664 *Nathan*, Das Familienrecht als Faktor der Erziehung zur Demokratie, StuR 1954, S. 567.

665 *Großekathöfer*, Es ist ja jetzt Gleichberechtigung, S. 61, 66.

666 *Nathan*, Das Familienrecht als Faktor der Erziehung zur Demokratie, StuR 1954, S. 568.

667 Die Diskussion über das Familienrecht konnte mit der Vorbereitung der Wahlen gut verbunden werden: *Schneider*, Hausväteridylle, S. 110.

668 Dazu: *Großekathöfer*, „Es ist ja jetzt Gleichberechtigung" S. 82 – 95; vgl. *Fischer-Langosch*, Die Entstehungsgeschichte, S. 87.

669 Die durchgeführte öffentliche Diskussion führte im Ergebnis nicht dazu, dass Änderungsbedarf im Bereich des Nichtehelichenrechts gesehen wurde: *Fischer-Langosch*, Die Entstehungsgeschichte, S. 96.

670 *Großekathöfer*, „Es ist ja jetzt Gleichberechtigung", S. 59.

671 Entwurf des Familiengesetzbuches der Deutschen Demokratischen Republik, Büro des Präsidiums des Nationalrates der Nationalen Front des demokratischen Deutschland (Hrsg.), Berlin, 1954, S. 3.

672 Entwurf des Familiengesetzbuches, S. 18.

jähriger arbeitsunfähig war, voll erbberechtigt. Dies beruhte auf der Annahme, dass das Kind regelmäßig nicht mit dem Vater zusammenlebte, sein Unterhalt aber auch nach dem Ableben des Vaters gesichert werden müsse.[673]

Der Entwurf sah in seinem zweiten, den Eltern und Kindern gewidmeten Teil, im zweiten Kapitel zwei Abschnitte für die Regelung der Rechte der nichtehelichen Kinder vor. Der erste Abschnitt betraf die Nichtehelichkeit durch Geburt und der zweite Abschnitt die Nichtehelichkeit durch Ehelichkeitsanfechtung. Hierbei gab der Entwurf in § 60 als *„Präambel"* des Nichtehelichenrechts den wesentlichen Inhalt der Verfassung wieder. Dieser lautete:

> *„Grundsatz:*
> *Nichteheliche Kinder haben im Verhältnis zu ihren Eltern und deren Verwandten die rechtliche Stellung ehelicher Kinder. Soweit die folgenden Vorschriften Abweichungen von der allgemeinen Regel enthalten, sind sie dadurch bedingt, dass die Eltern nicht durch Heirat verbunden sind.*"[674]

Die Hauptabteilung Gesetzgebung des Ministeriums der Justiz berichtete unter dem 21. August 1954,[675] dass die Regelungen über die nichtehelichen Kinder, die den Verfassungsgrundsatz der Gleichstellung umsetzen würden, in der Bevölkerung im Allgemeinen auf Zustimmung gestoßen seien. Jedoch wurde eingewandt, dass es den Frauen durch den Wegfall der Mehrverkehrseinrede sehr leicht gemacht werde.[676] Auch die Regelungen über das Verkehrsrecht des nichtehelichen Vaters seien nicht unumstritten. Männer würden fordern, dass nicht allein die Mutter, sondern auch der Rat des Kreises darüber entscheiden solle. Teilweise werde es für unbillig gehalten, den Vätern eine Zahlung abzuverlangen, ihnen aber kein gesetzliches Recht zuzugestehen, sich um die Erziehung des Kindes zu kümmern. Bei der Regelung des Erbrechts würden viele Bürger eine Benachteiligung des nichtehelichen Kindes sehen und dessen völlige Gleichstellung fordern.[677]

---

673 Entwurf des Familiengesetzbuches, S. 19.

674 Zitiert nach: *Zum Familienrecht in der Sowjetzone*, S. 14.

675 Hauptabteilung Recht, An den Genossen Basmanov, Sowjetische Botschaft, vom 21. August 1954, Betr.: Bericht über den Stand der Diskussion über den Entwurf des neuen Familiengesetzbuches in der Deutschen Demokratischen Republik, BArch DP 1/122.

676 Da die wissenschaftlich-medizinischen Möglichkeiten für einen Vaterschaftsnachweis sehr eingeschränkt seien, werde es so den Müttern ermöglicht, den zahlungsfähigsten Vater auszusuchen. Allerdings sei auch angeführt worden, dass so den Männern die Gefahren eines leichtfertigen Geschlechtslebens verdeutlicht würde: Hauptabteilung Recht, An den Genossen Basmanov, Sowjetische Botschaft, vom 21. August 1954, BArch DP 1/122, S. 6.

677 Hauptabteilung Recht, An den Genossen Basmanov, Sowjetische Botschaft, vom 21. August 1954, BArch DP 1/122, S. 6.

In der zweiten Jahreshälfte des Jahres 1955 wurde die Arbeit an dem Entwurf vorläufig eingestellt.[678] Warum der Entwurf nicht Gesetz wurde, ist bisher noch nicht überzeugend geklärt. Eine plausible Erklärung bietet *Feth,*[679] die vermutet, dass es im Hinblick auf die verzögerten Reformen in der Bundesrepublik unterlassen werden sollte, die Rechtseinheit im Familienrecht aufzugeben.[680] Aber auch die Ereignisse vom 17. Juni 1953 können als Ursache für das vorläufige Stoppen der Reformbemühungen nicht ausgeschlossen werden.[681] Weiter spricht vieles dafür, dass sich im Zuge der öffentlichen Diskussion eine andere Einschätzung über den Stand der Entwicklung der Familie durchgesetzt hatte.[682] Die Begründung des Entwurfes ging noch von einem sehr weit fortentwickelten Stand der Entwicklung der Familienbeziehungen, die sich eben nicht allein auf die Gleichberechtigung der Frau reduzieren lassen konnten, aus. Von dieser Annahme wollte die Staatsführung nach dem Abschluss der öffentlichen Diskussion wohl nicht mehr ausgehen.[683]

Trotz des Scheiterns des Entwurfes waren die in ihm beabsichtigten Regelungen für die weitere Entwicklung von einer nicht zu vernachlässigenden Bedeutung.

a) Die Vaterschaft und ihre Feststellung

Materiellrechtlich sah der Entwurf in § 61[684] vor, dass als Vater eines nichtehelichen Kindes gelten sollte, wer mit der Mutter in der Empfängniszeit verkehrt hatte und dieser Verkehr nicht offenkundig nicht zur Empfängnis geführt haben konnte. Diese auf den Verkehr in der Empfängniszeit abstellende Regelung war

---

678 *Großekathöfer*, Es ist ja jetzt Gleichberechtigung, S. 96.

679 *Feth*, Hilde Benjamin, Eine Biographie, S. 217.

680 Teilweise wurde auch darauf hingewiesen, dass sich das „*sozialistische Bewusstsein der Bevölkerung*" noch nicht hinreichend entwickelt gehabt habe: *Brümmer*, Die Entwicklung, S. 25.

681 Zu den durch den Aufstand begründeten Verwerfungen: *Wolle*, Aufbruch im Osten?, Die DDR, in: Die Deutschen im 20. Jahrhundert, Wolfrum (Hrsg.), Darmstadt, 2004, S. 43.

682 Vgl. *Fischer-Langosch*, Die Entstehungsgeschichte, S. 99.

683 Vgl. *Klose*, Ehescheidung, S. 176.

684 § 61 FGB Entwurf 1954: (zitiert nach: *Zum Familienrecht in der Sowjetzone*, S. 48)
„*(1) Als Vater des nichtehelichen Kindes gilt, wer mit der Mutter innerhalb der Empfängniszeit geschlechtlich verkehrt hat. Ein Verkehr, der offenbar nicht zur Empfängnis geführt hat, bleibt außer Betracht.*
(2) Als Empfängniszeit gilt die Zeit vom einhundertachtzigsten bis zum dreihundertzweiten Tage vor dem Tage der Geburt des Kindes, mit Einschluss der beiden genannten Tage.
(3) Ist bewiesen, dass das Kind während eines Zeitraums empfangen worden ist, der weiter als 302 Tage vor dem Tage der Geburt zurückliegt, so gilt dieser Zeitraum als Empfängniszeit."

jedenfalls in den Fällen des Mehrverkehrs[685] problematisch. Sie ließ dem Wortlaut nach zu, dass mehrere in Betracht kommende Väter gemeinsam hafteten oder zumindest der zuerst in Anspruch genommene „*Vater*" von den anderen denkbaren Erzeugern im Innenverhältnis (anteilig) in Anspruch genommen werden konnte.[686] Die Mehrverkehrseinrede war den Vätern nach dem Entwurf abgeschnitten. Nichteheliche Kinder konnten jeden, der in der Empfängniszeit mit der Mutter verkehrt hatte, in Anspruch nehmen, sofern dieser Verkehr nicht offenkundig nicht zur Empfängnis geführt haben konnte. Dies war jedoch, auch in Ermangelung sicherer wissenschaftlicher Vaterschaftsfeststellungsmethoden, keine befriedigende Lösung.[687] Als mögliche Abhilfe wurde vorgeschlagen, § 61 Abs. 1 S. 2 des Entwurfes dahingehend auszulegen, dass ein Verkehr bereits dann als offensichtlich nicht zur Empfängnis führend angesehen werden sollte, wenn ein anderer Mann als der in Anspruch genommene mit größerer Wahrscheinlichkeit als Vater in Betracht komme.[688] Diesem Vorschlag wurde jedoch entgegengehalten, dass er dem Ziel des Entwurfes, nämlich die Ermöglichung der Inanspruchnahme sämtlicher in Betracht kommender Väter, zuwiderlaufe.[689] Argumentiert wurde auch hier mit den geänderten gesellschaftlichen Verhältnissen. Es sei gerade das Ziel des Entwurfes, die Familie zu entwickeln und zu festigen. Die vorgeschlagene Regelung würde zu einer erhöhten Verantwortung bei dem außerehelichen Geschlechtsverkehr führen. Sie habe das Ziel, diesen

685 Nach den bis dahin geltenden Vorschriften konnte ein in Anspruch genommener Mann, dessen Vaterschaft nicht gutachtlich erwiesen werden konnte, seine Feststellung als Vater verhindern, wenn ihm der Nachweis gelang, dass die Mutter in der Empfängniszeit mit anderen, ebenfalls als Vater in Betracht kommenden, Männern verkehrt hatte: *Eggers-Lorenz*, Über die Feststellung, NJ 1954, S. 567.

686 *Eggers-Lorenz*, Über die Feststellung, NJ 1954, S. 566.

687 In der Literatur wurde vertreten, dass das Abschneiden der Mehrverkehrseinrede, die zu einer faktischen Beweislastumkehr zu Gunsten des in Anspruch genommenen Vaters führte, im Hinblick auf die nach dem Stand der Wissenschaft bestehende Beweismöglichkeit als gerecht anzusehen sei: *Göldner*, Die Stellung und das Recht des nichtehelichen Kindes, NJ 1954, S. 373. Zum Stand der Wissenschaft nach der ein positiver serologischer Vaterschaftsnachweis nicht möglich war: *Gärtner*, Zu Frage des naturwissenschaftlichen Vaterschaftsnachweises im gerichtlichen Verfahren, NJ 1952, S. 312. Gerügt wurde zudem, dass die gemeinschaftliche Haftung der in Betracht kommenden Väter der gesellschaftlichen Auffassung nicht entsprechen und das nichteheliche Kind missachten würde. Weil biologisch nur ein Vater in Betracht kommen würde, dürfe auch rechtlich nichts anderes gelten: *Eggers-Lorenz*, Über die Feststellung, NJ 1954, S. 556f.

688 *Eggers-Lorenz*, Über die Feststellung, NJ 1954, S. 567.

689 Den für die Praxis erheblichen Einwand, dass die Abgrenzung der Wahrscheinlichkeit kaum überzeugend erfolgen könne, sah er dagegen als sekundär an: *Nathan*, Über die Feststellung NJ 1954, S. 567f.

zugunsten der Gründung und Erhaltung von Familien einzuschränken.[690] Werde im konkreten Fall dieses Ziel verfehlt, geschehe dem in Anspruch genommenen Mann durch die gewollte Besserstellung des nichtehelichen Kindes kein Unrecht,[691] weil er als Vater in Betracht komme und seine Vaterschaft durch die Beweisaufnahme nicht ausgeschlossen worden sei.[692]

Für die Feststellung der Vaterschaft sah der Entwurf in § 62[693] die Vaterschaftsanerkennung in einer öffentlichen Urkunde oder die Feststellung durch ein Urteil vor.[694] Diese Vaterschaftsfeststellung sollte, solange sie wirksam war, die Feststellung anderer Väter ausschließen (§ 63). Ebenso wie das Anerkenntnis bedurfte auch dessen Widerruf einer Zustimmungserklärung der Mutter und des Kindes. Bis zur Volljährigkeit des Kindes musste der örtlich zuständige Rat des Kreises die Genehmigung erteilen (§ 64 Abs. 1).[695] Die auf Unwirksamkeit der Anerkennung gerichtete Klage sollte der (Schein-)Vater nur erheben dürfen, wenn ihm nach der Anerkennung Tatsachen bekannt geworden waren, aus denen sich ergab, dass er offenkundig nicht der Vater war. Wollte ein durch ein rechtskräftiges Urteil als Vater festgestellter Mann die Aufhebung dieses Urteils erreichen, sollte er die entsprechende Klage ebenfalls nur auf Tatsachen stützen dürfen, die erst nach Rechtskraft des Urteils bekannt geworden waren (§ 65).[696] Auch der Entwurf entsprach damit dem überlieferten Grundsatz, dass im Wege der Abänderungsklage die Rechtskraft eines Urteils nur durch Tatsachen durchbrochen werden darf, die der Betroffene nicht schon vor der Rechtskraft hätte geltend machen können.

Anders als noch § 1723ff. BGB sah der Entwurf die Ehelichkeitserklärung des Kindes nicht mehr vor, was im wesentlich darauf zurückzuführen war, dass auch

---

690 *Nathan*, Über die Feststellung, NJ 1954, S. 568.

691 Es wurde als Ausfluss des *„demokratischen Familienrechts"* bezeichnet, dass das nichteheliche Kind die Möglichkeit haben sollte, sich bei mehreren in Betracht kommenden Erzeugern denjenigen auszusuchen, der ihm die sichersten Unterhaltszahlungen verschaffen konnte: *Nathan*, Über die Feststellung, NJ 1954, S. 568.

692 *Nathan*, Über die Feststellung, NJ 1954, S. 568.

693 § 62 Entwurf 1954 (zitiert nach: *Zum Familienrecht in der Sowjetzone*, S. 49):
„Feststellung der Vaterschaft
Die Vaterschaft wird festgestellt:
durch die nach der Geburt mit Zustimmung der Mutter in einer öffentlichen Urkunde erklärte Anerkennung,
durch Urteil auf Klage des Kindes.
Die Klage kann nicht gleichzeitig gegen mehrere Männer erhoben werden. Sie kann auch gegen Erben des Vaters gerichtet oder von den Erben des Kindes erhoben werden."

694 Nach bisherigem Recht war gemäß § 644 ZPO das Statusverfahren nach §§ 640ff. ZPO für nichteheliche Kinder ausgeschlossen.

695 Dazu: *Göldner*, Die Stellung, NJ 1954, S. 373.

696 *Bernhardt*, Das Recht des unehelichen Kindes, S. 80.

eine Neuregelung des Adoptionsrechts begründet werden sollte.[697] In der *Verordnung über die Annahme an Kindes statt* vom 29. November 1956[698] war in § 10 geregelt, dass das von seinem Vater angenommene nichteheliche Kind die volle Rechtsstellung eines ehelichen Kindes erhielt, was auch der Regelung in § 90 des Entwurfes entsprach.

Auch nach dem Entwurf konnten zunächst ehelich geborene Kinder zu nichtehelichen Kindern werden, wenn der Vater die Ehelichkeit rechtzeitig, also binnen der Jahresfrist, angefochten hatte (§ 75). Eine dem praktischen Bedürfnis geschuldete Regelung war in § 77 vorgesehen. Danach sollte das nichteheliche Kind im Falle der Wiederverheiratung und der deshalb bestehenden Möglichkeit der Vaterschaft beider Männer zunächst als Kind des zweiten Mannes, nach erfolgreicher Anfechtung des zweiten Mannes dagegen als dasjenige des ersten Mannes gelten.

b) Der Name des Kindes und die Aufgabenverteilung der Eltern

Trotz der auf eine Gleichstellung mit ehelichen Kindern gerichteten Präambel des § 60 sah der Entwurf im Hinblick auf das persönliche Umfeld des Kindes eine Orientierung allein an der Mutter vor, deren Namen zum Zeitpunkt der Geburt es auch tragen sollte (§ 66).[699] Dies entsprach der Regelung in § 1706 Abs. 1 BGB. Das Führen des Namens der nichtehelichen Mutter erschien schon deshalb als unbedenklich, weil *„in der Praxis die nichteheliche Herkunft nicht mehr als Nachteil gesehen"* werde.[700] Dagegen galt die Regelung in § 1706 Abs. 2 BGB, wonach das uneheliche Kind einer verheirateten Mutter nach deren Eheschließung den Mädchennamen der Mutter erhielt, nicht mehr, weil in ihr ein Verstoß gegen den Gleichberechtigungssatz gesehen wurde.[701]

Allein der Mutter sollte die elterliche Sorge zustehen (§ 67). War sie nicht in der Lage, diese wahrzunehmen, verblieb ihr gleichwohl die Pflicht, das Kind zu

697 *Bernhardt*, Das Recht des unehelichen Kindes, S. 68. Zur *„Zwangsadoption"*: *Warnecke*, Zwangsadoption in der DDR – Eine Erfindung der Medien oder gängige Praxis von Jugendhilfe und Gerichten?, NJ 2010, S. 156.

698 GBl. I., S. 1326.

699 Dies war damit begründet, dass das nichteheliche Kind *„meist"* im Haushalt der vom Erzeuger getrennt lebenden Mutter lebe. Durch die Orientierung an dem Namen der Mutter zum Zeitpunkt der Geburt sollte es dem Kind (nach § 1706 BGB hatte das uneheliche Kind einer Witwe oder einer geschiedenen Frau den Namen der Mutter zu tragen, den diese vor ihrer Verheiratung getragen hatte) erspart werden, schon durch den Namen als nichteheliches Kind gekennzeichnet zu werden: *Göldner*, Die Stellung, NJ 1954, S. 374.

700 *Bernhardt*, Das Recht des unehelichen Kindes, S. 73.

701 BG Chemnitz, NJ 1952, 584.

betreuen und für dessen Gesundheit zu sorgen (§ 69 Abs. 1). Vormund wurde dann nicht der Vater, sondern der Rat des Kreises (§ 69 Abs. 2). Dieser sollte auch als Pfleger die Aufgabe übernehmen, die Ansprüche des Kindes gegen den Vater geltend zu machen, so lange dessen Mitwirkung erforderlich war (§ 68). Anders als noch nach §§ 16, 17 MKschG sollte der Rat des Kreises unabhängig von einem Antrag der Mutter die Stellung eines Pflegers erhalten, die sich wesentlich auf das Durchsetzen der Unterhaltsansprüche beschränkte.[702] Damit wäre zumindest teilweise wieder zur alten Regelung des §§ 1707 BGB, 35 JWG zurückgekehrt worden.

Auch im Umgangsrecht blieb der nichteheliche Vater erheblich schlechter gestellt als ein ehelicher. Ihm sollte nämlich – schon dies wäre allerdings ein später im FGB nicht verwirklichter Fortschritt gewesen – der Umgang mit dem Kind nur dann gestattet werden, wenn die Mutter oder der gesetzliche Vertreter des Kindes zugestimmt hatte (§ 70).[703] Begründet wurde dies mit der unterschiedlichen Familiensituation ehelicher und nichtehelicher Kinder. Das nichteheliche Kind wachse im Lebenskreis seiner Mutter auf. Da dem Kind erspart werden solle, zwischen dem Lebenskreis der Mutter und des Vaters hin- und her gerissen zu werden, müsse es allein der Mutter überlassen bleiben zu bestimmen, ob der Vater mit dem Kind einen persönlichen Umgang pflegen dürfe. Dies entspreche auch in den meisten Fällen den gesellschaftlichen und persönlichen Verhältnissen zwischen den Eltern.[704]

Hinsichtlich des Verkehrsrechts des nichtehelichen Vaters wurde angeregt, die Zustimmung der Mutter durch eine Entscheidung des Rates des Kreises ersetzen zu lassen (§ 70 des Entwurfes). Die Regelungen des Entwurfes würden eine reine Zahlvaterschaft begründen. Tatsächlich würden die Väter aber nicht nur in einer materiellen Beziehung zu ihrem Kind stehen. Es sei ein Bewusstseinswandel eingetreten, der zu einer Sorge vieler Väter auch für die Entwicklung ihrer Kinder geführt habe. Es solle überdacht werden, nichteheliche Kinder im Hinblick auf die elterliche Sorge Scheidungswaisen gleichzustellen.[705]

---

702 *Bernhardt*, Das Recht des unehelichen Kindes, S. 63.

703 *Bernhardt*, Das Recht des unehelichen Kindes, S. 66. Diese schwache Stellung des Vaters wurde noch dadurch befördert, dass der Entwurf, anders als § 1723 BGB, die nachträgliche Ehelichkeitserklärung nicht vorsah: Vgl. *Hagemeyer*, Zum Familienrecht in der Sowjetzone, Bundesministerium für gesamtdeutsche Fragen (Hrsg.), 3. Aufl., Bonn, 1958, S. 30.

704 *Göldner*, Die Stellung, NJ 1954, S. 374.

705 Dem entgegnete jedoch Hans *Nathan*, dass der Entwurf verhindern müsse, zur Erzeugung nichtehelicher Kinder zu ermutigen. Daher dürfe eine Gleichstellung mit dem ehelichen Verhältnis nicht gefordert werden: Ministerium der Justiz, Hauptabteilung I, Protokoll über die am 19. Oktober 1954 im Ministerium der Justiz stattgefundene Fachkonferenz über den Entwurf des Familiegesetzbuches, BArch DP 1/6874.

c) Der Unterhalt

Deutlicher am Interesse der nichtehelichen Kinder war das Unterhaltsrecht in § 71 orientiert.[706] Zunächst wurde hinsichtlich der Unterhaltshöhe auf die Ansprüche ehelicher Kinder verwiesen. Die durch die Anlehnung an die Lebensverhältnisse der Mutter begründete faktische Benachteiligung nichtehelicher Kinder sollte damit endgültig überwunden werden. Für Unterhaltsabfindungen sah der Entwurf eine § 1714 BGB entsprechende Regelung vor, wobei die Genehmigung des Vormundschaftsgerichts durch diejenige des Rates des Kreises ersetzt wurde.

Eine § 1716 BGB entsprechende Regelung, wonach die Mutter im einstweiligen Rechtsschutz einen Vorschuss verlangen konnte, war dagegen nicht beabsichtigt. Ebenso wenig war eine Pflicht zur Bezahlung bestimmter Neuanschaffungen für die Erstlingsausstattung vorgesehen, was im Hinblick auf das geltende System der bestimmten Ratenzahlungen als Unterhaltsleistung konsequent war.[707] Gleichwohl wurde im Hinblick auf die tatsächlichen Bedürfnisse des Kindes und auch der Mutter des nichtehelichen Kindes ein gesetzlicher auf die Anschaffungskosten gerichteter Anspruch gegen den Vater gefordert.[708]

Bedeutsam war weiterhin, dass für das nichteheliche Kind gegen die Verwandten des Vaters ein dem ehelichen Kind entsprechender Unterhaltsanspruch vorgesehen war (§ 72), wohingegen das nichteheliche Kind weder seinem Vater noch dessen Verwandten unterhaltspflichtig sein sollte (§ 73).

d) Das Erbrecht

Auch das Erbrecht des nichtehelichen Kindes war Gegenstand der Erörterungen zum Gesetzentwurf aus dem Jahr 1954. Dieses wurde jedoch von der damaligen

706 § 71 FGB-Entwurf 1954 (zitiert nach: *Zum Familienrecht in der Sowjetzone*, S. 50): „(1) *Auf die Unterhaltspflicht der Eltern des nichtehelichen Kindes finden die Vorschriften über die Unterhaltspflicht der Eltern gegenüber ehelichen Kindern (§§ 47ff. und 92ff.) nach Maßgabe der nachstehende Vorschriften Anwendung.*

(2) Der Unterhaltsanspruch entsteht mit der Geburt des Kindes.

(3) Der als Geldrente geschuldete Unterhalt kann auch für die Vergangenheit verlangt werden, soweit der Anspruch nicht verjährt ist. Durch das Verwandtschaftsverhältnis wird die Verjährung nicht gehemmt.

4) Eine Vereinbarung zwischen dem Vater und dem Kinde über den Unterhalt des Kindes für die Zukunft oder über eine an Stelle des Unterhalts zu gewährende Abfindung bedarf der Genehmigung des Rates des Kreises.“

707 *Nathan*, Anmerkung zu BG Potsdam, Urteil vom 4. Juni 1954, 3 S 154/54, NJ 1954, S. 609.

708 *Wittich-Kucas*, Für eine Beteiligung des nichtehelichen Vaters an den Kosten der Erstlingsausstattung, NJ 1955, S. 283.

Justizministerin Hilde *Benjamin* als nicht vordringlich angesehen. In den Vorschlägen zu einem neuen Familienrecht sei die Rechtsstellung des nichtehelichen Kindes noch mit einer Reihe von Regelungen belastet gewesen, die eine „*formelle Gleichmacherei*" darstellen würden. Dazu gehöre der Vorschlag, dem nichtehelichen Kind ein gesetzliches Erbrecht am Nachlass des Vaters zu geben. Durch die fortschreitende Entwicklung seien derartige Erwägungen jedoch obsolet geworden. Diese habe alle Jungen und Mädchen in der DDR unabhängig davon, ob sie ehelich oder nicht ehelich geboren seien, von einem Erbrecht unabhängig gemacht. Ein nichteheliches Kind benötige ein Erbrecht nur dann, wenn es, anders als in der DDR, durch die gesellschaftlichen Verhältnisse in seinem Fortkommen gehindert werde.[709] Auch in der Literatur wurde das Erbrecht als ein sekundäres Problem des Rechts der nichtehelichen Kinder angesehen. Anders als das allein auf „*Weitergabe der Macht des Verstorbenen an seine Erben*" gerichtete Erbrecht des Kapitalismus diene das sozialistische Erbrecht unmittelbar dem persönlichen Schutz des persönlichen Eigentums der Werktätigen. Das Erbrecht habe also die Aufgabe, das persönliche Eigentum zu schützen und unmittelbar auf die Festigung der Familienverhältnisse hinzuwirken. Es diene der (erzieherischen) Bewusstseinsbildung der Werktätigen im Hinblick auf die Stellung von Mann und Frau und deren Aufgaben bei der Erziehung ihrer Kinder in der Familie.[710] Das Interesse des nichtehelichen Kindes in der sozialistischen Gesellschaft sei auf die Erhaltung seines Unterhalts beschränkt.[711]

Dieser Gedanke wurde in dem Entwurf von 1954 umgesetzt. In § 74[712] war das nichteheliche Kind hinsichtlich des Erbrechts nur gegenüber der Mutter und ihren Verwandten einem ehelichen Kind gleichgestellt. Bei dem Vater sollte die

709 *Benjamin*, Einige Bemerkungen zum Entwurf eines Familiengesetzbuches, NJ 1954, S. 351.

710 *Hofmann*, Vorschläge, NJ 1954, S. 536.

711 *Hofmann*, Vorschläge, NJ 1954, S. 536. Ein anderer Vorschlag für das Erbrecht des nichtehelichen Kindes war daher auch darauf gerichtet, diesem beim Tod des Vaters einen Betrag in Höhe des noch zu zahlenden Unterhalts, höchstens jedoch den Erbteil eines ehelichen Kindes, zukommen zu lassen. Die so begründete unterschiedliche Behandlung von ehelichen und nichtehelichen Kindern wurde damit gerechtfertigt, dass ein Kind nur einem Familienkreis, nämlich dem der Mutter, zugeordnet werden sollte: *Heuer*, Vorschläge für die Gestaltung des Erbrechts der nichtehelichen Kinder, NJ 1954, S. 536.

712 § 74 FGB-Entwurf 1954 (zitiert nach: *Zum Familienrecht in der Sowjetzone*, S. 51):
„*(1) Das nichteheliche Kind ist gesetzlicher Erbe seiner Mutter und deren Verwandten wie ein eheliches Kind. Die Mutter und deren Verwandten sind gesetzliche Erben des Kindes wie eheliche Verwandte.*
(2) Ist das Kind beim Tode des Vaters oder eines unterhaltspflichtigen Verwandten des Vaters minderjährig oder arbeitsunfähig, so erbt es wie ein eheliches Kind."

Gleichstellung mit dem Zeitpunkt enden,[713] zu dem das Kind nicht mehr unterhaltsbedürftig war.[714] Um praktische Probleme zu vermeiden, wurde vorgeschlagen, die Regelung in § 74 Abs. 2 des Entwurfes dahingehend abzuändern, dass ein Kind, das zum Zeitpunkt des Todes seines Vaters oder eines unterhaltspflichtigen Verwandten, noch minderjährig war, einen Anspruch auf Zahlung eines dem gesetzlichen Erbteil entsprechenden Geldbetrages gegen die Erben haben sollte. Dieser Vorschlag sollte verhindern, dass das nichteheliche Kind auch dann, wenn der Vater zwischenzeitlich geheiratet und eheliche Kinder gezeugt hatte, Mitglied der Erbengemeinschaft wurde, zumal es als Minderjähriger von seiner Mutter vertreten worden wäre.[715] Es wurde als unbillig angesehen, dass sich die Ehefrau des Vaters des nichtehelichen Kindes mit *„einer ihr völlig fremden Frau und zugunsten eines ihr unbekannten Kindes"* über das Eigentum an solchen Gegenständen auseinandersetzen und einigen (musste), die *„tatsächlich allein den Erben gebühren"*, die mit dem Erblasser in einem engen familiären Verhältnis gestanden hätten.[716]

In der westdeutschen Literatur wurde dagegen kritisiert, dass der Entwurf dem nichtehelichen Kind kein eigenes Erbrecht eingeräumt und lediglich der Unterhaltssicherung des Kindes gedient habe. Anderseits werde das nichteheliche

713 Die Einschränkung des Erbrechts auf diesen Zeitraum wurde damit begründet, dass die Beziehung zwischen dem nichtehelichen Vater und dem Kind regelmäßig auf die reine Zahlung des Unterhalts beschränkt sei: *Göldner*, Die Stellung, NJ 1954, S. 374.

714 Mit diesem Vorschlag war ein Abweichen von den Regelungen in anderen sozialistischen Staaten vorgesehen. Teilweise sahen diese auch ein unbeschränktes Erbrecht nach dem Vater vor. In der Sowjetunion war dagegen aufgrund eines Erlasses des Obersten Sowjets der UdSSR vom 8. Juli 1944 ein Unterhalts- und Erbanspruch des nichtehelichen Kindes gegen seinen Vater insgesamt ausgeschlossen. Dies war damit begründet, dass das nichteheliche Kind in der kommunistischen Gesellschaft alle Vorteile, die es von seinem Vater zu erwarten hätte, vom Staat gewährt bekommen sollte: *Hofmann*, Vorschläge für die Gestaltung des Erbrechts des nichtehelichen Kindes, NJ 1954, S. 535.

715 *Hofmann*, Vorschläge, NJ 1954, S. 535.

716 *Hofmann*, Vorschläge, NJ 1954, S. 536. So wurde zustimmend zur Kenntnis genommen, dass dieser Entwurf auch ein Erbrecht des nichtehelichen Kindes vorsah, um jedoch gleichzeitig für eine erhebliche Beschränkung des Pflichtteilsrechts einzutreten. In der sozialistischen Gesellschaftsordnung habe sich die Auffassung durchgesetzt, dass volljährige arbeitsfähige Menschen, insbesondere dann, wenn berechtigte Interessen der Gesellschaft entgegenstehen würden, keinen Anspruch auf finanzielle Unterstützung durch Verwandte hätten, was beim Pflichtteilsrecht der Kinder der Fall sei. Das Wohl alter Menschen liege dem Staat am Herzen und diese sollten nach Möglichkeit keiner zusätzlichen staatlichen Unterstützung bedürfen. Daher solle es diesen ermöglicht werden, diejenigen testamentarisch zu belohnen, die sie in den letzten Jahren unterstützt hätten: *Scharenberg*, Das Pflichtteilsrecht der Kinder, NJ 1954, S. 474.

Kind aber zu seinen Lasten unter unterhaltsrechtlichen Voraussetzungen in die Erbauseinandersetzung der nächsten Verwandten eingebunden.[717]

e) Das Prozessrecht

Auch der Prozess sollte grundlegend neu gestaltet werden. Im Ministerium der Justiz wurde nach einer Überprüfung der Auswirkungen des FGB-Entwurfes auf den Familienprozess und der gewünschten Einheit von Prozess- und materiellem Recht gefolgert, dass ein neu gestaltetes Familienverfahrensrecht erforderlich sei.[718] Hierbei sei von zwei entscheidenden Grundsätzen, nämlich dem Prinzip der materiellen Wahrheit, die das Gericht gemeinsam mit den Parteien in jeder Lage des Prozesses zu erforschen habe und der moralisch erzieherischen Funktion des Prozesses in Familiensachen auszugehen. Weiter sei das Prinzip des Selbstbetriebs zu beachten. Mit diesem Begriff wurde bewusst eine Abgrenzung von der Dispositionsmaxime vorgenommen, weil diese auf dem Prinzip des „*privatkapitalistischen Eigentums*“ basiere. Dieses sei jedoch dadurch einzuschränken, dass bei Vaterschaftsfeststellungsklagen Vergleiche und Verzichte unzulässig seien. Aus erzieherischen Gründen sollte das Prinzip der streitigen Verhandlung Anwendung finden, das dem Gericht im Ergebnis die Amtsermittlung ermöglichen sollte.[719]

f) Zusammenfassung

Zusammenfassend ist festzustellen, dass auch der Entwurf aus dem Jahr 1954 die Gleichstellung nichtehelicher Kinder nur unvollständig vornahm. Das Nichtehelichenrecht des Entwurfs sollte den wesentlichen Unterschied zu ehelichen Kindern, nämlich das unverändert als gegeben angenommene grundsätzliche Fehlen einer Familie, nicht negieren.[720] Familienformen, in denen die Eltern nichtehelicher Kinder mit diesen in einer Lebensgemeinschaft zusammenlebten, wurden auch nach dem Entwurf nicht als die Regel behandelt.[721] Im Gegenteil sollten die neu geschaffenen Regelungen „*verantwortungsvolle Männer*“ von der nichtehe-

717 *Voss*, Das Erbrecht, S. 48.

718 Ministerium der Justiz, HA Gesetzgebung, Thesen für die zukünftige Gestaltung des Prozesses in Familiensachen vom 25. August 1954, BArch DP 1/182.

719 Ministerium der Justiz, HA Gesetzgebung, Thesen, BArch DP 1/182.

720 *Ostmann*, Ein Beitrag, NJ 1955, S. 45.

721 *Göldner*, Die Stellung und das Recht des nichtehelichen Kindes, NJ 1954, S. 373.

lichen Vaterschaft abhalten.[722] Die volle Gleichstellung der nichtehelichen Kinder sollte verhindert werden, um die Ehe als Institution zu schützen.

Weiterhin lag dem Recht des nichtehelichen Kindes der Gedanke zugrunde, dass das nichteheliche Kind regelmäßig dem Rechtskreis der Mutter zuzuordnen war. Im Verhältnis der nichtehelichen Kinder zu ihren Vätern wies der Entwurf aus dem Jahr 1954 dagegen erhebliche Defizite auf. Die nichtehelichen Väter waren nach wie vor darauf beschränkt, für den Unterhalt ihres Kindes aufzukommen. Dies und nicht die das tägliche Leben zumindest ebenso betreffenden Fragen der Sorge und der Beziehung zum leiblichen Vater waren so die wesentlichen Aspekte des geplanten Nichtehelichenrechts.[723] Die Position des biologischen Vaters blieb, trotz der verfassungsrechtlichen Vorgaben und des MKSchG, die einer bloßen „*Zahlvaterschaft*". Ein geregeltes Umgangsrecht für ihn war nicht vorgesehen.

Auch beim Erbrecht blieb es bei dem Schutz der ehelichen Familie. Die Ehelichkeitserklärung sollte wegen der Möglichkeit der Adoption entfallen. Im Namensrecht wurde den nichtehelichen Kindern eine Besserstellung im Wesentlichen mit der Begründung verwehrt, dass ihnen wegen der neuen gesellschaftlichen Gegebenheiten ohnehin aus ihrer Stellung als nichteheliches Kind kein Nachteil erwachsen dürfe und dies daher auch nicht vorkomme.

Anders verhielt es sich dagegen im Unterhaltsrecht. Hier ging es bei der beabsichtigten Gleichstellung nicht unwesentlich auch darum, den nichtehelichen Müttern durch „*die Befreiung um die Sorge der Kinder*" die Möglichkeit zu verschaffen, wie Männer am Berufsleben teilzunehmen. Schon dies verlangte, nichteheliche Kinder unterhaltsrechtlich im Verhältnis zu ihrem Vater nicht schlechter zu stellen als eheliche.

Gleiches war auch bei dem Anfechtungsrecht zu verzeichnen. Das staatliche Interesse an einem Unterhaltsschuldner auch in den Fällen, in denen die Vaterschaftsfeststellung nicht sicher möglich war, lag auf der Hand. Durften in Betracht kommende Männer mit der erfolgreichen Mehrverkehrseinrede ihre Verpflichtung zur Unterhaltsleistung abwenden, drohten Fälle, in denen trotz eines feststehenden Kreises möglicher Väter keiner von ihnen zur Unterhaltsleistung herangezogen werden konnte. In Betracht kommende Väter mussten das Risiko, bewusst für Kinder eines anderen Mannes (mit) in Anspruch genommen zu werden, aus dem übergeordneten fiskalischen und gesellschaftspolitischen Interesse aber auch deshalb akzeptieren, weil sie Geschlechtsverkehr außerhalb der Ehe gesucht hatten.

---

722 *Ostmann*, Ein Beitrag, NJ 1955, S. 45.
723 *Ostmann*, Ein Beitrag, NJ 1955, S. 46.

Aus westdeutscher Sicht wurde der Entwurf des FGB gerade auch im Hinblick auf die Rechtsstellung des nichtehelichen Kindes scharf kritisiert. Wegen der verfassungsrechtlichen Vorgaben seien eine Vielzahl von Vorschriften aufgehoben worden. Eine die Lücken füllende einheitliche Rechtsprechung habe aber gefehlt. Überwiegend sei davon ausgegangen worden, dass ohne eine gesetzliche Regelung eine Besserstellung des nichtehelichen Kindes unzulässig sei, weshalb es auch nicht mit seinem Erzeuger und seinen Verwandten verwandt sein könne. Auch der Entwurf belasse es aber bei der Ungleichstellung ehelicher und nichtehelicher Kinder. Dies werde damit begründet, dass die Eltern des Kindes nicht durch Heirat verbunden seien. Allein beim Unterhalt sei eine Gleichstellung vorgenommen worden, die jedoch dadurch, dass das Kind bei der Mutter lebe, zu keiner grundlegenden Änderung führe. Auch hinsichtlich des Erbrechts erfülle der Entwurf die verfassungsrechtlichen Vorgaben der Gleichstellung nicht. Durch die Abschaffung der Möglichkeit der Ehelichkeitserklärung durch staatliche Verfügung sei die Stellung des nichtehelichen Kindes noch zusätzlich verschlechtert worden.[724] In der westdeutschen Literatur wurde weiter kritisiert, dass zwar einerseits eine Verwandtschaft zwischen dem nichtehelichen Vater und seinem Kind angenommen werde, familienrechtliche Beziehungen aber unverändert nicht begründet werden sollten.[725]

2. Das Gesetzgebungsverfahren bis zum Erlass des FGB

Nach dem vorläufigen Scheitern der Reformbemühungen wurde scheinbar kommentarlos zur Tagesordnung übergegangen. Unverändert bestimmte sich die Rechtsstellung der nichtehelichen Kinder nach den Regelungen des BGB, die durch die Gerichte in den Rahmen der nicht mehr ganz neuen Verfassung gepresst werden mussten.

Das Ruhen der Gesetzgebungsbemühungen währte jedoch nur kurz.[726] In einer undatierten[727] Beschlussvorlage des Ministeriums der Justiz an das Politbüro wurde, auf Betreiben Hilde *Benjamins,*[728] der Vorschlag unterbreitet, den Minister der Justiz zu beauftragen, bis zum 1. Dezember 1957 einen Entwurf des *Familiengesetzbuches* vorzulegen. Zur Begründung wurde angeführt, dass infolge

724 *Hagemeyer*, Zum Familienrecht, S. 29 – 31.

725 *Bernhardt*, Das Recht des unehelichen Kindes, S. 69.

726 Zu den Gesetzgebungsbemühungen: *Friesen/Heller*, Das Familienrecht, S. 15.

727 Die Vorlage muss aus einer Zeit nach dem Mai 1957 stammen, weil die Annahme des Gleichberechtigungsgesetzes durch den Deutschen Bundestag im Mai 1957 als Argument für die Dringlichkeit der Regelung angeführt wurde.

728 *Schneider*, Hausväteridylle, S. 114.

der verfassungsrechtlichen Vorgaben weite Teile des Familienrechts und damit auch wesentliche Bereiche des Rechts des nichtehelichen Kindes, außer Kraft gesetzt worden seien. Im Juli 1954 seien ein Entwurf öffentlich diskutiert und die Ergebnisse der Diskussion vom Ministerium der Justiz geprüft worden. Zur erneuten Vorlage sei es nicht mehr gekommen. Daher habe die Rechtsprechung weiterhin die Aufgabe übernehmen müssen, die Lücken zu schließen. Nunmehr würden aber vor allem die Rechtsstellung des nichtehelichen Kindes und seines Erbrechtes dringend einer gesetzlichen Regelung durch die Volkskammer zugeführt werden müssen.[729]

Mitte der sechziger Jahre des vergangenen Jahrhunderts wurden die Bemühungen um ein neues FGB auch aktenkundig forciert. Am 2. Mai 1963 beauftragte der Ministerrat den Minister der Justiz damit, eine Konzeption und einen Maßnahmeplan für die Ausarbeitung des *Familiengesetzbuches* zu erarbeiten und eine Kommission für die Ausarbeitung des *Familiengesetzbuches* zu bilden. Die Kommission konstituierte sich am 25. Januar 1964.[730] Diese hatte bis zum 31. Juli 1964 Ergebnisse der Arbeitsgruppen zusammenzufassen, so dass im August 1964 der endgültige FGB-Entwurf fertig gestellt werden konnte.[731] Die von Hilde *Benjamin* geleitete Grundkommission tagte in der Zeit von 1964 bis 1966 zwölf Mal.[732]

Entsprechend der den Kommissionsmitglieder ausgehändigten Konzeption sollte im neuen Gesetz der durch die Verfassung gewiesene Weg der Gleichstellung des nichtehelichen Kindes mit dem ehelichen Kind dazu führen, dass auch der Begriff des nichtehelichen Kindes überwunden wurde. In der neuen Gesellschaftsordnung hätten sich die sittlichen und rechtlichen Anschauungen grundlegend gewandelt. Der Mensch werde nicht mehr danach beurteilt, ob er nichtehelich oder ehelich geboren worden sei. Seine gesellschaftliche Stellung richte sich vielmehr allein nach seiner persönlichen Leistung.[733] Die notwendigen Differenzierungen dürften nicht aus der nichtehelichen Geburt, sondern allein aus den Verhältnissen abgeleitet werden, in denen das Kind aufwachse, unabhängig davon, ob die Eltern verheiratet seien oder nicht zusammen lebten. Der Mutter solle das Sorgerecht zustehen, das Kind solle ihren Namen tragen. Solange das Kind minderjährig und unterhaltsbedürftig sei, habe es ein volles Erbrecht ge-

729 Regierung der DDR. Ministerium der Justiz, Vorlage für das Politbüro BArch DP 1/7957. *Fischer-Langosch*, Die Entstehungsgeschichte, S. 133; *Schneider*, Hausväteridylle, S. 115.

730 *Fischer-Langosch*, Die Entstehungsgeschichte, S. 133.

731 Maßnahmeplan zur Ausarbeitung eines neuen Familiengesetzbuches, BArch DP 1/1927. Im Herbst 1964 wurde der Kommission durch das ZK der Auftrag erteilt, das Gesetz derart zu kürzen, dass es nicht mehr als 100 Paragraphen aufweise: *Schneider*, Hausväteridylle, S. 145.

732 *Fischer-Langosch*, Die Entstehungsgeschichte, S. 134.

733 Konzeption für das Familiengesetzbuch, BArch DP 1/1927.

genüber dem Vater und dessen Verwandten. Ein Unterhalts- und Erbanspruch des Vaters gegen das Kind bestehe dagegen nicht. Im Hinblick auf die in anderen sozialistischen Staaten bestehende Gleichstellung auch in diesem Bereich, solle diese Konzeption jedoch noch einmal überprüft werden.[734]

In der Begründung zum Entwurf des *Familiengesetzbuches* vom 1. Dezember 1959[735] heißt es:

„*Auf Grund der Verfassung der DDR und des Gesetzes über den Mutter- und Kinderschutz und die Rechte der Frau haben nichteheliche Kinder im Verhältnis zu ihren Eltern die rechtliche Stellung ehelicher Kinder. Die im Einzelnen abweichende Regelung ist dadurch bedingt, dass die Eltern nicht verheiratet sind und das Kind in der Regel bei der Mutter lebt. Ihr steht dementsprechend auch allein die elterliche Sorge zu und das Kind erhält den Namen der Mutter. (...) Die erforderliche Feststellung der Vaterschaft erfolgt in erster Linie durch Anerkennung des Kindes durch den Vater in öffentlicher Urkunde mit Zustimmung der Mutter (§ 67). Durch derartige Erklärungen, die sowohl vor dem Rat des Kreises als auch vor dem Staatlichen Notar und dem Standesamt abgegeben werden können, finden die Mehrzahl aller Vaterschaftsfeststellungen ihre Regelung. Nur soweit über die Vaterschaft Streit besteht, erfolgt die Feststellung der Vaterschaft auf Klage der Mutter durch Urteil (§ 69). Auch hier ist mit der lebensfremden Regelung gebrochen worden, wonach das Kind als Kläger auftrat.*

§ 70 beseitigt die Regelung des BGB, wonach bei nachgewiesenem Mehrverkehr der Mutter in der Regel kein Unterhaltsanspruch des Kindes bestand. Bei Berücksichtigung der Tatsache, dass es für Fälle der nichtehelichen Geburt keineswegs typisch ist, dass die Mutter während der gesetzlichen Empfängniszeit mit mehreren Männern geschlechtlich verkehrt hat, wird nunmehr in § 70 festgestellt, dass als Vater des Kindes festgestellt werden kann, wer der Mutter während der gesetzlichen Empfängniszeit beigewohnt hat. Dabei bleibt ein Verkehr, der nicht zur Empfängnis geführt hat, außer Betracht.

Der Vater und seine Verwandten sind dem Kind gegenüber in der gleichen Weise unterhaltspflichtig wie gegenüber ehelichen Kindern (§ 75). Das bedeutet, dass im Gegensatz zur früheren bürgerlichen Regelung nunmehr auch die Verwandten des Vaters des nichtehelichen Kindes Unterhalt leisten müssen, wenn aus irgendeinem Grunde das nichteheliche Kind von seinem Erzeuger keinen Unterhalt erhält. Bereits durch die Verfassung wurde die Bestimmung des BGB aufgehoben, wonach ein nichteheliches Kind und dessen Vater nicht als verwandt gelten. Aus der Gleichstellung mit dem ehelichen Kind folgt die neue Regelung, dass das nichteheliche Kind gegenüber dem Vater, solange es minderjährig ist, sich noch in der Berufsausbildung befindet oder als Volljähriger arbeitsunfähig ist, voll erbberechtigt ist. Das nichteheliche Kind hat auch ein Erbrecht gegenüber Verwandten seines Vaters, wenn diese im Zeitpunkt ihres Todes dem Kinde gegenüber unterhaltspflichtig waren (§ 79). Gegenüber dem Vater und seinen Verwandten ist das nichteheliche Kind nicht unterhaltspflichtig und sie können das Kind auch nicht beerben (§ 78).

Die im Entwurf enthaltene Regelung der Rechtstellung des nichtehelichen Kindes, insbesondere seines Erbrechts, fand in der breiten öffentlichen Diskussion die Zustimmung der Bevölkerung.“[736]

734 Konzeption für das Familiengesetzbuch, BArch DP 1/1927.

735 Begründung zum Entwurf des Familiengesetzbuches vom 1.12.1959, BArch DP 1/1925.

736 Begründung zum Entwurf des Familiengesetzbuches vom 1.12.1959, BArch DP 1/1925.

Im Verlaufe der anschließenden Beratungen der Grundkommission wies Frau Dr. *Ansorg* am 24. April 1964 darauf hin, dass die Vorlage den Verfassungsauftrag der Gleichstellung des ehelichen und des nichtehelichen Kindes verwirklicht habe.[737] Der 1. Stellvertreter des Justizministers, Hans *Ranke* führte bei einer Sitzung des Präsidiums der Nationalen Front des demokratischen Deutschland am 24. März 1965 aus:

> *„Aus der Formulierung ‚bei einem Kinde, dessen Eltern bei der Geburt nicht verheiratet waren', sehen Sie, verehrte Anwesende, dass unser Gesetz sich auch in der Formulierung bemüht, den alten, aus dem bürgerlichen Recht übernommenen Begriff ‚uneheliches Kind' überwinden zu helfen, weil das Gesetz ein wesentliches Anliegen darin sieht, alle Benachteiligung und gesellschaftliche Schlechterstellung eines solchen Kindes zu überwinden und ihm die volle Perspektive der Entwicklung und Erziehung in unserer Gesellschaft zusteht und es nicht mit dif(f)amierenden Vorstellungen alter Art zu belasten ist. (...) Es entspricht dem Grundgedanken des Gesetzes, dass – ich sagte schon andeutungsweise – eine Benachteiligung der Kinder ausgeschlossen sein muss, die von Eltern abstammen, die nicht miteinander geheiratet haben. Das betrifft das Erbrecht des außerhalb einer Ehe geborenen Kindes. Da das Erbrecht rechtssystematisch und von der Tatsache aus, dass es im Zusammenhang mit der Erbrechtsreform geregelt werden muß, Bestandteil des neuen Zivilrechts werden wird, schlägt die Grundkommission für die Übergangszeit bis zum neuen Zivilgesetzbuch im Einführungsgesetz zum Familienrecht eine vorläufige und einstweilige Regelung des Erbrechts des unehelichen Kindes zu schaffen vor. Das wird ermöglichen, diese Frage sowohl den grundsätzlichen Forderungen der Vermeidung von Benachteiligung zu entsprechen, als auch die Tatsache, das(s) differenzierten Verhältnissen, wie sie in der Beziehung des nicht in der Ehe geborenen Kindes zu seinem Vater bestehen, dem Kind meist fremd geblieben ist oder fremd bleibt, eine Nuancierung im Erbrecht erfordern dürfte.“*[738]

a) Zu den Grundsätzen

Wie bei dem Entwurf von 1954 war auch bei den Beratungen für das FGB den allgemeinen Grundsätzen eine erhebliche Bedeutung zugemessen. Im Verlaufe der Entwürfe kristallisierte sich im Hinblick auf die Erziehung der Kinder immer stärker heraus, dass es sich dabei nicht nur um ein Recht, sondern auch um eine Pflicht der Eltern gegenüber den Kindern handeln sollte.[739] Wegen der Bedeu-

737 Ministerium der Justiz, 4100/1 I 876/64, Protokoll der 4. Tagung der Grundkommission zur Ausarbeitung des FGB am 24. April 1964, BArch DP 1/1927.

738 Stenographische Niederschrift; Sitzung des Präsidiums des Nationalrates der Nationalen Front des demokratischen Deutschland am 24.3.1965, BArch DP 1/1926.

739 Grundsätze des Familiengesetzbuches (erster Entwurf für die Überarbeitung des FGB), übersandt mit Schreiben des Ministeriums der Justiz, Hauptabteilung Recht vom 13. März 1962 an die Teilnehmer der Beratung zur Auswertung des XXII. Parteitages der KPdSU und des 14. Plenums des ZK der SED für die weitere Arbeit am Familiengesetzbuch, BArch DP 1/1925.

tung der gesellschaftlichen Gleichstellung von ehelichen und nichtehelichen Kindern sah der Entwurf keinen eigenen Regelungsabschnitt für nichteheliche Kinder vor. Auf die Begriffe „*ehelich*" und „*nichtehelich*" wurde insgesamt verzichtet.[740]

b) Die Vaterschaftsfeststellung und Anerkennung

Hinsichtlich der im Entwurf in § 71 Abs. 2 geregelten Klage auf Feststellung der Unwirksamkeit der Vaterschaftsanerkennung regte *Nathan* im Juni 1962 an, auch dem Vater, der ursprünglich ein Anerkenntnis abgegeben hatte, die Klage auf Unwirksamkeit der Vaterschaftsanerkennung zu ermöglichen. Wenn die Vaterschaft dagegen durch ein rechtskräftiges Urteil festgestellt worden sei, solle die Klage nur der Staatsanwalt erheben können. Im Hinblick auf § 82 des Entwurfes rügte *Nathan* das Fehlen des Anfechtungsrechts des Kindes. Diese Bedenken wurden jedoch im Verlaufe der Diskussion wegen der „*geringen Bedeutung*" dieses Anfechtungsrechtes zerstreut.[741] Im Ergebnis wurde, durch die Aufnahme des Tatbestandsmerkmals der „*größeren Wahrscheinlichkeit der Vaterschaft*" eines Mannes, die Mehrverkehrseinrede abgeschwächt wieder eingeführt.[742]

c) Das Namensrecht

Den weiteren Arbeiten der Unterkommission gab Hans *Nathan* mit auf den Weg, dass es bei der Rechtsstellung des nichtehelichen Kindes nicht auf die Geburt, sondern vielmehr auf die Verhältnisse, in denen das Kind aufwachse, ankommen müsse. Es sei also allein maßgeblich, ob die Eltern zusammenlebten oder nicht. Daraus müssten sich die namens- und die sorgerechtlichen Regelungen ergeben.[743]

---

740 *Fischer-Langosch*, Die Entstehungsgeschichte, S. 143.

741 Ministerium der Justiz, Hauptabteilung Gesetzgebung, 4000/1 – I – 1055/62, Protokoll der Sitzung der FGB-Grundkommission vom 5. Juni 1962, BArch DP 1/1925.

742 *Fischer-Langosch*, Die Entstehungsgeschichte, S. 119.

743 Ministerium der Justiz, Hauptabteilung Recht, 4100/1 – I –/64, Protokoll über die konstituierende Sitzung der Grundkommission zur Ausarbeitung eines neuen Familiengesetzbuches vom 25. Januar 1964 BArch DP 1/1927.

d) Das Erbrecht

Auch das Erbrecht des nichtehelichen Kindes beschäftigte die FGB-Grundkommission weiter.[744] Bei einer Sitzung am 3. Juli 1964 relativierte Hilde *Benjamin* als zuständige Ministerin der Justiz die Bedeutung dieser Frage. Es handele sich nicht um ein zentrales Problem, aber um ein solches, das seit der Gründung der DDR bestehe und im FGB eine Lösung erfahren müsse. Ihm fehle aber die Eignung, Gegenstand einer breiten öffentlichen Diskussion zu sein.[745] Referiert wurde durch Dr. *Halgasch* von der Universität Jena, dass Aussprachen der Vereinigung der demokratischen Juristen über die Frage, ob das Verhältnis des nichtehelichen Kindes zum Vater enger gestaltet werden solle, die Tendenz gezeigt hätten, den Vater eher aus dem Lebenskreis des Kindes ausscheiden zu lassen. In der Praxis würden sich sonst Widersprüche zwischen den Interessen des Kindes und der Familie des Vaters ergeben. Eine differenzierte Lösung solle darin gesucht werden, dem Kind kein Erbrecht, sondern eine Teilhabe am Nachlass zur Sicherung seines Unterhalts zuzubilligen.[746] Im Ergebnis konnten sich die Befürworter eines umfassenden Erbrechts des nichtehelichen Kindes jedoch nicht durchsetzen.[747]

Als Begründung, weshalb in dem das Erbrecht regelnden § 9 des *Einführungsgesetzes zum Familiengesetzbuch* das „*uneheliche*“ Kind dem ehelichen nicht gleichgesetzt wurde, führte die zuständige Ministerin Hilde *Benjamin* aus, dass die Kommission darin keine Diskriminierung des nichtehelichen Kindes gesehen habe. Die Differenzierung entspreche vielmehr der realen Lage, der Situation eines Kindes, das bei seinen verheirateten Eltern aufwachse, oder das bei einem Elternteil lebe, zu entsprechen.[748]

e) Das Prozessrecht

Neben der Reform des materiellen Rechts wurde auch eine neue Verfahrensordnung erörtert. In dieser sollte der Gedanke vorherrschend sein, dass entsprechend der sozialistischen Moral die nichteheliche Vaterschaft in aller Regel anerkannt werde, so dass dies auch zuerst zu regeln sei. Auch nach der erhobenen Feststel-

744 *Fischer-Langosch*, Die Entstehungsgeschichte, S. 144.

745 Hauptabteilung Recht, B 1 00/1 – I 1288/04, Protokoll der 6. Tagung der FGB-Grundkommission am 3. Juli 1964, BArch DP 1/1928.

746 Hauptabteilung Recht, B 1 00/1 – I 1288/04, BArch DP 1/1928.

747 *Fischer-Langosch*, Die Entstehungsgeschichte, S. 144.

748 Stenographisches Protokoll, Beratung des Verfassungs- und Rechtsausschusses der Volkskammer am 10. Dezember 1965, BArch, DA 1 4 WP 3459.

lungsklage könne der Mann die Vaterschaft noch freiwillig anerkennen. Das Verfahren über die Feststellung erhalte im Vergleich zum bürgerlichen Verfahren einen völlig neuen Inhalt. Nichteheliche Kinder hätten im Verhältnis zu ihren Eltern und deren Verwandten die Stellung ehelicher Kinder, so dass das Feststellungsverfahren ein familienrechtliches Verhältnis zwischen Vater und Kind zum Inhalt habe. Um das Wohl des Kindes zu wahren und die Mutter bei der Geltendmachung ihrer Recht zu unterstützen, übernehme der Rat des Kreises auf Antrag der Mutter die Vertretung des Kindes.[749]

3. Die Rechtswirklichkeit bis zum Inkrafttreten des FGB

Das rein praktische Problem der Verfügbarkeit eines Gesetzestextes, der auch die (nicht zwingend im Gesetzblatt veröffentlichten) Änderungen durch die Verfassung und die nur eingeschränkte Fortgeltung der Gesetzesänderungen aus den Jahren 1933 bis 1945 berücksichtigte, wurde kurz nach dem vorläufigen Scheitern der Reformbemühungen durch die Herausgabe einer im Jahr 1955 veröffentlichten kommentierten Textfassung gelöst.[750] Mit deren Hilfe wurde die Fortentwicklung des Rechts der nichtehelichen Kinder weiter von der Rechtsprechung übernommen.

a) Der Unterhalt

Breiten Raum nahm nun, anders als zuvor,[751] das Unterhaltsrecht ein,[752] das ausweislich eines Sitzungsberichts des Instituts für Zivilrecht der Deutschen Akademie für Staats und Rechtswissenschaft auch Gegenstand einer „*fast leidenschaftlich*“ ausgetragenen Diskussion gewesen war.[753] Nach dem Sitzungsbericht

---

749 Ministerium der Justiz, Begründung zum Gesetz über das Verfahren in Familiensachen vom 7. April 1959, BArch DP 1/1925.

750 *Bürgerliches Gesetzbuch* mit wichtigen Nebengesetzen, Textausgabe mit Anmerkungen und Sachregister, Ministerium der Justiz (Hrsg.), Berlin, 1955. Die zweite Auflage erschien 1965.

751 Etwa monierte *Nathan* 1957 im Zusammenhang mit einer Darstellung unterhaltsrechtlicher Probleme des nichtehelichen Kindes, dass außer einem Beitrag von *Graf* (Wirkung der Verfassung, NJ 1950,14,14) Stellungsnahmen aus der Literatur zum Unterhaltsanspruch des nichtehelichen Kindes gegen die Eltern des Vaters ausgeblieben seien, was allein mit einer frühzeitigen Klärung dieser Frage durch das Oberste Gericht erklärt werden könne: *Nathan*, Der Unterhaltsanspruch, NJ 1957, S. 170.

752 Die Zahl der Unterhaltsklagen nichtehelicher Kinder war dagegen von 4.759 im Jahr 1958 auf 688 im Jahr 1970 zurückgegangen: Statistik H. V.

753 Einige Fragen des Unterhaltsrechts des nichtehelichen Kindes?, NJ 1957, S. 235.

befasste sich der Referent *Jansen* nach *„einer kurzen Analyse der gesellschaftlichen Stellung des nichtehelichen Kindes in den Ausbeuterordnungen“* mit der Stellung des nichtehelichen Kindes in der DDR, die durch Art. 33 Verf. DDR 49 bestimmt gewesen sei. Die Verfassung fordere aber allein die Beseitigung aller rechtlichen Nachteile. Die gesellschaftlichen Benachteiligungen, denen das Kind wegen der fehlenden Verheiratung seiner Eltern ausgesetzt sei, könnten vom Gesetzgeber nicht beeinflusst werden und seien daher von diesem auch nicht zu beseitigen.[754] Der Gesetzgeber müsse unter Berücksichtigung dieser von der Stellung ehelicher Kinder unterschiedlichen gesellschaftlichen Stellung der nichtehelichen Kinder eine diese beachtende rechtliche Regelung treffen. Die Verfassung und das MKSchG würden eine ausreichende Grundlage bieten, um die weitere Anwendung des alten Rechts zu rechtfertigen. Die Bestimmungen des bürgerlichen Rechts seien im Lichte von Art. 33 und 144 Verf DDR 49 auszulegen.[755] Der Referent *Jansen* soll dann die These vertreten haben, das nichteheliche Kind sei mit beiden Elternteilen auch rechtlich verwandt. Das Unterhaltsrecht des nichtehelichen Kindes richte sich mithin gegen beide Elternteile.[756] Dies beruhe darauf, dass dem nichtehelichen Kind aufgrund seiner Herkunft keine Nachteile entstehen dürften (Art. 33 Verf. DDR 49). Da der nichteheliche Vater gegen sein Kind keinen Unterhaltsanspruch haben könne,[757] sei der Unterhaltsanspruch des Kindes allenfalls ein familienähnlicher; ihm fehle nämlich die Wechselseitigkeit.[758]

Im Zuge der fortschreitenden Entwicklung wurden nun weitere Einschnitte in das BGB vorgenommen. Anders als noch im Jahr 1953[759] wurde nunmehr auch § 1709 BGB als nicht verfassungskonform angesehen. Es ging darum, von wem der biologische Vater in Anspruch genommen werden konnte, wenn sein Kind bis zur Feststellung der Vaterschaft und der bestehenden Unterhaltspflicht von Dritten unterhalten worden war. Nach § 1709 BGB war die Inanspruchnahme des Vaters ohne weiteres möglich. Allerdings beruhte dieser Anspruch, so das

754 Einige Fragen, NJ 1957, S. 235.

755 Die wesentliche Benachteiligung nichtehelicher Kinder wurde darin gesehen, dass sie lediglich einen schuldrechtlichen Unterhaltsanspruch hatten: Einige Fragen des Unterhaltsrechts, NJ 1957, S. 235; *Feiler*, Zur rechtlichen Stellung des nichtehelichen Kindes, NJ 1957, S. 303.

756 Da die Mutter das Kind regelmäßig betreue, der Vater dagegen nicht mit dem Kind zusammenlebe und keine Betreuungsleistungen erbringe, sei er in der Regel zur Unterhaltsleistung in Geld verpflichtet. Würden die tatsächlichen Verhältnisse von diesem Regelfall abweichen, sei auch ein Unterhaltsanspruch gegen die Mutter in Geld denkbar. *Feiler* führte dagegen aus, dass nichteheliche Kinder gegen die Verwandten des Vaters keine Unterhaltsansprüche haben könnten: *Feiler*, Einige Fragen, NJ 1957, S. 236.

757 Vgl. OG, Urteil vom 19. Juni 1956, NJ Rechtssprechungsbeilage, 1956,49,50.

758 *Feiler*, Zur rechtlichen Stellung, NJ 1957, S. 304.

759 OG, Urteil vom 25. Juni 1953, 2 Zz 14/53, NJ 1953,748,749.

Oberste Gericht in seiner Entscheidung vom 24. November 1955,[760] auf der *„überalterten“* Vorstellung, dass der Vaters des Kindes für den Unterhalt bis zum 16. Lebensjahr und die Mutter allein zu der nicht der Unterhaltspflicht, sondern der Personensorge entspringenden Versorgung des Kindes (§ 1707 BGB) verpflichtet war. Danach wäre die Mutter nur subsidiär unterhaltspflichtig gewesen (§ 1709 Abs. 1 BGB).[761] Nunmehr habe sich aber, so das Oberste Gericht, die Lage verändert. Erstmals konkret auch auf die Gleichberechtigung der Frau[762] abstellend, führte das Oberste Gericht weiter aus, wegen der Gleichberechtigung der Frau und der Beseitigung der Nachteile der nichtehelichen Geburt seien beide Eltern eines Kindes gleichermaßen verpflichtet, entsprechend ihrer Möglichkeiten Unterhalt zu leisten. Regelmäßig könne die gemäß § 17 MKSchG primär unterhaltspflichtige Mutter ihrer Unterhaltsverpflichtung durch *„Wartung und Pflege“* des Kindes nachkommen. Die Unterhaltspflicht selbst sei jedoch eine primäre geworden, so dass sie nicht subsidiär hinter dem Vater haften könne. Deshalb verstoße § 1709 BGB insgesamt gegen Art. 7 und 33 Verf. DDR 49.[763]

Die Frage, wie Zahlungen von als Scheinväter zu Unrecht in Anspruch genommener Ehemännern nach der erfolgten Ehelichkeitsanfechtung behandelt werden sollten, war für das Oberste Gericht nicht von erheblicher Bedeutung.[764] Gleichwohl entschieden Untergerichte zu Gunsten der objektiv zu Unrecht in Anspruch genommenen Ehemänner. So hatte ein Kreisgericht einem Ehemann, der seine nicht bestehende Vaterschaft erfolgreich angefochten und den biologischen Vater auf Zahlung eines Teilbetrages des von ihm entrichteten Unterhalts in Anspruch genommen hatte, durch ein Versäumnisurteil Recht gegeben. Dem dagegen gerichteten Kassationsantrag des Generalstaatsanwalts der DDR folgte

760 OG, Urteil vom 24. November 1955, 2 Zz 101/55, NJ 1956,281.

761 Dementsprechend erbrachte die Unterhaltsleistungen bewirkende Mutter Leistungen für den Vater, so dass ein Rückgriffsanspruch, wie ihn § 1709 Abs. 2 BGB vorsah, systemgerecht gewesen wäre.

762 Dazu: *Klose*, Ehescheidung, S. 115.

763 OG, Urteil vom 24. November 1955, 2 Zz 101/55, NJ 1956,281,282. Auch unter den gegenwärtigen gesellschaftlichen Verhältnissen sei das Kind auf das Schutzrecht, Unterhalt auch für die Vergangenheit fordern zu können, angewiesen. Da die Eltern nicht durch eine Ehe miteinander verbunden seien, würde das nichteheliche Kind in aller Regel getrennt von seinem Vater leben: OG, Urteil vom 24. November 1955, 2 Zz 101/55, NJ 1956,281,282. Dementsprechend konnte das nichteheliche Kind wegen der Unterschiede der Lebensverhältnisse auch keine Unterhaltsansprüche gegen die Verwandten des Vaters durchsetzen: OG, Urteil vom 19. Juni 1956, 1 Zz 53/56, NJ Rechtsprechungsbeilage 1956,49,50.

764 Einen Anspruch aus § 823 Abs. 2 BGB wegen einer Ehrverletzung hatte das OG bereits mit Urteil vom 26. Juni 1953 (2 Zz 14/53, NJ 1953,748,748) abgelehnt, weil der Ehebruch kein Delikt sei.

das Oberste Gericht. Das Urteil sei nicht nur rechtlich falsch, sondern auch ein gesellschaftspolitisch bedenklicher Fehlspruch. Bereits 1955 habe es entschieden,[765] dass § 1709 Abs. 2 BGB im Widerspruch zu Art. 7 und 33 Verf. DDR 49 stehe. Dementsprechend gehe der Unterhaltsanspruch des nichtehelichen Kindes weder auf die Mutter noch auf die Verwandten noch auf den zu Unrecht zahlenden Vater über. Rückgewährsansprüche seien bereicherungsrechtlich über das Kind abzuwickeln. Eine andere Auffassung verkenne, dass die Mutter nach § 17 MKSchG nicht mehr nach, sondern neben dem Vater zum Unterhalt verpflichtet sei.[766] Gleichwohl zu einem Anspruch führende Konstruktionen, etwa über § 826 BGB, würden zur Rückgängigmachung der gerade die fortgeschrittene Entwicklung der Gleichberechtigung von Mann und Frau widerspiegelnden Nichtanwendung von § 1708 Abs. 2 BGB führen. Die eheliche Treue sei eine sittliche und moralische Pflicht, die alleine innerhalb der Ehe wirke. Dementsprechend könne der Ehebruch keine vermögensrechtliche Schädigung zwischen Ehemann und Ehebrecher begründen.[767] Eine möglicherweise in der Bevölkerung noch vorhandene Auffassung, der Ehebrecher müsse gegenüber dem Ehemann eine Wiedergutmachung leisten, sei ein Rückfall in die *„feudale Vorstellung von irgendeinem dem Eigentumsbegriff nahe stehenden Herrschaftsanspruch des Mannes über die Frau*“. Eheliche Treue sei aber rechtlich nicht durchzusetzen.[768] Diese Entscheidung fand in der Literatur keinen ungeteilten Beifall. Fritz *Niethammer*[769] führte an, es sei nicht zutreffend, dass die Mutter für den gesamten Unterhalt des nichtehelichen Kindes primär hafte. Vielmehr sei in § 17 MKSchG festgelegt, dass sich der Unterhalt nach der Lebensstellung beider Eltern bemesse. Eine primäre Unterhaltspflicht der Mutter gehe daraus aber nicht hervor.[770] Selbst wenn jedoch § 1709 BGB in vollem Umfang als anwendbar angesehen werde, gebe es jeden-

765 OG, Urteil vom 24. November 1955, 2 Zz 101/55, NJ 1956,281,282.

766 OG, Urteil vom 31. März 1960, 1 ZzF 9/60, NJ 1960,480,480.

767 OG, Urteil vom 31. März 1960, 1 ZzF 9/60, NJ 1960,480,481; OG, Urteil vom 17. Oktober 1951, 1 Zz 53/51, NJ 1952,123,124.

768 OG, Urteil vom 31. März 1960, 1 ZzF 9/60, NJ 1960,480,481. Zudem würde ein solcher Anspruch die Feststellung des Vaters nicht im Offizialprozess zwischen dem Kind und dem Vater, sondern (inzident) zwischen dem Ehemann und dem Dritten und – wie geschehen – sogar im Versäumnisverfahren ermöglichen: OG, Urteil vom 31. März 1960, 1 ZzF 9/60, NJ 1960,480,481.

769 Fritz *Niethammer* (1900 – 1978) studierte in der Tschechoslowakei Rechtswissenschaften. Von 1946 bis 1952 war er in der Landesverwaltung von Sachsen-Anhalt tätig. Seit 1950 wirkte er in der Gesetzgebungsabteilung des Justizministeriums mit. Nach einer kurzen richterlichen Tätigkeit war er bis zu seiner Emeritierung als Dozent an der Akademie für Staats- und Rechtswissenschaft in Potsdam tätig: *Schneider*, Hausväteridylle, S. 65.

770 *Niethammer*, Bereicherungsansprüche gegen Kinder wegen zu Unrecht empfangener Unterhaltsbeiträge?, NJ 1961, S. 91.

falls keine Vorschrift, die den dort vorgesehenen Forderungsübergang nach dem Bereicherungsrecht hindere.[771] Dies ergebe sich auch daraus, dass in den Fällen, in denen für die säumigen Väter die Sozialfürsorge einspringe, gemäß § 20 Abs. 1 der *Verordnung über die Allgemeine Sozialfürsorge* vom 23. Februar 1956[772] der Unterhaltsanspruch auf den Rat der Gemeinde übergehe.[773] Wilhelm *Heinrich*, Oberrichter beim Obersten Gericht, trat dieser Auffassung jedoch vehement entgegen. Das BGB behandele den Unterhaltsanspruch des nichtehelichen Kindes gegen seinen Erzeuger wie einen rein schuldrechtlichen Anspruch. Daher könne der *„reiche Großgrundbesitzer oder Fabrikbesitzer“* das vom ihm erzeugte Kind mit Beträgen abfinden, die für ihn zu vernachlässigen seien, wohingegen er gegen den nichtehelichen Vater eines Kindes seiner Frau einen Anspruch aus § 1709 Abs. 2 BGB habe.[774] Das widerspreche der sozialistischen Rechtsordnung.[775] Anders als in der Bundesrepublik Deutschland könne sich in der DDR die Mutter, die ihr Kind gleichermaßen wie der Vater vernachlässige, nicht darauf berufen, dass ohne Rücksicht auf seine Leistungsfähigkeit zunächst der Vater in Anspruch zu nehmen sei. In der DDR würden nämlich beide Elternteile schuldrechtlich gleichermaßen als Gesamtschuldner für den Kindesunterhalt haften, wobei die Mutter diesen allerdings in der Regel in natura erbringe.[776]

Die Höhe des Unterhaltsanspruchs[777] und vor allem eine Vereinheitlichung der Rechtsprechung dazu[778] wurde noch kurz vor Inkrafttreten des FGB vertieft diskutiert.[779] Am 18. April 1965 erließ das Plenum des Obersten Gerichts eine

771 Die Regelung, wonach derjenige, der eine fremde Schuld bezahle, einen Bereicherungsanspruch gegen den befreiten Schuldner habe, stehe auch nicht im Widerspruch zur sozialistischen Rechtsordnung: *Niethammer*, Bereicherungsansprüche, NJ 1961, S. 91.

772 GBl. I, S. 233.

773 *Niethammer*, Bereicherungsansprüche, NJ 1961, S. 92.

774 So in der Bundesrepublik Deutschland: BGH, Urteil vom 27. Februar 1957, IV ZR 290/56, NJW 1957,870,870.

775 *Heinrich*, Nochmals: Bereicherungsansprüche, NJ 1961, S. 709.

776 *Heinrich*, Nochmals, NJ 1961, S. 708.

777 Ausgegangen wurde 1964 davon, dass die Gerichte sich mit dem Unterhalt von 20.000 Scheidungskindern und von 5.000 nichtehelichen Kindern und die Referate Jugendhilfe mit Unterhaltsansprüchen von 25.000 nichtehelichen Kindern auseinandersetzen mussten: *Schmidt*, Gesichtspunkte für die Berechnung der Höhe des Unterhalts für Kinder, NJ 1964, S. 403.

778 Die erheblichen Differenzen der zugesprochenen Unterhaltsbeträge selbst bei den in unmittelbarer Nachbarschaft befindlichen Gerichten Marienberg, Karl-Marx-Stadt (Land), Karl-Marx-Stadt (Süd) und Glauchau zeigt: *Dauthe*, Gesichtspunkte für die Berechnung der Höhe des Unterhalts für Kinder, NJ 1964, S. 401.

779 *Keller*, Grundsätze und Maßstäbe für die Unterhaltsfestsetzung, NJ 1964, S. 405; *Dauthe*, Gesichtspunkte, NJ 1964, S. 401; *Schmidt*, Gesichtspunkte, NJ 1964, S. 403.

Richtlinie für die Bemessung der Höhe des Unterhalts,[780] der eine Präambel vorangestellt war, in der das Oberste Gericht der DDR als Ziel der Unterhaltsurteile definierte, Kindern aus geschiedenen Ehen und solchen, die nichtehelich geboren waren, durch die Gewährung von Unterhalt eine wirtschaftliche Sicherstellung zu verschaffen, die der von Kindern, die in einer Familie aufwuchsen, entsprach. Der Arbeiter- und Bauernstaat sorge zwar für das Wohl der Kinder, nämlich durch soziale Einrichtungen, Schulgeldfreiheit, Unterhaltsbeihilfen und andere materielle Vergünstigungen. In gleicher Weise seien aber auch die Eltern dazu verpflichtet, für den Unterhalt und die Erziehung der Kinder zu sorgen.[781] Der nicht sorgeberechtigte Elternteil erbringe seinen Unterhaltsbeitrag in Form einer Geldrente. Im Interesse des Kindes sei er verpflichtet, einen Arbeitsplatz einzunehmen, der ihm den bestmöglichen Verdienst ermögliche.[782] Die Leistungen des Sorgeberechtigten seien im Allgemeinen ohne Einfluss auf die Höhe des Unterhalts. Grundsätzlich bestimme sich der Bedarf des Kindes nach den wirtschaftlichen Verhältnissen beider Eltern. Wenn diese krass auseinander fallen würden, könne sich daher ergeben, dass auch die Verhältnisse des Sorgeberechtigten beachtlich werden könnten.[783] Diese Richtlinie, die die wesentlichen Gesichtspunkte der Berechnung des Unterhalts enthielt und mit einer nach Einkommen und Kinderzahl gestaffelten Richtsatztabelle abschloss,[784] hatte eine über die „*bloße*“ Rechtsprechung des Obersten Gerichts der DDR hinausgehende Bedeutung. Ihr Inhalt betraf nämlich in der Rechtspraxis gerade keine Einzelfallentscheidungen, sondern enthielt verbindliche Regeln für die Gesetzesanwendung.[785]

Gab der Unterhaltsschuldner eine bis zur Vollendung des 16. Lebensjahrs befristete Verpflichtungserklärung ab, konnte aus diesem Titel nach Ablauf des 16. Lebensjahres nicht mehr vollstreckt werden. Dies hatte ein Instanzgericht noch mit der Begründung anders gesehen, wegen Art. 33 Verf DDR 49 sei es unzulässig, den Unterhaltsanspruch des unehelich geborenen Kindes auf den Zeitraum bis zur Vollendung des 16. Lebensjahres zu beschränken. Maßgeblich sei vielmehr allein, ob das Kind inzwischen wirtschaftlich selbständig sei. Die-

---

780 Richtlinie des Plenums des Obersten Gerichts über die Bemessung des Unterhalts für minderjährige Kinder, Richtlinie Nr. 18. vom 14. April 1965, I Pl.R-1-12/65, NJ 1965, S. 305 – 309 = GBl. II, S. 331. Zu der Entstehung der Richtlinie: Beratung des Plenums des Obersten Gerichts über bedeutsame familienrechtliche Probleme, NJ 1965, S. 312.

781 OG, Richtlinie Nr. 18, NJ 1965, S. 305.

782 OG, Richtlinie Nr. 18, NJ 1965, S. 305; OG, Urteil vom 14. April 1959, 1 ZzF 10/59, NJ 1959,718,718.

783 OG, Richtlinie Nr. 18, NJ 1965, S. 306.

784 OG, Richtlinie Nr. 18, NJ 1965, S. 309.

785 *Latka*, Zur Abänderung von Unterhaltsurteilen, NJ 1965, S. 327.

sen Beschluss hob das BG Karl-Marx-Stadt mit der Begründung auf, das Kind könne aus der Urkunde nur in dem darin beurkundeten Umfang vorgehen. Die dort (1942) getroffene Befristung könne unabhängig von der Frage nach deren materiellen Berechtigung nicht als aufgehoben angesehen werden. So verwies das BG Karl-Marx-Stadt das Kind auf den erneuten Klageweg, riet aber allen Beteiligten, durch die Einschaltung des Referats Jugendhilfe eine außergerichtliche Einigung zu treffen.[786]

Insgesamt hatte der Unterhaltsprozess aber an Bedeutung verloren. Von 1958 bis 1961 ging die Zahl der Unterhaltsklagen bei annähernd gleich bleibender Zahl nichtehelicher Kinder auf 79,8 % zurück.[787] Erklärt wurde das mit dem „*veränderten Lebensstandard*", der zu geringeren Schwierigkeiten bei den geldlichen Unterhaltsleistungen geführt habe.[788] Auch das Wachstum des Verantwortungsbewusstseins beim Auftreten familiärer Komplikationen wurde als Erklärung nicht ausgeschlossen. Als weitere Erklärung wurde die Arbeit der Referate

---

786 BG Karl-Marx-Stadt, Beschl. vom 31. März 1959, 6 BCR 62/59, NJ 1959,644,645. Diese als formal richtig angesehene Entscheidung wurde von *Nathan* scharf als dem „*veralteten Arbeitstil entsprechend*" kritisiert. Das Gericht sei nicht auf den Gedanken gekommen, die vom Gesetz eingeräumten Möglichkeiten zur Entwicklung eines sozialistischen Arbeitsstils auszunutzen. Diesem folgend hätte es nicht ohne Verhandlung entscheiden dürfen. Es entspreche zwar der Regel bei den bürgerlichen Gerichten (hierzu: *Kietz* in: Das Zivilprozessrecht der Deutschen Demokratischen Republik, Band 1, Berlin, 1957, S. 39) auf die mündliche Verhandlung zu verzichten. Dem sozialistischen Arbeitsstil hätte es aber entsprochen, in einer mündlichen Verhandlung eine Einigung herbeizuführen und so den Streit endgültig zu beenden: *Nathan*, Anmerkung zu BG Karl-Marx-Stadt, Beschl. vom 31. März 1959, 6 BCR 62/59, NJ 1959, S. 645.

787 Regierung der Deutschen Demokratischen Republik, Ministerium der Justiz, Hauptabteilung II, Statistische Information über die Entwicklung in Zivil- und Familienrechtssachen vom 13. April 1962, BArch DP 1/137.

788 Der Unterhaltsanspruch hatte weiter auch eine teilungsbedingte Facette. Nach wie vor konnten im Westen lebende nichteheliche Kinder ostdeutscher Väter nicht erwarten, den westdeutschen Lebensverhältnissen entsprechenden Unterhalt zu erhalten. Die „*ständig steigenden Lebenshaltungskosten in der Westzone*" wurden als nicht ausreichend angesehen, um eine Erhöhung des Unterhalts zu rechtfertigen. Dies gelte erst recht im Hinblick auf die dort verstärkte Aufrüstung. Es sei unverändert unzulässig und widerspreche den Bemühungen der Politik der DDR zur friedlichen Verständigung und Abrüstung, insbesondere in den Vorschlägen zur Schaffung einer Konföderation beider Staaten und einer atomwaffenfreien Zone in Europa, die Kosten, die den westdeutschen Bürgern wegen der Aufrüstung auferlegt würden, auch nur mittelbar auf Bürger der DDR abzuwälzen: KG, Urteil vom 16. Oktober 1958, Zz 17/58, NJ 1959,219,219.

Jugendhilfe-Heimerziehung angeführt, die die Väter vermehrt zur freiwilligen Unterhaltsleistung veranlasst hätten.[789]

Noch kurz vor dem Inkrafttreten des FGB wurden nach einer längeren Zeit der Ruhe eine Reihe weiterer unterhaltsrechtlicher Fragen erörtert. So setzte sich das Oberste Gericht der DDR mit der Frage auseinander, über welchen Zeitraum das nichteheliche Kind von seinem Vater Unterhalt nachfordern konnte. War eine Ehelichkeitsanfechtung erfolgreich, war das Kind von Geburt an nichtehelich. Aus § 1711 BGB, der unverändert Anwendung fand, folgte, dass das nichteheliche Kind auch für die Vergangenheit Unterhalt fordern konnte, soweit der Anspruch nicht verjährt war. Gemäß § 197 BGB verjährten Unterhaltsansprüche in vier Jahren. Dies war auch die Grenze für das nichteheliche Kind.[790]

b) Die Anfechtung

Der Vater eines fälschlich legitimierten nichtehelichen Kindes wurde unverändert wie der Vater eines ehelich geborenen Kindes auf die Jahresfrist des § 1594 Abs. 2 BGB[791] verwiesen.[792] Die Gleichstellung ehelicher und nichtehelicher Kinder erfordere, dass auch eine auf die fehlerhafte nachträgliche Ehelichkeitsanerkennung gestützte Klage nur in der Frist des § 1594 Abs. 2 BGB erhoben werden könne, weil ein nachträglich legitimiertes Kind die gleiche Sicherheit gegenüber der Anfechtung erhalten müsse wie ein ehelich geborenes. Die Gleichstellung ehelicher und nichtehelicher Kinder rechtfertige auch eine verfahrensrechtliche Ungleichbehandlung nicht.[793]

Nach wie vor blieb das Oberste Gericht bei seiner Rechtsprechung, dass ein eheliches Kind bis zur erfolgreichen Anfechtung auch als ein solches zu behandeln sei.[794] Ein Kreisgericht hatte in einem Fall, in dem in einer Ehe vier Kinder geboren worden waren, von denen eines wegen der Kriegsgefangenschaft des

---

789 Regierung der Deutschen Demokratischen Republik, Ministerium der Justiz, Hauptabteilung II, Statistische Information über die Entwicklung in Zivil- und Familienrechtssachen vom 13. April 1962, BArch DP 1/137.

790 Auch der Ehemann der Mutter konnte sich wegen zu Unrecht geleisteten Unterhalts nicht an die Mutter oder den leiblichen Vater des Kindes, sondern allein an dieses selbst werden: OG, Urteil vom 10. September 1964, 1 ZzF 19/64, NJ 1965,92,93.

791 Zur Anfechtungsmöglichkeit des Staatsanwalts gemäß § 1595a BGB: *Conrad*, Zur Ehelichkeitsanfechtung durch den Staatsanwalt, NJ 1964, S. 56f.

792 Für den Fristbeginn war hier nicht die Kenntnis sämtlicher, sondern lediglich derjenigen Umstände maßgeblich, die berechtigte Zweifel an der Vaterschaft begründen konnten: OG, Urteil vom 14. März 1963, 1 ZzF 8/63, NJ 1963,319,320.

793 OG, Urteil vom 11. Dezember 1958, 1 ZzF 52/58, NJ 1959,284,285.

794 OG, Urteil vom 21. Mai 1957, 1 Zz 69/57, NJ 1957,559.

Ehemannes nicht von diesem abstammen konnte, trotz der fehlenden Anfechtung durch die Eltern entschieden, die Mutter könne wegen der unterlassenen Ehelichkeitsanfechtung nicht verlangen, dass ihr geschiedener Ehemann für dieses Kind den selben Unterhalt bezahle wie für die anderen Kinder. Dies wurde von den Richtern des Obersten Gerichts als fehlerhaft angesehen. Dem Ehemann habe die Möglichkeit offen gestanden, die Ehelichkeit binnen eines Jahres nach seiner Rückkehr aus der Kriegsgefangenschaft anzufechten. Dementsprechend sei die unterbliebene Anfechtung durch die Mutter auch nicht arglistig. Die unterlassene Anfechtung durch beide führe dazu, dass Mängel der Ehelichkeit nicht mehr eingewandt werden könnten. Erst recht sei das Gericht nicht berechtigt gewesen, den Umstand der fehlenden Ehelichkeit von sich aus zu berücksichtigen.[795]

c) Das Erbrecht

Die Frage der Verwandtschaft stellte sich nicht nur beim Unterhalts-, sondern auch beim Erbrecht des nichtehelichen Kindes. Ein Vater zweier ehelicher Kinder hatte sein einziges nichteheliches Kind zum Alleinerben eingesetzt. Seine leiblichen Kinder stritten nun darum, wie viele Kinder bei der Berechnung des Pflichtteils als erbberechtigt anzusehen seien. Das Kreisgericht hatte dargelegt, dass sich der nichteheliche Kläger nicht auf Art. 33 Verf DDR 49 berufen könne. Es sei nicht erforderlich, dass das nichteheliche Kind seinen Vater beerbe. Es bestehe auch kein Bedürfnis danach, weil in der DDR, anders als in den kapitalistischen Staaten, keinerlei Beschränkungen in der Ausbildung für nichteheliche Kinder mehr bestehen würden.[796] Auch im Erbrecht war, wie dieser Lebenssachverhalt zeigt, entscheidungserheblich, ob § 1589 Abs. 2 BGB, der eine Verwandtschaft zwischen dem nichtehelichen Kind und seinem Vater ausschloss, weiterhin anwendbar war. Im Erbrecht hätte dies, wenn die Auffassungen von *Nathan* und *Artzt* zu unterhaltsrechtlichen Fragen[797] übertragen worden wären, Probleme hervorgerufen. Diesen begegnete das BG Magdeburg mit der Begründung, dass die Auswirkungen der Verwandtschaft auf die einzelnen Rechtsbeziehungen unterschiedlich seien. Es sei einhellige Auffassung, dass das nichtehe-

795 OG, Urteil vom 21. Mai 1957, 1 Zz 69/51, NJ 1957,559,559.

796 Tatbestand in dem Urteil des Berufungsgerichts: BG Magdeburg, Urteil vom 19. November 1957, NJ 1958,144,144.

797 Diese waren bei der Sitzung des Instituts für Zivilrecht der Deutschen Akademie für Staats- und Rechtswissenschaft am 14. März 1957 dafür eingetreten, dass die Verwandtschaft als biologische Tatsache hinzunehmen sei: Einige Fragen des Unterhaltsrechts nichtehelicher Kinder, NJ 1957, S. 237.

liche Kind gegenüber seinem Vater nicht erbberechtigt sei. Etwas anderes könne auch nicht aus Art. 33 Verf. DDR 49 abgeleitet werden.[798]

d) Das Prozessrecht

Anfechtungsklagen stellten an die Gerichte auch in prozessualer Hinsicht hohe Anforderungen. Deren Gegenstand waren Klagen, die einer schnellen Entscheidung bedurften, auf der anderen Seite aber in tatsächlicher Hinsicht wegen der fehlenden sicheren Vaterschaftsnachweismethoden schwierig waren. Die umfassende, gründliche und schnelle Sachverhaltsaufklärung durch die Gerichte wurde vom Obersten Gericht als gesellschaftlich bedeutsam angesehen. So rügte es ein Kreisgericht, bei dem eine Unterhaltsklage am 12. Mai 1954 eingegangen war, wegen des erst am 24. März 1959 verkünden Urteils.[799] Die Gerichte hätten entsprechend der Richtlinie Nr. 6 des Plenums des Obersten Gerichts vom 29. Juni 1955 über die Voraussetzungen und den Beweisweit erbbiologischer Gutachten[800] mit Entschiedenheit dem Bestreben nichtehelicher Väter, mit der bloßen Behauptung des nicht moralischen Lebenswandels der Mutter die Vaterschaft zu leugnen, entgegenzutreten. Daher müsse die Behauptung des Mehrverkehrs konkret und unter Bezeichnung der Männer, gegebenenfalls mit deren Anschriften, substantiiert werden.[801] Wenn bewiesen werden könne, dass die Mutter in der Empfängniszeit mit anderen Männern verkehrt habe, habe der in Anspruch genommene Mann seiner Nachweispflicht genügt. Bei derart nachgewiesenem Mehrverkehr, aber auch erst dann, sei ein Tragezeitgutachten sachgerecht. Erst wenn auch nach dem Tragezeitgutachten mehrere Männer als Väter in Betracht kommen könnten, sei ein Blutgruppengutachten oder ein erbbiologisches Gutachten einzuholen, was aber auch nur dann sinnvoll sei, wenn die jeweiligen Vergleichspersonen feststehen würden.[802]

Hinsichtlich der offensichtlichen Unmöglichkeit der Vaterschaft anderer Männer legte das Oberste Gericht für die in Anspruch genommenen Väter später geringere Voraussetzungen fest. Hatte es in der Richtlinie Nr. 6 vom 29. Juni 1955 noch nachhaltig darauf hingewiesen, dass an den Nachweis strenge Anfor-

---

798 Daher würde die Erbberechtigung des nichtehelichen Kindes ein Einschreiten des Gesetzgebers erfordern: BG Magdeburg, Urteil vom 19. November 1957, 1 S 120/57, NJ 1958,144, 145.

799 OG, Urteil vom 11. Dezember 1958, 1 ZzF 55/60, NJ 1961,430,431.

800 GBl. III, S. 264.

801 OG, Urteil vom 8. Dezember 1960, 1 ZzF 55/60, NJ 1961,430,431.

802 OG, Urteil vom 8. Dezember 1960, 1 ZzF 55/60, NJ 1961,430,431. War die Beweisbedürftigkeit dagegen gegeben, konnte das Gericht auch verpflichtet sein, von Amts wegen ein Blutgruppengutachten einzuholen: OG, Urteil vom 15. Juni 1961, 1 ZzF 12/61, NJ 1961,685,686.

derungen zu stellen seien,[803] verlangte es nur wenige Jahre später lediglich, dass bei der tatsächlichen Würdigung der mutmaßliche Vater und die Mutter zum Zeitpunkt des Geschlechtsverkehrs sorgfältig zu befragen seien. Jedenfalls dann, wenn der Reifegrad eines Kindes zu Zweifeln Anlass gebe, seien auch die Angaben der Mutter zur letzten vorgeburtlichen Regel besonders sorgfältig zu überprüfen. Würden sich aus diesen Aufklärungsmaßnahmen Zweifel an der Vaterschaft ergeben, seien weitere Beweise, etwa durch ein Blutgruppengutachten zu erheben. Dies gelte nicht nur beim Mehrverkehr,[804] sondern auch dann, wenn der in Anspruch genommene Vater nur mit geringer Wahrscheinlichkeit der Vater sei.[805] Der bloße „*unmoralische Lebenswandel*" der Mutter, der in der „*alten*" Bundesrepublik Deutschland als „*Dirnenweinwand*" zur Auslegung von § 1717 herangezogen werden und zur Klageabweisung führen konnte,[806] wurde als mit der Stellung der Frau und des nichtehelichen Kindes in der DDR unvereinbar angesehen. Konnten dagegen konkrete Tatsachen bewiesen werden, die auf einen anderen Geschlechtsverkehr[807] der Mutter in der Empfängniszeit schließen ließen,[808] waren zumindest weitere Aufklärungsmaßnahmen, worunter auch das Einholen von Gutachten fallen konnte, veranlasst.[809]

Zur Sicherung des Unterhaltsanspruchs konnte das nichteheliche Kindern gemäß § 16 ZPO DDR[810] eine einstweilige Anordnung beantragen. Diese konnte

---

803 GBl. 1955, II, S. 266.

804 OG, Urteil vom 20. Dezember 1962, 1 ZzF 70/62, NJ 1963,315,317.

805 OG, Urteil vom 3. Januar 1962, 1 ZzF 72/62, NJ 1963,318,318.

806 LG Mannheim Urteil vom 25. Januar 1927, 3 ZBR 142/26, JW 1927,2588,2588; OLG Darmstadt, Beschl. vom 18. Mai 1935, 3 W 62/35, JW 1935,1892,1993.

807 Der Begriff der „*Beiwohnung*" in § 1717 BGB wurde weit ausgelegt. Erfasst waren nicht nur der „*regelrechte Geschlechtsverkehr*", sondern auch geschlechtsverkehrsähnliche Handlungen, aufgrund derer die Vaterschaft möglich erschien: BG Leipzig, Urteil vom 25. April 1963, 6 BF 39/63, NJ 1964,64,64.

808 Bei dem Nachweis des Mehrverkehrs sollte das Bestreiten der Mutter kritisch geprüft und dieser auch dann angenommen werden, wenn sie in der fraglichen Zeit häufig auch nachts Männer empfangen hatte: OG, Urteil vom 21. Juni 1962, 1 ZzF 20/62, NJ 1962,644,645.

809 OG, Urteil vom 15. Juni 1957, 2 Zz 31/57, NJ 1958,35,35f.

810 § 16 ZPO DDR:
„*(1) Eine einstweilige Anordnung kann beantragt werden, wenn es dringend erforderlich ist, einen Anspruch oder ein Recht zu sichern;*
einen einstweiligen Zustand zu regeln;
Rechtsbeziehungen oder sonstige Angelegenheiten für die Dauer eines Verfahrens zu regeln.
(2) Der Antrag kann sowohl innerhalb eines laufenden Verfahrens, als auch vor Einreichung einer Klage oder vor Anrufung eines gesellschaftlichen Gerichts gestellt werden. Antragsgründe und Dringlichkeit sind schriftlich zu erklären und glaubhaft zu machen. Auf Verlangen des Antragstellers ist der Antrag von der Rechtsantragstelle aufzunehmen oder in der mündlichen Verhandlung zu protokollieren.

sich gemäß § 17 Abs. 1 ZPO DDR[811] insbesondere auf Unterhaltsleistung beziehen.[812]

Mit dem *Gesetz über das gerichtliche Verfahren in Zivil-, Familien- und Arbeitsrechtssachen* vom 19. Juni 1976[813] wurde auch das Familienverfahren neu gefasst. Der in Anspruch genommene mutmaßliche nichteheliche Vater konnte sich danach einer sachverständigen Begutachtung nicht entziehen. Gemäß § 61 Abs. 2 ZPO DDR war er nämlich verpflichtet, einer gerichtlichen Untersuchungsanordnung Folge zu leisten.

e) Zusammenfassung

Die weitere Entwicklung des Nichtehelichenrechts wurde durch das vorläufige Scheitern des Entwurfes von 1954 nicht dauerhaft gehemmt. In Ermangelung einer Gesetzesänderung hatte weiterhin die Rechtsprechung die tragende Rolle zu übernehmen. Sowohl in der Rechtsprechung als auch bei den Reformüberlegungen blieben die Defizite bei der Gleichstellung nichtehelicher Kinder bestehen. Noch immer waren die Überlegungen von dem Gedanken geprägt, dass mit einer Förderung nichtehelicher Kinder auch eine (noch) nicht gewollte Schwächung der Ehe einhergehen könnte.[814]

Die Bereitschaft zur unterhaltsrechtlichen „*Sanktionierung*" des Mannes, der außerehelichen Geschlechtsverkehr vollzogen hatte, blieb bestehen. Allerdings

---

(3) Über den Antrag entscheidet das für die Klage zuständige Gericht nach Würdigung des Sachverhalts. Ist eine Entscheidung des zuständigen Gerichts nicht rechtzeitig zu erlangen, kann auch das Gericht entscheiden, in dessen Bereich die Sicherungsmaßnahmen durchzuführen sind.

(4) Über den Antrag wird durch Beschluss entschieden, der bei besonderer Eilbedürftigkeit auch ohne mündliche Verhandlung ergehen kann."

811 § 17 Abs. 1 ZPO DDR:
„(1*) Das Gericht bestimmt in der einstweiligen Anordnung die erforderlichen Maßnahmen. Es kann insbesondere die Zahlung von Unterhalt und Aufwendungen für die Familie einschließlich eines Vorschusses für die Verfahrenskosten oder von Arbeitseinkommen, die Beschlagnahme des Vermögens des Antragsgegners bis zur Höhe des Anspruchs oder die Einstellung der Vollstreckung anordnen. (....)*"

812 Wurde dieser Antrag innerhalb eines anhängigen Streitverfahrens gestellt, war er gemäß § 169 Abs. 1 ZPO DDR gerichtskostenfrei.

813 GBl. I., S. 533.

814 So wurde etwa der Anteil der Ehelichkeitsanfechtungsklagen 1961 von 3 % der Familiensachen als das Ergebnis einer ungünstigen Entwicklung angesehen: Regierung der Deutschen Demokratischen Republik, Ministerium der Justiz, Hauptabteilung II, Statistische Information über die Entwicklung in Zivil- und Familienrechtssachen vom 13. April 1962, BArch DP 1/137.

erfolgten bei den Beratungen der Grundkommission rabulistische Überlegungen zur verbalen Umschreibung der nichtehelichen Geburt. Die gewollte soziale Gleichstellung des nichtehelichen Kindes in der sozialistischen Gesellschaft blieb dagegen ein nicht vollständig eingelöster Programmsatz, dessen Umsetzung im Unterhaltsrecht als am besten gelungen erschien. Unverändert verblieb es bei dem Misstrauen gegenüber der Mutter eines nichtehelichen Kindes sowie der Einbindung des Kindes in die Familie der Mutter. Modernisierungsüberlegungen, wie etwa hinsichtlich der unterhaltsrechtlichen Beziehungen der Verwandten des biologischen Vaters, wurden nicht umgesetzt, wobei allerdings im (fiskalisch bedeutsamen) Unterhaltsrecht eine Verbindung zur Familie des Vaters erwogen wurde. Deutliches Gewicht erhalten hatten aber die Ausflüsse der gesellschaftlich angenommenen Gleichberechtigung der Frau, die auch als nichteheliche Mutter auf Unterhaltsleistungen des biologischen Vaters verzichten musste. Auch wurde unverändert das in der Bundesrepublik lebende Kind gezielt benachteiligt. Der Vater eines nichtehelichen Kindes blieb unbeeinflusst von der gesellschaftlichen Entwicklung ein Zahlvater ohne eine nennenswerte, rechtlich abgesicherte tatsächliche Verbindung zu dem Kind.

4. Das FGB und das ZGB

Mit dem Erlass des *Familiengesetzbuches (FGB)*[815] wurde nicht nur ein seit der Gründung der DDR andauernder Gesetzgebungsprozess abgeschlossen, durch den nicht allein familienrechtliche Probleme einer verfassungskonformen Regelung zugeführt werden sollten. Vielmehr ging es wesentlich auch um die Verwirklichung von gesellschaftlichen Zielen der Staatsführung. Durch das neue Gesetz sollte einer Forderung des VI. Parteitags der SED im Jahr 1963 Rechnung getragen werden, der „*die Vollendung des Sozialismus auf der Grundlage durchgängig sozialistischer Produktionsverhältnisse und die volle Wirksamkeit des sozialistischen Rechts*“ gefordert hatte.[816] Dem Recht wurde verstärkt die Aufgabe zugewiesen, die Entwicklung zur „*Sozialistischen Gesellschaft*“ voranzutreiben und zu verfestigen.[817] Dies zu gewährleisten war bis zum Erlass des FGB

815 Mit dem ZGB der DDR befasst sich der Tagungsband: Das Zivilgesetzbuch der DDR vom 19. Juni 1975, Rechtswissenschaftliches Kolloquium an der Juristischen Fakultät der Universität Potsdam, Eckert/Hattenhauer (Hrsg.), Goldbach, 1995.

816 *Ansorg*, Familienrecht, S. 13. Zum Gesetzgebungsverfahren: *Klose*, Ehescheidung, S. 186 – 192.

817 *Klose*, Ehescheidung, S. 185.

wesentlich Aufgabe des Obersten Gerichts der DDR, der dieses, nicht zuletzt mit mehreren Richtlinien, auch nachkam.

a) Der Abschluss des Gesetzgebungsverfahrens

Der Entwurf des FGB war von einer Gesetzgebungskommission erarbeitet worden, die auf der Grundlage eines Beschlusses des Ministerrates der DDR unter der Leitung des Ministers der Justiz gebildet worden war.[818] Inhaltlich bestand noch kurz vor Erlass des FGB keine vollständige Einigkeit. In einer zu einer Stellungnahme vom 6. Oktober 1964 erstellten Diskussionsvorlage[819] aus dem Bereich des Justizministeriums wurde etwa deutlich gegen die geplante ausschließliche Übertragung der Anerkennung der Vaterschaft auf die staatlichen Notariate Stellung bezogen.[820]

Diskutiert wurde weiterhin auch die Problematik des Erbrechts. Auf der einen Seite solle erstmals eine komplexe Regelung der Rechtsverhältnisse von Kindern nicht verheirateter Mütter erfolgen. Auf der anderen Seite würden diese Aspekte aber in das Zivilgesetzbuch gehören. Daher sei es sachgerecht, diesen Regelungsbereich in das Einführungsgesetz zum FGB zu überführen.[821]

Im April 1965 wurde dann erneut ein Gesetzentwurf für ein Familiengesetzbuch zur öffentlichen Diskussion gestellt.[822] An dieser beteiligten sich bis zum 30. September 1965 nach offizieller Zählweise 752.671 Personen, die an 33.973 Veranstaltungen teilgenommen hatten.[823] Die dort erhobenen Einwendungen führten zu Änderungen des Entwurfes in Detailfragen, nicht jedoch bei den Grundsätzen.[824] Diese gingen unverändert davon aus, dass die (klassische)

---

818 *Ansorg*, Familienrecht, S. 20.

819 Diskussionsgrundlage für die Beratung der Stellungsnahme der Abteilung Staats- und Rechtsfragen beim ZK der SED zum Entwurf des Familiengesetzbuches, BArch DP 1/7548.

820 Bisher sei durch die Organe der Jugendhilfe insbesondere durch Gespräche mit dem angegebenen Vater und gegebenenfalls durch eine Gegenüberstellung die Anerkennung der Vaterschaft erreicht worden. Diese fürsorglichen Aufgaben könnten Notare nicht übernehmen: Diskussionsgrundlage für die Beratung der Stellungsnahme der Abteilung Staats- und Rechtsfragen beim ZK der SED zum Entwurf des Familiengesetzbuches, BArch DP 1/7548.

821 Diskussionsgrundlage für die Beratung der Stellungsnahme der Abteilung Staats- und Rechtsfragen beim ZK der SED zum Entwurf des Familiengesetzbuches, BArch DP 1/7548.

822 Entwurf des Familiengesetzbuches der Deutschen Demokratischen Republik, StuR, Beilage zu Heft 6/1965.

823 *Benjamin*, Das Familiengesetzbuch – Grundgesetz der Familie, NJ 1966, S. 3; *Friesen/Heller*, Das Familienrecht, S. 16. Zur öffentlichen Diskussion: *Klose*, Ehescheidung, S. 192.

824 *Benjamin*, Das Familiengesetzbuch, NJ 1966, S. 3.

Familie als „*kleinste Zelle der Gesellschaft*“ zu betrachten sei.[825] Hinsichtlich der Beziehungen zwischen Eltern und Kindern hob Hilde *Benjamin* hervor, dass die Hauptfrage die inhaltliche Gestaltung des elterlichen Erziehungsrechts gewesen sei. Die Verzahnung der elterlichen Erziehung durch staatliche und gesellschaftliche Einrichtungen sei präzisiert worden. Neu sei die Bestimmung, dass bei dem Tod der nichtehelichen Mutter das Erziehungsrecht dem leiblichen Vater oder seinen Eltern übertragen werden könne[826] (§ 46 Abs. 2 FGB).[827] Die im Entwurf gewählte Lösung des Problems der Rechtsstellung nichtehelicher Kinder gehe von der Notwendigkeit aus, die unterschiedlichen Lebensverhältnisse zu berücksichtigen. In aller Regel wachse ein solches Kind bei seiner Mutter auf, werde von dieser erzogen und habe mit dem Vater und dessen Familie keinen Umgang. Häufig kenne es bereits in der frühen Jugend seinen Vater nicht einmal. Um die gesellschaftliche Gleichstellung ehelicher und nichtehelicher Kinder, die im Rahmen der öffentlichen Diskussion von allen als gegeben vorausgesetzt worden sei,[828] zu verwirklichen, sei auf den Begriff des nichtehelichen Kindes verzichtet worden. Diskutiert worden sei insbesondere über Fragen der materiellen Sicherstellung der alleinstehenden Mutter. Dabei sei darauf hingewiesen worden, dass die Mutter bei einer Erkrankung des Kindes einen Verdienstausfall hinnehmen müsse. Um dieses Problem zu lösen, sei in § 22 Abs. 1 S. 1 FGB[829] ein zusätzlicher Unterhaltsanspruch normiert worden.[830] Auch der FGB-Entwurf ging davon aus, dass die Familienbeziehungen für die Erziehung der Kinder eine besondere Bedeutung hätten.[831] Die herausragende Bedeutung der Erziehung in der Familie

825 *Helwig*, Staat und Familie in der DDR, in: Die DDR in der Ära Honecker, Glaesner (Hrsg), Opladen, 1988, S. 468.

826 *Benjamin*, Das Familiengesetzbuch, NJ 1966, S. 5.

827 § 46 FGB:
„*(1) Sind die Eltern des Kindes bei seiner Geburt nicht miteinander verheiratet, hat die Mutter das Erziehungsrecht allein. Die Sicherung der materiellen und kulturellen Lebensbedürfnisse des Kindes erfolgt im Rahmen der Aufwendungen der Familie der Mutter (§ 12) und durch Unterhaltszahlungen des Vaters entsprechend seinen Kräften, seinem Einkommen und seinen sonstigen Mitteln. Im übrigen finden die §§ 19, 20 Abs. 1 und die §§ 21 und 22 Anwendung.*
(2) Stirbt die Mutter oder verliert sie ihr Erziehungsrecht, kann dieses durch das Organ der Jugendhilfe dem Vater, den Großeltern oder einem Großelternteil übertragen werden. Das Erziehungsrecht kann diesen Personen auch dann übertragen werden, wenn die Mutter ihre Einwilligung zur Annahme an Kindes Statt gegeben hat.“

828 *Benjamin*, Das Familiengesetzbuch, NJ 1966, S. 6.

829 § 22 Abs. 1 S. 1 FGB:
„*Bedürfen Kinder bis zur Vollendung des 8. Lebensjahres der Pflege durch den erziehungsberechtigten Elternteil, ist eine Erhöhung des Unterhalts auch für kurze Zeit zulässig.*“

830 *Benjamin*, Das Familiengesetzbuch, NJ 1966, S. 6.

831 *Walther/Funke*, Probleme der Familienerziehung und ihre Widerspiegelung im FGB-Entwurf, NJ 1965, S. 241.

wurde noch dadurch herausgestellt, dass ein Ehepartner auch für die Erziehung der alleinigen Kinder des anderen Ehepartners (mit-)verantwortlich war (§ 47 FGB-Entwurf).[832]

Die verantwortliche Ministerin der Justiz Hilde *Benjamin* führte zur Begründung des Entwurfes in der Sitzung der Volkskammer am 20. Dezember 1965 aus, dass mit dem *Familiengesetzbuch* die erste geschlossene Kodifikation des Familienrechts der bürgerlichen Gesellschaft Deutschlands geschaffen werde. Es basiere wesentlich auf der Grundsatzrechtsprechung des Obersten Gerichts. Die seit April 1965 im Rahmen der öffentlichen Diskussion geltend gemachten Bedenken seien berücksichtigt worden.[833]

Die mögliche Geburt eines nichtehelichen Kindes sollte nicht mehr als Anlass für eine Eheschließung angesehen werden. Sie sei eine schlechte Basis für eine Ehe.[834] Wenn die voreheliche Schwangerschaft nicht lediglich zur Vorverlegung einer ohnehin geplanten Eheschließung führe, sei die Ehe mit großen Risiken belastet. Da in der DDR ledige Mütter und ihre Kinder vollkommen gleichberechtigte Bürger seien,[835] müsse auch bei einer vorehelichen Schwangerschaft ergebnisoffen geprüft werden, ob wirklich eine Lebensgemeinschaft eingegangen werden solle.[836]

Die Regelungen des FGB wurden schließlich durch die neue Verfassung bestätigt. In der Verfassung der DDR vom 6. April 1968 wurden in Art. 38 und Art. 20 familienrechtliche Fragen behandelt, ohne jedoch das nichteheliche Kind ausdrücklich anzusprechen. Dies erschien nicht mehr notwendig, weil dieses in den Regelungen des FGB eine hinreichende Regelung erfahren und in

---

832 *Walther/Funke*, Probleme, NJ 1965, S. 245.

833 *Benjamin*, Das Familiengesetzbuch, NJ 1966, S. 1. Anders als die im wesentlichen vermögensrechtlichen Vorschriften der „*kapitalistischen Ordnung*“ die in Westdeutschland darauf gerichtet sei, die Vorrangstellung des Mannes in der Familie zu erhalten und die Frau auf die Familie zu beschränken, bringe das sozialistische FGB zum Ausdruck, wie bei einem umfassenden Aufbau des Sozialismus Familienbeziehungen zu gestalten seien: *Benjamin*, Das Familiengesetzbuch, NJ 1966, S. 1.

834 Jedenfalls bis zum Erlass des FGB war eine ungeplante Schwangerschaft vielfach der Grund für eine Eheschließung. Die Zahl der nichtehelichen Geburten ging bis 1965 annähernd in dem Umfang zurück, in dem die Zahl der Eheschließung junger Menschen zunahm. Entgegen der gesellschaftlichen Vorgaben nahmen junge, schwangere Frauen also lieber das Risiko einer Ehescheidung als das einer nichtehelichen Geburt in Kauf: *Klose*, Ehescheidung, S. 135.

835 Die Regelungen der nichtehelichen Geburt ihrerseits sollten die gesellschaftlichen Nachteile für Mutter und Kind beseitigen, die der ökonomischen Notwendigkeit der Übertragung des Privateigentums an Produktionsmitteln geschuldet gewesen seien. Das Privateigentum und nicht eine moralisch saubere Bindung innerhalb der Familie sei die Ursache der Diskriminierung gewesen: *Ansorg*, Familienrecht, S. 100.

836 *Ansorg*, Familienrecht, S. 55.

§ 9 EGFGB ein ausreichendes Erbrecht eingeräumt erhalten habe.[837] Der Erlass des FGB führte zu einer annähernd vollständigen Angleichung der Rechtsstellung ehelicher und nichtehelicher Kinder, soweit nicht die Tatsache der nichtehelichen Geburt eine Sonderregelung verlangte.[838] Dennoch beschäftigten Detailfragen des Rechts der nichtehelichen Kinder auch nach dem 1. Januar 1966 unverändert die Rechtsprechung und die Wissenschaft.

b) Die Feststellung der Vaterschaft

Eine Besonderheit gegenüber allen neuen Familiengesetzen der sozialistischen Länder war, dass der Entwurf des FGB von dem „*Normalfall*“ der Lebensverhältnisse ausging, wonach der Ehemann der Mutter auch der Vater des Kindes war. Deshalb wurde auf die positive gesetzliche Vermutung der Vaterschaft verzichtet. Damit sollte die „*neue Qualität*“ der Familienbeziehungen im Sozialismus zum Ausdruck gebracht werden.[839]

Waren die Eltern des Kindes nicht verheiratet, bedurfte es dagegen zur Begründung einer rechtlichen Verbindung zum Vater gemäß § 54 FGB[840] eines staatlichen Hoheitsaktes, der durch eine staatlich beurkundete Anerkennung

---

837 *Voss*, Das Erbrecht, S. 56; vgl. *Nave-Herz/Krüger*, Ein-Eltern-Familien, Bielefeld, 1992, S. 16.

838 *Westen/Schleider*, Zivilrecht im Systemvergleich, Berlin, 1984, S. 770.

839 *Ansorg*, Weitere Probleme der Rechtsbeziehungen zwischen Eltern und Kindern, NJ 1965, S. 246.

840 § 54 FGB:
„*(1) Ist die Mutter eines Kindes nicht verheiratet oder wurde im Falle der Anfechtung der Vaterschaft rechtskräftig festgestellt, dass ihr Ehemann nicht der Vater des Kindes ist (§ 61), so wird der Vater durch Anerkennung der Vaterschaft oder durch gerichtliche Entscheidung festgestellt.*
(2) Als Vater kann festgestellt werden, wer mit der Mutter innerhalb der Empfängniszeit geschlechtlich verkehrt hat. Das gilt nicht, wenn der Verkehr nicht zur Empfängnis geführt haben kann oder die Vaterschaft eines anderen Mannes wahrscheinlicher ist. Ist die Vaterschaft eines anderen Mannes wahrscheinlicher, kann dieser als Vater festgestellt werden.
(3) Als Empfängniszeit gilt die Zeit von dem einhunderteinundachtzigsten bis zum dreihundertundzweiten Tag vor der Geburt des Kindes mit Einschluss der beiden genannten Tage. Es kann der Nachweis geführt werden, dass die Empfängnis außerhalb dieser Zeit stattgefunden haben kann.
(4) Heiraten die Eltern eines vor der Eheschließung geborenen Kindes, so erlangt es mit der Eheschließung die Rechtsstellung eines während der Ehe geborenen Kindes.
(5) Wurde ein Kind bis zum Ablauf des dreihundertundzweiten Tages nach Beendigung einer Ehe geboren, gilt der Ehemann als Vater des Kindes. Ist jedoch die Mutter des Kindes im Zeitpunkt seiner Geburt erneut verheiratet, gilt der Ehemann dieser Ehe als Vater.“

(§§ 55,[841] 57[842] FGB) oder durch gerichtliches Urteil (§ 56 FGB)[843] erfolgen konnte und rückwirkende Geltung hatte.[844] Als Folge der Feststellung als Vater traten gemäß § 46 Abs. 1 S. 2 FGB dessen Unterhaltspflicht nach den allgemeinen Bestimmungen über die Unterhaltspflicht von Eltern gegenüber ihren Kindern, eine Anwartschaft des Vaters auf Übertragung des Erziehungsrechts (§ 46 Abs. 2 FGB), – nach Inkrafttreten des ZGB[845] – ein Erbrecht des Kindes gegenüber dem Vater (§ 365 ZGB)[846] und ein Erbrecht des Vaters (§ 367 ZGB), Unter-

---

841 § 55 FGB:
„*Die Feststellung der Vaterschaft durch Anerkennung*
(1) Die Vaterschaft wird durch die nach der Geburt des Kindes mit Zustimmung der Mutter erklärte Anerkennung des Vaters festgestellt. Ist die Mutter nicht voll geschäftsfähig, muß auch ihr gesetzlicher Vertreter zustimmen. Hat das Kind einen Vormund, ist zur Wirksamkeit der Anerkennung auch dessen Zustimmung erforderlich.
(2) Der Vater soll sich entsprechend seiner Unterhaltspflicht gegenüber dem Kind (§ 46) zugleich mit der Vaterschaftsanerkennung in vollstreckbarer Form zu bestimmten monatlichen Unterhaltszahlungen verpflichten. Die Höhe des festgelegten Betrages kann auf Klage der Mutter, des Vormunds oder des Vaters des Kindes vom Gericht auf ihre Angemessenheit hin überprüft und geändert werden.
(3) Die Anerkennung der Vaterschaft, die Verpflichtung zur Unterhaltszahlung und die Zustimmungserklärungen sind zu beurkunden. Die Beurkundung erfolgt durch das Organ der Jugendhilfe oder das staatliche Notariat. Die Anerkennung der Vaterschaft und die Zustimmungserklärungen können auch von dem Leiter des Standesamtes beurkundet werden, wenn sie in Vorbereitung oder in Verbindung mit der Eheschließung der Eltern des Kindes abgegeben werden.“

842 § 57 FGB:
„*Im Verfahren wegen Feststellung der Vaterschaft kann der Verklagte die Anerkennung der Vaterschaft zu Protokoll des Gerichts erklären. Klagt der Vormund des Kindes, ist die Anerkennung erst wirksam, wenn die Mutter ihr zustimmt.*“

843 § 56 FGB:
„*(1) Die gerichtliche Feststellung der Vaterschaft erfolgt auf Klage der Mutter oder des Vormundes des minderjährigen Kindes. Ist das Kind volljährig, kann es selbst klagen.*
(2) Die Klage des volljährigen Kindes ist nur binnen Jahresfrist zulässig. Die Frist beginnt mit dem Zeitpunkt der Kenntnis der Tatsachen, die für die Vaterschaft des Verklagten sprechen, frühestens jedoch mit der Volljährigkeit des Kindes.
(3) Das Gericht hat von Amts wegen alle für die Feststellung der Vaterschaft notwendigen Maßnahmen zu treffen.“

844 *Beyer/Händler/Redlich/Walter/Weiß/Orth* in: Familienrecht, S. 203.

845 Zum Verhältnis des ZGB und der sozialistischen Ideologie: *Heuer*, Politische Vorgaben für das ZGB, in: Das Zivilgesetzbuch der DDR vom 19. Juni 1975, Eckert/Hattenhauer (Hrsg.), Goldbach, 1995, S. 18. Zu der im ZGB vorausgesetzten Übereinstimmung der persönlichen Interessen mit den gesellschaftlichen Voraussetzungen: *Westen*, Das Menschenbild des ZGB der DDR, in: Das Zivilgesetzbuch, S 91.

846 Nach § 9 Abs. 2 EGFGB war das Erbrecht eines wirtschaftlich selbständigen volljährigen nichtehelichen Kindes noch von der persönlichen Bindung des Kindes abhängig, weil im Vorgriff auf den absehbaren Erlass des ZGB die persönliche Bindung zwischen dem Kind und

haltsansprüche des Vaters gegen das Kind (§§ 81ff. FGB) und eine etwa für die Eheschließung erhebliche Verwandtschaft ein.[847]

Gemäß § 55 Abs. 2 FGB sollte mit der Anerkennung der Vaterschaft auch ein vollstreckbarer Titel über Unterhaltsleistungen geschaffen werden, der, ohne die engen Grenzen des § 323 ZPO, nachträglich abgeändert werden konnte.[848] Wurden nach der Anerkennung der Vaterschaft Tatsachen bekannt, die gegen diese sprachen, konnten die Mutter, der Vormund des Kindes oder der als Vater festgestellte Mann auf die Feststellung der Unwirksamkeit der Anerkennung klagen (§ 59 FGB).[849]

Entsprechend § 53 Abs. 1 FGB[850] erfolgte die Feststellung der Vaterschaft entweder – wie in der weit überwiegenden Zahl der Fälle[851] – durch ein Anerkenntnis oder durch eine gerichtliche Entscheidung. Für die Wirksamkeit des Anerkenntnisses war nunmehr gemäß 55 Abs. 1 FGB auch die Zustimmung der Mutter erforderlich, die keiner besonderen Form bedurfte.[852] Diese Neuerung wurde mit dem Prinzip der Gleichberechtigung der Frau begründet.[853] Damit

---

dem Erblasser differenziert betrachtet werden sollte, was jedoch im ZGB keine Berücksichtigung mehr fand: *Beyer/Händler/Redlich/Walter/Weiß/Orth* in: Familienrecht, S. 203.

847 *Beyer/Händler/Redlich/Walter/Weiß/Orth* in: Familienrecht, S. 203.

848 Wegen der noch ausstehenden Unterhaltsrichtlinie des Obersten Gerichts wurde jedoch von einer nicht nur geringen Fehlerquote ausgegangen: *Ansorg*, Weitere Probleme, NJ 1965, S. 247.

849 § 59 FGB:
„*Unwirksamkeit der Anerkennung der Vaterschaft*
Werden nach Anerkennung der Vaterschaft (§§ 55 und 57) Tatsachen bekannt, die gegen die Vaterschaft sprechen, kann auf Klage der Mutter, des Vormundes des Kindes oder des bisher als Vater festgestellten Mannes die Unwirksamkeit der Vaterschaftsanerkennung festgestellt werden, wenn die Vaterschaft dieses Mannes auszuschließen oder die Vaterschaft eines anderen Mannes wahrscheinlicher ist. Der Vormund bedarf zur Klage der Zustimmung des Organs der Jugendhilfe.
Die Klage ist nur binnen Jahresfrist zulässig. Die Frist beginnt mit dem Zeitpunkt, in welchem die Kläger die Tatsachen, die gegen die Vaterschaft sprechen, zur Kenntnis gelangt sind. Das Gericht hat die Klage auch nach Fristablauf zuzulassen, wenn der Kläger ohne sein Verschulden gehindert war, die Frist einzuhalten.
Nach Fristablauf kann im Interesse des Kindes der Staatsanwalt die Klage erheben.“

850 § 53 FGB:
„*Vor allen Entscheidungen über das elterliche Erziehungsrecht ist das Kind durch das Organ der Jugendhilfe zu hören, wenn es für die Entscheidung notwendig ist und das Kind die erforderliche geistige Reife besitzt. Die Anhörung des Kindes durch das Gericht ist nur zulässig, wenn es das 14. Lebensjahr vollendet hat.*“

851 *Ansorg* gibt für das Jahr 1963 bei 28.202 nichteheliche geborenen Kindern rund 25.000 Anerkenntnisse an: *Ansorg*, Weitere Probleme, NJ 1965, S. 246.

852 *Beyer/Händler/Redlich/Walter/Weiß/Orth* in: Familienrecht, S. 205.

853 *Ansorg*, Weitere Probleme, NJ 1965, S. 246. Zu praktischen Konsequenzen der Verwirklichung des Postulats der Gleichberechtigung: *Markowitz*, Gerechtigkeit in Lüritz, S. 30.

sollte gesichert werden, dass die Elternschaft auch bei einer nicht bestehenden Ehe auf dem gemeinsamen Bekenntnis beider Eltern zum Kind beruhte.[854]

Erfolgte die Anerkennung der Vaterschaft nicht freiwillig,[855] war durch die Mutter oder den Vormund des minderjährigen Kindes, Klage zu erheben.[856] Das Kind selbst, in dessen Interesse die Feststellung der Vaterschaft vor allem erfolgen sollte,[857] konnte nur dann selbständig klagen, wenn es volljährig war (§ 56 Abs. 1 FGB). Die Klage erheben durften gemäß § 56 Abs. 1 FGB[858] die Mutter bzw. der Vormund des minderjährigen Kindes und das volljährige Kind selbst.[859] Die Klage war gegen den behaupteten Erzeuger zu richten. War dieser verstorben, hatte das Gericht für seine Erben gemäß § 36 Abs. 1 Zi. 3 ZPO DDR einen Prozessbeauftragten zu bestellen.[860]

Verklagt werden konnte jeder, der mit der Mutter in der Empfängniszeit[861] verkehrt hatte (§ 54 Abs. 2 S. 1 FGB).[862]

Zudem hatte der Staatsanwalt gemäß § 60 FGB[863] die Befugnis erlangt, die durch Urteil festgestellte Vaterschaft anzufechten, wenn nach der Rechtskraft des Urteils gegen die Vaterschaft sprechende Tatsachen bekannt geworden worden

---

854 *Beyer/Händler/Redlich/Walter/Weiß/Orth* in: Familienrecht, S. 205.

855 Dies sollte in acht von neun Fällen erfolgt sein: *Familienrecht der DDR*, § 55 Anm 1.

856 In der Praxis wurde diesem Instrument aber keine besondere Bedeutung mehr zugemessen, weil eine gerichtliche Entscheidung nur in verhältnismäßig wenigen Fällen notwendig sei: *Beyer/Händler/Redlich/Walter/Weiß/Orth* in: Familienrecht, S. 205.

857 *Beyer/Händler/Redlich/Walter/Weiß/Orth* in: Familienrecht, S. 205.

858 § 56 FGB:
„*(1) Die gerichtliche Feststellung der Vaterschaft erfolgt auf Klage der Mutter oder des Vormundes des minderjährigen Kindes. Ist das Kind volljährig, kann es selbst klagen.*
(2) Die Klage des volljährigen Kindes ist nur binnen Jahresfrist zulässig. Die Frist beginnt mit dem Zeitpunkt der Kenntnis der Tatsachen, die für die Vaterschaft des Verklagten sprechen, frühestens jedoch mit der Volljährigkeit des Kindes.
(3) Das Gericht hat von Amts wegen alle für die Feststellung der Vaterschaft notwendigen Maßnahmen zu treffen."

859 *Beyer/Händler/Redlich/Walter/Weiß/Orth* in: Familienrecht, S. 209. Auch nach Eintritt der Volljährigkeit war ein nichteheliches Kind an die Rechtskraft eines vor diesem Zeitpunkt ergangenen Urteils gebunden: *Beyer/Händler/Redlich/Walter/Weiß/Orth* in: Familienrecht, S. 210.

860 *Beyer/Händler/Redlich/Walter/Weiß/Orth* in: Familienrecht, S. S. 210.

861 Zu der Problematik dieses Begriffes aus naturwissenschaftlicher Sicht: *Hansen*, Probleme der Vaterschaftsfeststellung, NJ 1965, S. 455.

862 *Beyer/Händler/Redlich/Walter/Weiß/Orth* in: Familienrecht, S. 206.

863 § 60 FGB:
„*Unwirksamkeit der durch gerichtliche Entscheidung getroffenen Vaterschaftsfeststellung.*
Ist die Vaterschaft durch Urteil festgestellt worden, kann der Staatsanwalt die Aufhebung des Urteils beantragen, wenn nach der Rechtskraft Tatsachen bekannt werden, die gegen die festgestellte Vaterschaft sprechen."

waren. Nach § 59 FGB konnten binnen eines Jahres nach Kenntnis der gegen die Vaterschaft sprechenden Tatsachen die Mutter, der Vormund des Kindes oder der festgestellte Vater auch bei einer freiwillig anerkannten Vaterschaft eine Anfechtungsklage erheben. Diese Möglichkeit war jedoch im Interesse der Rechtssicherheit und der erforderlichen Stabilität des durch die Feststellung begründeten Eltern-Kind-Verhältnisses nur eingeschränkt gegeben. Es mussten erst nach der erfolgten Anerkennung und vor weniger als einem Jahr bekannt gewordene Tatsachen behauptet werden, deren Kenntnis bei objektiver Betrachtung einem Anerkenntnis entgegengestanden hätten.[864]

Wurde ein Mann als Vater festgestellt, konnte gemäß § 58 FGB[865] kein anderer Mann als Vater festgestellt werden, solange diese Feststellung wirksam war. Die Feststellung begründete auch ein Verwandtschaftsverhältnis des Vaters zu seinem nichtehelichen Kind.[866]

c) Die Anfechtung

Im Regelfall wurde die Verwandtschaft des während der Ehe geborenen Kindes mit dem Ehemann vermutet.[867] Diese Vermutung erstreckte sich auch auf das vor der Eheschließung gezeugte, aber in der Ehe oder spätestens 302 Tage nach Beendigung der Ehe geborene Kind[868] (§ 61 Abs. 1 S. 1 FGB).[869] Die vom Ehe-

---

864 *Beyer/Händler/Redlich/Walter/Weiß/Orth* in: Familienrecht, S. 214; BG Leipzig, Urteil vom 13. August 1970, 00 GBF 50/70, NJ 1971,86,87.

865 § 58 FGB:
„Die Wirkung der Feststellung der Vaterschaft
Ist die Vaterschaft durch Anerkennung oder durch gerichtliche Entscheidung festgestellt worden, kann kein anderer Mann als Vater festgestellt werden, solange die Feststellung nicht gerichtlich für unwirksam erklärt worden ist (§§ 59 und 60)."

866 *Familienrecht der DDR*, Kommentar, FGB § 58, Anm 2.

867 Die Gesellschaftsordnung gewährleiste die Voraussetzungen dafür, dass die Ehe auf Liebe beruhe, was Vertrauen und sexuelle Treue voraussetze. Da die sexuelle Beziehung zwischen den Ehegatten und der Wunsch nach einem gemeinsamen Kind unmittelbar zum Wesen der Ehe gehöre, habe der Gesetzgeber es als entbehrlich angesehen, die Tatsache der gemeinsamen Elternschaft von Ehegatten für in der Ehe geborene Kinder ausdrücklich festzustellen, von ihr werde selbstverständlich ausgegangen: *Beyer/Händler/Redlich/Walter/Weiß/Orth* in: Familienrecht, S. 215.

868 *Ansorg*, Familienrecht, S. 115.

869 § 61 FGB:
„Grundsätze:
(1) Soll geltend gemacht werden, dass ein während der Ehe oder bis zum Ablauf des dreihundertundzweiten Tages nach ihrer Beendigung geborenes Kind nicht vom Ehemann abstammt, kann die Vaterschaft durch ihn selbst, die Mutter des Kindes oder den Staatsanwalt im Wege

mann der Mutter, der Mutter des Kindes oder dem Staatsanwalt zu erhebende Anfechtungsklage war für die Fälle geregelt, in denen nach der allgemeinen Lebenserfahrung konkreten Bedenken gegen die Vaterschaft nachgegangen werden musste. Ein den Staatsanwalt zur Anfechtung veranlassendes öffentliches Interesse an der Feststellung sollte nur in engen Ausnahmefällen und vor allem dann angenommen werden können, wenn der Erzeuger den Unterhalt großzügiger sicherstellen konnte als der Ehemann.[870] In § 62 Abs. 1 FGB[871] war die Jahresfrist für die Anfechtung geregelt, die für die Mutter regelmäßig mit der Geburt begann. Allerdings sollten nur sehr geringe Wahrscheinlichkeitswerte für die Vaterschaft des Ehemannes als Ergebnis der Beweisaufnahme der Anfechtungsklage zum Erfolg verhelfen können.[872] Mit einer erfolgreichen Anfechtungsklage wurde die Nichtvaterschaft des Ehemannes der Mutter rechtskräftig festgestellt.[873] Bis zu dieser Feststellung durfte von niemand geltend gemacht werden, dass das Kind nicht ehelich sei (§ 63 Abs. 3 FGB).[874] So lange war auch das Betreiben der Feststellung eines anderen Erzeugers ausgeschlossen.[875] Voraus-

---

der Klage angefochten werden. Im Anfechtungsverfahren ist durch das Gericht zu prüfen, ob der Ehemann als Vater auszuschließen ist.

(2) Der Anfechtung bedarf es nicht, wenn der Ehemann der Mutter für tot erklärt wurde und das Kind später als 302 Tage nach dem in der Todeserklärung festgestellten Todeszeitpunkt geboren ist."

870 *Ansorg*, Familienrecht der DDR, S. 115.

871 § 62 FGB:

„*Anfechtungsfristen*

(1) Die Anfechtungsklage ist nur binnen Jahresfrist zulässig. Die Frist beginnt mit dem Zeitpunkt, in dem der Anfechtungsberechtigte Kenntnis von den Tatsachen erlangt, die dafür sprechen, dass der Ehemann nicht der Vater des Kindes ist, frühestens jedoch mit der Geburt des Kindes. Das Gericht kann auch nach dem Fristablauf die Anfechtungsklage zulassen, wenn der Kläger ohne sein Verschulden verhindert war, die Frist einzuhalten.

(2) Der Staatsanwalt kann die Anfechtungsklage im Interesse des Kindes jederzeit erheben."

872 *Ansorg*, Familienrecht der DDR, S. 115f.

873 *Beyer/Händler/Redlich/Walter/Weiß/Orth* in: Familienrecht, S. 216.

874 § 63 FGB:

„*Wirkung der Anfechtung*

(1) Durch die rechtskräftige Entscheidung wird festgestellt, dass der Ehemann der Mutter nicht der Vater ihres Kindes ist.

(2) Ist im Falle des § 54 Abs. 5 S. 2 rechtskräftig festgestellt, dass der Ehemann der Mutter nicht der Vater des Kindes ist, so gilt der Ehemann aus der früheren Ehe als Vater. Für ihn beginnt die Anfechtungsfrist frühestens mit Rechtskraft der Entscheidung.

(3) Solange keine rechtskräftige Entscheidung vorliegt, kann von niemandem geltend gemacht werden, dass der Ehemann der Mutter nicht der Vater ist. Jedoch können Verwandte eines Ehegatten, der verstorben ist, ohne das Anfechtungsrecht verloren zu haben, in Unterhalts- und Erbschaftsstreitigkeiten diesen Einwand erheben."

875 *Beyer/Händler/Redlich/Walter/Weiß/Orth* in: Familienrecht, S. 217. Nach einer, allerdings nicht unumstrittenen, obergerichtlichen Entscheidung sollte das Ehescheidungsverfahren im

setzung eines stattgebenden Urteils war der sichere Nachweis, dass das Kind nicht vom Ehemann abstammte. Die Interessen des Kindes sollten es jedoch verbieten, im Anfechtungsverfahren auf bloße Wahrscheinlichkeitserwägungen abzustellen.[876] In Fortsetzung der Rechtsprechung des Obersten Gerichts zu § 1594 BGB, wonach auch die Mutter unabhängig vom Ehemann zur Anfechtung berechtigt sein sollte,[877] war sie nun auch nach dem Gesetz (§ 61 Abs. 1 FGB) anfechtungsberechtigt. Für die Ehepartner galt die Jahresfrist (§ 62 Abs. 1 FGB), die als ausreichend bemessen angesehen wurde, um mögliche Konsequenzen aus der Nichtvaterschaft des Ehemannes zu ziehen.[878]

d) Der Unterhalt

Der Unterhaltsanspruch im FGB war darauf angelegt, der „*materiellen Versorgung eines Familienangehörigen durch einen anderen, wenn kein Zusammenleben in einer Familie und einem Haushalt gegeben ist*", zu dienen.[879] Die Gewährleistung des Unterhalts durch die Familie wurde als unverzichtbar angesehen, wenngleich in der „*sozialistischen Gesellschaft*" durch die Gemeinschaft etwa in Bereichen der Bildung, aber auch bei der Preisgestaltung für Kinderbekleidung und das staatliche Kindergeld[880] ein Teil der Aufwendungen übernommen werde.[881] Die Familie sollte als Bindeglied zwischen dem Individuum und der Gesellschaft dienen. Wenn ein Mann nicht bereit war, für Kinder, „*denen er das Leben geschenkt hatte*", nach seinen Kräften materiell einzustehen, wurde dies als ein offenkundiger Mangel der Haltung zum Menschen und zur Verantwortung überhaupt angesehen, was die Gesellschaft dazu verpflichten sollte, die notwendigen Pflichten klar zu bestimmen und nach Möglichkeit durchzusetzen. Bei nichtehelichen Kindern, die nicht bei ihren Eltern lebten, war es auch Zweck

---

Hinblick auf ein Ehelichkeitsanfechtungsverfahren ausgesetzt werden können, weil die die Kinder betreffenden Folgeentscheidungen davon abhängig sein könnten: BG Rostock, Beschl. vom 22. November 1966, BFR 37/66, NJ 1968,509,509 mit kritischen Anmerkungen von *Ramelow* (NJ 1968, S. 509) und *Rohde* (NJ 1968, S. 511).

876 *Beyer/Händler/Redlich/Walter/Weiß/Orth* in: Familienrecht, S. 217; OG, Urteil vom 12. Mai 1966, 1 ZzF 3/66, NJ 1966,509,511.

877 OG, Urteil vom 1. Dezember 1950, 1 Zz 43/50, NJ 1951,185,186, mit zustimmender Anmerkung von *Nathan*, NJ 1951, S. 187.

878 *Beyer/Händler/Redlich/Walter/Weiß/Orth* in: Familienrecht, S. S. 218.

879 *Seifert* in: Familienrecht, S. 222.

880 Zuletzt betrug das staatliche Kindergeld entsprechend § 2 der *Verordnung über staatliches Kindergeld* vom 12. März 1987 (Gbl. I., S. 43) monatlich 50,00 Mark für der erste, 100 Mark für das zweite und 150,00 Mark für jedes weitere Kind.

881 *Seifert* in: Familienrecht, S. 222.

des Unterhaltsanspruchs zu bewirken, dass dem nichtehelichen Kind im Vergleich zu den anderen Kindern durch das Fehlen der elterlichen Ehe kein Nachteil entstand. Daneben sollte die Unterhaltspflicht das Verantwortungsbewusstsein des Mannes bei der „*Gestaltung intimer Beziehungen zur Frau und gegenüber dem Kind, dem er das Leben geschenkt hat*", stärken.[882]

Der Unterhaltsanspruch im FGB-Entwurf war von dem Gedanken des Art. 33 Verf DDR 49 getragen, dass Unterschiede zwischen ehelichen und nichtehelichen Kindern unzulässig waren. Dementsprechend war in § 46 Abs. 1 S. 2 FGB-Entwurf ein Verweis auf die Unterhaltsansprüche eines bei seiner geschiedenen Mutter lebenden ehelichen Kindes vorgesehen. Diese Vorschriften sollten dann gelten, wenn dem Vater entsprechend § 46 Abs. 2 FGB-Entwurf das Erziehungsrecht übertragen worden war. Gemäß § 82 FGB-Entwurf konnten auch die Eltern des Vaters herangezogen werden.[883] Dementsprechend waren im FGB die Unterhaltsansprüche von Kindern nach einheitlichen Grundsätzen vorgesehen.[884] In § 19 FGB[885] waren diese zunächst für den Grundfall geregelt, dass das Kind in der Ehe geboren wurde, die Eltern aber nicht mehr zusammenlebten. Diese Regelung war gemäß § 46 Abs. 1 S. 3 FGB für nichteheliche Kinder entsprechend anwendbar.[886]

Auch fehlte ein Unterhaltsanspruch der Mutter für die ersten Lebensmonate des Kindes sowie für Entbindungskosten, weil diese wegen der gesellschaftlichen Entwicklung nicht mehr als erforderlich angesehen wurden.[887] Auch ein Unterhaltsanspruch der das Kind betreuenden Mutter gegen den mit ihr nicht verheiraten Vater ihres Kindes wurde trotz des durch die gemeinsame Elternschaft begründeten Familienverhältnisses nicht vorgesehen.[888]

---

882 *Seifert* in: Familienrecht, S. 224 – 227.

883 *Eberhart*, Die Bestimmungen über den Unterhalt, NJ 1965, S. 252.

884 *Seifert* in: Familienrecht, S. 233. Das nichteheliche Kind hatte gegenüber dem ehelichen Kind den Vorteil, dass auf seinen Unterhaltsanspruch § 20 Abs. 2 FGB nicht angewendet wurde, es also seinen Unterhaltsanspruch auch rückwirkend gegen seinen Vater geltend machen konnte: *Schlicht*, Das Familien- und Familienverfahrensrecht, S. 158.

885 § 19 FGB:
„*(1) Befindet sich das Kind im Haushalt nur eines Elternteil, hat der andere den auf ihn entfallenden Anteil zur Deckung der Bedürfnisse des Kindes als Unterhalt zu gewähren. Zur Durchsetzung seines Unterhaltsanspruchs wird das Kind von dem Elternteil vertreten, bei dem es lebt.*
(2) Befindet sich ein Kind weder im Haushalt der Eltern noch eines Elternteils, haben beide Eltern Unterhalt zu leisten. Die Gesamthöhe bestimmt sich nach den Verhältnissen beider Eltern."

886 *Seifert* in: Familienrecht, S. 233.

887 *Eberhart*, Die Bestimmungen über den Unterhalt, NJ 1965, S. 252.

888 Die auch wirtschaftlichen Einflüsse der Mutterschaft sollten den Vater jedoch moralisch zu Unterhaltsleistungen verpflichten. Aus der nicht eingegangenen Ehe sei in der Regel bereits

Wegen der Höhe des Unterhaltsanspruchs wurde zunächst auf die Richtlinie des Obersten Gerichts der DDR vom 14. April 1965 abgestellt. Am 16. Januar 1986 erließ das Plenum des Obersten Gerichts eine neue Unterhaltsrichtlinie.[889] Diese befasste sich wesentlich mit den Einkommensbestandteilen, die bei der Errechnung der Unterhaltshöhe zu berücksichtigen waren. Sie mündete in einer Richtsatztabelle, die hinsichtlich der Einkommen der Unterhaltsverpflichteten, der Zahl der Kinder und dem Alter der Unterhaltsberechtigten differenzierte, wobei hinsichtlich des letzten Kriteriums zwischen bis zwölfjährigen und älteren Kindern unterschieden wurde.[890] Ziel dieser Richtlinie war es, den betroffenen Bürgern eine „*eigenverantwortliche Klärung und Regelung der Unterhaltsbeziehungen im Interesse der unterhaltsberechtigten Kinder auf der Grundlage des Gesetzes und möglichst ohne Inanspruchnahme der Gerichte zu erleichtern.*"[891] Die Unterhaltsbestimmungen könnten daher, „*anders als in den kapitalistischen Ländern*", auf eine Vollbeschäftigung und vielfältigen sozialen Leistungen aufbauen.[892] Die Richtsätze dieser Richtlinie galten ausschließlich für die Berechnung des Unterhalts von Kindern gegen ihre Eltern. Der daraus abzuleitende Unterhaltsanspruch sollte es ermöglichen, dem von einem oder beiden Elternteilen getrennt lebenden Kind soweit wie möglich den Lebensstandard zu sichern, den es hätte, wenn es in einer vollständigen Familiengemeinschaft leben würde.[893] Daraus folgte, in Fortführung der in der Nachkriegszeit begonnenen Rechtsprechung, dass jeder Unterhaltsverpflichtete nach seinem Leistungsvermögen herangezogen werden konnte, wobei nur der nicht mit dem Kind zusammenlebende Elternteil zur Geldleistung verpflichtet war. Bei den Lebensumständen des Unterhaltsverpflichteten waren seine sämtlichen tatsächlich erzielten Einkünfte zu berücksichtigen. In Ausnahmefällen, nämlich dann, „*wenn die Eltern nicht im*

abzuleiten, dass das Verhältnis zwischen den Eltern des nichtehelichen Kindes belastet sei. Daher gebiete es der Schutz der Frau, dass sie rechtlich gesichert unter keinen Umständen auf Versorgungsleistungen des Vaters ihres Kindes verwiesen werden könne. Dies werde durch die gesellschaftliche Ermöglichung eines selbständigen und unabhängigen Lebens der Frau unterstützt: *Seifert* in: Familienrecht, S. 231.

889 Richtlinie des Plenums des Obersten Gerichts über die Bemessung des Unterhalts der Kinder – vom 16. Januar 1986, GBl. I., S. 41 = NJ 1986, S. 97.

890 Richtlinie vom 16. Januar 1986, Zi. 1 und 2, NJ 1986, S. 97.

891 Es hätten sich inzwischen qualitativ neue Familienbeziehungen herausgebildet: *Strasberg*, Die Sicherung der Unterhaltsansprüche von Kindern, NJ 1986, S. 99.

892 Unverändert basiere der Unterhaltsanspruch auf den wirtschaftlichen Verhältnissen beider Elternteile. Eine Anpassung der Unterhaltsrichtlinie sei erforderlich geworden, weil sich durch die leistungsorientierte Lohnpolitik neue Einkommensformen und Einkommensbestandteile ergeben hätten. Zudem seien seit dem VIII. Parteitag erhebliche Maßnahmen der Familienförderung hinzugekommen: *Strasberg*, Die Sicherung, NJ 1986, S. 99f.

893 *Seifert* in: Familienrecht, S. 233f.

möglichen und zumutbaren Umfang ihre Arbeitkraft einsetzen, sondern aus Bequemlichkeit oder gar in der Absicht, ihre Unterhaltspflicht zu verringern, eine ihren Fähigkeiten und Verdienstmöglichkeiten nicht entsprechende Tätigkeit wählen oder ohne Grund überhaupt nicht regelmäßig arbeiten", konnte auch von dem erzielbaren Verdienst ausgegangen werden. Trotz der Erkenntnis über den stetig steigenden Unterhaltsbedarf der heranwachsenden Kinder wurde davon abgesehen, mehr als zwei Stufen vorzugeben, um eine einheitliche von allen Bürgern zu verwirklichende Regelung zu treffen.[894]

Da das Unterhaltsrecht des FGB dem Grundsatz nach an der Zweigenerationenfamilie orientiert war, kamen Unterhaltspflichten für erwachsene Kinder nur in Ausnahmefällen in Betracht.[895] So sah § 83 FGB[896] vor, dass volljährige Kinder nur entsprechend der Lebensverhältnisse der Beteiligten Unterhalt verlangen konnten[897] (§ 82 FGB).[898]

---

894 *Seifert* in: Familienrecht, S. 234 – 242.

895 *Seifert* in: Familienrecht, S. 240.

896 § 83 FGB:
„*Die Aufwendungen der Eltern für die materiellen und kulturellen Bedürfnisse volljähriger Kinder, die infolge körperlicher oder geistiger Gebrechen für dauernd oder für eine nicht absehbare Zeit wirtschaftlich nicht selbständig sind, beschränken sich auf die Unterhaltspflicht gemäß den §§ 81 und 82.*"

897 *Seifert* in: Familienrecht, S. 233.

898 § 82 FGB:
„*(1) Der Unterhalt richtet sich nach den Lebensverhältnissen der Beteiligten und der Leistungsfähigkeit des Unterhaltsverpflichteten. Diese bestimmt sich insbesondere nach seinem Einkommen, seinen Unterhaltsverpflichtungen gegenüber Minderjährigen, seinen im Zusammenhang mit der Erfüllung besonderer gesellschaftlicher und beruflicher Aufgaben und der beruflichen Weiterbildung stehenden notwendigen Aufwendungen und sonstigen besonderen Belastungen.*
(2) Der Unterhalt kann geringer bemessen oder in besonderen Fällen versagt werden, wenn der Unterhaltsberechtigte seine Bedürftigkeit selbst verschuldet, eine frühere Unterhaltspflicht gegenüber dem jetzigen Unterhaltsverpflichteten nicht oder nur teilweise erfüllt oder sich einer schweren Verfehlung gegen den jetzigen Unterhaltsverpflichteten schuldig gemacht hat.
(3) Der Unterhalt kann durch Geldzahlungen oder dadurch, dass der Unterhaltsbedürftige im beiderseitigen Einverständnis in den Haushalt des Unterhaltsverpflichteten aufgenommen wird, gewährt werden. Leben die Beteiligten in einem gemeinschaftlichen Haushalt, ist der Unterhalt hauptsächlich durch Sachleistungen, leben sie getrennt, durch Geldzahlungen zu gewähren. Wenn besondere Umstände es rechtfertigen, können Sachleistungen durch Geldzahlungen oder Geldzahlungen durch Sachleistungen ersetzt werden."

e) Das Erziehungsrecht

In § 42 Abs. 1 FGB[899] wurde die Erziehungsaufgabe[900] als eine bedeutende staatsbürgerliche Aufgabe der Eltern definiert.[901] Ausgegangen wurde davon, dass die Familie für die Erziehung der Kinder von wesentlicher Bedeutung war.[902] Erziehungsberechtigt waren gemäß § 45 FGB[903] grundsätzlich die Eltern

---

899 § 42 FGB:
„(1) Die Erziehung der Kinder ist eine bedeutende staatsbürgerliche Aufgabe der Eltern, die dafür staatliche und gesellschaftliche Anerkennung und Würdigung finden.
(2) Das Ziel der Erziehung der Kinder ist, sie zu geistig und moralisch hochstehenden und körperlich gesunden Persönlichkeiten heranzubilden, die die gesellschaftliche Entwicklung bewusst mit gestalten. Durch verantwortungsbewusste Erfüllung ihrer Erziehungspflichten, durch eigenes Vorbild und durch übereinstimmende Haltung gegenüber den Kindern erziehen die Eltern ihre Kinder zur sozialistischen Einstellung zum Lernen und zur Arbeit, zur Achtung vor den arbeitenden Menschen, zur Einhaltung der Regeln des sozialistischen Zusammenlebens, zur Solidarität, zum sozialistischen Patriotismus und Internationalismus.
(3) Die Erziehung der Kinder ist untrennbar mit der Herausbildung solcher Eigenschaften und Verhaltensweisen wie Bescheidenheit, Ehrlichkeit, Hilfsbereitschaft und der Achtung vor dem Alter verbunden. Die Erziehung der Kinder umfasst auch ihre Vorbereitung zu einem späteren verantwortungsbewussten Verhalten zur Ehe und Familie.
(4) Die Eltern sollen bei der Erfüllung ihrer Erziehungsaufgaben und zur Gewährleistung einer einheitlichen Erziehung eng und vertrauensvoll mit der Schule, anderen Erziehungs- und Ausbildungseinrichtungen, mit der Pionierorganisation ‚Ernst Thälmann' und der Freien Deutschen Jugend zusammenarbeiten und diese unterstützen."

900 Erziehung wurde dabei als die Anpassung an die bestehenden und offiziell erwünschten gesellschaftlichen Verhältnisse verstanden: *Arnold*, Art und Umfang der elterlichen Rechte in der DDR, Berlin, 1973, S. 23. Dies resultiere aus der Tatsache, dass das Kind meist im Lebenskreis der Mutter aufwachse, die wiederum schon während der Schwangerschaft die Fürsorge der Gesellschaft und durch die Einrichtungen des Gesundheitswesens erfahre: *Ansorg*, Familienrecht, S. 101; *Familienrecht der DDR*, Kommentar, FGB § 47, Anm 1.

901 Dazu: *Brümmer*, Die Entwicklung des elterlichen Sorge- und Erziehungsrechts in der DDR, Köln, 1980, S. 57 – 59.

902 *Familienrecht der DDR*, Kommentar, FGB § 22, Anm. 3.1.

903 § 45 FGB:
„(1) Die Eltern üben das Erziehungsrecht gemeinsam aus und treffen auch ihre Entscheidungen gemeinsam. Ist ein Elternteil verhindert, so ist der andere berechtigt, das Erziehungsrecht allein wahrzunehmen. Bei einer Verhinderung für voraussichtlich nur kurze Zeit beschränkt sich die Berechtigung auf die Wahrnehmung nicht aufschiebbarer Angelegenheiten.
(2) Stirbt ein Elternteil oder verliert er das elterliche Erziehungsrecht, hat der andere dieses allein. Sind beide Eltern verstorben oder haben sie das Erziehungsrecht verloren, so kann das Erziehungsrecht durch das Organ der Jugendhilfe den Großeltern oder Urgroßeltern übertragen werden.
(3) Wird die Ehe der Eltern geschieden oder für nichtig erklärt, entscheidet das Gericht, welchem der Ehegatten das Erziehungsrecht zu übertragen ist (§ 25). Stirbt danach der Erzie-

gemeinsam. Etwas anderes galt jedoch für nichteheliche Kinder. Nach § 46 Abs. 1 FGB hatte allein die Mutter eines nichtehelichen Kindes das Erziehungsrecht[904] für das Kind.[905]

Auf eine Regelung der Beziehung von dem Vater zu dem Kind wurde bewusst verzichtet, weil diese *„nur schwerlich mit rechtlichen Mitteln“* zu beeinflussen sei.[906] Trotz der Verwandtschaft des Kindes mit dem Vater wurde diesem also keine Befugnis zum Umgang mit dem Kind eingeräumt, weil es ihm in der Regel an der persönlichen Bindung zum Kind fehle. Allerdings hatte sich die rechtliche Stellung des Vaters insoweit verbessert, als ihm dann, wenn die Mutter ausfiel, das Erziehungsrecht übertragen werden konnte.[907] Die Frage, inwieweit der Vater Kontakt mit seinem Kind und Einfluss auf dessen Erziehung haben sollte, sei nicht durch das Gesetz, sondern allein durch die Eltern zu lösen.[908]

Für wenige Tage, nämlich vom Inkrafttreten des Gesetzes zur Änderung des Familiengesetzbuchs der DDR (*1. Familienrechtsänderungsgesetz*) vom 20. Juli

---

hungsberechtigte oder verliert er das Erziehungsrecht, kann das Organ der Jugendhilfe dieses dem anderen Elternteil übertragen.

(4) Leben die Eltern getrennt, weil ein Elternteil die eheliche Gemeinschaft nicht fortführen will oder beide dazu nicht bereit sind, und können sie sich über die Ausübung des Erziehungsrechts nicht einigen, bestimmt auf Klage eines Elternteils das Gericht, welcher Elternteil während der Trennung das Erziehungsrecht ausüben soll.

(5) Der Erziehungsberechtigte kann die Zuführung des Kindes von jedem verlangen, der es ihm widerrechtlich vorenthält.“

904 Das Umgangsrecht des nicht sorgeberechtigten Elternteils nach der Trennung war hinsichtlich der Kinder geschiedener Eheleute bei der Diskussion über den FGB-Entwurf intensiv erörtert worden: *Beyer*, Zur künftigen Regelung des persönlichen Umgangs des nicht sorgeberechtigten Elternteils mit dem Kind, NJ 1964, S. 49; *Händer*, Zur künftigen Regelung des persönlichen Umgangs des nicht sorgeberechtigten Elternteils mit dem Kind, NJ 1964, S. 50; *Rudolph*, Zur künftigen Regelung des persönlichen Umgangs des nicht sorgeberechtigten Elternteils mit dem Kind, NJ 1965, S. 437; *Borkmann/Dauthe*, Zur künftigen Regelung des persönlichen Umgangs des nicht sorgeberechtigten Elternteils mit dem Kind, NJ 1964, S. 267; *Kiesling/Riedel/Schott*, Zur künftigen Regelung des persönlichen Umgangs des nicht sorgeberechtigten Elternteils mit dem Kind, NJ 1965, S. 81; *Eichholz*, Zur künftigen Regelung des persönlichen Umgangs des nicht sorgeberechtigten Elternteils mit dem Kind, NJ 1965, S. 81; *Krause*, Zur künftigen Regelung des persönlichen Umgangs des nicht sorgeberechtigten Elternteils mit dem Kind, NJ 1964, S. 269. Die im Wesentlichen gleich gelagerte Problematik von Kindern nicht verheirateter Eltern wurde dagegen nicht angesprochen.

905 *Schlicht*, Das Familien- und Familienverfahrensrecht, S. 157. Zur Vereinbarkeit mit der Konvention über die Rechte der Kinder der UN-Vollversammlung vom 20. November 1989: *Eberhardt*, Gedanken zur Konvention über die Rechte des Kindes unter familienrechtlichen Gesichtspunkten, NJ 1990, S. 60.

906 *Seifert* in: Familienrecht, S. 227.

907 *Ansorg*, Familienrecht, S. 101f.

908 *Ansorg*, Einige Probleme, NJ 1965, S. 248.

1990[909] am 1. Oktober 1990 bis zur Wiedervereinigung am 3. Oktober 1990 war nicht nur in § 46 Abs. 2 FGB das Recht des Kindes, regelmäßige Kontakte zu beiden Eltern zu pflegen sowie die Pflicht der Eltern, dieses auch zu verwirklichen, sondern in § 46 Abs. 4 FGB auch die Möglichkeit, dass auf Antrag beider Eltern diesen auch ein gemeinsames Erziehungsrecht übertragen werden konnte, normiert.

f) Der Name

Hinsichtlich des Namens des nichtehelichen Kindes wurde im Entwurf die alte Regelung übernommen. Das Kind führte den Namen der Mutter. Wenn die Eltern nach der Geburt heirateten, erhielt das Kind den Familiennamen der Eltern (§ 64 Abs. 2 FGB). Schloss die Mutter mit einem anderen Mann die Ehe, konnte sie gegenüber dem Standesamt erklären, dass das Kind diesen Familiennamen tragen sollte (§ 65 Abs. 1 FGB). Neu war, dass, anders als bei dem allein auf die Erklärung des Ehemannes abstellenden § 1706 Abs. 1 S. 3 BGB, nunmehr auf den Erziehungsberechtigten abgestellt wurde.[910]

g) Das Erbrecht

Das nicht unmittelbar dem Familienrecht zuzuordnende Erbrecht des nichtehelichen Kindes wurde ausdrücklich für die Übergangszeit bis zum Erlass des ZGB,[911] im EGFGB[912] geregelt.

Nach § 9 Abs. 1 EGFGB[913] erbte ein minderjähriges nichteheliches Kind wie ein eheliches Kind, wenn es unterhaltsbedürftig war.[914] Dies galt auch für voll-

909 GBl. I., S. 1038.

910 *Ansorg*, Weiter Probleme, NJ 1965, S. 247.

911 *Ansorg*, Weitere Probleme, NJ 1965, S. 248; *Schrodt*, Das Erbrecht des außerhalb der Ehe geborenen Kindes, NJ 1966, S. 299.

912 GBl. 1966 I, 19.

913 § 9 Abs. 1 EGFGB:
„*(1) Ein Kind, das außerhalb der Ehe geboren wurde, erbt beim Tode seines Vaters oder seiner Großeltern väterlicherseits, solange es minderjährig ist, wie ein während der Ehe geborenes Kind.*
(2) Nach Abs. 1 erbt auch das im Zeitpunkt des Erbfalls volljährige Kind,
wenn es noch unterhaltsbedürftig ist,
wenn der Vater bis zur Volljährigkeit das Erziehungsrecht hatte,
wenn es während der Minderjährigkeit überwiegend im Haushalt des Vaters gelebt hat oder mit ihm im Zeitpunkt des Erbfalls in einem gemeinsamen Haushalt lebt.

jährige Kinder.[915] Das nichteheliche Kind erbte nach seinem Vater, wenn dieser bis zur Volljährigkeit das Erziehungsrecht inne gehabt oder das Kind überwiegend im Haushalt des Vaters gelebt hatte (§ 9 Abs. 2 Zi. 2, 3 EGFGB). Ein Erbersatzanspruch, wie ihn das Recht der Bundesrepublik Deutschland kannte, war nicht vorgesehen.[916] Das nichteheliche Kind wurde hier also nicht uneingeschränkt in die Verwandtschaft eingereiht; vielmehr wurde sein Erbrecht erst durch eine gesonderte Regelung begründet.[917]

Ein volljähriges Kind erbte dagegen nur dann, wenn es noch unterhaltsbedürftig war oder wenn es während der Minderjährigkeit überwiegend oder sogar ausschließlich bei dem Vater gelebt hatte. Die Verwandten des Vaters hatten ebenso wenig ein Erbrecht im Hinblick auf das Kind wie dessen Vater. Das Erbrecht des nichtehelichen Kindes war mithin nur eingeschränkt[918] gewährleistet.[919] Wurde auch mit dem FGB der Auftrag des Art. 33 Verf DDR 49 nur unvollständig umgesetzt, führte schließlich das am 1. Januar 1976 in Kraft getretene *Zivilgesetzbuch der Deutschen Demokratischen Republik* vom 19. Juni 1975[920] endgültig zu der verfassungsrechtlich geforderten Gleichstellung der nichtehelichen

---

(3) Das volljährige Kind erbt auch, wenn beim Tode des Vaters dessen Ehefrau, Eltern, während der Ehe geborene Kinder und deren Abkömmlinge nicht mehr leben oder das Erbrecht verloren haben. Lebt nur ein Elternteil des Vaters, so erbt das Kind neben diesem.

(4) Der Vater und seine Verwandten werden nur dann gesetzliche Erben, wenn der Vater das Erziehungsrecht für das Kind bis zur Volljährigkeit hatte, wenn es während der Minderjährigkeit überwiegend im Haushalt des Vaters gelebt hat oder zum Zeitpunkt des Erbfalls mit dem Vater in einem gemeinsamen Haushalt lebte.

(5) Durch diese Bestimmung wird die Befugnis des Erblassers, nach den Bestimmungen des Erbrechts letztwillige Verfügungen zu errichten, nicht berührt."

914 *Schlicht*, Das Familien- und Familienverfahrensrecht, S. 159. Diese Regelung war von dem Gedanken getragen, dass das Kind das Erbrecht nur benötigte, solange es selbst unterhaltsbedürftig war: *Ansorg*, Weitere Probleme, NJ 1965, S. 248; *Familienrecht der DDR*, Kommentar, EGFGB § 8, Anm 3. II; vgl. *Hauschild/Schmidt*, Die Bedeutung des Einführungsgesetzes zum Familiengesetzbuch, NJ 1966, S. 13; *Ansorg*, Familienrecht, S. 102. Zur Bewertung aus westdeutscher Sicht: *Voss*, Das Erbrecht, S. 52.

915 *Voss*, Das Erbrecht, S. 76.

916 *Freytag*, Das neue Erbrecht der DDR aus Sicht des BGB, Freiburg, 1981, S. 40.

917 *Voss*, Das Erbrecht, S. 54.

918 Eine Abschaffung des Erbrechts stand jedenfalls in der Phase der Ausarbeitung des ZGB seit den sechziger Jahren des vergangenen Jahrhunderts nicht mehr zur Debatte: *Lingelbach*, Zum Erbrecht im ZGB, in: Das Zivilgesetzbuch der DDR vom 19. Juni 1975, Eckert/Hattenhauer (Hrsg.), Goldbach, 1995, S. 162.

919 In der westdeutschen Literatur wurde die Regelung in § 9 EGFGB weniger als eine Erbrechtsbestimmung, als ein „*Unterhaltstitel im erbrechtlichen Gewand*" angesehen. Es erschien als der Beginn des Weges weg von der Blutsverwandtschaft, hin zu der Legitimierung der faktischen Lebensgemeinschaft: *Voss*, Das Erbrecht, S. 81 – 84.

920 GBl. I., S. 465.

Kinder.[921] In § 365 ZGB[922] wurde ein differenziertes gesetzliches Erbe von ehelichen und nichtehelichen Kindern aufgegeben. Jedes Kind des Erblassers bildet einen Stamm in der Erbfolge.[923] Dies galt gemäß § 396 ZGB[924] auch für den Pflichtteilsanspruch, der allen Kindern ohnehin nur dann zustand, wenn und so lange ihnen der Verstorbene zum Unterhalt verpflichtet gewesen war. Erst nun war das nichteheliche Kind gegenüber seinem Vater voll erbberechtigt.[925]

h) Das Prozessrecht

Das Gericht war gemäß § 56 Abs. 3 FGB verpflichtet, alle für die Feststellung der Vaterschaft notwendigen Maßnahmen zu ergreifen. Hierzu gehörte es auch, die Parteien zu einem umfassenden und schlüssigen Vorbringen zu veranlassen, insbesondere ihrer ihnen aus § 3 Abs. 1 S. 2 ZPO erwachsenden Pflicht am Verfahren teilzunehmen und bei der Feststellung des Sachverhalts mitzuwirken, zu genügen.[926] Bewiesen werden musste also zunächst der Verkehr der Mutter mit

---

921 *Münder*, Nichteheliche Kindschaft, FuR 1992, S. 193.

922 § 365 ZGB:
„*Erbrecht des Ehegatten und der Kinder*
Gesetzliche Erben 1. Ordnung sind der Ehegatte und die Kinder des Erblassers. Sie erben zu gleichen Teilen, der Ehegatte jedoch zumindest ein Viertel des Nachlasses. Dem Ehegatten stehen neben seinem Erbteil die zum ehelichen Hausstand gehörenden Gegenstände zu.
An die Stelle eines Kindes, das zur Zeit des Erbfalles nicht mehr lebt, treten dessen Kinder, die zu gleichen Teilen erben.
Der Nachlass eines verstorbenen Ehegatten besteht aus seinem Anteil am gemeinschaftlichen Eigentum der Ehegatten sowie aus seinem Alleineigentum. Für die Feststellung des Anteils am gemeinschaftlichen Eigentum gelten die Bestimmungen des Familiengesetzbuches.“
Zur Gesetzesgeschichte der erbrechtlichen Vorschriften im FGB: *Lingelbach*, Zum Erbrecht im ZGB, S. 162.

923 *Freytag*, Das neue Erbrecht der DDR, S. 35; 49.

924 § 396 ZGB:
„*(1) Bei Ausschluss von der Erbfolge durch Testament sind pflichtteilsberechtigt:*
der Ehegatte des Erblassers,
die Kinder, Enkel und Eltern des Erblassers, wenn sie zum Zeitpunkt des Erbfalls gegenüber dem Erblasser unterhaltsberechtigt waren.
(2) Der Pflichtteilsanspruch ist ein Geldanspruch. Er beträgt zwei Drittel des Wertes des gesetzlichen Erbteils des Pflichtteilsberechtigten. Der Berechnung des Erbteils wird der Wert des Nachlasses zur Zeit des Erbfalles zugrunde gelegt.
(3) Der Pflichtteilsanspruch ist eine Nachlassverbindlichkeit. Sie entsteht mit dem Erbfall. Der Anspruch verjährt 2 Jahre nach Kenntnis vom Erbfall und vom Inhalt des Testaments, spätestens 10 Jahre nach dem Erbfall.
(4) Der Pflichtteilsanspruch ist vererblich“.

925 *Bosch*, Familien- und Erbrecht als Themen, FamRZ 1992, S. 877.

926 *Beyer/Händler/Redlich/Walter/Weiß/Orth* in: Familienrecht, S. 210.

dem Mann innerhalb der in der Länge unverändert gebliebenen gesetzlichen Empfängniszeit (§ 54 Abs. 2 FGB). Zunächst sollte das Gericht dafür die Parteien zu dem etwaigen Geschlechtsverkehr befragen, sie aber nur im Ausnahmefall vernehmen oder vereidigen.[927] Konnte der Geschlechtsverkehr bewiesen werden,[928] blieb dem Mann die Möglichkeit des Nachweises der nicht erfolgten Zeugung.[929] Letzteres half dem in Anspruch genommenen Vater aber nur dann weiter, wenn er die größere Wahrscheinlichkeit der Zeugung durch einen anderen Vater[930] nachweisen konnte (§ 54 Abs. 2 S. 2 FGB).[931] Anders als noch bei § 1717 BGB war gemäß § 26 Abs. 1 Familienverfahrensordnung bei gleicher Wahrscheinlichkeit der Vaterschaft nur derjenige als Vater festzustellen, der zuerst verklagt worden war.[932] Allerdings war der naturwissenschaftliche Nachweis über die bestehende Vaterschaft oder deren Ausschluss etwa durch Tragezeitgutachten, Blutgruppengutachten, erbbiologische Gutachten oder Gutachten über die Zeugungsfähigkeit,[933] unverändert schwierig.[934] In einer Richtlinie aus dem Jahr 1963[935] wies das Oberste Gericht der DDR zwar darauf hin, dass die medizinisch-biologischen Untersuchungsmethoden zur Feststellung der Vaterschaft vollkommener geworden seien. Insbesondere habe sich das Blutgruppengutachten als hilfreich erwiesen, um die Zeugung durch einen bestimmten Mann auszuschließen. Auch das nichteheliche Kind habe jedoch einen Anspruch darauf, dass das Vater-Kind-Verhältnis geklärt werde. Dem Bestreben nichteheli-

927 Grund für diese Zurückhaltung war die in § 230 StGB DDR geregelte Strafbarkeit falscher Prozesserklärungen: *Familienrecht der DDR*, Kommentar, FGB § 54, Anm 2.2.1.

928 Dies war von dem Gericht in einer gründlichen Beweisaufnahme zu klären, in der das Gericht darauf dringen sollte, dass die Prozessparteien die Einzelheiten ihrer Beziehung offenbarten, um daraus Rückschlüsse über den Wahrheitsgehalt der Behauptungen ziehen zu können: *Beyer/Händler/Redlich/Walter/Weiß/Orth* in: Familienrecht, S. 206.

929 Die Mehrverkehrseinrede war damit praktisch beseitigt: *Schlicht*, Das Familien- und Familienverfahrensrecht, S. 169.

930 Dieser war gemäß § 35 Abs. 2 ZPO DDR in das Verfahren einzubeziehen: *Beyer/Händler/Redlich/Walter/Weiß/Orth* in: Familienrecht, S. 208.

931 *Ansorg*, Familienrecht, S. 110; *Beyer/Händler/Redlich/Walter/Weiß/Orth* in: Familienrecht, S. 208; *Familienrecht der DDR*, Kommentar, FGB § 54, Anm 3.122.

932 *Ansorg*, Familienrecht, S. 112; *Ansorg*, Weitere Probleme, NJ 1965, S. 247; *Beyer/Händler/Redlich/Walter/Weiß/Orth* in: Familienrecht, S. 209; kritisch: *Hansen*, Probleme, NJ 1965, S. 455.

933 Zu den Problemen der jeweiligen Nachweismethoden: *Beyer/Händler/Redlich/Walter/Weiß/Orth* in: Familienrecht, S. 210f.

934 Noch 1981 wurde der sichere Nachweis oder der sichere Ausschluss einer Vaterschaft mit wissenschaftlich-medizinischen Gutachten nur in Einzelfällen als möglich angesehen: *Beyer/Händler/Redlich/Walter/Weiß/Orth* in: Familienrecht, S. 207.

935 Beschluss des Plenums des Obersten Gerichts vom 22. Mai 1963 über die Neufassung der Richtlinie Nr. 6 vom 29. Juni 1955 I-PIR 1/63, NJ 1963, S. 345.

cher Väter, ihre Sorgepflicht gegenüber dem Kind und der Gesellschaft insbesondere durch die Mehrverkehrseinrede zu Unrecht zu leugnen, sei durch die Gerichte entgegenzutreten. Auch die erbbiologische Methode allein könne aber oft keine Sicherheit hervorrufen. Dementsprechend sei der Sachverhalt vor der Begutachtung etwa durch Tragezeitgutachten und die Vernehmung von Mehrverkehrszeugen zu erforschen. Die erbbiologische Methode sei ein weiteres Beweismittel, die, Ähnlichkeitsmerkmale vergleichend, allein einen Grad der Wahrscheinlichkeit für oder gegen eine Vaterschaft ergeben könne.[936] Sämtliche naturwissenschaftlichen Gutachten seien daher erst dann einzuholen, wenn die bisherige Beweisaufnahme konkrete Anhaltspunkte für einen Mehrverkehr ergeben habe.[937]

---

936 Beschluss des Plenums des Obersten Gerichts vom 22. Mai 1963, NJ 1963, S. 345. Wurden erbbiologische Gutachten eingeholt, konnten diese entsprechend einer Untersuchung des Instituts für gerichtliche Medizin und Kriminalistik der Karl-Marx-Universität Leipzig, in 77,6 % der Fälle einen entscheidenden Einfluss auf die Entscheidung erlangen. Dabei habe sich gezeigt, dass sich bei Anfechtungsklagen überwiegend die Nichtvaterschaft und bei Unterhaltsklagen überwiegend der von der Mutter benannte Vater als Erzeuger herausgestellt habe: *Hammer*, Über die Beweiskraft des erbbiologischen Gutachtens bei Unterhalts- und Anfechtungsklagen, NJ 1964, S. 400. Das unbegründete Einholen des erbbiologischen Gutachtens und die Verkennung seines Beweiswertes würden daher die Rechte des minderjährigen Kindes einschränken: Beschluss des Plenums des Obersten Gerichts vom 22. Mai 1963, NJ 1963, S. 346.

937 Beschluss des Plenums des Obersten Gerichts vom 22. Mai 1963, NJ 1963, S. 347. Die so begründete Richtlinie lautet:
„1. An den Nachweis der offenbaren Unmöglichkeit, daß ein bestimmter Geschlechtsverkehr zur Zeugung eines Kindes geführt hat, sind strenge Anforderungen zu stellen. Das erbbiologische Gutachten beruht auf dem Ähnlichkeitsvergleich und kann daher für den Beweis der Zeugung eines Kindes nur Wahrscheinlichkeitswerte liefern. Es ist deshalb als Beweismittel für sich allein nicht geeignet, positive oder negative Ergebnisse zu vermitteln, auf die der Richter seine Entscheidung über die ‚offenbare Unmöglichkeit' gründen kann. Ein Beweis durch erbbiologisches Gutachten ist nur dann zulässig, wenn bereits andere Beweismittel Tatsachen ergeben haben, die es als wahrscheinlich erscheinen lassen, dass ein bestimmter erwiesener Verkehr oder Mehrverkehr der Mutter nicht zur Empfängnis geführt hat. Sein Ergebnis ist als Hilfsmittel zur objektiven Wahrheitsfindung im Sinne der ‚offenbaren Unmöglichkeit' im Zusammenhang mit allen anderen bewiesenen Tatsachen zu prüfen und gemäß § 286 ZPO zu beurteilen.
2. Das erbbiologische Gutachten ist ein Hilfsmittel, um zusammen mit anderen Beweisen die offenbare Unmöglichkeit einer Vaterschaft festzustellen. Der Richter hat vor der Beiziehung naturwissenschaftlicher Gutachten zunächst den Sachverhalt durch Partei- und erforderlichenfalls Zeugenvernehmungen aufzuklären. Reifegradgutachten, Gutachten über Zeugungsunfähigkeit des Mannes oder Blutgruppengutachten sind nur beizuziehen, wenn sie im Einzelfall den Nachweis der offenbaren Unmöglichkeit erbringen können. In der Regel ist eine erbbiologische Untersuchung erst zulässig, wenn vorher ein Blutgruppengutachten eingeholt worden ist.

Das Erstreiten eines Unterhaltstitels gegen den nichtehelichen Vater setzte unverändert einen zweistufigen Entscheidungsprozess voraus. Zunächst musste der nichteheliche Vater festgestellt werden, um dann eine konkrete Höhe des geschuldeten Unterhalts titulieren lassen zu können. Die bereits zuvor gängige Praxis, beides in einem Prozess zu verbinden, wurde seit dem Inkrafttreten der ZPO DDR[938] in § 11 Abs. 2 S. 2 ZPO DDR[939] ausdrücklich gesetzlich zugelassen. Probleme bereitete hier noch die Verjährungsfrist in § 108 FGB.[940] Eine Hemmung konnte gemäß § 477 Abs. 1 Zi. 1 ZGB nur durch eine gerichtliche Geltendmachung erreicht werden, selbst wenn vor der Feststellung der Vaterschaft eine einstweilige Anordnung[941] erlangt worden war.[942] Praktisch musste wegen der künftigen Unterhaltsleistungen auf die aktuellen und wegen der Unterhaltsrückstände auf die jeweiligen zurückliegenden persönlichen Verhältnisse des Vaters abgestellt werden.[943]

Ein Beschluss des Präsidiums des Obersten Gerichts der DDR stellte klar, dass die gemäß § 57 FGB mögliche Anerkennung der Vaterschaft in jeder Lage des Verfahrens und damit auch im Termin vor der Kammer erfolgen konnte.[944] Wenn die Mutter selbst Klage erhoben hatte, bedurfte es für das Anerkenntnis ihrer Zustimmung nicht mehr. Ein Anerkenntnisurteil blieb gleichwohl ausgeschlossen.[945] Ein weiterer Mann durfte in das Verfahren nur dann einbezogen werden, wenn nach dem Ergebnis der Beweisaufnahme der Verklagte nicht als

---

3. Das erbbiologische Gutachten ist nicht geeignet, einen bereits mit anderen Methoden oder Beweismitteln erbrachten Beweis zu widerlegen. In diesem Fall ist seine Beiziehung unzulässig."

938 *Gesetz über das gerichtliche Verfahren in Zivil-, Familien- und Arbeitsrechtssachen – Zivilprozessordnung*, vom 19. Juni 1975, GBl. I., S. 533.

939 § 11 Abs. 2 S. 2 ZPO DDR:
„*In einer Klage können mehrere Ansprüche geltend gemacht werden*"

940 § 108 FGB:
„*Soweit nicht in § 20 Abs. 2 etwas anderes bestimmt ist, verjähren Unterhaltsforderungen in 4 Jahren. Die Verjährung beginnt mit dem Ende des Jahres, in dem der Anspruch entstanden ist.*"

941 Zur Zulassung der einstweiligen Anordnung: *Göldner*, Antwort auf einige Fragen zur Anwendung unterhaltsrechtlicher Bestimmungen, NJ 1966, S. 468.

942 Anders als noch in § 9 FVerfO war seit dem Inkrafttreten der ZPO DDR auf das „*dringende*" Erfordernis abzustellen: *Eberhardt*, Unterhaltsentscheidungen im Unterhaltsfeststellungsverfahren, NJ 1980, S. 33.

943 *Eberhardt*, Unterhaltsentscheidung, NJ 1980, S. 33; Zu Ansprüchen des Scheinvaters gegen den leiblichen Vater: *Janke*, Hat ein zu Unrecht, NJ 1970, S. 680.

944 Zur einheitlichen Anwendung der zur Anpassung der Bestimmungen über das gerichtliche Verfahren in Familiensachen an das Familiengesetzbuch erlassene Verordnung vom 17. Februar 1966 – FVerfO – (GBl. II. S. 171), Beschluss des Präsidiums des Obersten Gerichts vom 18. Mai 1966 – I Pr 112 – 5/66, NJ 1966, S. 411.

945 Zur einheitlichen Anwendung, NJ 1966, S. 411.

Vater ausgeschlossen werden konnte, aber ein Mehrverkehr bestätigt war und sich Tatsachen ergeben hatten, die eine höhere Wahrscheinlichkeit der Vaterschaft des anderen Mannes begründen konnten. Wurde die höhere Wahrscheinlichkeit des anderen Mannes bestätigt, war dieser als Vater festzustellen, bei geringerer oder gleich großer Wahrscheinlichkeit dagegen der zuerst verklagte Mann.[946]

Die prozessualem Voraussetzungen der Feststellung der Vaterschaft konkretisierte das Oberste Gericht in seiner Richtlinie Nr. 23 vom 22. März 1967.[947] Danach war die Mutter gehalten, zur Klagebegründung darzulegen, woraus sie ihre Annahme ableitete, dass der Verklagte der Vater des Kindes war. Dazu gehörte insbesondere ein Vortrag über die Dauer der Beziehung, den in der Empfängniszeit erfolgten Geschlechtsverkehr und die biologischen Umstände, aus denen Rückschlüsse auf den Zeitpunkt der Empfängnis gezogen werden konnten. Wenn die Erklärungen der Parteien dazu übereinstimmten, sollte eine Beweisaufnahme entbehrlich sein.[948] Im Falle des Bestreitens des Geschlechtsverkehrs durch den Beklagten sollten zunächst Zeugen und die Parteien vernommen werden. Erst dann durften naturwissenschaftliche Gutachten herangezogen werden.[949]

In Entsprechung der gesellschaftlichen Bedeutung des Unterhaltsanspruchs wurde den nichtehelichen Kindern auch bei der Durchsetzung ihrer Ansprüche geholfen. Zu den anzuwendenden Mitteln gehörten nicht nur gerichtliche Entscheidungen über Grund und Höhe von Unterhaltsansprüchen, sondern auch die „*Einflussnahme der Betriebe und Kollektive der Werktätigen auf Unterhaltspflichtige zur ordnungsgemäßen Zahlung*“ und strafrechtliche Sanktionen. Das gerichtliche Verfahren sollte vor allem dazu dienen, den Vater – etwa auch durch die Einbeziehung des Arbeitskollektivs – zur freiwilligen Erfüllung seiner Zahlungspflicht anzuhalten. Bestand akuter Unterhaltsbedarf und konnte eine zeitnahe Einigung ebenso wenig erzielt werden wie ein zeitnahes Urteil, kam eine einstweilige Anordnung gemäß § 16 ZGB in Betracht.[950]

946 Zur einheitlichen Anwendung, NJ 1966, S. 411.

947 Richtlinie Nr. 23 des Plenums des Obersten Gerichts der Deutschen Demokratischen Republik zur Feststellung und Anfechtung der Vaterschaft vom 22. März 1967 (GBl. II S. 177; geändert durch Änderungsbeschluss vom 17. Dezember 1975 (GBl. I 1976, S. 182).

948 A.I.2. der Richtlinie Nr. 23.

949 A.I.3. der Richtlinie Nr. 23. Bei den Gutachten sollte beachtet werden, dass das Blutgruppengutachten von allen Begutachtungsmöglichkeiten den größten Beweiswert hatte: A.I.9. Dies galt auch dann, wenn mehrere Männer als Erzeuger in Betracht kamen: A.IV.18.

950 *Seifert* in: Familienrecht, S. 249.

i) Zusammenfassung

Dem Erlass des FGB wurde wie bereits 1954 eine öffentliche Diskussion vorangestellt. Dies zeigt die Bedeutung, die der Familie und ihrer rechtlichen Regelung zukam. Langsam setzte sich die Überzeugung durch, dass die Geburt nichtehelicher Kinder hinzunehmen und diese mit den Mitteln des Rechts nicht zu verhindern oder auch nur zu steuern war. Den nichtehelichen Müttern sollte eine Förderung zukommen, deren Umfang jedoch gering war, weil es angesichts der Gleichberechtigung der Frau für diese ohnehin alle Möglichkeiten der beruflichen Entwicklung und wirtschaftlichen Sicherstellung geben musste. Dementsprechend hatte sie keinen Unterhaltsanspruch gegen den nichtehelichen Vater.

Auch nach dem Erlass des FGB wurde nicht davon ausgegangen, dass die Entwicklung der sozialistischen Familie bereits abgeschlossen war. Einflussmöglichkeiten des Staates vollzogen sich nicht direkt, sondern über die Veränderungen der Lebens- und gesellschaftlichen Verhältnisse sowie über die „*Entwicklung des sozialistischen Bewusstseins der Familienmitglieder*".[951] Ein Motor dieser Entwicklung sollte das Recht sein. Dabei blieb die Familie bis zum Ende der DDR ein Garant auch für das Recht der nichtehelichen Kinder. Als „*kleinste Zelle der Gesellschaft*" war sie für die Förderung der sozialistischen Gesellschaft von entscheidender Bedeutung. Allerdings wurde auch dort der Wandel der Familienverhältnisse nicht vollständig nachvollzogen. Das Zusammenleben nicht verheirateter Eltern passte auch in der DDR nicht in das familienpolitische Konzept. Der rechtliche Vater blieb so formal „*Zahlvater*". Ein Erziehungsrecht konnte ihm erst nach dem Versterben der Mutter übertragen werden. Erst zum 1. Oktober 1990 wurde die Möglichkeit des gemeinsamen Sorgerechts Gesetz, aber nur für zwei Tage.

Andererseits wurden vor der Realität der zunehmenden Zahl von Geburten der nichtehelichen Kinder nicht die Augen verschlossen. Die durch eine nichteheliche Schwangerschaft veranlasste „*Mussehe*" war nicht (mehr) gewünscht. Statt ihrer gab es eine Reihe sozialpolitischer Maßnahmen, die es der Mutter ermöglichten, ein nichteheliches Kind aufzuziehen, wenn diese auch oft darauf gerichtet waren, auch nichteheliche Mütter in den Arbeitsprozess einzubinden. In einer Studie zur Familienförderung aus dem Jahr 1983[952] führte Anita *Grandke* aus, die Unterstützung alleinstehender Eltern und kinderreicher Familien weise die Verfassung als einen Weg der Realisierung des Grundrechts alleinstehender Eltern aus. Die Unterstützung solle dabei helfen, dass auch unter erschwerten Bedingungen die Erfüllung der Funktion der Familie erreicht und soziale Härten

951 *Familienrecht der DDR*, Kommentar, S. 22.

952 Studie zur Familienförderung, *Grandke*, November 1983, BArch DP 1/1486.

vermieden werden könnten. Die Familie durchlaufe mit der Gesellschaft eine revolutionäre Entwicklung. Eine Reihe von Werten würde relativiert, ohne dass bisher eine konkrete Ausformung erfolgt sei. Dazu zählte *Grandke* das Zusammenleben von Mann und Frau ohne Ehe und auch Geburten außerhalb der Ehe. Diese Erscheinungen wertete sie als Hinweise auf Widersprüche und die Kompliziertheit der Familienentwicklung.[953]

Die neuen Familienverhältnisse sollten auch dazu führen, dass sich Väter zu ihren nichtehelichen Kindern bekannten. Anfechtungs- und Vaterschaftsfeststellungsklagen wurden nicht gewünscht, der Kreis der möglichen Kläger jedoch erweitert. Die Mehrverkehrseinrede blieb bestehen und entlastete zu Lasten von möglichen Nichtvätern die Staatskasse, bis sicherere Nachweismethoden dieses Problem zu beseitigen halfen. Das Unterhaltsrecht wurde bis dahin auch als möglicher Hebel dafür genutzt, außerehelichen Geschlechtsverkehr einzuschränken. Jedenfalls sollten auch die Männer die Konsequenzen davon tragen. Nunmehr durften auch die Eltern eines nichtehelichen Vaters zu Unterhaltsleistungen herangezogen werden. Die Mutter dagegen konnte von dem Vater ihres Kindes keine eigene Unterstützung verlangen.

IV. Zusammenfassende Bewertung

Das Recht wurde in der DDR als ein Instrument der Förderung der gesellschaftlichen Entwicklung angesehen und auch als solches gebraucht. Mit seiner Hilfe sollte konkret auf die Familien eingewirkt werden, was zunächst in dem Bemühen mündete, die Geburt ehelicher Kinder zu bevorzugen, ohne jedoch nichteheliche Kinder zu benachteiligen. Letzteres verbot nicht nur die Verfassung, sondern auch das 1950 erlassene MKschG.

Anders als in der Bundesrepublik konnte über die Gerichte, die eben nicht unabhängig waren, konkret und gezielt auf die Gesellschaftsverhältnisse eingewirkt werden. Sie unterlagen einer zentralisierten Steuerung durch das Oberste Gericht, das gerade nicht darauf beschränkt war, durch seine Entscheidungen eine Rechtsvereinheitlichung zu bewirken. Eine konkrete Einflussnahme auf die gelebten Familienverhältnisse konnten die Gerichte trotz dieser Möglichkeiten nicht bewirken.

Die Entwicklung begann mit Art. 33 VerfDDR 49,[954] der unmittelbar Einfluss auf die Rechtsprechung nahm und so dazu führte, dass die Verwandtschaft des

953 Studie zur Familienförderung, BArch DP 1/1486, S. 2 – 4.

954 Dieser war um Unterschied zu Art. 6 Abs. 5 GG kein Programmsatz, sondern unmittelbar geltendes Recht: *Friesen/Heller*, Das Familienrecht in Mitteldeutschland, S. 6.

nichtehelichen Kindes mit dem Vater nicht ausgeschlossen und der Mutter die elterliche Gewalt nicht generell versagt werden durfte. In der Praxis wurde dies jedoch nicht umfassend umgesetzt. Gleiches galt für die Beseitigung des „*Makels*“ der nichtehelichen Geburt und die Verschaffung der vollen elterlichen Rechte der Mutter durch § 17 Abs. 1 MKSchG.

Ergaben sich auch die Grundsätze aus der Verfassung und dem MKSchG, so musste doch der wesentliche Teil der Umsetzung der verfassungsrechtlichen Vorgaben bis zum Inkrafttreten des FGB noch mehr als 15 Jahre durch die Rechtsprechung übernommen werden. Das betraf Bereiche des Unterhaltsrechts, der Vaterschaftsfeststellung und die Behandlung der Mehrverkehrseinrede. Bis zum Inkrafttreten des FGB blieb es in der DDR bei der von der Verfassung nicht mehr vorgesehenen gesetzlichen Unterscheidung von ehelichen und nichtehelichen Kindern.[955]

Mit dem FGB wurde dem Grundsatz nach jegliche rechtliche Unterscheidung zwischen ehelichen und nichtehelichen Kindern beseitigt. Sonderregelungen erfolgten allerdings insoweit, wie dies durch die unterschiedlichen Lebenssachverhalte veranlasst erschien. Diese wurden als durch die sichere Mutter- und die unsichere Vaterschaft, sowie als dadurch geprägt angesehen, dass meist eine nur lose oder gar völlig fehlende Bindung zwischen dem Kind und seinem Vater zu konstatieren sei. Da „*unstreitig*“ die Geburt eines Kindes in die Ehe der Eltern hinein „*nicht nur förderlich für die Entwicklungsbedingungen der Kinder in der Familie, sondern sie auch die beste Voraussetzung für die rechtliche Gestaltung gleichberechtigter Beziehungen zwischen Mutter und Kind und Vater und Kind sowie zwischen den Eltern*“ gewesen sei, sei die nichteheliche Geburt bei der Fassung des FGB als Ausnahmefall mit prognostiziertem Rückgang der Fälle angesehen worden. Im FGB blieb es bei der nur im Ausnahmefall möglichen Übertragung des Erziehungsrechts auf den Vater (§ 46 Abs. 2 FGB). Im Unterhaltsrecht waren eheliche und nichteheliche Kinder gleichgestellt.[956]

Die nichtehelichen Kinder standen auch in der DDR nicht im Zentrum der familienrechtlichen Diskussion, sie entsprachen unverändert nicht dem gewünschten Familienmodell. Die klassische Familie war im Gegenteil von ersichtlich so hoher Bedeutung für die Gesellschaft,[957] dass ihre Festigung oberste Priorität hatte. Dieses Ziel zu verfolgen war ein wesentliches Ziel der „*sozialistischen*“ Rechtsordnung.[958] Die Ehe blieb die Grundlage der Familie,[959] andere

955 *Grandke*, Der Verzicht auf die Nichtehelichkeit S. 15f.

956 *Grandke*, Der Verzicht auf die Nichtehelichkeit S. 18f.

957 *Hille*, Familie und Sozialisation in der DDR, Opladen, 1985, S. 31.

958 *Benjamin*, Zehn Jahre demokratische Justiz, StuR 1955, S. 349.

959 *Grandke*, Zur Herausbildung der sozialistischen Familie in der DDR, StuR 1970, S. 1773.

Familienformen waren unerwünscht.[960] Wesentliche Aufgabe dieser Familie sollte es sein, ihre Mitglieder zu *„sozialistischen Persönlichkeiten zu entwickeln."*[961]

Das nichteheliche Kind sollte darunter nicht leiden. Die Beseitigung des Makels der nichtehelichen Geburt war durch das MKSchG gesetzlich geregelt. Der Spagat zwischen dem Schutz der Ehe und der Gleichberechtigung der nichtehelichen Kinder sollte nicht zu Lasten letzterer gehen. Aus diesem Grundsatz jedoch abzuleiten:

> *„Niemand galt als berechtigt, die fehlende Ehe der Eltern mit einem pauschalen Urteil über die Erziehungsfähigkeit der Mutter, über ihr Verantwortungsbewusstsein und über das Erfordernis nach staatlicher Kontrolle oder staatlichem Beistand zu verbinden."*[962]

erscheint im Hinblick auf die tatsächliche Entwicklung als geschönt.

Auffällig ist, dass das Recht des nichtehelichen Kindes bereits vor dem Inkrafttreten des FGB weitgehend aus der Diskussion geraten war. Die Schlachten schienen geschlagen zu sein und die Gerichte wurden lediglich noch bei konkreten Detailfragen der gesetzlichen Regelungen durch das Oberste Gericht angeleitet. Bereits zuvor, im Zusammenhang mit dem Entwurf aus dem Jahr 1954, waren die sozialistischen Grundsätze des Rechts der nichtehelichen Kinder erörtert worden. Im FGB waren die Regelungen über nichteheliche Kinder „*unauffällig*" und nicht mit programmatischen Hinweisen, etwa auf die Gleichberechtigung nichtehelicher und ehelicher Kinder befrachtet. Ein Grund für diese „*unauffällige*" Behandlung kann darin vermutet werden, dass das Auftreten nichtehelicher Kinder nicht in den Vordergrund gestellt und so die „*legitime*" Familie gefördert werden sollte.[963] In der Wissenschaft blieb die Situation von Kindern aus unvollständigen Familien kaum beachtet.[964] Es wurde davon ausgegangen, es sei, anders als in der Bundesrepublik Deutschland, gelungen, die Benachteiligung des nichtehelichen Kindes zu beseitigen. In der kapitalistischen Gesellschaft sei die Diskriminierung notwendig gewesen, weil die eheliche Geburt für die Übertra-

---

960 *Hille*, Familie und Sozialisation, S. 37. Anders stellt dagegen *Grandke* darauf ab, dass der Grund für den Schutz der Ehe nicht mehr in der Legitimierung der Beziehungen zwischen Mann und Frau, sondern in der bewussten Übernahme gegenseitiger Verantwortung füreinander und die Kinder gesehen worden sei: *Grandke*, Der Verzicht auf die Nichtehelichkeit S. 14.

961 *Grandke*, Zur Herausbildung, StuR 1970, S. 1774; *Sozialistische Beziehungen in Familien und Hausgemeinschaften bewusster gestalten*, Materialien der Sitzung des Verfassungs- und Rechtsausschusses der Volkskammer der DDR vom 24. Februar 1971, in: Aus der Tätigkeit der Volkskammer und ihrer Ausschüsse, 5. Wahlperiode, 1971, Heft 21, S. 22.

962 *Grandke*, Der Verzicht auf die Nichtehelichkeit S. 14.

963 *Drobnig*, Ideologie, Recht und Wirklichkeit der Familie in der DDR, in: Jahrbuch für Ostrecht 1967, S. 175.

964 *Helwig*, Staat und Familie, S. 478.

gung des Privateigentums an den Produktionsmitteln auf die eheliche Nachkommenschaft habe gesichert werden müssen. Ursache für die Diskriminierung sei nicht die saubere Bindung der Eheleute, sondern das Privateigentum an den Produktionsmitteln gewesen. Mit der Veränderung des kapitalistischen Eigentums, insbesondere der Herausbildung des *„staatsmonopolistischen Kapitalismuss“* hätten sich Art und Umfang der *„moralischen, religiösen und juristischen Diskriminierung des alleinstehenden Kindes und seiner Mutter“* geändert. Das FGB habe eine Lösung gefunden, die lediglich eine Ungleichbehandlung zulasse, wenn eine abweichende Lebenssituation gegenüber dem Kind vorliege, das außerhalb der Ehe geboren worden sei.[965] In der neuen Rechtsordnung seien nicht alle Differenzierungen beseitigt worden. Im FGB werde davon ausgegangen, dass die Ehe der Eltern *„förderlich“* für die Entwicklung des Kindes in der Familie und für die Gestaltung der Beziehungen zwischen den Eltern untereinander und den Kindern sei.[966] Auch im FGB sei die Geburt eines Kindes außerhalb der Ehe als Ausnahmefall angesehen worden, dessen Relevanz zum Zeitpunkt des Erlasses des FGB als rückläufig eingeschätzt wurde. Die erforderlichen Regelungen seien an die zwingenden tatsächlichen Differenzierungen anzuknüpfen gewesen. So habe die nichteheliche Mutter wegen der *„realen Dominanz der Mutter-Kindbeziehung“* kraft Gesetzes mit der Geburt des Kindes das Erziehungsrecht erhalten.[967]

Das Bedürfnis nach einem Unterhaltsanspruch der Mutter gegen den Vater wurde als überwunden angesehen, zumal der Beschäftigungsgrad bei Alleinstehenden ohnehin noch höher gewesen war als bei verheirateten Frauen. Rechtspflichten zwischen den Eltern erschienen daher schon 1965 nicht mehr als erforderlich.[968] Die nichteheliche Mutter wurde so, wie etwa auch die geschiedene Mutter, unabhängig von der Geburt eines Kindes zur Arbeitsaufnahme gezwungen.

Nichteheliche Kinder und alleinerziehende Mütter waren eine Gruppe, die in der Forschung der DDR keine erhebliche Rolle gespielt hatte.[969] Alleinerziehen-

965 *Ansorg*, Familienrecht, S. 100.

966 Die Entwicklung der Familie wurde in der Praxis erheblich pessimistischer gesehen. Auf einer Sitzung des Verfassungs- und Rechtsausschusses der Volkskammer am 21. Mai 1970 führte Prof. Dr. *Arlt* aus, die Entwicklung der Familie in der sozialistischen Gesellschaft werde im zunehmenden Maße zum gesellschaftlichen Problem. Alarmierend sei die Zahl der Scheidungen und die steigende Zahl der unehelichen Geburten bei gleichzeitigem Geburtenrückgang: Stenographisches Protokoll Beratung des Verfassungs- und Rechtsausschusses der Volkskammer am 21. Mai 1970 in Berlin, BArch, DA 1 6800.

967 *Grandke*, Der Verzicht auf die Nichtehelichkeit, S. 18f.

968 *Grandke*, Der Verzicht auf die Nichtehelichkeit, S. 22.

969 Von den alleinerziehenden Müttern waren zum Zeitpunkt der letzten Volkszählung 1981 49,2 % geschieden und immerhin 30,4 % ledig. Die Mehrzahl von ihnen lebte tatsächlich

de entsprachen nicht dem Familienbild der DDR-Gesellschaft.[970] Über sie wurde weder gezielt geforscht noch wurde über sie in der Öffentlichkeit berichtet.[971] Dennoch lebten 1989 in der DDR etwa 340.000 unverheiratete Mütter allein mit ihren minderjährigen Kindern.[972] Auch wenn sie von dem Idealbild der sozialistischen Familie abwichen, erhielten sie erhebliche staatliche Unterstützungsleistungen. Sie konnten vor anderen Müttern mit Krippenplätzen[973] rechnen und erhielten im Falle der Erkrankung ihrer Kinder einen finanziellen Ausgleich für entgangenes Arbeitseinkommen sowie finanzielle Förderungen und Sonderurlaube.[974] Dies diente letztlich der Verwirklichung der *„Gleichberechtigung der Frau"* durch ihre Einbindung in den Arbeitsprozess.

In der Retrospektive wurde die Entwicklung des Nichtehelichenrechts aus ostdeutscher Sicht als ein gelungenes Kapitel der Rechtsgeschichte der DDR angesehen. Insgesamt habe die Wiedervereinigung zum 3. Oktober 1990 das Recht der nichtehelichen Kinder auf ein *„niedrigeres, historisch bereits überholtes Niveau"* zurückgeführt.[975] Bereits in den 70er Jahren des vergangenen Jahrhunderts wurde in der ostdeutschen Literatur die Auffassung vertreten, dass der Verfassungsgrundsatz aus Art. 33 VerfDDR 49, wonach die außereheliche Geburt weder dem Kind, noch seinen Eltern zum Nachteil gereichen durfte, umgesetzt worden sei. *„Einen Makel ‚außereheliche Geburt', eine gesellschaftliche Geringschätzung und Benachteiligung des Kindes"* gebe es nicht mehr.[976] Eine rechtliche Gleichstellung wurde jedoch nicht erreicht. Zu stark war das Bestre-

---

alleine mit dem Kind oder mit den Kindern: *Gysi/Meyer*, Leitbild: berufstätige Mutter – DDR-Frauen in Familie, Partnerschaft und Ehe, in: Frauen in Deutschland, Helwig/Nickel (Hrsg.), 4. Auflage, Bonn, 1993, S. 146.

970 Schon *Engels* sah die ledigen Mütter durchaus kritisch. Er stellte die *„monogame Ehe"* als ein Kennzeichen der modernen Zivilisation heraus: *Engels*, Der Ursprung der Familie, des Privateigenthums und des Staats, 15. Aufl., Berlin, 1984, S. 75. Die Monogamie höre aber auf, wirtschaftliche Grundlage für die Frau zu sein. Die Erziehung und Pflege der Kinder werde unabhängig davon, ob sie ehelich oder unehelich seien, eine Aufgabe der Gesellschaft (*Engels*, Der Ursprung, S. 91).

971 *Gysi/Meyer*, Leitbild: berufstätige Mutter, S. 145; *Merkel*, Leitbilder und Lebensweisen von Frauen in der DDR, in: Sozialgeschichte der DDR, Kaelble/Kocka/Zwahr (Hrsg.), Stuttgart, 1994, S. 373.

972 *Gysi/Meyer*, Leitbild: berufstätige Mutter, S. 145.

973 Ziel des flächendeckenden Ausbaus der Betreuungseinrichtungen war es, die Einbindung der Frauen in das Berufsleben zu fördern und sie von ihren Verpflichtungen in der Familie zu entlasten: *Karutz*, Erziehung in staatlichen Kinderkrippen und Kindergärten der DDR, in: Deutschland, deine Kinder, Benz/Benz (Hrsg.)., München, 2001, S. 45.

974 *Hille*, Familie und Sozialisation, S. 68; *Gysi/Meyer*, Leitbild: berufstätige Mutter, S. 145.

975 *Grandke*, Der Verzicht auf die Nichtehelichkeit, S. 27.

976 *Familienrecht der DDR*, Kommentar, FGB § 54, Anm 1.

ben, die „*vollständige Familie*“ als Regelfall in der sozialistischen Gesellschaft zu fördern.

E. Das gemeinsame Nichtehelichenrecht nach der Wiedervereinigung

Zum 3. Oktober 1990 galt, vermittelt durch den Einigungsvertrag, im gesamten nun vergrößerten Bundesgebiet mit geringfügigen Modifikationen das Nichtehelichenrecht des BGB. Dieses konnte in der tradierten Form so jedoch ersichtlich nur für einen Übergangszeitraum fortbestehen.

I. Sonderprobleme nach der Wiedervereinigung

Nach dem Beitritt der Länder der DDR zur „*alten*“ Bundesrepublik Deutschland am 3. Oktober 1990 waren, wie auch nach dem Ende des Zweiten Weltkrieges, trotz der relativ klaren Vorschriften im Einigungsvertrag eine Reihe von Sonderproblemen zu lösen.

1. Die Vaterschaftsfeststellung

Hinsichtlich der Feststellung der Vaterschaft galt gemäß Art. 232 § 1 EGBGB für alle Kinder mit dem Beitritt das Recht des BGB. Dies hatte zur Folge, dass volljährige nichteheliche Kinder, die die Jahrsfrist des § 56 Abs. 2 FGB versäumt hatten, gemäß § 1600n BGB am 3. Oktober 1990 wieder in die Lage versetzt wurden, die Vaterschaft gerichtlich feststellen zu lassen.[977] Der Bundesgerichtshof hielt auch daran fest, dass Statusurteilen, die vor dem Beitritt der DDR ergangen waren, die Anerkennung nur dann zu versagen war, wenn diese gegen den ordre public der Bundesrepublik Deutschland verstießen. Art. 234 § 7 EGBGB enthalte einen entsprechenden ungeschriebenen Vorbehalt.[978]

977 BGH, Urteil vom 16. April 1997, XIII ZR 295/95, NJW 1997,2053,2054 = NJ 1997,486,486.
978 BGH, Urteil vom 22. Januar 1997, XIII ZR 207/95, NJW 1997,2051,2051 = NJ 1997, 257.

2. Die Legitimation

Kinder, die nach dem Recht der DDR die Rechtsstellung eines nichtehelichen Kindes hatten, konnten gemäß §§ 1740a bis 1740g BGB ihre Ehelichkeitserklärung beantragen. Die Jahresfrist des § 1740e BGB begann entsprechend Art. 234 § 12 EGBGB frühestens mit dem 3. Oktober 1990.

3. Der Unterhalt

Durch den Einigungsvertrag wurden die nichtehelichen Kinder auch im Beitrittsgebiet im Unterhaltsrecht nicht nur materiellrechtlich, sondern auch prozessual anders behandelt als eheliche Kinder. Nach den Rechtsvorschriften der DDR hatten bis zum 2. Oktober 1989 für nichteheliche Kinder die nicht mit ihren Eltern zusammen lebten dieselben prozessualen Vorschriften gegolten. Das war nun nicht mehr der Fall. Für den Unterhalt der ehelichen Kinder war das Familien-, für denjenigen der nichtehelichen Kinder das Vormundschaftsgericht zuständig.[979]

Probleme bereitete auch die Frage der Verjährung der Unterhaltsansprüche. Diese war umso bedeutsamer, je länger der Zeitraum zwischen der Geburt und der Feststellungsklage war. Nach dem Recht der DDR verjährten gemäß § 108 FGB Unterhaltsansprüche in vier Jahren. In der Bundesrepublik Deutschland konnte das nichteheliche Kind dagegen gemäß § 1615d BGB von seinem Vater Unterhaltsbeträge, die fällig geworden waren bevor die Vaterschaft anerkannt oder festgestellt war, auch für die Vergangenheit geltend machen. Gemäß Art. 234 § 1 EGBGB galt bis zum 3. Oktober 1990 für Fälle mit Bezug zum Recht der ehemaligen DDR deren Recht. Die danach mögliche Verjährung hielt das OLG Naumburg jedoch unter Bezugnahme auf § 472 ZGB[980] für unbeachtlich, weil in der DDR lebende nichteheliche Kinder nicht schlechter gestellt werden dürften als solche aus der „*alten*" Bundesrepublik.[981]

---

979 Kritisch dazu: *Grandke*, Zur Anwendung des Kindesunterhaltsrechts im Beitrittsgebiet, NJ 1993, S. 299.

980 § 472 ZGB:
„*Das Gericht kann auch nach eingetretener Verjährung für einen geltend gemachten Anspruch Rechtsschutz gewähren, wenn dafür schwerwiegende Gründe vorliegen und es im Interesse des Gläubigers dringend geboten erscheint und dem Schuldner zuzumuten ist.*"

981 OLG Naumburg, Urteil vom 19. Mai 1993, 2 U 539/92, DtZ 1993,312,313. Kritisch: *Janke*, Die Anwendung des Zivilgesetzbuches der DDR in der Rechtsprechung seit der deutschen

4. Das Erziehungsrecht des Vaters

Durch Art. 234 § 11 Abs. 1 EGBGB[982] wurde die Möglichkeit des nichtehelichen Vaters, Erziehungsberechtigter seines Kindes zu werden, wieder aufgehoben. Diesem hatte zuvor nach § 46 Abs. 2 FGB in den Fällen, in denen die Mutter nicht (mehr) in der Lage war, die Erziehung des Kindes zu gewährleisten, das Erziehungsrecht übertragen werden können.[983] Diese Einschränkung wurde aus ostdeutscher Sicht kritisiert. Grund für die Regelung sei es gewesen, dass mit der Übertragung des Erziehungsrechts auf den Vater nach § 46 Abs. 2 FGB der Status des Kindes als nichtehelich unverändert bestehen geblieben sei. Dieser Status habe jedoch nach dem Recht der DDR seit langem keine Rolle mehr gespielt. Da nur die Väter das Erziehungsrecht erhalten hätten, die tatsächlich ihrer Elternverantwortung nachgekommen seien, sei die „*Rückstufung*" auf die Position eines der stärkeren Kontrolle unterliegenden Vormunds verfassungsrechtlich nicht haltbar.[984]

5. Das Erbrecht

Auch das Erbrecht war nach dem Beitritt Gegenstand weiterer Überlegungen. Hier trafen in beiden Teilen Deutschlands erhebliche Gegensätze aufeinander.[985] Während das Erbrecht des BGB seit dem 1. Januar 1900 – lediglich durch das Schaffen des Erbersatzanspruchs modifiziert – weitgehend unverändert geblieben war und im Wesentlichen den Ausschluss des nichtehelichen Kindes vom Erbrecht nach dem Vater regelte, hatte dasjenige der DDR über das FGB und ZGB[986] einen erheblichen Wandel erlebt.[987] Nichteheliche Kinder waren durch

---

Einheit, NJ 1994, S. 443; *Lingelbach*, Erfolgreiche Unterhaltsklagen nichtehelicher DDR-Kinder trotz Anspruchsverjährung?, NJ 1994, S. 2004.

982 Art. 234 § 11 Abs. 1 EGBGB:
„*Die elterliche Sorge für ein Kind steht demjenigen zu, dem das Erziehungsrecht am Tag vor dem Wirksamwerden des Beitritts nach dem bisherigen Recht zustand. Stand das Erziehungsrecht am Tag vor dem Wirksamerden des Beitritts dem Vater eines nichtehelichen Kindes oder einem andern als der Mutter oder dem Vater zu, so hat dieser lediglich die Rechtsstellung eines Vormunds.*"

983 Das am 1. Oktober 1990 in Kraft getretene gemeinsame Sorgerecht der Eltern eines nichtehelichen Kindes konnte wegen der nur kurzen Geltungsdauer der FGB-Reform bis zum 3. Oktober 1990 keine praktische Bedeutung entfalten.

984 *Hulzer*, Vom Erziehungsberechtigten, NJ 1991, S. 113f.

985 *Bosch*, Familien- und Erbrecht als Themen, FamRZ 1992, S. 994.

986 Das Erbrecht des nichtehelichen Kindes nach § 365 ZGB sollte stets die Feststellung der Vaterschaft voraussetzen: OLG Dresden, Urteil vom 14. August 1997, 7 U 361/96, NJW

das ZGB im Unterschied zum BGB mit ehelichen Kindern formal gleichgestellt, wohingegen in der Bundesrepublik nach der seit dem 1. Juni 1970 geltenden Vorschrift des § 1934a BGB nichteheliche Kinder noch immer jedenfalls dann schlechter gestellt waren, wenn gleichzeitig eheliche Kinder oder der Ehegatte des Vaters zum Erbe berufen waren.[988] Dies blieb nicht ohne Kritik. Nach einer ostdeutschen Interpretation der Wendezeit wurzelte diese Regelung „*vor allem in ganz pragmatischen ökonomischen Interessen, welche zweifelsohne vom Standpunkt des Kapitaleigentümers gewichtig zu sein scheinen und mit allgemein moralischen Erwägungen bemäntelt werden.*“[989] Im Einigungsvertrag wurde dann jedoch gleichwohl nach Lösungen gesucht, die im Wesentlichen in der Übernahme der westdeutschen Regelungen mündeten. Grundsätzlich war das zum Todeszeitpunkt anwendbare Erbrecht für den jeweiligen Erbfall (Art. 235 § 1 Abs. 1 EGBGB)[990] maßgeblich. Gemäß Art. 235 § 1 Abs. 2 EGBGB[991] galten aber für vor dem Beitritt geborene nichteheliche Kinder, deren Vater nach dem Wirksamwerden des Beitritts verstorben war, die erbrechtlichen Verhältnisse eines ehelichen Kindes. Dies hatte zur Folge, dass diese Kinder mit der Ehefrau und den ehelichen Kindern des Vaters in einer Erbengemeinschaft zusammentrafen. Anders als bei Erbfällen ohne Bezug zu den neuen Bundesländern[992] hatten sic dafür aber keinen Erbersatzanspruch aus § 1934d BGB. Diese zu einer unterschiedlichen Behandlung des Erbrechts der nichtehelichen Kinder in den neuen

---

1998,2609,2609 = VIZ 1998,288. War auf den Erbfall das Erbrecht der DDR anwendbar, war das nichteheliche Kind unabhängig von seinem Wohn- oder Geburtsort und seiner Staatsangehörigkeit Erbe erster Ordnung: OLG Brandenburg, Beschl. vom 12. September 1996,10 WX 25/95, FamRZ 1996,1031,1032.

987 Im Hinblick darauf wurde das Erbrecht als die zivilrechtliche Rechtsmaterie angesehen, hinsichtlich derer in Folge der Wiedervereinigung am ernsthaftesten über eine Reform nachgedacht werden musste: *Bosch*, Familien- und Erbrecht als Themen, FamRZ 1992, S. 871.

988 Während die nichtehelichen Kinder aus der DDR, anders als westdeutsche nichteheliche Kinder, Miterben wurden, hatten sie auf der anderen Seite kein Recht auf Zuerkennung eines vorzeitigen Erbausgleichs: *Bosch*, Familien- und Erbrecht, FamRZ 1992, S. 994.

989 *Berger/Marko/Orth*, Modernes Erbrecht in einem vereinigten Deutschland, NJ 1990, S. 384f.

990 Dadurch wurde vor dem 1. Juli 1949 geborenen Kindern, die nach dem Recht der ehemaligen DDR einen Erbanspruch gehabt hätten, Bestandsschutz gewährt: *Radzwill/Steiger*, Erbrechtliche Gleichstellung der vor dem 1. 7. 1949 geborenen nichtehelichen Kinder – steht der Gesetzgeber in der Pflicht?, FamRZ 1997, S. 269.

991 Art. 235 § 1 Abs. 2 EGBGB war dahingehend gefasst, dass es allein auf das Versterben nach dem Beitritt ankam. Mit Beschluss vom 20. November 2003 hat das Bundesverfassungsgericht Bedenken gegen diese Regelung zurückgewiesen: BVerfG, Beschl. vom 20. November 2003, 1 BvR 2257/03, DNotZ 2004,471,472.

992 Hierbei war die Frage, wie der Bezug zum Beitrittsgebiet ausgestaltet sein musste, umstritten. Dazu m.w.N.: *Leve*, Das Erbrecht des nichtehelichen Kindes, FuR 1995, S. 283 – 285; KG, Beschl. vom 8. August 1995, 1 W 2149/94, DtZ 1996,213,214.

und den „*alten*“ Bundesländern führende Vorschrift hielt einer Prüfung des Bundesverfassungsgerichts stand. Ziel von § 1934d Abs. 1 BGB sei es, den nichtehelichen Kindern einen Ausgleich für ein gegenüber ehelichen Kindern generell bestehendes Lebensdefizit zu geben. Die gesellschaftlichen Verhältnisse hätten sich seit der Entscheidung zu dieser Frage aus dem Jahr 1981[993] noch nicht so grundlegend geändert, dass die Prämissen des Gesetzgebers nicht mehr tragfähig seien. Die Regelung des Einigungsvertrages habe zum Ziel, die ehemals nach dem Recht der DDR bestehende Gleichstellung nichtehelicher Kinder zu erhalten. Die ungleiche Behandlung sei für einen Übergangszeitraum, in dem der Gesetzgeber die Regelung noch einmal überprüfen könne, nicht zu beanstanden.[994]

II. Die Entwicklung bis zur Reform 1998

Nach der Wiedervereinigung kam auch unabhängig von deren Folgen das Recht des nichtehelichen Kindes nicht zur Ruhe.[995] Die Wiedervereinigung selbst war aber einer der maßgeblichen Gründe dafür, die Reform des Rechts der nichtehelichen Kinder voranzutreiben.[996] Bei den Einigungsverhandlungen war durch die Bundesregierung die Zusage erteilt worden, das Nichtehelichenrecht zu novellieren.[997] Dies war auch dringend erforderlich. Durch das Inkrafttreten der familienrechtlichen Regelungen des BGB auch in den neuen Ländern waren angesichts der dortigen Rechtsentwicklung der vergangen vierzig Jahre Widersprüche entstanden. Durch diese sah sich etwa der *Deutsche Juristinnenbund* veranlasst, einen Reformentwurf vorzubereiten. Hierzu stellte die Untergruppe Berlin, der Juristinnen aus Ost- und Westberlin angehörten, konkrete Forderungen auf. Da-

---

993 BVerfG, Beschl. vom 3. November 1981, 1 BvL 11/77, 85/78, 47/81, NJW 1982,565.

994 BVerfG, Beschl. vom 11. März 1996, 1 BvR 261/94, NJW 1996,1884,1884. Eine Reform des erst „*kürzlich reformierten Nicheehelichen-Erbrechts*“ hielt *Bosch* dagegen nicht für erforderlich: Familien- und Erbrecht, FamRZ 1992, S. 998.

995 Neben die bekannten familienrechtlichen Probleme trat etwa auch die Frage, inwiefern der Vater eines nichtehelichen Kindes wegen der Geburt des nicht gewollten Kindes Ansprüche gegen den Arzt geltend machen konnte, was der Bundesgerichtshof im Hinblick auf die Schutzwirkung des Arztvertrages im konkreten Fall verneinte: BGH, Urteil vom 19. Februar 2002, VI ZR 190/01, NJW 2002,1489. Zur grundsätzlichen Ersatzfähigkeit: BGH, Urteil vom 19. Juni 2002, VI ZR 136/01, NJW 2002,2636. Dazu: *Müller*, Unterhalt für ein Kind als Schaden, NJW 2003, S. 697 – 706.

996 Vgl. *Will*, Macht und Gleichheit, Frankfurt am Main, 1997, S. 23f.

997 Erläuterung zu den Anlagen zum Vertrag zwischen der Bundesrepublik Deutschland und der Deutschen Demokratischen Republik über die Herstellung der Einheit Deutschlands – Einigungsvertrag, BTDrs. 11/7817, S. 36.

nach sollten die allein in den alten Ländern geltende Amtspflegschaft bundesweit aufgehoben und der Mutter das Sorgerecht zugesprochen werden.[998] Auch der Mutter müsse das Recht eingeräumt werden, die Ehelichkeit anzufechten. Die dem entgegenstehende Rechtslage widerspreche der Gleichberechtigung der Geschlechter und sei nur als Ausdruck der überkommenen *„patriarchalischen Denkweise“* zu erklären.[999] Wie schon das vom 1. Oktober 1990 bis zum 3. Oktober 1990 geltende novellierte[1000] FGB in § 46 Abs. 3 vorgesehen habe, solle den Eltern ein gemeinsames Sorgegerecht zugesprochen werden können.[1001] Unter Hinweis auf die gesamtgesellschaftliche Entwicklung wurde auch die vollständige Abschaffung des gesamten Sonderrechts für nichteheliche Kinder verlangt.[1002] Diese Forderung hatte einen realen gesellschaftlichen Hintergrund. Das Bild der (der staatlichen Unterstützung bedürfenden) nichtehelichen Mutter und des an der Entwicklung des Kindes kaum teilhabenden nichtehelichen Vaters, das noch die Entwicklung nach dem Zweiten Weltkrieg bis zur Reform durch das *Nichtehelichengesetz* geprägt hatte, stimmte nicht mehr mit der gesellschaftlichen Realität überein.[1003] Das Alter der Frauen, die nicht verheiratet ein Kind zur Welt brachten, stieg an. Relativ am häufigsten entschieden sich Frauen

---

998 Rechtspolitische Forderungen zum Familienrecht, NJ 1991, S. 539. Hierfür konnten auch Impulse aus dem Geltungsbereich der EMRK gezogen werden. Der Europäische Gerichtshof für Menschenrechte hatte in einem (allerdings nicht die Bundesrepublik Deutschland sondern Belgien betreffenden) Verfahren festgestellt, dass in Art. 8 EMRK ein Unterschied zwischen einer *„ehelichen“* und einer *„nichtehelichen“* Familie nicht vorgesehen sei. Auch wenn es legitim sei, der traditionellen Familie Hilfe angedeihen zu lassen, dürfe dies nicht dazu führen, dass der nichtehelichen Familie geschadet werde: EGMR, Urteil vom 13. Juni 1979, NJW 1979,2449,2451. Diese Entscheidung wurde als Fingerzeig dafür angesehen, dass die alleinerziehende nichteheliche Mutter, etwa im Rahmen des § 1706 BGB, nicht schlechter gestellt werden durfte als die eheliche. Die schlichte Tatsache der Verehelichung sei für die Fähigkeit der Mutter, die erforderlichen Maßnahmen für das Kind zu treffen, unbeachtlich. Auch sei nicht mehr zu rechtfertigen, dass der biologische Vater in jedem Fall von der elterlichen Sorge ausgeschlossen sei: *Jayme*, Europäische Menschenrechtskonvention und deutsches Nichtehelichenrecht, NJW 1979, S. 2425,2428.

999 Rechtspolitische Forderungen zum Familienrecht, NJ 1991, S. 539.

1000 *Gesetz zur Änderung des Familiengesetzbuches der DDR (1. Familienrechtsänderungsgesetz)* vom 20. Juli 1990, GBl. I., S. 1038.

1001 *Rechtspolitische Forderungen zum Familienrecht*, NJ 1991, S. 539.

1002 *Schwenzer*, Die Rechtsstellung des nichtehelichen Kindes, FamRZ 1992, S. 121.

1003 Das geltende Nichtehelichenrecht beruhe auf der (überholten) Annahme, dass ein grundsätzlicher Unterschied zwischen ehelicher und nichtehelicher Kindschaft bestehe, wonach der nichteheliche Vater regelmäßig keinen Kontakt zu seinem Kind halten wolle. Dies führe zu einer nicht mehr als haltbar angesehenen Orientierung des Nichtehelichenrechts am Rechtsinstitut der Ehe: *Münder*, Vom vorgegebenen gesetzlichen Leitbild zur autonomen Gestaltung bei nichtehelicher Kindschaft, FuR 1992, S. 193.

zwischen 35 und 40 Jahren für eine nichteheliche Geburt.[1004] Eine „*Schichtbindung*" war nicht (mehr) zu erkennen.[1005] Die Zahl der nichtehelichen Kinder, die in einer gelebten Gemeinschaft ihrer nicht verheirateten Eltern aufwuchsen, stieg stetig,[1006] sie wurde Anfang der neunziger Jahre auf etwa 1/3 der geborenen Kinder geschätzt.[1007] Auch in den übrigen Fällen zeigten die Väter ein zunehmendes Interesse an ihren Kindern, was auch in der geschätzten Anerkennungsquote von ca. 70 % zum Ausdruck kam. Zugleich wuchs die Zahl der Scheidungs(halb-) waisen.[1008]

Diese Veränderungen konnten durch die Legislative auch deshalb nicht mehr weiter übersehen werden, weil die Dritte Gewalt immer deutlicher Reformen einforderte. Insbesondere nach dem 3. Oktober 1990 zeigte sich, dass den vielfältigen Hinweisen des Bundesverfassungsgerichts Folge geleistet und daher auch das Recht der nichtehelichen Kinder reformiert werden musste.[1009] Die Reformbemühungen selbst erschienen so weniger als das Resultat eines gesetzgeberischen Gesamtkonzepts[1010] als vielmehr als das Ergebnis eines bloßen Reagierens auf die in steigendem Takt erfolgenden Forderungen des Bundesverfassungsgerichts. Das Fehlen eines Gesamtkonzepts führte zu teilweise vereinzelt und teilweise parallel verlaufenden Entwicklungen, die schließlich in die Kindschaftsrechtsreform aus dem Jahr 1998 mündeten und danach teilweise noch weiter verfolgt wurden.

1004 *Schwenzer*, Die Rechtsstellung, FamRZ 1992, S. 121.

1005 *Will*, Macht und Gleichheit, S. 33.

1006 *Büdenbender*, Der Unterhaltsanspruch des Vaters eines nichtehelichen Kindes gegen die Kindesmutter, FamRZ 1998, S. 129.

1007 *Schwenzer*, Die Rechtsstellung, FamRZ 1992, S. 121; *Büdenbender*, Der Unterhaltsanspruch des Vaters, FamRZ 1998, S. 129.

1008 *Schwenzer*, Die Rechtsstellung, FamRZ 1992, S. 122; *Münder*, Vom vorgegebenen, FuR 1992, S. 191 – 200.

1009 *Schellhorn*, Reform des Nichtehelichenrechts, FuR 1992, S. 37f; *Schubert*, Zur Reform des Kindschaftsrechts, NJ 1997, S. 232.

1010 Den Rahmen des politisch Gedachten stellte der damalige Bundesminister der Justiz Klaus *Kinkel* dem 9. Deutschen Familiengerichtstag in Brühl vor. Die Kinder dürften nicht mehr länger Leidtragende der Lebensform ihrer Eltern sein. Sie müssten ehelichen Kindern gleichgestellt werden. Es sei zu prüfen, ob die Möglichkeiten eines volljährigen Kindes, seine Abstammung zu überprüfen, ausgeweitet und eine Anfechtungsmöglichkeit geschaffen werden solle. Auch seien Überlegungen hinsichtlich eines gemeinsamen Erziehungs- und Umgangsrechts für den nichtehelichen Vater anzustellen. Eine Angleichung im Erb- und Unterhaltsrecht sei wünschenswert: NJ 1991, S. 544; vgl. *Schellhorn*, Reform, FuR 1992, S. 37f.

1. Die Abstammung

Die Überlegungen zur Reform der Abstammung waren teilweise sehr weitreichend. So wurde gefordert, *„in Übereinstimmung mit anderen europäischen Rechtsordnungen“* die Ehelichkeitsvermutung abzuschaffen und durch eine Vaterschaftsvermutung zu ersetzen.[1011] Ein Grund, das Anfechtungsrecht des anerkennenden und des verheirateten Vaters unterschiedlich auszugestalten, sei nicht gegeben. Darin komme lediglich der (verfehlte) gesetzgeberische Ansatz zum Ausdruck, dass die eheliche Vaterschaft *„wertvoller“* sei als die nichteheliche, das eheliche Kind also, anders als das nichteheliche, in eine intakte Familienbeziehung hineingeboren werde. Es sei auch verfehlt, die Mutter vom Anfechtungsrecht der Vaterschaft des Ehemannes auszuschließen und eheliche und nichteheliche Kinder im Hinblick auf ihr Anfechtungsrecht unterschiedlich zu behandeln.[1012]

Durch die Adoption konnte die Abstammung rechtlich geändert werden. Grundsätzlich stand es beiden Eltern offen, ein nichteheliches Kind zu adoptieren. Während dadurch dem Vater, der dazu allerdings der Zustimmung der Mutter bedurfte, die Möglichkeit eröffnet wurde, das Kind in seine Familie aufzunehmen (§ 1754 BGB), diente die Adoption durch die Mutter dazu, das Verwandtschaftsverhältnis zum Vater zum Erlöschen zu bringen.[1013] Bis zum Inkrafttreten des *Gesetzes über die Annahme als Kind und zur Änderung anderer Vorschriften (AdoptG)* vom 2. Juli 1976[1014] am 1. Juli 1977 war gemäß § 1747 BGB für die Adoption des nichtehelichen Kindes nur die Einwilligung der Mutter erforderlich, der nichteheliche Vater hatte allein ein Anhörungsrecht (§ 1747b BGB). Auch durch das AdoptG wurde kein Zustimmungsrecht des nichtehelichen Vaters geschaffen. Ihm wurde lediglich das Recht eingeräumt, die Ehelichkeitserklärung oder die Annahme des Kindes zu beantragen.[1015] Der Vater hatte gemäß § 1747 Abs. 2 S. 2 BGB oft nicht einmal die Möglichkeit, in einer Anhörung Stellung zu nehmen. Dies wurde durch den 1. Senat des Bundesverfassungsgerichts für verfassungswidrig erklärt.[1016] Durch eine Adoption verliere

---

1011 Schon wegen der statistischen Wahrscheinlichkeit sollte die Ehe aber ein maßgebliches Anknüpfungskriterium für die Abstammung bleiben: *Schwenzer*, Die Rechtsstellung, FamRZ 1992, S. 122.

1012 *Schwenzer*, Die Rechtsstellung, FamRZ 1992, S. 123.

1013 *Schumann*, Das Nichtehelichenrecht, JuS 1996, S. 507.

1014 *Gesetz über die Annahme als Kind und zur Änderung anderer Vorschriften (Adoptionsgesetz)* vom 2. Juli 1976, BGBl. I., S. 1749.

1015 *Maurer*, Gestärkte Rechte des Vaters bei der Adoption, FPR 2005, S. 197.

1016 Beide leibliche Eltern seien in den Schutzbereich des Art. 6 Abs. 1 GG einbezogen, wobei die gemeinsame Ausübung des Elternrechts ein Mindestmaß an Übereinstimmung der Eltern

der leibliche Vater seine Vaterstellung insgesamt. Er könne nicht mehr verlangen, seine persönliche Beziehung zu dem Kind aufrecht zu erhalten oder eine solche wieder zu beleben. Da er zur Adoption nach der gegebenen Rechtslage nicht einwilligen müsse, könne er auch nicht die Prüfung verlangen, ob eine bestehende Vater-Kind-Beziehung zerstört werde. Der Vater habe nach dem geltenden Recht damit keine praktischen Möglichkeiten, die Annahme des Kindes zu verhindern, was weder durch die Belange der Mutter noch durch überwiegende Belange des Kindes gerechtfertigt werden könne.[1017] Dem Gesetzgeber wurde aufgegeben, diesen Mangel im Zusammenhang mit dem beabsichtigten Kindschaftsrechtsreformgesetz bis zum Ende der laufenden Legislaturperiode zu beseitigen.[1018]

2. Die elterliche Gewalt der Mutter

Schon wegen der Einschränkungen, denen die nichteheliche Mutter durch die Amtspflegschaft unterlag, wurden die Regelungen des Sorgerechts als reformbedürftig angesehen.[1019] Der wesentliche Wirkungskreis des Amtspflegers war die Mitwirkung bei der Feststellung der Vaterschaft und allen sonstigen Angelegenheiten, die die Feststellung oder Änderung des Eltern-Kind-Verhältnisses betra-

---

und eine soziale Bindung jedes Elternteils zu dem Kinde voraussetze. Wenn es daran fehle, könnten die elterlichen Befugnisse weitgehend einem Elternteil zugewiesen werden. Dies rechtfertige es bei nichtehelichen Kindern jedoch nicht, dem leiblichen Vater keine Mitwirkungsrechte bei der Erziehung zuzuweisen, zumal ein nicht geringer Teil der Väter nichtehelicher Kinder Anteil an deren Entwicklung nehme. Aus der Einbeziehung nichtehelicher Väter in den Schutzbereich von Art. 6 Abs. 2 GG folge jedoch nicht, dass eine differenzierte Ausgestaltung ihrer Rechtsstellung unter Berücksichtigung der tatsächlichen rechtlichen Verhältnisse ausgeschlossen sei: BVerfG, Beschl. vom 7. März 1995, 1 BvR 790/91, NJW 1995,2155,2156. Dazu: *Salgo*, Zur Stellung des Vaters bei der Adoption seines nichtehelichen Kindes durch die Mutter und deren Ehemann, NJW 1995, S. 2129; *Maurer*, Gestärkte Rechte des Vaters bei der Adoption, FPR 2005, S. 197.

1017 BVerfG, Beschl. vom 7. März 1995, 1 BvR 790/91, NJW 1995,2155,2158. Dementsprechend verstoße es gegen Art. 6 Abs. 2 S. 1 GG, wenn für die Adoption des Kindes durch seine Mutter oder deren Ehemann weder die Einwilligung des nichtehelichen Vaters noch die Abwägung mit seinen Interessen vorgesehen sei: BVerfG, Beschl. vom 7. März 1995, 1 BvR 790/91 und 540, 866/92, NJW 1995,2155,2157.

1018 BVerfG, Beschl. vom 7. März 1995, 1 BvR 790/91, NJW 1995,2155,215,2158. So stellte das Bundesverfassungsgericht fest, dass nichteheliche Väter unabhängig davon, ob sie mit der Mutter des Kindes zusammenlebten, Träger des Elternrechts seien: BVerfG, Beschl. vom 7. März 1995, 1 BvR 790/91 und 540, 866/92, NJW 1995,2155,2156.

1019 *Richter*, Soll die gesetzliche Amtspflegschaft abgeschafft werden?, FamRZ 1994, S. 5; *Schwenzer*, Die Rechtsstellung, FamRZ 1992, S. 125.

fen, die Geltendmachung von Unterhaltsansprüchen und die Regelung von Erb- und Pflichtteilsansprüchen gegen den Vater und dessen Familie.[1020] Es erschien nicht mehr zeitgemäß, dies den nichtehelichen Müttern weiter vorzuschreiben. Im Hinblick auf die erwartete Überarbeitung dieser – in der Praxis allerdings als verfassungskonform angesehenen – Regelung wurde die Beistandschaft im Gebiet der neuen Länder am 3. Oktober 1990 nicht mehr eingeführt (Art. 230 Abs. 1 EGBGB).[1021] Das Recht der DDR sah das alleinige Erziehungsrecht der nichtehelichen Mutter vor. Es erschien „*nicht angängig*“, die Mütter solcher Kinder nunmehr durch das Einführen der Amtspflegschaft in ihrem bislang umfassenden Erziehungsrecht zu beschränken.[1022]

Die Überlegungen mündeten schließlich in einem Referentenentwurf des Bundesministeriums der Justiz zu einem *Gesetz zur Abschaffung der gesetzlichen Amtspflegschaft und Neuordnung des Rechts der Beistandschaft.*[1023] Im Jahr 1994 wurde dazu ein Gesetzentwurf vorgelegt,[1024] dessen Ziel es vor allem war, durch die Abschaffung der Amtspflegschaft in Deutschland wieder eine einheitliche Lösung herbeizuführen.[1025] In der folgenden Legislaturperiode brachte die Bundesregierung den der Diskontinuität zum Opfer gefallenen Gesetzentwurf erneut in den Bundestag ein.[1026]

3. Das Sorgerecht des biologischen Vaters

Ein wesentlicher Schauplatz der Reformbestrebungen war nun auch das Verhältnis des nichtehelichen Vaters zu seinem Kind.[1027] Dem Gesetzgeber war durch

1020 *Gesetzentwurf der Bundesregierung* vom 9. März 1994, BTDrs. 12/7011, S. 15.

1021 *Richter*, Soll die gesetzliche Amtspflegschaft abgeschafft werden?, FamRZ 1994, S. 6.

1022 BTDrs. 11/7817, S. 36.

1023 *Gesetzentwurf der Bundesregierung* vom 9. März 1994, BTDrs. 12/7011, S. 15; dazu kritisch: Richter, Soll die gesetzliche Amtspflegschaft abgeschafft werden?, FamRZ 1994, S. 8. Aufgabe des Amtspflegers war es etwa auch, gemäß § 1746 Abs. 1 BGB die (durch das Vormundschaftsgericht ersetzbare) Zustimmung zur Adoption zu erteilen.

1024 *Entwurf eines Gesetzes zur Abschaffung der Amtspflegschaft*, BTDrs. 12/7011.

1025 Diese wurde über die Abschaffung der Amtspflegschaft gesucht, weil in den „*alten*“ Bundesländern der Mutter eines nicht ehelichen Kindes durch die gesetzliche Amtspflegschaft die volle elterliche Sorge oft ohne Grund vorenthalten werde, wohingegen in den neuen Ländern unzureichende Hilfsangebote bestünden, die durch die Möglichkeit der Bestellung eines Beistandes für die Vaterschaftsfeststellung beseitigt werden könnten: *Entwurf eines Gesetzes zur Abschaffung der Amtspflegschaft*, BTDrs. 12/7011, S. 15.

1026 *Entwurf eines Gesetzes zur Abschaffung der Amtspflegschaft*, BTDrs. 13/892.

1027 In diesem Bereich wurden die größten Defizite des geltenden Nichtehelichenrecht verortet: *Gehrmann*, Die rechtliche Zurücksetzung des verantwortungsbewussten Vaters eines nichtehelichen Kindes, Berlin, 1995, S. 16.

das BVerfG[1028] aufgetragen worden, das Sorgerecht neu zu fassen und dabei insbesondere auch dem verfassungsrechtlich garantierten Elternrecht des nichtehelichen Vaters hinreichend Rechnung zu tragen.[1029] Die gerade in diesem Bereich weiterhin verbliebenen erheblichen Differenzen zwischen dem Sorgerecht für eheliche und für nichteheliche Kinder wurden auch in der Literatur kritisch betrachtet. Bei ehelichen Kindern stand den Eltern gemäß § 1612 Abs. 1 BGB das gemeinsame Sorgerecht mit der Geburt qua Gesetz zu. In § 1705 BGB war dagegen eine, zudem nur eingeschränkte, alleinige elterliche Sorge der nichtehelichen Mutter geregelt. Selbst dann, wenn die Eltern des nichtehelichen Kindes in einer Familie zusammenlebten, war die gemeinsame Sorge nicht vorgesehen. Dem Vater stand auch dann, wenn er vor einer Trennung lange Jahre mit seinem nichtehelichen Kind zusammen gelebt hatte, kein Verfahren zur Seite, das dem für den ehelichen Vater in den §§ 1671, 1672 BGB geregelten entsprach. Dies wurde insbesondere im Hinblick auf das, wenn auch nur zwei Tage in Kraft gewesene, Recht des FamRÄnderG der DDR, das die Übertragung des gemeinsamen Sorgerechts auch an die nichtehelichen Eltern vorgesehen hatte, als verfehlt und der gänzliche Ausschluss des nichtehelichen Vaters vom Sorgerecht in der Literatur als nicht haltbar angesehen. Jedenfalls bei zusammenlebenden Eltern solle die Möglichkeit, ihnen auf Antrag ein gemeinsames Sorgerecht zu übertragen, vorgesehen werden.[1030]

Diese Reformforderungen der Literatur basierten auch auf konkreten Forderungen des Bundesverfassungsgerichts. So verbürgte der 1. Senat des Bundesverfassungsgerichts in seinem Beschluss vom 7. Mai 1991[1031] ein auch dem nichtehelichen Vater zustehendes, verfassungsrechtlich begründetes Elternrecht, wenn er mit seinem Kind zusammengelebt hatte.[1032] Nichteheliche Kinder, deren Eltern sich für eine freie Partnerschaft entschieden und eine Ehelichkeitserklärung anstreben würden, würden sonst benachteiligt. Es sei im Ergebnis nicht beiden Elternteilen möglich, die (rechtliche) Elternverantwortung gemeinsam gleichermaßen zu tragen. Die Lebensverhältnisse dieser Kinder würden aber

---

1028 BVerfG, Beschl. vom 26. April 1994, 1 BvR 1299/89 und 1 BvL 6/90, BVerfGE 90,263 = NJW 1994,2475,2477; BVerfG, Beschl. vom 7. März 1995, 1 BvR 790/91 und 540, 866/92, BVerfGE 92,158 = NJW 1995,2155.

1029 *Lipp*, Das elterliche Sorgerecht für das nichteheliche Kind nach dem Kindschaftsrechtsreformgesetz, (KindRG), FamRZ 1998, S. 65.

1030 *Schwenzer*, Die Rechtsstellung, FamRZ 1992, S. 124f.

1031 BVerfG, Beschl. vom 7. Mai 1991, 1 BvL 32/88, BVerfGE 84,168 = NJW 1991,1944 = NJ 1991,367.

1032 BVerfG, Beschl. vom 7. Mai 1991, 1 BvL 32/88, BVerfGE 84,168 = NJW 1991,1944,1946; *Lipp*, Das elterliche Sorgerecht, FamRZ 1998, S. 68.

einer weitgehenden rechtlichen Gleichbehandlung nicht nur nicht entgegenstehen, sondern diese geradezu fordern.[1033]

So führte das Bundesverfassungsgericht aus:

> *„Der generelle Ausschluss des gemeinsamen Sorgerechts für Eltern nichtehelicher Kinder ist nicht aus Gründen des Kindeswohls geboten; die zwingende Zuordnung zu nur einem Elternteil kann im Gegenteil das Kindeswohl erheblich beeinträchtigen.*“[1034]

Ein weiteres Problem stellte sich, wenn der Vater das Sorgerecht statt der Mutter übernehmen wollte. Konnten oder wollten die Eltern nichtehelicher Kinder das gemeinsame Sorgerecht nicht ausüben, war es nicht einmal dann gestattet, das Sorgerecht dem Vater zu übertragen, wenn die Mutter nicht gewillt oder nicht in der Lage war, dieses auszuüben.[1035] Der Vater konnte lediglich, zudem nur unter engen Voraussetzungen, zum Vormund bestellt werden. Dies erforderte insbesondere, dass der Mutter das Sorgerecht entzogen worden war (§ 1666 Abs. 1 BGB).[1036] Ob der Vater als Vormund berücksichtigt wurde, stand im Ermessen des Vormundschaftsgerichts (§ 1779 BGB). Selbst Väter, denen nach dem Recht der DDR das dem Sorgerecht entsprechende Erziehungsrecht zugekommen wäre, gelangten nach Art. 234 § 11 Abs. 1 S. 2 EGBGB lediglich in die Rechtsstellung eines Vormunds, was im Hinblick auf das Elternrecht aus Art. 6 Abs. 2 GG als bedenklich angesehen wurde.[1037]

Mit Urteil vom 7. März 1995 stärkte das Bundesverfassungsgericht die Stellung der nichtehelichen Väter. Der 1. Senat des Bundesverfassungsgerichts stellte fest, dass ein Elternrecht des Vaters auch in den anderen Fällen bestehen könne.[1038] Das Elternrecht aus Art. 6 Abs. 2 S. 1 GG sei nicht davon abhängig, ob der nichteheliche Vater mit der Mutter oder mit dem Kind zusammenlebe. Auch wenn es ein Mindestmaß an sozialer Bindung voraussetze, sei es nicht gerechtfertigt, bei nichtehelichen Kindern das Elternrecht nur einem Elternteil zuzuspre-

---

1033 BVerfG, Beschl. vom 7. Mai 1991, 1 BvL 32/88, BVerfGE 84,168 = NJW 1991,1944,1946.

1034 BVerfG, Beschl. vom 7. Mai 1991, 1 BvL 32/88, BVerfGE 84,168,181 = NJ 1991,367 = NJW 1991,1944.

1035 *Schumann*, Das Nichtehelichenrecht, JuS 1996, S. 507; AG Tübingen, Beschl. vom 22. Dezember 1987, 2 GR 1/87, FamRZ 1988,428,429 (Verbleibensanordnung); *Schwenzer*, Die Rechtsstellung, FamRZ 1992, S. 124; *Hahne*, Überlegungen, FamRZ 1990, S. 930.

1036 Die Entziehung des Sorgerechts kam jedoch nur dann in Betracht, wenn eine gegenwärtige Gefahr vorhanden war, dass sich bei der „*weiteren Entwicklung der Dinge eine erhebliche Schädigung des geistigen oder leiblichen Wohls des Kindes mit ziemlicher Sicherheit vorhersehen lässt.*“: BGH, Beschl. vom 26. Oktober 2011, XII ZB 247/11, NJW 2012,151,153.

1037 *Schumann*, Das Nichtehelichenrecht, JuS 1996, S. 507; vgl. *Gehrmann*, Die rechtliche Zurücksetzung, S. 39.

1038 BVerfG, Urteil vom 7. März 1995, 1 BvR 790/91 und 540, 866/92, BVerfGE 92, 158 = NJW 1995,2155.

chen.[1039] Eine sachgerechte gesetzliche Regelung müsse beide Elternteile der nichtehelichen Kinder in den Schutzbereich des Elternrechts einbeziehen, weise aber einzelnen Eltern bestimmte Rechte und Pflichten zu, wenn es an einer gemeinsamen Ausübung des Elternrechts fehle.[1040] Damit war klar, dass der Gesetzgeber den völligen Ausschluss des Vaters von der elterlichen Sorge nicht mehr aufrechterhalten konnte. Die zwingende Verbindung von Status- und alleinigem Sorgerecht der Mutter musste aufgehoben werden.[1041]

4. Das Umgangsrecht

Das Auseinanderfallen des Rechtsverhältnisses des ehelichen (geschiedenen) und des nichtehelichen Vaters zu seinem Kind wurde auch im Umgangsrecht als nicht mehr zeitgemäß angesehen. Stattdessen wurde gefordert, das Umgangsrecht als Ausfluss des Elternrechts zu behandeln und zu vereinheitlichen.[1042] Der eheliche (geschiedene) Ehepartner hatte gemäß 1634 BGB grundsätzlich ein Umgangsrecht mit seinem Kind. Der nichteheliche Vater bedurfte dafür dagegen gemäß § 1711 BGB der Zustimmung der Mutter oder, in Ausnahmefällen, der des Vormundschaftsgerichts. Dieser Unterschied wurde zwar von der Rechtsprechung teilweise nivelliert,[1043] blieb aber gleichwohl zu Lasten des nichtehelichen Vaters und seiner Kinder bestehen. In der Praxis gelang es den Müttern häufig, das Umgangsrecht des nichtehelichen Vater als für das Kind schädlich darzustellen. Dem nichtehelichen Vater war es dagegen nur schwer möglich, seinerseits den Beweis für die Kindernützlichkeit seines Umgangs mit dem Kind zu erbringen.[1044]

5. Der Unterhalt

Auch der Reformbedarf insbesondere im Hinblick auf den Betreuungsunterhalt der nichtehelichen Mutter wurde als evident angesehen. Die Beseitigung der

1039 BVerfG, Urteil vom 7. März 1995, 1 BvR 790/91 und 540, 866/92, BVerfGE 92, 158, 177 = NJW 2155,2155,2156; vgl. *Lipp*, Das elterliche Sorgerecht, FamRZ 1998, S. 68.

1040 BVerfG, Urteil vom 7. März 1995, 1 BvR 790/91 und 540, 866/92, BVerfGE 92, 158,179.

1041 *Lipp*, Das elterliche Sorgerecht, FamRZ 1998, S. 68.

1042 *Schwenzer*, Die Rechtsstellung, FamRZ 1992, S. 127.

1043 Vgl. dazu Palandt/*Diederichsen*, BGB, 53. Aufl., München, 1994, § 1711, Rn. 8 m.w.N.; *Schwenzer*, Die Rechtsstellung, FamRZ 1992, S. 126.

1044 *Rauscher*, Das Umgangsrecht im Kindschaftsrechtsreformgesetz, FamRZ 1998, S. 331.

zeitlichen und inhaltlichen Unterschiede des Unterhaltsanspruchs im Verhältnis zur geschiedenen oder getrennt lebenden Ehefrau zu Lasten der nichtehelichen Mutter schien nicht mehr länger vertretbar zu sein.[1045] Diesen Forderungen wurde bereits vor der Kindschaftsrechtsreform teilweise entsprochen.

Durch das *Schwangeren- und Familienhilfeänderungsgesetz* vom 21. August 1995[1046] wurde der Unterhaltsanspruch der nichtehelichen Mutter erweitert, soweit ihr wegen der Pflege ihres Kindes eine Erwerbstätigkeit nicht zugemutet werden konnte.[1047] Sie konnte seither nicht nur, wie bereits zuvor, gemäß § 1615 l Abs. 1 S. 1 BGB, Unterhalt für einen Zeitraum von bis zu drei Jahren begehren, wenn sie infolge der Schwangerschaft oder einer durch die Entbindung begründeten Erkrankung an der Erwerbstätigkeit gehindert war, sondern gemäß § 1615 l Abs. 1 S. 2 BGB bereits dann, wenn von ihr wegen der Pflege und Erziehung ihres Kindes eine Erwerbstätigkeit nicht erwartet werden konnte. Dementsprechend kam es nach der Neufassung auf eine unmittelbare Kausalität der nichtehelichen Geburt für den Unterhaltsbedarf nicht mehr an.[1048] Ziel der Erweiterung des Betreuungsunterhaltsanspruchs war es, die vorherige unmittelbare Anknüpfung des Unterhalts von dem Nachweis der fehlenden anderweitigen Versorgungsmöglichkeit zu entkoppeln. Der nichteheliche Vater sollte also mehr in die Verantwortung einbezogen und auch dem nichtehelichen Kind die Chance eingeräumt werden, in den ersten drei Lebensjahren in *„den Genuss der persönlichen Betreuung durch die Mutter"* zu gelangen.[1049]

1045 *Puls*, Der Betreuungsunterhalt der Mutter, FamRZ 1998, S. 866.

1046 (SFHÄndG), BGBl. I., S. 1850. Durch diese Neuregelung sollten, der Wertentscheidung des Grundgesetzes entsprechend, der nichteheliche Vater mehr in die Verantwortung für das Kind einbezogen und, durch die zeitliche Erweiterung des Unterhaltsanspruchs, die Entwicklungschancen der nichtehelichen Kinder denen der ehelichen Kinder weiter angeglichen werden: *Beschlussempfehlung und Bericht des Ausschusses für Familien, Senioren, Frauen und Jugend*, BTDrs. 13/1850, S. 24.

1047 *Büdenbender*, Der Unterhaltsanspruch des Vaters, FamRZ 1998, S. 130; *Juristinnen in Deutschland*, S. 99.

1048 Die Mutter konnte damit auch dann Betreuungsunterhalt verlangen, wenn sie vor der Geburt erwerbslos gewesen war oder ein anderes Kind betreut hatte: BGH, Urteil vom 21. Januar 1998, XII ZR 85/96, NJW 1998,1309,1311. Durch die Neufassung wurde also das strenge Kausalitätserfordernis des § 1615l Abs. 1 S. 1 BGB aufgeweicht und der Unterhaltsanspruch der nichtehelichen Mutter weitgehend an den Unterhaltsanspruch wegen der Betreuung ehelicher Kinder aus § 1570 BGB angepasst, ohne diesen jedoch zu erreichen: BGH, Urteil vom 21. Januar 1998, XII ZR 85/96, NJW 1998,1309,1311. Die Unterschiede betrafen vor allem die gesteigerte Erwerbsobliegenheit der nichtehelichen Mutter und die zeitliche Befristung: *Puls*, Der Betreuungsunterhalt, FamRZ 1998, S. 868.

1049 *Beschlussempfehlung und Bericht des Ausschusses für Familie, Senioren, Frauen und Jugend zu dem Entwurf eines Schwangeren- und Familienhilfegesetzes u.a.*, BTDrs. 13/1850, S. 24. Dementsprechend kam es auch nicht mehr darauf an, ob die Mutter allein

Über das dritte Lebensjahr des Kindes hinaus stand der Mutter nur aus „*Billigkeit*“ ein Unterhaltsanspruch zu, der auf kind- oder elternbezogenen Gründen beruhen musste. Kindbezogene Gründe konnten etwa dann vorliegen, wenn das Kind krank oder behindert und deshalb dauerhaft auf die Betreuung seiner Mutter angewiesen war. Elternbezogene Gründe konnten dagegen aus dem Schaffen eines besonderen Vertrauenstatbestandes durch den Vater oder der Betreuung mehrerer nichtehelicher Kinder dieses Vaters durch die Mutter abgeleitet werden.[1050]

6. Das Erbrecht

Unbeschadet seiner verfassungsgerichtlichen Billigung blieb die Legitimation des Erbersatzanspruchs gerade im letzten Jahrzehnt des vergangenen Jahrhunderts umstritten.[1051] Insbesondere wurde darauf hingewiesen, dass sich die gesellschaftlichen Verhältnisse seit Inkrafttreten von § 1934a BGB geändert hätten. Nicht nur die Zahl der nichtehelichen Lebensgemeinschaften, aus denen Kinder hervorgegangen seien, habe sich entscheidend erhöht. In diesen Gemeinschaften würden zudem auch nichteheliche Kinder in einer Familiengemeinschaft leben. Die Ehe sei nicht mehr die einzige Lebensform, in der sich Kinder körperlich und geistig entwickeln könnten.[1052]

---

wegen der Betreuung des nichtehelichen Kindes an der eigenen Erwerbstätigkeit gehindert war. Auch wenn die Mutter des nichtehelichen Kindes von dem Vater weiterer (ehelicher) Kinder Betreuungsunterhalt erhielt, weil ihr wegen dieser Kinder eine Arbeitsaufnahme nicht zumutbar war, hinderte dies einen Unterhaltsanspruch nach § 1615 l Abs. 1 und 2 BGB nicht: BGH, Urteil vom 21. Januar 1998, XII ZR 85/96, NJW 1998,1309,1310.

1050 Zur Erwerbsobliegenheit der Mutter: Puls, Der Betreuungsunterhalt, FamRZ 1998, S. 871 – 873; Zum Meinungsstand: OLG Nürnberg, Urteil vom 7. Oktober 2002, 10 UF 1677/02, NJW 2003,3065,3065. Eine „*großzügige*“ Auslegung dieser in § 1615 l Abs. 2 BGB geregelten Ausnahme wurde abgelehnt. Der Gesetzgeber habe bereits berücksichtigt, dass die Betreuung eines gerade dreijährigen Kindes die Mutter bei dem Erwerb ihres Unterhalts in Schwierigkeiten bringen könne und sich bewusst dagegen entschieden, eine der Regelung des § 1579 BGB, die für eheliche Kinder eine Betreuung durch die Mutter bis zum achten Lebensjahr ermögliche, auch für nichteheliche Kinder zu schaffen: OLG Nürnberg, Urteil vom 7. Oktober 2002, 10 UF 1677/02, NJW 2003,3065,3066.

1051 *Bosch*, Die erbrechtliche Stellung des nichtehelichen Kindes bei Tod seines Vaters – de lege lata et de lege ferenda, FamRZ 1996, S. 1. Die zur Begründung des geltenden Rechts herangezogene Konfliktvermeidung wurde als durchgreifend angesehen. Habe das Kind mit dem verstorbenen leiblichen Vater zusammen gelebt, bestehe die besondere Konfliktgefahr gerade nicht: *Stintzing*, Erbersatzanspruch, FuR 1994, S. 76; vgl. *Schwenzer*, Die Rechtsstellung, FamRZ 1992, S. 127.

1052 *Stintzing*, Erbersatzanspruch, FuR 1994, S. 76f.

Im Erbrecht wurden seit dem *Nichtehelichengesetz* eheliche und nichteheliche Kinder gleichwohl in zweierlei Hinsicht ungleich behandelt. Bei der gesetzlichen Erbfolge stand dem nichtehelichen Kind neben einem ehelichen Kind oder dem Ehegatten des Vaters kein Erbteil, sondern lediglich ein Erbersatzanspruch zu. Weiterhin konnte ein nichteheliches Kind zwischen dem 21. und dem 27. Lebensjahr einen vorzeitigen Erbausgleich in Geld verlangen.[1053] Der Entwurf des *Erbrechtsgleichstellungsgesetzes*[1054] sah die Beseitigung des Erbersatzanspruchs vor, um der *„rechtstatsächlichen Entwicklung sowie den Vorgaben des Einigungsvertrages zu entsprechen.“*[1055] Mit dem *Erbrechtsgleichstellungsgesetz* sollte auch den Vorgaben des *Einigungsvertrags* entsprochen werden. In Art. 235 § 1 Abs. 2 EGBGB war geregelt, dass nichteheliche Kinder aus dem Beitrittsgebiet nicht schlechter gestellt werden sollten, als sie vor der Wende gestanden hatten. Dies führte zu einer Rechtsspaltung, die durch die gesetzliche Neuregelung überwunden werden sollte.[1056]

Wie angesichts der divergierenden Ansichten der vergangenen Jahrzehnte gerade in diesem Bereich nicht anders zu erwarten, wurde der Entwurf nicht einhellig begrüßt.[1057] Das nichteheliche Kind sei auch durch die seit dem 1. Januar 1900 geltende Regelung keineswegs rechtlos gestellt gewesen. Durch das *Nichtehelichengesetz* könne es unter Umständen zum gesetzlichen Erben seines Vaters berufen sein.[1058] Das Einräumen eines Erbersatzanspruches für den Fall, dass neben dem nichtehelichen Kind noch weitere (eheliche) Kinder und/oder die Ehefrau des Vaters gesetzliche Erben wären, und das Einräumen eines Pflichtteilsrechts bei einer testamentarischen Enterbung hätten unbeschadet der nicht vollständigen Gleichstellung mit dem ehelichen Kind zu einer deutlichen und ausreichenden Verbesserung für das nichteheliche Kind geführt. Der nunmehr geplante Weg, nämlich der, sämtliche Sonderregelungen zu beseitigen, sei bedenklich. Insbesondere sei zu befürchten, dass nichteheliche Väter vermehrt von der Möglichkeit des testamentarischen Enterbens Gebrauch machen würden. Erst recht würden Probleme auftreten, wenn das nichteheliche Kind nunmehr zum

---

1053 BTDrs. 12/7819, S. 6.

1054 *Entwurf eines Gesetzes zur erbrechtlichen Gleichstellung nicht ehelicher Kinder (Erbrechtsgleichstellungsgesetz – ErbGleichG)*, BTDrs. 12/7819.

1055 BTDrs. 12/7819, S. 1.

1056 BTDrs. 12/7819, S. 7.

1057 *Bosch*, Zum Erbrecht nichtehelicher Kinder, FamRZ 1993, S. 1258.

1058 *Bosch*, Die erbrechtliche Stellung des nichtehelichen Kindes, FamRZ 1996, S. 2; *Freytag*, Neuordnung des gesetzlichen Erbrechts, ZRP 1991, S. 109f., der das Argument des *„Fremdlings“* oder des *„Störenfrieds“* noch immer als durchgreifend ansah. a.A. Rauscher, Neuordnung des gesetzlichen Erbrechts, ZRP 1992,272, der die Beseitigung jeglichen Unterschieds zwischen ehelichen und nichtehelichen Kindern im Erbrecht forderte.

Erben eines nichtehelichen väterlichen Verwandten berufen sei.[1059] Eine Reform des Erbrechts sei auch nicht vor dem Hintergrund des in der DDR geltenden Erbrechts vorzunehmen, zumal dieses ohnehin nur eine geringe Rolle gespielt habe. Für nach der Wiedervereinigung geborene Kinder sei zudem der Geburtsort unerheblich, für alle Kinder würde das gleiche Recht gelten.[1060]

7. Zwischenergebnis

Der Reformbedarf des nun gesamtdeutschen Nichtehelichenrechts war nach dem 3. Oktober 1990 noch deutlicher als zuvor zutage getreten. Dabei betraf dies weniger die durch den Einigungsvertrag geregelten Sonderegelungen, die durch die Rechtsprechung weitgehend problemlos angewandt werden konnten. Unbefriedigend war vielmehr, dass seit der Wiedervereinigung in Deutschland zwar ein einheitliches Familienrecht des BGB galt, dieses jedoch wegen des teilweise „*moderneren*“ Rechts des FGB in den neuen Ländern nicht vollständig in Kraft gesetzt worden war. In einigen Bereichen war in den neuen Ländern sogar ein „*Rückschritt*“ zu verzeichnen. Somit war der Reformbedarf unübersehbar.[1061]

Dies galt vor allem auch im Bereich der elterlichen Sorge. Hier hatte das FGB wenigstens für wenige Tage eine gemeinsame Sorge beider Eltern als Option vorgesehen. Dem „*aktiveren*“ Vater wurde bereits hierdurch kurzfristig ein Weg geöffnet, seinen Einfluss auf die Erziehung seines Kindes auch rechtlich zu sichern. Sein Elternrecht wurde nun nicht mehr bezweifelt. Wesentlich für den tatsächlichen Fortschritt war aber erneut das stetige Einschreiten des Bundesverfassungsgerichts, das sich vor allem mit den Rechten der nichtehelichen Väter befasste, deren Rolle als Elternteil einen immer größeren Einfluss auf die Rechtswirklichkeit nehmen konnte. Das Erfordernis, auf die Rechte des nichtehelichen Vaters Rücksicht zu nehmen, zeigte sich letztlich auch bei der Frage, in welchem Umfang diesem bei der Adoption Anhörungsrechte zur Seite standen. Die Überlegungen korrespondierten damit, dass sich die tatsächlichen Familienverhältnisse unverkennbar verändert hatten. Die nichteheliche Kindschaft hatte sich zu einem Massenphänomen, „*die nichtverheiratete Familie mit Kindern*“ zu einer alternativen Lebensform zur Ehe mit Kindern entwickelt. Hier

---

1059 *Bosch*, Die erbrechtliche Stellung, FamRZ 1996, S. 3 – 5.

1060 *Bosch*, Die erbrechtliche Stellung, FamRZ 1996, S. 12.

1061 Unverändert bemühte sich auch der Deutsche Juristentag um die Gestaltung des Rechts der nichtehelichen Kinder. Auf dem 59. Deutschen Juristentag in Hannover wurde die Frage: „*Empfiehlt es sich, das Kindschaftsrecht neu zu regeln?*“ thematisiert. Die Diskussion wurde so vertieft und führte schließlich zu der Neuregelung des Kindschaftsrechts 1998: *Recht mitgestalten*, Deutscher Juristentag (Hrsg.), München, 2010, S. 121.

rückte die gemeinsame Sorge verstärkt in den Fokus. Ein Ausfluss des Gleichstellungspostulats mit ehelichen Kindern war auch der beschrittene Weg zur unterhaltsrechtlichen Besserstellung der betreuenden nichtehelichen Mutter.

III. Die Kindschaftsrechtsreform 1998 und ihre Ergänzung

Eine erneute grundlegende Korrektur des Nichtehelichenrechts erfolgte noch kurz vor der Jahrtausendwende. Am 16. Dezember 1997 verabschiedete der Deutsche Bundestag das am 1. Juli 1998 in Kraft getretene *Gesetz zur Reform des Kindschaftsrechts,*[1062] dessen wesentliches Ziel es war, den Unterschied zwischen der ehelichen und der nichtehelichen Geburt zu beseitigen.[1063] Zu diesem Gesetz traten in kurzem Zeitabstand noch eine Reihe weiterer gesetzlicher Neuregelungen. Durch das *Kindschaftsrechtsreformgesetz* und durch das *Gesetz zur Abschaffung der Amtspflegschaft und zur Neuordnung des Rechts der Beistandschaft* vom 4. Dezember 1997,[1064] sowie das *Gesetz zur Vereinheitlichung des Unterhaltsrechts minderjähriger Kinder* vom 6. April 1998[1065] wurden das Sorge- sowie das Unterhaltsrecht grundlegend reformiert. Die am 1. Juli 1998 in Kraft getretene Reform des Kindschaftsrechts führte endgültig annähernd zur Beseitigung des (rechtlichen) Unterschieds zwischen ehelicher und nichtehelicher Geburt.[1066] Nicht miteinander verheiratete Eltern konnten seither auf Wunsch gemeinsam das Sorgerecht ausüben. Zeitgleich trat das *Gesetz zur Abschaffung der gesetzlichen Amtspflegschaft* vom 4. Dezember 1997 (Beistand-

1062 BGBl. I. S. 2942.

1063 Dies begrüßte *Diederichsen* (Kinderkreuzzug, NJW 1998, S. 957) im Wesentlichen mit der Begründung, dass die statusrechtliche Unterscheidung zwischen ehelicher und nichtehelicher Abstammung „*kultursoziologisch*" überflüssig geworden sei. Er begründete das mit der inzwischen mit annähernd zu 100 % sicheren Vaterschaftsfeststellung und der großen Steuerbarkeit der Familienplanung. Zudem seien die Frauen wegen der Entwicklung des Sozialstaates auf die Ehe als Schutzinstitut kaum noch angewiesen. Ein weiteres Argument sei die zwischenzeitlich voll akzeptierte nichteheliche Lebensgemeinschaft als Lebensverbindung von Mann und Frau.

1064 BGBl. I., S. 2846. Dazu: *Friederici*, Veränderte Verfahrensvorschriften, NJ 1998, S. 229. Dies führte zur Abschaffung der gesetzlichen Amtspflegschaft und zur Einführung einer freiwilligen Beistandschaft (§§ 1712 BGB), die seit dem 12. April 2004 auf Grund des *Kinderrechte-Verbesserungsgesetz* vom 9. April 2002 unabhängig davon beantragt werden konnte, ob ein oder beide Elternteile sorgeberechtigt waren: *Juristinnen in Deutschland*, S. 89.

1065 BGBl. I., S. 666.

1066 *Diederichsen*, Kinderkreuzzug, NJW 1998, S. 957. Zugleich wurden die wesentlichen Streitigkeiten den Familiengerichten übertragen: *Peschel-Gutzeit*, 25 Jahre Familiengerichte in Deutschland, NJW 2002, S. 2741.

schaftsgesetz) in Kraft. Zum 1. April 1998 trat das *Gesetz zur erbrechtlichen Gleichstellung nichtehelicher Kinder* vom 16. Dezember 1997[1067] in Kraft. Nur kurz danach folgte das *Gesetz zur weiteren Verbesserung von Kinderrechten*,[1068] das am 12. April 2002 in Kraft trat, wodurch nun auch bei der Geschäftsunfähigkeit der Mutter eine Vaterschaftsfeststellung außerhalb der gerichtlichen Vaterschaftsfeststellung ermöglicht wurde. Zudem wurde in § 1600 Abs. 2 BGB das Recht zur Anfechtung der Vaterschaft bei einer beidseitig einvernehmlichen heterologen Insemination ausgeschlossen.[1069]

1. Die Abstammung

Die Vereinheitlichung des Abstammungsrechts der ehelichen Kinder und der nichteheIichen Kinder war ein wesentliches Ziel des Gesetzgebers des *Kindschaftsrechtsreformgesetzes* gewesen.[1070] Bei der Reform waren die Regelungen der DDR jedoch nur bedingt geeignet, als Vorbild zu dienen. Auch dort war unbeschadet davon, dass die Feststellung und Anfechtung der Vaterschaft in §§ 54 bis 63 FGB für eheliche Kinder und nichteheliche Kinder gemeinsam geregelt worden war, der Unterschied zwischen Kindern *„einer Mutter die nicht verheiratet“* war (§ 54 Abs. 1 FGB) und den Kindern verheirateter Eltern (§ 54 Abs. 1 und 5 FGB) beibehalten worden. Dem Kind war ein Anfechtungsrecht versagt und das Anfechtungsrecht des Vaters war zeitlich eng befristet gewesen.[1071] In der Bundesrepublik war die Situation etwas differenzierter. Ein nicht während der Ehe oder innerhalb von 302 Tagen nach der Eheschließung geborenes Kind war danach ohne eine weitere Feststellung nichtehelich. Gemäß § 1593 BGB konnte die Nichtehelichkeit jederzeit festgestellt werden. Ein zunächst als ehelich angesehenes Kind konnte durch eine erfolgreiche Anfechtung zu einem

---

1067 (*Erbrechtsgleichstellungsgesetz – ErbGleichG*), BGBl. I., S. 2968. Seither gelten für nichteheliche Kinder keine erbrechtlichen Sonderregelungen mehr, sie haben einen Erb- oder einen Pflichtteilsanspruch.

1068 (*Kinderrechteverbesserungsgesetz*) vom 9. April 2002, BGBl. I., S. 1239.

1069 *v. Sachsen Gessaphe*, Nachbesserungen, NJW 2002, S. 1853.

1070 *Gaul*, Die Neuregelung, FamRZ 1997, S. 1442. Die Verwandtschaft mit der Mutter wurde dagegen, wohl im Hinblick auf die Möglichkeiten der modernen Fortpflanzungsmedizin, die die alte Anschauung, dass die Mutter *„semper certa est“*, erschüttern konnte, dahingehend geregelt, das gemäß § 1591 BGB die Frau Mutter war, die das Kind geboren hatte: *Gaul*, Die Neuregelung, FamRZ 1997, S. 1463. Zum Abstammungsverfahren: *Fritsche*, Neue Entwicklungen, NJ 2008, S. 294. Vater war auch nach der Reform durch das *Kindschaftsrechtsreformgesetz* der Mann, der mit der Mutter verheiratet war (§ 1592 Abs. 1 BGB): Gaul, Die Neuregelung, FamRZ 1997, S. 1446.

1071 *Gaul*, Die Neuregelung, FamRZ 1997, S. 1445.

nichtehelichen Kind werden. Bestand keine rechtliche Vaterschaft, konnte das nichteheliche Kind die Vaterschaft des biologischen Vaters gemäß § 1600d BGB feststellen lassen. § 1600e Abs. 2 BGB ließ auch die Klage gegen bereits Verstorbene zu. Diese Klage war nicht fristgebunden.[1072] Eine Zulassung der Anfechtung durch die Mutter war nicht vorgesehen.

Die zuvor noch bestehende unterschiedliche Regelung der ehelichen Abstammung in §§ 1591 bis 1600 BGB und der nichtehelichen Abstammung in §§ 1600a bis 1600o BGB wurde im zweiten Titel unter der Überschrift „*Abstammung*" zusammengefasst. So wurde auch die Anfechtung der Vaterschaft für den ehelichen und den nichtehelichen Vater einheitlich geregelt.[1073] Umgesetzt wurde die Entscheidung des BVerfG vom 31. Januar 1989,[1074] wonach die Regelung in den §§ 1593, 1598 i.V.m. § 1596 Abs. 1 BGB, durch die dem nichtehelichen Kind nicht nur die Änderung seines familienrechtlichen Status versagt, sondern auch jegliche Klärung der Abstammung verwehrt wurde, mit der Verfassung nicht zu vereinbaren war. Der 1. Senat des Bundesverfassungsgerichts nahm hier maßgeblich auf das Recht des Kindes auf Kenntnis seiner Abstammung Bezug. Gleichwohl wurde eine „*rechtsfolgenlosen Vaterschaftsfeststellung*" nicht ermöglicht. Dafür sah der Gesetzgeber jedoch für das nichteheliche Kind in § 1600b BGB ein bis auf die Anfechtungsfrist uneingeschränktes Anfechtungsrecht vor. Nunmehr war gemäß § 1592 BGB Vater, wer zum Zeitpunkt der Geburt mit der Mutter verheiratet war, die Vaterschaft anerkannt hatte oder dessen Vaterschaft gerichtlich festgestellt worden war.[1075]

In § 1592 Nr. 1 BGB wurde neu geregelt, dass nach der Scheidung in der (auf 300 Tage verkürzten) Empfängniszeit geborene Kinder nicht mehr als eheliche Kinder galten. Dies war der Erfahrung geschuldet, dass der Scheidung regelmäßig eine längere Trennung vorausgegangen war. Für Kinder, die vor der Scheidung geboren waren, waren aber – entgegen anderer Vorschläge – keine Änderungen vorgesehen.[1076]

a) Die Anerkennung

Die ehemals mögliche Legitimation eines nichtehelichen Kindes war durch die Kindschaftsrechtsreform weggefallen. Der nichteheliche Vater konnte aber durch eine Anerkennungserklärung oder die gerichtliche Feststellung zugeordnet wer-

---

1072 OLG Saarbrücken, Beschl. vom 10. August 2005, 9 UF 171/04, NJW-RR 2005,1672,1673.

1073 *Gaul*, Die Neuregelung, FamRZ 1997, S. 1442.

1074 BVerfG, Urteil vom 31. Januar 1989, 1 BvL 17/87, NJW 1989,891,892f.

1075 *Gaul*, Die Neuregelung, FamRZ 1997, S. 1444 – 1446.

1076 *Gaul*, Die Neuregelung, FamRZ 1997, S. 1447.

den. Die Anerkennung war eine einseitige nicht empfangbedürftige Willenserklärung des Vaters darüber, dass er das Kind als von ihm gezeugt ansah. Diese Erklärung musste öffentlich beurkundet sein (§ 1600e Abs. 1 S. 1 BGB). Grundsätzlich neu war, dass nicht mehr die Zustimmung des Kindes (§ 1600c Abs. 1 BGB), sondern lediglich die der Mutter[1077] erforderlich war (§ 1595 Abs. 1 BGB).[1078]

Die durchgreifende Anerkennung eines Kindes auch durch den biologischen Nichtvater war bindend und entfaltete allen gegenüber ihre volle Rechtswirkung. Selbst dann, wenn ein deutscher Mann das Kind einer ausländischen Mutter mit dem Willen bewusst wahrheitswidrig anerkannt hatte, ihr oder dem Kind ein Aufenthaltsrecht zu verschaffen, änderte sich an der familienrechtlichen Wirksamkeit nichts.[1079] Im Jahr 2008 wurde dann wegen bekannt gewordener evidenter Fälle des Missbrauchs § 1600 BGB dahingehend ergänzt, dass auch eine Behörde die Vaterschaft eines Mannes anfechten konnte, der ein Kind anerkannt hatte, ohne eine leibliche oder sozial – familiäre Beziehung zu dem Kind unterhalten zu haben, wenn die Anerkennung die rechtlichen Voraussetzungen für eine erlaubte Einreise oder den erlaubten Aufenthalt des Kindes oder eines Elternteils geschaffen hatte.

Anders als noch nach § 1600a BGB, nach dem die Vaterschaft *„für und gegen alle“* festgestellt worden war, regelte § 1592 Nr. 2 BGB nun, wer *„Vater war“*, ohne dass dadurch jedoch eine stärkere Rechtswirkung hervorgerufen wurde. Ihre Rechtsfolgen konnte die Anerkennung grundsätzlich nur ab dem Zeitpunkt entfalten, zu dem sie wirksam wurde (§ 1954 Abs. 1 BGB). Diese Regelung hemmte jedoch nicht das Entstehen des Rechtes selbst, sondern allein die Möglichkeit, aus ihm Rechte abzuleiten. In § 1592 Nr. 2 BGB wurde als letzte Alternative der Vaterschaftszuordnung die gerichtliche Feststellung der Vaterschaft eines Kindes *„einer nicht verheirateten Mutter“* vorgesehen, wenn der Vater seine Vaterschaft nicht anerkannt hatte. Der Mutter war (neu)[1080] in § 1600e

1077 Etwas anderes konnte wegen des Anwendungsvorrangs des europäischen Gemeinschaftsrechts gelten, wenn in einem anderen Mitgliedsstaat der Europäischen Gemeinschaft ein wirksames Anerkenntnis abgegeben worden war: KG, Beschl. vom 23. September 2010, 1 W 70/08, NJW 2011,535,536.

1078 Dies wurde im Gesetzgebungsverfahren als eine Konsequenz aus der Abschaffung der Amtspflegschaft angesehen: kritisch im Hinblick auf die reduzierten Rechte des Kindes: *Gaul*, Die Neuregelung, FamRZ 1997, S. 1950.

1079 Es wurde jedoch in der obergerichtlichen Rechtsprechung vertreten, dass aus einem offensichtlichen bewussten Missbrauch von § 1598 BGB keine ausländerrechtlichen Konsequenzen gezogen werden mussten, der Ausländer sich also nicht auf den Schutz von Art. 6 GG berufen konnte: VGH Mannheim, Beschl. vom 3. März 2005, 13 S 33035/04, NJW 2005, 1529,1530.

1080 *Gaul*, Die Neuregelung, FamRZ 1997, S. 1449 – 1451.

Abs. 1 BGB eine Klagebefugnis eingeräumt. Sie durfte also nicht mehr nur im Namen ihres Kindes, sondern auch im eigenen Namen Klage erheben.[1081]

b) Die Vaterschaftsfeststellung

Auch durch das am 1. Juli 1998 in Kraft getretene neue Kindschaftsrecht, das dem Grundsatz nach das nichteheliche Kind aus seinem Wortschatz gebannt hatte, blieb es dabei, dass allein die nichteheliche Vaterschaft der Feststellung oder dem Anerkenntnis zugänglich war. Unverändert unterschied das BGB zwischen dem Vater im Rechtssinne und dem biologischen Vater. Auf Feststellung der Vaterschaft, also auf die Feststellung, dass der Mann der Vater des Kindes war, konnte nach der Regelung des neu gefassten § 1600d Abs. 1 BGB der angebliche Erzeuger (der gegen das Kind zu klagen hatte), sowie die Mutter und das Kind, die den Erzeuger in Anspruch nehmen mussten, klagen.[1082] Ziel dieser Klage war die Feststellung, dass der Mann Vater des Kindes war.[1083] Das Feststellungsurteil hatte die materielle Wirkung, dass aus dem Erzeuger mit allen Wirkungen der „*Vater im Rechtssinne*" wurde.[1084]

Gemäß § 1599 Abs. 1 BGB i.V.m. § 1592 Nr. 1 BGB war die Rechtsstellung des ehelichen (Schein-)vaters dadurch gesichert, dass eine Vaterschaftsfeststellungsklage durch den biologischen Vater erst nach einer rechtskräftigen Fest-

---

1081 Der Mutter wurde, auch als Konsequenz der Abschaffung der Amtspflegschaft, die alleinige Vertretung des Kindes eingeräumt. Daraus folgte das Recht der Mutter eines minderjährigen nichtehelichen Kindes, allein darüber zu entscheiden, ob und gegen wen ein Vaterschaftsprozess geführt wurde: *Gaul*, Die Neuregelung, FamRZ 1997, S. 1451.

1082 Dem Kind sollte für dieses Verfahren grundsätzlich ein Anspruch auf Bewilligung von Prozesskostenhilfe zustehen. Dies ergebe sich schon aus der existenziellen Bedeutung der Statusfrage. Das gelte unabhängig davon, ob das Jugendamt eine Beistandschaft ausübe. Durch die gewollte Begründung eines uneingeschränkten Elternrechts der Mutter sei der Eigenverantwortung der Mutter ein hoher Stellenwert beigemessen worden. Dieser Intention würde es zuwiderlaufen, wenn die bedürftige Mutter im Feststellungsverfahren auf die Möglichkeit der Erlangung von Prozesskostenhilfe verwiesen werde: OLG Karlsruhe, Beschl. vom 21. Januar 2009, 2 WF 205/08, NJW 2009,2897,2897f.

1083 Ausländischen Feststellungsurteilen konnte wegen eines Verstoßes gegen den ordre public die Anerkennung versagt werden, wenn trotz der Bereitschaft des Vaters zur Mitwirkung daran das Einholen eines Sachverständigengutachtens versagt wurde: BGH, Beschluss vom 26. August 2009, XII ZB 169/07, NJW 2009,3306,3308.

1084 *Wieser*, Zur Feststellung der nichtehelichen Vaterschaft nach neuem Recht, NJW 1998, S. 2023 m.w.N. zu weiteren prozessualen Gestaltungsmöglichkeiten. Zu den Voraussetzungen einer Restitutionsklage mit der Vorlage eines neuen Gutachtens: BGH, Urteil vom 18. September 2003, XII ZR 62/01, NJW 2003,3708.

stellung der Nichtvaterschaft des Ehemannes erfolgen durfte.[1085] Dies war wegen der hohen Dunkelziffer der (tatsächlich) nichtehelichen Geburten nicht unproblematisch. In der Literatur wurde von einer Zahl von 30 % der Kinder ausgegangen, die tatsächlich mit ihrem rechtlichen Vater nicht verwandt seien.[1086] War ein Verfahren jedoch eingeleitet, mussten die zur Verfügung stehenden Beweismittel auch genutzt werden.

Aus dem Persönlichkeitsrecht des Kindes und daraus abgeleitet seinem Recht auf Kenntnis seiner Abstammung, leitete das Bundesverfassungsgericht weiter ab, dass es geboten sein könne, zur Erforschung der biologischen Vaterschaft auch sehr teure wissenschaftliche Erkenntnismöglichkeiten einzusetzen.[1087] Trotz der Sperre des § 1600d Abs. 4 BGB, wonach die Rechtswidrigkeit einer Vaterschaft erst vom Zeitpunkt ihrer Feststellung ab geltend gemacht werden könne, ließ der BGH jedenfalls dann, wenn die Nichtabstammung des Kindes vom rechtlichen Vater unstreitig war, eine Inzidentfeststellung der Vaterschaft zu, wenn davon auszugehen war, dass ein Vaterschaftsfeststellungsverfahren über einen längeren Zeitraum nicht stattfinden würde.[1088]

c) Die Anfechtung

Das Anfechtungsrecht hatte bereits vor der Reform aus dem Jahr 1998 nur eine zögerliche Entwicklung genommen. Eine feststehende Vaterschaft konnte auch

---

1085 *Gaul*, Die Neuregelung, FamRZ 1997, S. 1448. Dementsprechend musste auch dann, wenn der rechtliche und der behauptete Vater verstorben waren, bei einem gegen den rechtlichen Vater eingeleiteten Vaterschaftsanfechtungsverfahren zur Erlangung der erforderlichen Proben für die Untersuchungen zunächst auf Abkömmlinge des rechtlichen Vaters und ggf. eine Exhumierung zurückgegriffen werden, bevor die Abkömmlinge des behaupteten Vaters herangezogen werden durften: OLG Hamm, Beschl. vom 19. Oktober 2004, 9 WF 167/04, NJW-RR 2005,231,231.

1086 *Wolf*, Biologische Abstammung und rechtliche Zuordnung, NJW 2005, S. 2417.

1087 BVerfG, Beschl. vom 18. August 2010, 1 BvR 811/09, NJW 2010,3772,3773.

1088 BGH, Urteil vom 14. April 2008, XII ZR 144/06, NJW 2008,2433,2434; *Büttner/Niepmann*, Die Entwicklung des Unterhaltsrechts seit Mitte 2008, NJW 2009, S. 2501. Zu den (regelmäßig nicht gegebenen) Möglichkeiten, der geschiedenen Mutter die elterliche Sorge zu entziehen, weil sie die Anfechtung der Vaterschaft im Namen des Kindes unterließ: BayOblG, Beschl. vom 22. Oktober 1993, NJW-RR 1994,841,842. Bei der Entscheidung, ob eine Ausnahme von der Rechtsausübungssperre des § 1599 Abs. 1 BGB zugelassen werden sollte, war maßgeblich darauf abzustellen, ob und mit welcher Intensität die schutzwürdigen Interessen des Kindes und der Familienfriede durch eine derartige Ausnahme berührt werden würden: BGH, Beschl. vom 25. Juni 2008, XII ZB 163/06, NJW 2008,3429,3432f.

nach der Reform allein durch die gerichtliche Anfechtung[1089] der Vaterschaft beseitigt werden. Die begehrte Statusänderung trat erst mit der Rechtskraft des entsprechenden Urteils ein.[1090] Neu war das in Folge der Kindschaftsrechtsreform in § 1600 BGB geregelte Anfechtungsrecht der Mutter. Dies war ihr unabhängig davon eingeräumt worden, ob sie den wahren Vater benannte oder nicht. Auch das Kind hatte eine erweiterte Anfechtungsmöglichkeit erhalten (§§ 1600 160b Abs. 3 BGB). Damit waren die Zielvorgaben der verfassungsrechtlichen Rechtsprechung nicht nur erfüllt, sondern weit überschritten worden. Das Anfechtungsrecht des Kindes unterlag, trotz erheblicher Bedenken, annähernd keinen Einschränkungen. Anders wurde dagegen das Anfechtungsrecht des (potentiellen) Erzeugers geregelt. Dieses bestand nämlich unverändert nicht.[1091]

Das Anfechtungsrecht des Ehemannes[1092] und des festgestellten Vaters waren nunmehr gleich ausgestaltet.[1093] Das minderjährige Kind konnte die Vaterschaft nur dann anfechten, wenn zuvor von dem rechtlich dazu Berufenen eine Entscheidung getroffen worden war.[1094] Beide Eltern waren von der Vertretung insoweit ausgeschlossen. Die Entscheidung darüber, ob durch das Kind die Va-

1089 Eine Sonderregelung zur Anfechtung im Falle der heterologen Insemination wurde durch das am 12. April 2002 in Kraft getretene *Gesetz zur weiteren Verbesserung von Kinderrechten (Kinderrechtsverbesserungsgesetz – KindRVerbG)* vom 9. April 2002, BGBl. I., S. 1239, in § 1600 Abs. 4 BGB aufgenommen. Danach konnten nämlich Mutter und Vater einer einverständlichen heterologen Insemination die Vaterschaft des Mannes nicht anfechten. Dazu *v. Sachsen Gessaphe*, Nachbesserung, NJW 2002, S. 1853, 1853f. Diese Regelung galt auch für Anfechtungsfälle, über die im Zeitpunkt des Inkrafttretens der damaligen Neuregelung noch nicht entschieden worden war: BGH, Urteil vom 26.1.2005, XII ZR 70/03, NJW 2005,1428,1429. Vor der gesetzlichen Neuregelung stand dem Vater ein Anfechtungsrecht zu. Ein etwaiger Verzicht des mit der heterologen Insemination einverstandenen Ehemanns auf sein Anfechtungsrecht wurde als unwirksam angesehen: BGH, Urteil vom 12. Juni 1995, XII ZR 128/94, NJW 1995,2921,2921.

1090 *Gaul*, Die Neuregelung, FamRZ 1997, S. 1454.

1091 *Gaul*, Die Neuregelung, FamRZ 1997, S. 1457 – 1461.

1092 Rechtsansprüche des erfolgreich anfechtenden ehemaligen rechtlichen Vaters gegen den biologischen Vater waren weitgehend ausgeschlossen. So sollte er gegen diesen die Kosten des erfolgreichen Vaterschaftsanfechtungsverfahrens nicht geltend machen können: OLG Jena, Urteil vom 5. August 2005, 1 UF 55/01, MDR 2006,335,336.

1093 *Gaul*, Die Neuregelung, FamRZ 1997, S. 1457.

1094 Zu nicht gegebenen Regressansprüchen des biologischen Vaters gegen den Scheinvater (Ehemann), wenn dieser in einem Vaterschaftsanfechtungsverfahren unrichtige Angaben (etwa über die Anfechtungsfrist) getätigt hatte, die zur Feststellung des richtigen Vaters geführt hatten: OLG Jena, Urteil vom 15. März 2006, 4 U 159/05, NJW 2007,229,229f. Zum Unterhaltsregress des Scheinvaters: *Huber*, Unterhaltsverpflichtung des nichtehelichen Vaters gegenüber Kind und Mutter, FPR 2005, S. 190.

terschaft angefochten werden sollte, mussten die gemeinsam sorgeberechtigten Eltern gemäß § 1626 Abs. 1 BGB jedoch gemeinsam treffen.[1095]

Schließlich wurde dann ein begrenztes Anfechtungsrecht des biologischen Vaters entwickelt. Mit Urteil vom 9. April 2003[1096] entschied das Bundesverfassungsgericht, dass § 1600 BGB insoweit nicht mit Art. 6 Abs. 2 S. 21 GG vereinbar war, wie es den leiblichen aber nicht rechtlichen Vater auch dann nicht in den Kreis der Anfechtungsberechtigten einbezog, wenn dieser eine „*sozial-familiäre Beziehung*" zu seinem Kind unterhalten hatte.[1097] Auch der leibliche, aber nicht rechtliche Vater stehe unter dem Schutz des Art. 6 Abs. 2 S. 1 GG, soweit er die Rechtsstellung als Vater des Kindes einnehmen wolle.[1098] Art. 6 Abs. 2 S. 1 GG vermittle das Elternrecht stets in Verbindung mit Elternpflichten, unabhängig davon, ob die Elternschaft auf der Abstammung oder einer Rechtszuweisung beruhe. Ein Nebeneinander zweier Väter entspreche nicht der grundgesetzlichen Vorstellung der elterlichen Verantwortung. Dies sei auch durch den Wandel der familiären Strukturen nicht veranlasst. Der biologische Vater könne zwar wegen des Schutzes der sozialen Familie grundsätzlich die Anerkennung seiner Vaterschaft nicht verlangen. Lebe jedoch das Kind nicht mit seinem rechtlichen, sondern mit seinem (mutmaßlichen) biologischen Vater zusammen und sei dieser bereit, Elternverantwortung zu übernehmen, müsse ihm eine Möglichkeit dazu verschafft werden.[1099]

Dem Gesetzgeber wurde insoweit eine Frist bis zum 30. April 2004 gesetzt. Am 12. Februar 2004 legte die Bundesregierung einen Gesetzentwurf vor.[1100] Durch das Gesetz sollte der Vater das Recht erhalten, die Ehelichkeit seines Kindes anzufechten, sofern zwischen dem rechtlichen Vater und dem Kind keine sozial-familiäre Beziehung bestand.[1101] Wollte ein Kind die Vaterschaft seines

---

1095 BGH, Urteil vom 18. Februar 2009, XII ZR 156/07, NJW 2009,1496,1498.

1096 BVerfG, Urteil vom 9. April 2003, 1 BvR 1493/96, NJW 2003,2151. Dazu: *Roth*, Vaterschaftsanerkennung durch den biologischen Vater, NJW 2003, S. 3153.

1097 Zu dem verfassungsrechtlichen vorrangigen Schutz der Mutter-Kind-Beziehung: *Di Fabio*, Der Schutz von Ehe und Familie: Verfassungsentscheidung für eine vitale Gesellschaft, NJW 2003, S. 996. Kritisch dazu und zu dem Anfechtungsrecht des biologischen Vaters: *Frank*, Rechtsvergleichende Betrachtung zur Entwicklung des Familienrechts, FamRZ 2004, S. 842.

1098 Wobei der Gesetzgeber aber nicht verpflichtet sei, die Anerkennung der Elternschaft stets von der Prüfung im Einzelfall abhängig zu machen, von wem das Kind abstamme: BVerfG, Urteil vom 9. April 2003, 1 BvR 1493/96, NJW 2003,2151,2152.

1099 BVerfG, Urteil vom 9. April 2003, 1 BvR 1493/96, NJW 2003,2151,2153 – 2155.

1100 BTDrs. 15/2253. Vor Unterhaltsansprüchen von Kindern nicht verheirateter Paare ist der „*Samenspender*" dagegen nicht geschützt: *Taupitz*, Die Samenspende: Finanzielles Vabanquespiel für den Spender, ZRP 2011, S. 161.

1101 BTDrs. 15/2492, S. 1.

rechtlichen Vaters anfechten, ohne dass es einen anderen in Betracht kommenden Vater benennen konnte, kam bei der Frage, ob der Vater zur Mitwirkung im Anfechtungsverfahren gezwungen werden konnte, seinem Interesse am Fortbestehen des Elternrechts und dem Erhalt seiner rechtlichen und familiären Zuordnung zum Kind eine gesteigerte Bedeutung zu.[1102]

Mit dem Erlass des *Gesetzes zur Änderung über die Anfechtung der Vaterschaft und das Umgangsrecht von Bezugspersonen des Kindes* vom 23. April 2004[1103] entsprach der Gesetzgeber den Vorgaben des Bundesverfassungsgerichts in dem Urteil vom 9. April 2003 und billigte dem leiblichen Vater ein Recht auf Anfechtung der Vaterschaft auch dann zu, wenn zwischen dem rechtlichen Vater und dem Kind keine *„sozial-familiäre Beziehung“* bestand[1104] oder bestanden hatte.[1105] In § 1600 BGB wurde in Abs. 1 Zi. 2 angefügt, dass auch derjenige zur Anfechtung der Ehelichkeit berechtigt sein konnte, der an Eides statt versicherte, der Mutter in der Empfängniszeit beigewohnt zu haben. Der Vater musste unverändert objektive Tatsachen vortragen, die naturwissenschaftlich geeignet waren, Zweifel an seiner Vaterschaft zu begründen.[1106] Die Anfechtungsfrist betrug gemäß § 1600b Abs. 1 BGB zwei Jahre. Sie begann mit der Kenntnis der Tatsachen, die die Zweifel an der ehelichen Abstammung begründeten, frühestens aber mit der Geburt. Mehr wurde vom Bundesverfassungsgericht nicht verlangt. Dem Grundsatz nach blieb es aber dabei, dass der biologische Vater gegen den Willen des Kindes oder des (potentiellen) Scheinvaters nicht anfechten konnte, sofern er keine familiäre Beziehung zu dem Kind unterhalten hatte.[1107] Der Gesetzgeber müsste daher dem biologischen Vater nicht

1102 BVerfG, Beschl. vom 13. November 2008, 1 BvR 1192/08, NJW 2009,425,526.

1103 BGBl. I., S. 598; dazu: *Pieper*, Neu: Anfechtungs- und Umgangsrecht des biologischen Vaters, FuR 2004, S. 385.

1104 Diese besteht, wenn der gesetzliche Vater die tatsächliche Verantwortung für das Kind trägt, was in der Regel anzunehmen ist, wenn er mit dem Kind und der Mutter zusammenlebt: *Pieper*, Neu: Anfechtungs- und Umgangsrecht des biologischen Vaters, FuR 2004, S. 386.

1105 *Pieper*, Neu: Anfechtungs- und Umgangsrecht, FuR 2004, S. 386.

1106 OLG Frankfurt a.M., Beschl. vom 19. Juli 2007, 5 WF 81/07, NJW-Spezial 2008,133,133; *Dötsch*, Feststellung und Anfechtung der Vaterschaft, NJW-Spezial 2006, S. 391. Diese wurden etwa dadurch begründet, dass der Vater von seiner nur eingeschränkten Fruchtbarkeit erfuhr und die Mutter die Mitwirkung an einer außergerichtlichen Abstammungsermittlung verweigerte: OLG Dresden, Beschl. vom 11. Oktober 2005, 21 WF 744/05, NJW-RR 2006,292,293. Wurde ein Vater auf Feststellung in Anspruch genommen und ihm für dieses Verfahren Prozesskostenhilfe bewilligt, konnte er die Beiordnung eines Rechtsanwaltes unabhängig von der Amtsermittlung sofort und nicht erst nach dem Eingang eines die Vaterschaft bestätigenden Gutachtens verlangen: BGH, Beschl. vom 11. September 2007, XII ZB 27/07, NJW 2007,3644,3644.

1107 Auch wenn der leibliche, aber nicht rechtliche Vater unter dem Schutz von Art. 6 Abs. 2 GG stehe, könne er daraus doch noch kein Elternrecht ableiten. Die leibliche Elternschaft müsse

zwingend einen Anspruch auf Anfechtung der rechtlichen Vaterschaft einräumen.[1108]

Der biologische Vater konnte die Vaterschaft des rechtlichen Vaters gemäß § 1600 Abs. 1 Nr. 2 BGB also auch weiterhin nur dann anfechten, wenn zwischen dem rechtlichen Vater und dem Kind keine sozial-familiäre Bindung bestand. Für die Anfechtung musste er die Anfechtungsfrist des § 1600b Abs. 1 BGB sowohl gegenüber dem Kind als auch gegenüber dem rechtlichen Vater wahren.[1109] Diese begann gemäß § 1600b Abs. 1 BGB mit der Kenntnis des Anfechtenden von den Tatsachen, aus denen sich die nicht ganz fernliegende Möglichkeit einer nichtehelichen Abstammung ergab.[1110] Hierfür wurde mehr verlangt als das bloße Behaupten des Nichtbestehens einer Vater-Kind-Beziehung. Für den Anfangsverdacht war es jedoch nicht erforderlich, dass die Vaterschaft des Anfechtenden wahrscheinlich oder gar überwiegend wahrscheinlich war.[1111] Änderungen der wissenschaftlichen Erkenntnismöglichkeiten über die Vaterschaft führten dazu, dass durch die DNA-Untersuchungen der Vaterschaftsnachweis sicher geworden war.[1112] Ein DNA-Gutachten durfte jedoch unverändert nur

---

sich nicht stets gegen die rechtliche durchsetzen. Der Gesetzgeber dürfe dem Interesse des Kindes und dem seiner rechtlichen Eltern den Vorrang gegenüber den Interessen des biologischen Vaters einräumen und den biologischen Vaters so von der Möglichkeit, die rechtliche Vaterschaft anzufechten, ausschließen: BVerfG, Beschl. vom 13. Oktober 2008, 1 BvR 1548/03, NJW 2009,423,423.

1108 BVerfG, Beschl. vom 13. Oktober 2008, 1 BvR 1548/03, NJW 2009,423,424.

1109 BGH, Urteil vom 30. Juli 2008, XII ZR 18/07, NJW 2008,3061,3062. Diese Ausschlussfrist diente dem Interesse des Kindes an geklärten Familienbeziehungen und nicht dazu, den leiblichen Vater vor seiner Inanspruchnahme auf Unterhalt zu schützen, so dass er aus einer Verletzung dieser Frist auch keine Amtshaftungsansprüche ableiten konnte: BGH, Beschl. vom 26. Oktober 2006, III ZR 49/06, NJW 2007,223,224.

1110 Daraus folgte auch, dass die Anfechtung vor der Geburt des Kindes unzulässig war: OLG Rostock, Beschl. vom 30. November 2006, 10 WF 206/06, NJW-RR 2007,291,291.

1111 *Niepmann*, Aktuelle Entwicklungen im Familienrecht, MDR 2004, S. 974. Bei einer erfolgreichen Vaterschaftsanfechtung konnte der wegen Unterhaltspflichtverletzung verurteilte Scheinvater dies als Wiederaufnahmegrund im Sinne von § 359 Nr. 5 StPO geltend machen: OLG Hamm, Urteil vom 5. Mai 2004, 4 Ss 65/04, NJW 2004,2461,2461. Es reichte auch dann aus, wenn der Ehemann von dem Mehrverkehr seine Frau wusste, wenn er davon ausging, diese verwende Verhütungsmittel: BGH, Urteil vom 29. März 2006, XII ZR 207/03, NJW 2006,1734,1735 = NJW-Spezial 2006,392,393.

1112 *Wolf*, Biologische Abstammung, NJW 2005, S. 2418. Wegen des medizinischen Fortschrittes sah der XII. Zivilsenat des BGH nunmehr grundsätzlich auch ein isoliertes DNA-Gutachten als ausreichendes Beweismittel an: BGH, Urteil vom 3. Mai 2006, XII ZR 195/03, MDR 2007,158,159.

dann eingeholt werden, wenn bereits ein Anfangsverdacht für eine mit der biologischen Realität nicht übereinstimmende rechtliche Vaterschaft vorlag.[1113]

Die Anfechtung selbst war weiterhin hohen Hürden ausgesetzt. Das Vorbringen des anfechtenden Ehemannes, seine Vaterschaft könne durch ein Sachverständigengutachten ausgeschlossen werden, war unzureichend. Er musste vielmehr Umstände vortragen, die bei objektiver Wertung der Umstände geeignet waren, Zweifel an der ehelichen Abstammung zu wecken und die Abstammung von einem anderen Mann als nicht fernliegend erscheinen ließen.[1114] Damit sollte erreicht werden, dass „*ins Blaue hinein*" abgegebene Zweifel das Kind nicht belasten konnten. Die geforderte „*sichere Erkenntnis von Tatsachen, aus denen sich die nicht ganz fernliegende Möglichkeit einer Abstammung des Kindes von einem anderen Mann ergibt*" sollte bereits aus dem Mehrverkehr hervorgehen.[1115] Auch die Mutter durfte die Vaterschaft nicht „*ins Blaue hinein*" anfechten. Wenn ein anderer Mann als rechtlicher Vater in Betracht kam und der rechtliche Vater das Kind zumindest teilweise pflegte, musste auch das Elternrecht des Vaters bei der Klärung der Erforderlichkeit der Klärung der Vaterschaft in die Erwägungen einbezogen werden.[1116]

Auch die Möglichkeit der künstlichen Befruchtung führte zu dem Erfordernis einer gesetzlichen Regelung. Bei einem zeugungsunfähigen Vater war in diesen Fällen oft von vornherein klar, dass der rechtliche und der biologische Vater des Kindes seiner Ehefrau nicht identisch waren. Nicht zuletzt auch zum Schutz des „*Samenspenders*" wurde in § 1600 Abs. 4 BGB[1117] nunmehr bei einer einvernehmlichen künstlichen Befruchtung das Anfechtungsrecht des Vaters und der Mutter ausgeschlossen.[1118] Auf die Art und Weise der künstlichen Befruchtung sollte es dabei nicht ankommen.[1119]

1113 Kritisch zu dieser Rechtsprechung des BGH: *Wolf*, Biologische Abstammung,, NJW 2005, S. 2419f.

1114 *Fritsche*, Neue Entwicklungen, NJ 2008, S. 294.

1115 OLG Saarbrücken, Beschl. vom 14. Mai 2009, 9 WF 47/09, MDR 2010,32,33.

1116 *Weber*, Die Entwicklung des Familienrechts seit Mitte 2008, NJW 2008, S. 3288f.

1117 Durch Art. 1 des *Gesetzes zur Ergänzung des Rechts zur Anfechtung der Vaterschaft* vom 13. März 2008 (BGBl. I., S. 313) wurde diese Regelung in § 1600 Abs. 5 BGB überführt.

1118 *Löhnig*, Das Recht des Kindes, S. 40; *Helms*, Die künstliche Befruchtung aus familienrechtlicher Sicht: Probleme und Perspektiven, in: Ehe, Familie, Abstammung – Blicke in die Zukunft, Röthel/Löhnig/Helms (Hrsg.), Frankfurt a.M. 2010, S. 58.

1119 OLG Hamm, Urteil vom 2. Februar 2007, 9 UF 19/06, NJW 2007,3733,3734.

d) Benennung des Vaters

Die Rechtsprechung des Bundesverfassungsgerichts zu dem Recht des ehelichen Kindes, Kenntnis von seiner Abstammung zu erlangen, wurde auch durch das *Kindschaftsrechtsformgesetz* nicht in dem Maße umgesetzt, dass die Diskussionen über dieses Thema aufhörten. Auch das *Kindschaftsrechtsreformgesetz* sah keine unmittelbaren Anspruchsgrundlagen vor. Beholfen wurde sich mit der Regelung in § 1618a BGB, wonach Kinder und Eltern einander Beistand und Rücksicht schuldeten. Nach Auffassung des Bundesverfassungsgerichts, das die Richtigkeit dieses Weges nicht mehr zu beurteilen hatte, musste jedoch bei der zu treffenden Interessenabwägung dem Interesse der Mutter an der Nichtbenennung des Vaters hinreichend Rechnung getragen werden.[1120] Die Verpflichtung der Mutter gegenüber dem Scheinvater, ihm den Namen des tatsächlichen Vaters zu benennen, konnte sich aus §§ 826, 242 BGB ergeben.[1121]

Mit dem Inkrafttreten des FamFG wurde auch das Abstammungsverfahren durch dieses Gesetz geregelt. Dieses sah in § 178 Abs. 1 FamFG eine Pflicht vor, die Entnahme von Blutproben zu dulden, sofern dies für die Feststellung der Abstammung erforderlich war. Diese Pflicht bestand auch für ein postmortales Abstammungsgutachten im Zuge eines (nicht fristgebundenen) Feststellungsantrags nach § 1600 d BGB.[1122]

e) Kenntnis der Abstammung des Vaters

Die Kenntnis über die tatsächliche Abstammung eines Kindes war für das Kind, aber auch für den (biologischen) Vater wichtig. Für die Väter war von erheb-

1120 BVerfG, Beschl. vom 6. Mai 1997, 1 BvR 409/90, NJW 1997,1769,1770. Dazu: *Frank/Helms*, Der Anspruch des nichtehelichen Kindes gegen seine Mutter auf Nennung des leiblichen Vaters, FamRZ 1997, S. 1258. Im weiteren Verlauf dieses Verfahrens bestritt die Mutter nunmehr, die vollständigen Namen der möglichen Väter zu kennen. Sie habe sie im Spätsommer 1958 über Kontaktanzeigen kennen gelernt. Sie wurde erneut verurteilt, ihrem Kind mitzuteilen, mit welchen Männern sie in der Empfängniszeit geschlechtlich verkehrt habe. Diese Entscheidung wurde von Instanzgerichten als Hinweis darauf gesehen, dass das Interesse des nichtehelichen Kindes an der Abstammung überwiege: LG Münster, Urteil vom 26. August 1998, 2 S 414/89, NJW 1999,726,728; vgl. LG Bremen, Urteil vom 10. März 1998, 1 S 518/97, NJW 1999,729.

1121 BGH, Beschl. vom 3. Juli 2008, I ZB 87/06, NJW 2008,2919,2920. Wenn die Mutter dem zunächst zahlenden Scheinvater gegenüber zur Benennung des Namens des tatsächlichen Vaters verpflichtet war, konnte sie sich der Vollstreckung dieses Titels nicht erfolgreich mit der Begründung entgegenstellen, die Vollstreckung sei grundrechtswidrig: BGH, Beschl. vom 3. Juli 2008, I ZB 87/06, NJW 2008,2919,2920f. = NJ 2008,557.

1122 OLG München, Beschl. vom 27. Juni 2011, 33 UF 942/11, NJW 2011,2892,2894.

licher Bedeutung, wie sie sich über die tatsächlichen biologischen Verhältnisse Gewissheit verschaffen konnten. Eine gesetzliche Pflicht zur Durchführung der Vaterschaftsbegutachtung bestand nicht.[1123] Da die Vaterschaftsanfechtung unverändert einen Verdacht voraussetzte, die medizinischen Methoden aber immer zuverlässiger wurden, wurde intensiv erörtert, inwieweit heimliche Vaterschaftsgutachten den Anfangsverdacht für eine Vaterschaftsfeststellungsklage begründen konnten.[1124]

Die naturwissenschaftlichen Fortschritte bei der Sicherheit der Vaterschaftsfeststellung führten so zu neuartigen Problemen. Vor allem ging es um die Frage, ob und unter welchen Voraussetzungen heimliche Vaterschaftstests berücksichtigt werden durften.[1125] Teilweise wurden derartige ohne den Willen der Mutter oder des (einwilligungsfähigen) Kindes eingeholte Gutachten als unverwertbar angesehen. Es fehle bereits an der ordnungsgemäßen Identitätsfeststellung der betroffenen Personen, der „*Vater*" könne den Laboren beliebige Proben übersenden, um das Vaterschaftsfeststellungsverfahren einzuleiten.[1126] Diese Auffassung wurde im Ergebnis vom BGH[1127] geteilt. Nach dieser Entscheidung durfte ein unerlaubt eingeholtes DNA-Gutachten weder zur Begründung eines Anfangsverdachts herangezogen noch die nachträgliche Verweigerung der Zustimmung als ein Umstand angesehen werden, der zur Anfechtungsklage berechtigte.[1128]

1123 BGH, Urteil vom 6. Dezember 2006, XII ZR 97/04, NJW 2007,912,912 = JuS 2007,491.

1124 Zur Diskussion über die Zulassung heimlicher Vaterschaftstests die Diskussionsbeiträge von *Plautz* und *Rittner* in: ZRP 2004, S. 215.

1125 Hier wurde ein aus dem Recht auf informationelle Selbstbestimmung des Kindes abgeleitetes Beweisverwertungsverbot ebenso vertreten (OLG Celle, Urteil vom 29. Oktober 2003, 15 UF 84/03, NJW 2004,449,450; *Spickhoff*, Die Entwicklung des Arztrechts 2003/2004, NJW 2004, S. 1719), wie – im Hinblick auf die Interessen des Kindes – die Verwertbarkeit: OLG Schleswig, Urteil vom 3. September 2003, 12 UF 11/03, NJW 2003,3715,3716). Zu den Unterhaltsansprüchen gegen ersatzweise haftende Verwandte: BGH, Urteil vom 10. März 2004, XII ZR 123/01, NJW 2004,1735; LG München, Urteil vom 22. Mai 2003, 17 HKO 344/03, FamRZ 2003,1580,1580. Nach Auffassung des OLG Jena sollte die Mutter des Kindes grundsätzlich berechtigt sein, über die Entnahme von Blut für ein Abstammungsgutachten zu entscheiden. Der Hinweis auf ihre Intimsphäre sei jedoch zur Begründung untauglich, weil diese hinter das Recht des Kindes auf Kenntnis seiner Abstammung zurücktreten müsse: OLG Jena, Beschl. vom 22. Januar 2007, 1 UF 454/06, NJW-RR 2007,1306,1307 = NJ 2007,315,316.

1126 OLG Celle, Urteil vom 29. Oktober 2003, 15 UF 84/03, NJW 2004,449,450.

1127 BGH, Urteil vom 12. Februar 2005, XII ZR 227/03, NJW 2005, 497,499; BGH, Urteil vom 1. März 2006, XII ZR 210/04, NJW 2006,1657,1658; OLG Koblenz, Urteil vom 23. Februar 2006, 7 UF 457/05, NJW 2006,1742,1743; zustimmend: *Rittner/Rittner*, Rechtsdogma und Rechtswirklichkeit am Beispiel so genannter heimlicher Vaterschaftstests, NJW 2005, S. 947.

1128 *Rittner/Rittner*, Rechtsdogma, NJW 2005, S. 945. Auch im Übrigen hielt diese Rechtsprechung einer Überprüfung stand. Das Recht auf informationelle Selbstbestimmung aus Art. 2

Das entsprach auch den medizinischen Regeln. Die Bundesärztekammer veröffentliche am 8. März 2002 neue *Richtlinien für die Erstattung von Abstammungsgutachten*,[1129] deren Zweck das Feststellen oder das Ausschließen einer vermuteten Vaterschaft war.[1130] Zudem wurde auch auf das grundrechtlich geschützte Recht des Vaters hingewiesen, Sicherheit darüber zu erlangen, ob das Kind von ihm abstammt.[1131] Neben Gerichten und Behörden kamen danach auch Privatpersonen als Auftraggeber in Betracht. Ohne einen richterlichen Beschluss durfte die Abstammung eines Menschen danach, anders als noch die vorhergehenden Richtlinien aus dem Jahr 1996,[1132] nur dann begutachtet werden, wenn dieser oder sein Sorgeberechtigter der Untersuchung zugestimmt hatte.[1133] Die Untersuchungsproben sollten durch den Arzt entnommen werden.[1134]

Da heimliche Vaterschaftstests unzulässig und die Mütter nicht zu zwingen waren, einen Test unter Einbeziehung ihres Kindes zu dulden, bestand für die nach ihrer Einschätzung biologischen Väter keine Möglichkeit, ihre mögliche Vaterschaft überprüfen zu lassen. Das hielt der Überprüfung durch das Bundesverfassungsgericht nicht uneingeschränkt stand. Dieses entwickelte aus dem Persönlichkeitsrecht des Kindes, dass das Recht des Vaters auf Kenntnis der Abstammung weiter gehen müsse, als es die gesetzlichen Regelungen vorsahen. Eine Verpflichtung des Gesetzgebers, die rechtliche Anerkennung einer Elternschaft stets von der Prüfung der Abstammung abhängig auszugestalten, bestehe nicht. Es sei ausreichend, aus bestimmten tatsächlichen Umständen, vor allem aus einer bestehenden Ehe, auf die Abstammung des Kindes zu schließen. Dem-

---

Abs. 1 GG in Verbindung mit Art. 1 Abs. 1 GG schütze die Rechte des Einzelnen, grundsätzlich selbst über die Preisgabe und Verwendung seiner persönlichen Daten zu bestimmen. Davon seien auch die Informationen über die genetischen Merkmale einer Person erfasst: BVerfG, Urteil vom 13. Februar 2007, 1 BvR 421/05, NJW 2007,753,754, dazu: *Brosius-Gersdorf*, Das Kuckucksei im Familiennest – Erforderlichkeit einer Neuregelung der Vaterschaftsuntersuchung, NJW 2007, S. 806; *Fritzsche*, Neue Entwicklungen, NJ 2007, S. 295. Dem Einzelnen müsse durch staatliche Organe ein Schutz davor gewährt werden, dass private Dritte ohne Wissen der betroffenen Person Zugriff auf die seine Individualität kennzeichnenden Daten nehmen würden. Dies gelte auch dann, wenn die Entnahme zur Klärung der Abstammung erfolgt sei: BVerfG, Urteil vom 13. Februar 2007, 1 BvR 421/05, NJW 2007,753,754.

1129 Veröffentlicht im Ärzteblatt 99, Heft 10 v. 8. März 2002, S. A 665, abgedruckt in: FamRZ 2002, S. 1159.

1130 Richtlinien für die Erstattung von Abstammungsgutachten vom 8. März 2002, Zi. 1., FamRZ 2002, S. 1159.

1131 LG München, Urteil vom 22. Mai 2003, 17 HKO 344/03, FamRZ 2003,1580,1581.

1132 Richtlinien für die Erstattung von Abstammungsgutachten – Novellierung 1996 – Bundesgesundheitsblatt 7/96, abgedruckt in: FamRZ 1997, S. 344.

1133 Richtlinien vom 8. März 2002, Zi. 2.1., FamRZ 2002, S. 1159.

1134 Richtlinien vom 8. März 2002, Zi. 2.3.1., FamRZ 2002, S. 1159.

entsprechend sei es auch nicht zu beanstanden, dass die gesetzlichen Regelungen für eine weitergehende Prüfung konkrete Zweifel voraussetzen würden. Wenn sich der Gesetzgeber aber für diese Vorgehensweise entscheide, müsse er ein Verfahren eröffnen, das es dem rechtlichen Vater ermögliche, die Abstammung klären zu lassen, ohne daran rechtliche Folgen anzuknüpfen. Dazu würden die gesetzlichen Anfechtungsregelungen nicht ausreichen.[1135] Um derartige Regelungen zu schaffen, wurde dem Gesetzgeber eine Frist bis zum 31. März 2008 gesetzt.[1136] Diesen Anforderungen genügte der Gesetzgeber. Am 1. April 2008 trat das *Gesetz zur Klärung der Vaterschaft unabhängig vom Anfechtungsverfahren* vom 26. März 2008[1137] in Kraft. In § 1598a BGB war nun ein Anspruch auf Einwilligung in eine genetische Untersuchung zur Klärung der leiblichen Abstammung eingefügt, wobei der Vater gegenüber der Mutter und dem Kind und die Mutter gegenüber dem Kind und dem Vater sowie das Kind gegenüber den Eltern aufklärungsberechtigt wurden.[1138] Durch die ersetzte Einwilligung konnte der Klärungsberechtigte ein Gutachten einholen; die anderen Beteiligten waren zur Mitwirkung, insbesondere zur Duldung der Probenentnahme, verpflichtet. Dem Vater stand es frei, ob er nach der Begutachtung ein Vaterschaftsfeststellungsverfahren einleitete.[1139]

f) Die Zustimmung des nichtehelichen Vaters zur Adoption

Im Hinblick auf die Abstammung des nichtehelichen Kindes erkannte das Bundesverfassungsgericht, dass es mit den verfassungsrechtlichen Vorgaben verein-

---

1135 BVerfG, Urteil vom 13. Februar 2007, 1 BvR 421/05, NJW 2007,753,75f.

1136 BVerfG, Urteil vom 13. Februar 2007, 1 BvR 421/05, NJW 2007,753,758. Das Bundesverfassungsgericht hatte damit das Persönlichkeitsrecht des Vaters gestärkt, jedoch unmissverständlich klargestellt, dass dieses aber im Einzelfall hinter das Kindeswohl zurücktreten muss: *Brosius-Gersdorf*, Das Kuckucksei, NJW 2007, S. 808.

1137 BGBl. I., S, 441; dazu: *Entwurf eines Gesetzes zur Klärung der Vaterschaft unabhängig vom Anfechtungsverfahren*, BTDrs. 16/6561. Zur Entwicklung des Gesetzgebungsverfahrens: *Fritsche*, Die Novellierung, NJ 2008, S. 194; *Muscheler*, Die Klärung der Vaterschaft, FPR 2008, S. 257; *Wellenhofer*, Das neue Gesetz zur Klärung der Vaterschaft, NJW 2008, S. 1185.

1138 *Fritsche*, Die Novellierung, NJ 2008, S. 194; *Muscheler*, Die Klärung, FPR 2008, S. 258.

1139 *Fritsche*, Die Novellierung, NJ 2008, S. 195. Durch das Gesetz wurden die Mutter, der (rechtliche) Vater sowie das Kind anspruchsberechtigt: *Wellenhofer*, Das neue Gesetz, NJW 2008, S. 1188. Der biologische Vater wurde dagegen weder zum Anspruchsberechtigten noch zum Anspruchsgegner: Der biologische Vater und das nichteheliche Kind wurden zur Klärung der Vaterschaft auf Vaterschaftsanfechtung (§ 1600 BGB) oder die gerichtliche Feststellung (§ 1600d BGB) verwiesen: *Muscheler*, Die Klärung, FPR 2008, S. 258; *Wellenhofer*, Das neue Gesetz, NJW 2008, S. 1188.

bar war, dem nichtehelichen Vater, der nie selbst sorgeberechtigt gewesen war, das Recht auf Zustimmung zu Adoption vollständig zu versagen.[1140] Das Bundesverfassungsgericht hatte das dem nichtehelichen Vater auch durch das Adoptionsgesetz nicht eingeräumte Einwilligungserfordernis zur Adoption gerügt. Durch das *Kindschaftsrechtsreformgesetz* wurde schließlich das Erfordernis der Einwilligung des nichtehelichen Vaters in die Annahme des Kindes eingeführt (§ 1747 Abs. 1 BGB). Weiterhin wurden die Regelungen zur Ersetzung der Einwilligung des nichtehelichen Vaters der des ehelichen[1141] Vaters angeglichen.[1142]

2. Das Sorgerecht

Im Zuge der in Kraft getretenen Änderungen wurden die elterliche Sorge für das nichteheliche Kind in die allgemeinen Vorschriften (§ 1626ff. BGB) übernommen[1143] und die Sonderregelungen für nichteheliche Kinder in den §§ 1705 – 1711 BGB aufgehoben. Weiterhin war allerdings die Mutter die *„natürliche"* Inhaberin der elterlichen Gewalt (§ 1616a BGB). Ihr stand zunächst auch die elterliche Sorge allein zu (§ 1626a Abs. 2 BGB). In § 1626a BGB war die Bestimmung der Sorgeberechtigung kraft Gesetzes (Abs. 1 Nr. 2, Abs. 2) und kraft rechtsgeschäftlicher Erklärung (§ Abs. 1 Nr. 1) geregelt.[1144] Daneben konnte diese auch durch eine familiengerichtliche Übertragung erfolgen (§§ 1671, 1672 BGB). Die Möglichkeiten der Gestaltung waren wesentlich davon abhängig, ob die Eltern zusammenlebten oder nicht.[1145]

1140 BVerfG, Beschl. vom 29, November 2005, 1 BvR 1444/01, NJW 2006,827,828.

1141 Zum unverhältnismäßigen Nachteil bei der Ersetzung der Einwilligung des leiblichen Vaters bei der Stiefkindadoption: BGH, Beschl. vom 23. März 2005, XII ZB 10/03, NJW 2005, 1781,1782f. Das Unterbleiben der Adoption führt danach mit verfassungsgerichtlicher Billigung nur dann zu einem unverhältnismäßigen Nachteil, wenn die unterbleibende Adoption einen so erheblichen Vorteil für das Kind geboten hätte, dass ein verständiger, um sein Kind sorgender Elternteil auf der Erhaltung des Verwandtschaftsbandes nicht bestanden hätte: BGH, Beschl. vom 23. März 2005, XII ZB 10/03, NJW 2005,1781,1783; BVerfG, Beschl. vom 27. April 2006, 1 BvR 2866/04, NJW 2006,2470.2471.

1142 *Maurer*, Gestärkte Rechte des Vaters bei der Adoption, FPR 2005, S. 197.

1143 *Lipp*, Das elterliche Sorgerecht, FamRZ 1998, S. 69.

1144 *Lipp*, Das elterliche Sorgerecht, FamRZ 1998, S. 69. Die Sorgerechtserklärungen und Zustimmungen mussten gemäß § 1626d Abs. 1 BGB öffentlich beurkundet werden. Diesem Formerfordernis konnte auch durch eine gerichtlich gebilligte Elternvereinbarung entsprochen werden: BGH, Beschl. vom 16.3.2011, XII ZB 407/10, NJW 2011,2360,2362.

1145 *Lipp*, Das elterliche Sorgerecht, FamRZ 1998, S. 69. Maßstab für die Sorgerechtsentscheidung nach § 1671 Abs. 2 Nr. 2 BGB war das Kindeswohl, das wiederum durch die Bindungen des Kindes, die Erziehungseignung, die Kontinuität und die Beachtung des Kindeswillens geprägt war: BGH, Beschl. vom 16.3.2011, XII ZB 407/10, NJW 2011,2360,2362.

Das gemeinsame Sorgerecht[1146] trat allein auf Antrag der Eltern ein (§ 1626a Abs. 1 Nr. 1 BGB). Dementsprechend konnte die Mutter die Mitverantwortung des Vaters weitgehend verhindern. Wurde dagegen eine Erklärung über die gemeinsame Sorge abgegeben, entsprach das Sorgerecht demjenigen der ehelichen Eltern. Eine Korrektur der Entscheidung zu einem gemeinsamen Sorgerecht konnte, außer in den seltenen Missbrauchsfällen des § 1666 BGB, nur im Rahmen von § 1671 BGB beim Getrenntleben der Eltern erfolgen.[1147]

War hier auch im Hinblick auf die *„Neufälle"* der gemeinsamen Sorge eine Befriedung eingetreten, stellte sich nun auch die Frage, wie Kinder zu behandeln waren, deren Eltern zusammengelebt, sich aber vor dem 1. Juli 1998 getrennt hatten. Hier hatte das Bundesverfassungsgericht festgestellt, dass auch diesen die Möglichkeit zur Überprüfung zur Seite stehen müsse, ob auch bei einem entgegenstehenden Willen eines Elternteils zu der gemeinsamen Sorge, diese dem Kindeswohl entgegenstehe. Dem Gesetzgeber wurde aufgegeben, eine verfassungsgemäße Übergangsregelung zu schaffen.[1148] Die Begründung ließ dem Gesetzgeber jedoch einen weiten Spielraum. Das Bundesverfassungsgericht hatte ausgeführt, dass das Elternrecht aus Art. 6 Abs. 2 GG auch den Eltern eines nichtehelichen Kindes zustehe. Die gemeinsame Ausübung der Elternverantwortung setze aber ein Mindestmaß an Übereinstimmung zwischen ihnen voraus und habe sich am Kindeswohl auszurichten. Daher dürfe der Gesetzgeber grundsätzlich auch die Hauptverantwortung für das Kind einem Elternteil zuordnen.[1149] Der Gesetzgeber könne nach wie vor nicht davon ausgehen, dass die Eltern nichtehelicher Kinder in häuslicher Gemeinschaft leben würden und gemeinsam für das Kind Verantwortung übernehmen wollten oder könnten. Nur etwa 24 % der nichtehelichen Kinder würden nach der Geburt mit beiden Elternteilen zusammenleben. Die grundsätzliche Zuweisung des Sorgerechts an die Mutter sei verfassungsrechtlich nicht zu beanstanden, zumal die Eltern die Möglichkeit hätten, sich für die gemeinsame Sorge zu entscheiden. Der Gesetzgeber habe auch davon ausgehen dürfen, dass die gemeinsame Sorge gegen den Willen eines

1146 Die Probleme der gemeinsamen elterlichen Sorge zeigt die Entscheidung des XII. Zivilsenats des BGH vom 12. Dezember 2007, in der er ausdrücklich klarstellen musste, dass eine dem Kindeswohl entsprechende gemeinsame Ausübung der elterlichen Sorge nach der Trennung, für das eine gesetzliche Vermutung spreche, ein Mindestmaß an Übereinstimmung in wesentlichen Bereichen der elterlichen Sorge voraussetzte: BGH, Beschl. vom 12. Dezember 2007, XII ZB 158/05, NJW 2008,994,995; vgl. auch BGH, Beschl. vom 15. November 2007, XII ZB 136/04, NJW 2008,662,664; *Schilling/Budzikiewicz*, Einheitlicher Betreuungsunterhalt bei ehelicher und außerehelicher Kindschaft, NJW 2007, S. 3536 – 3538.

1147 *Lipp*, Das elterliche Sorgerecht, FamRZ 1998, S. 69 – 71.

1148 BVerfG, Urteil vom 29. Januar 2003, 1 BvL 20/99 u.a., NJW 2003,955.

1149 BVerfG, Beschl. vom 7. März 1995, 1 BvR 790/91, NJW 1995,2155,2156.

Elternteils dem Kindeswohl nicht entspreche. Habe schon das Zusammenleben der Eltern nicht zur gemeinsamen Sorge geführt, könne auch bei einer Trennung nicht davon ausgegangen werden, dass diese dem Kindeswohl entspreche. Soweit sich die Eltern jedoch vor dem Inkrafttreten des *Kindschaftsrechtsreformgesetzes*, das die gemeinsame Sorge erst ermöglicht habe, getrennt hätten, fehle die Vermutung, dass diese die gemeinsame Sorge bei noch intakter Beziehung nicht gewollt hätten.[1150]

Der Grundsatz, dass die gemeinsame elterliche Sorge gegen den Willen der Mutter nur in Ausnahmefällen durchgesetzt werden konnte, blieb also bestehen. Etwas anderes sollte aber dann gelten, wenn die allein sorgeberechtigte Mutter das Elternrecht des Vaters nicht angemessen beachtet hatte.[1151] Dies korrespondierte auch mit einer als „*bahnbrechend*" bezeichneten[1152] Entscheidung des Europäischen Gerichtshofes für Menschenrechte, der erkannt hatte, dass es zwar gute Gründe dafür geben könne, dem Vater eines nichtehelichen Kindes die Teilhabe an der elterlichen Sorge zu verwehren, es aber konventionswidrig sei, ihm die Möglichkeit zu verschließen, es gerichtlich überprüfen zu lassen, ob die Übertragung der gemeinsamen Sorge dem Kindeswohl am besten entsprach.[1153] Es sei auch nicht zutreffend, dass die gemeinsame Sorge gegen den Willen der Mutter prima facie dem Kindeswohl widerspreche.[1154] Dieser Entscheidung schloss sich das Bundesverfassungsgericht an.[1155] Die Frage, ob der Ausschluss der ganzen oder teilweisen Übertragung der elterlichen Sorge für nichteheliche Kinder auch unterhalb der Schwelle des § 1666 BGB auf den Vater gegen den Willen der Mutter verfassungskonform sein kann, entschied das Bundesverfassungsgericht letztlich zu Gunsten der nichtehelichen Väter.[1156] Unverändert sei es verfassungsrechtlich nicht geboten, dem nichtehelichen Vater mit der wirksamen Anerkennung der Vaterschaft ein gemeinsames Sorgerecht mit der Mutter einzu-

1150 BVerfG, Urteil vom 29. Januar 2003, 1 BvL 20/99 u.a., NJW 2003,955,960.

1151 OLG Jena, Beschluss vom 19. August 2009, 1 UF 143/09, NJW-Spezial 2010,38,38.

1152 *Weber*, Die Entwicklung des Familienrechts seit 2009, NJW 2010, S. 3073.

1153 EGMR (V. Sektion), Urteil vom 3. Dezember 2009, 22028/04 (Zaunegger/Deutschland), NJW 2010,501,503. Zu sich daraus bis zu einer Gesetzesänderung ergebenden Möglichkeiten: *Campbell/Haußleiter*, Das Sorgerecht auf dem Prüfstand, NJW-Spezial 2010, S. 324.

1154 EGMR (V. Sektion), Urteil vom 3. Dezember 2009, 22028/04 , NJW 2010,501,504.

1155 BVerfG, Beschl. vom 21. Juli 2010, 1 BvR 420/09, NJW 2010,3008; dazu: *Weber*, Die Entwicklung, NJW 2010, S. 3074; *Peschel-Gutzeit*, Die Sorgerechtsstellung, NJW 2010, S. 2990; *Lambrecht*, Neuregelung der Sorge für nicht verheiratete Eltern, DRiZ 2010, S. 318.

1156 Es sei verfassungsrechtlich nicht zu beanstanden, dass der Gesetzgeber das elterliche Sorgerecht für nichteheliche Kinder zunächst der Mutter übertrage: BVerfG, Beschl. vom 21. Juli 2010, 1 BvR 420/09, NJW 2010,3008,3009. Zur tatsächlichen Umsetzung: KG, Beschl. vom 7. Februar 2011, 16 UF 86/10, NJW-Spezial 2011,389,389.

räumen. Der generelle Ausschluss des nichtehelichen Vaters von der elterlichen Sorge gegen den Willen der Mutter ohne die Möglichkeit der gerichtlichen Überprüfung, ob die (Mit-)sorge des Vaters dem Kindeswohl entspreche, verletzte aber das Elternrecht des Vaters.[1157] Bis zu einer gesetzlichen Neuregelung oblag es nun den Gerichten, auf Antrag eine gemeinsame elterliche Sorge herzustellen, wenn sie dem Kindeswohl entsprach.[1158]

Gaben die Eltern keine das gemeinsame Sorgerecht[1159] begründende Erklärung ab, blieb es im Grundsatz beim alleinigen Sorgerecht der Mutter (§ 1626a Abs. 2 BGB). Der Vater war gemäß § 1684 Abs. 1 Hs. 2 BGB auf ein Umgangsrecht beschränkt.[1160] Lebten die Eltern getrennt, kam eine Übertragung des Sorgerechtes auf den Vater nur dann in Betracht, wenn die Mutter zustimmte und die Übertragung dem Wohle des Kindes diente (§ 1672 Abs. 1 S. 2 BGB). Wenn die zuvor allein sorgeberechtigte Mutter ausfiel, kam der Vater nur im Wege der Vormundschaft (§ 1733 Abs. 1 BGB) oder der Pflegschaft (§ 1909 BGB) als Sorgeberechtigter in Betracht. In die „*Rolle der Mutter*" als Verantwortlicher für das Kind wuchs er nicht hinein.[1161]

Eine noch bestehende Ehe der Kindesmutter stand der Abgabe einer Sorgeerklärung des leiblichen Vaters nach § 1626a Abs. 1 BGB dann nicht entgegen, wenn das Kind bei Anhängigkeit des Scheidungsantrags noch nicht geboren war und der leibliche Vater die Vaterschaft nach § 1599 Abs. 2 BGB anerkannt hat-

---

1157 BVerfG, Beschl. vom 21. Juli 2010, 1 BvR 420/09, NJW 2010,3008,3009 – 3011.

1158 *Weber*, Die Entwicklung, NJW 2010, S. 3074; *Peschel-Gutzeit*, Die Sorgerechtsstellung, NJW 2010, S. 2991; *Heilmann*, Die Gesetzeslage zum Sorge- und Umgangsrecht, NJW 2012, S. 18. Zu den angesichts der Bedeutung des Elternrechts hohen Anforderungen an die teilweise Entziehung des elterlichen Sorgerechts: BVerfG, Beschl. vom 29. Januar 2010, 1 BvR 374/09, NJW 2010,2333,2335. Zur praktischen Umsetzung: OLG Brandenburg, Beschl. vom 20. August 2010, 10 WF 187/10, NJW 2010,3245,3246; OLG Hamm, Beschl. vom 7. Oktober 2010, 2 WF 211/10, NJW 2011,389,389. Erst recht war die vollständige Entziehung des Sorgerechts als der „*stärkste*" Eingriff in das Elternrecht nur dann zulässig, wenn die Erziehungsberechtigten versagten oder die Kinder aus anderen Gründen zu verwahrlosen drohten: BVerfG, Beschl. vom 20. Juni 2011, 1 BvR 303/11, NJW 2011,3355, 3356.

1159 Zu den Problemen des gemeinsamen Sorgerechts bei Einschränkungen eines Elternteils: *Ehinger*, Die Regelungen, FuR 2005, S. 253.

1160 *Lipp*, Das elterliche Sorgerecht, FamRZ 1998, S. 72. Einer ehemaligen Lebenspartnerin der Mutter sollte ein Umgangsrecht mit einem ehemals betreuten nichtehelichen Kind sogar nur gemäß § 1685 BGB und damit nur dann zustehen, wenn der Umgang dem Wohl des Kindes diente: OLG Karlsruhe, Beschl. vom 16. November 2010 – 5 UF 217/10, NJW 2011,1012, 1013.

1161 *Lipp*, Das elterliche Sorgerecht, FamRZ 1998, S. 72f.

te.[1162] Mit dieser Regelung wurde ein Vorschlag übernommen, der bereits bei den Überlegungen zum Erlass des BGB in Betracht gezogen, dann allerdings verworfen worden war.[1163] Sie hatte den praktischen Vorteil, dass durch sie Anfechtungsprozesse vermieden werden konnten.[1164]

Wurde der nichtehelichen Mutter das Sorgerecht für das Kind entzogen, musste eine Entscheidung darüber getroffen werden, ob das Sorgerecht dem Jugendamt oder dem Vater zu übertragen war. Dabei war zunächst in die Erwägungen einzubeziehen, dass die Trennung vom Vater einen erheblichen Eingriff in das Elternrecht darstellte. Auf der anderen Seite musste die Übertragung der Sorge auch dem Kindeswohl dienen. Dies berücksichtigend wurde davon ausgegangen, dass eine Übertragung des Sorgerechts auf den Vater, der die elterliche Sorge auch tatsächlich wahrgenommen hatte, als dem Kindeswohl dienend anzusehen war, solange dem nicht konkret feststellbare Kindesinteressen entgegenstanden.[1165]

Ruhte das Sorgerecht der Mutter, weil sie der Adoption ihres Kindes zugestimmt hatte, bedurfte ein Antrag des nichtehelichen Vaters auf Übertragung des alleinigen Sorgerechts nach § 1672 Abs. 1 BGB nicht mehr der Zustimmung der Mutter.[1166] Der Gesetzgeber könne bei nichtehelichen Eltern, anders als bei verheirateten Eltern, nicht generell davon ausgehen, dass die Eltern in häuslicher Gemeinschaft lebten und gemeinsam für ihr Kind Verantwortung übernehmen wollten oder konnten. Dementsprechend sei es angemessen, die Hauptverantwortung für das Kind einem Elternteil zuzuordnen. Dies betreffe regelmäßig die Mutter. Wenn allerdings das Sorgerecht der Mutter ruhe, weil sie der Adoption zugestimmt habe (§ 1751 Abs. 1 S. 1 BGB), müsse sie der Übertragung des Sorgerechts auf den Vater auch nicht mehr zustimmen. Dem Antrag des Vaters auf Übertragung des Sorgerechts sei zuzustimmen, wenn dies dem Wohl des Kindes nicht widerspreche.[1167]

1162 BGH, Beschl. vom 11. Februar 2004, XII ZB 158/02, NJW 2004,1595,1595f. Nicht Gesetz geworden war allerdings ein Vorschlag des Bundesrates, der, ohne die Vaterschaftsanerkennung eines Dritten, auch die öffentlich beurkundete Erklärung der Mutter und des Ehemannes ausreichen lassen wollte: *Gaul*, Die Neuregelung, FamRZ 1997, S. 1454. Zu der Frage, ob die Statusänderung ein wirksames Vaterschaftsanerkenntnis in der Frist des § 1599 Abs. 1 S. 2 BGB voraussetzt: OLG Stuttgart, Urteil vom 18. Dezember 2003, 16 UF 221/03, FUR 2004,401,401.

1163 *Gaul*, Die Neuregelung, FamRZ 1997, S. 1455.

1164 Vgl. *Gaul*, Die Neuregelung, FamRZ 1997, S. 1455.

1165 BVerfG, Urteil vom 1. April 2008, 1 BvR 1620/04, FamRZ 2008,845,849; *Weber*, Die Entwicklung, NJW 2009, S. 3287.

1166 BGH, Beschl. vom 26. September 2007, XII ZB 229/06, NJW 2008,223,224 = NJ 2007,554.

1167 BGH, Beschl. vom 26. September 2007, XII ZB 229/06, NJW 2008,223,224.

Mit der Abschaffung der gesetzlichen Amtspflegschaft und der neu eingeführten Beistandschaft trat zum 1. Juli 1998 nun auch das *Beistandschaftsgesetz*[1168] in Kraft. Nun wurde das Jugendamt auf Antrag eines Elternteils oder eines nach § 1776 BGB berufenen Vormundes Beistand. Seine Aufgaben waren auf die Mitwirkung der Feststellung der Vaterschaft und der Durchsetzung des Unterhalts beschränkt.[1169] Das Jugendamt hatte dann gemäß § 52a SGB VIII die Pflicht, die nichteheliche Mutter zu beraten und zu unterstützen.[1170]

3. Das Umgangsrecht

Mit der Reform 1998 wurde dem nichtehelichen Vater in § 1684 Abs. 1 Hs. 2 BGB ein Umgangsrecht eingeräumt.[1171] Es wurde gesetzlich unterstellt, dass der Umgang mit beiden Eltern dem Wohle des Kindes diente. Dies ging nicht nur über die bisherige Regelung in § 1711 S. 1 BGB, sondern auch über die in dem Regierungsentwurf für den Erlass eines *Nichehelichen-Umgangsgesetzes* vorgesehene hinaus.[1172] Das Recht des nichtehelichen Vaters blieb jedoch hinter dem des ehelichen Vaters zurück.[1173] Dem nichtehelichen Vater stand aber ein selbständiges Umgangsrecht zu, das jedoch ausgeschlossen werden konnte, wenn der Umgang des Vaters mit dem Kind dem Kindeswohl widersprach.[1174] Das Umgangsrecht des nichtehelichen Vaters war damit statusunabhängig geworden.[1175]

Das Recht des leiblichen, aber nicht rechtlichen Vaters auf Umgang mit seinem Kind wurde – schon zum alten Recht – durch das Bundesverfassungsgericht

---

1168 Dazu: *Friederici*, Veränderte Verfahrensvorschriften in Familiensachen, NJ 1998, S. 299.

1169 *Lipp*, Das elterliche Sorgerecht, FamRZ 1998, S. 775; *Friederici*, Veränderte, NJ 1998, S. 299.

1170 Gemäß § 21b PersonenstandsG war das Standesamt dazu verpflichtet, das Jugendamt über die Geburt eines nichtehelichen Kindes zu informieren, um so die Unterstützung und Beratung der Mutter sicherzustellen: *Friederici*, Veränderte, NJ 1998, S. 300.

1171 Für den nicht sorgeberechtigten Vater war das Umgangsrecht eine wesentliche Grundlage dafür, sein Elternrecht aus Art. 6 Abs. 2 GG auszuüben: *Weber*, Die Entwicklung, NJW 2009, S. 3286.

1172 *Lipp*, Das elterliche Sorgerecht, FamRZ 1998, S. 74.

1173 *Rauscher*, Das Umgangsrecht, FamRZ 1998, S. 330.

1174 *Lipp*, Das elterliche Sorgerecht, FamRZ 1998, S. 74. Zu dem „*Wechselmodell*“, in dem das Kind nach der auch räumlichen Trennung seiner Eltern faktisch in zwei Haushalten aufwächst: *Mandla*, Das „*Wechselmodell*“ im Umgangsrecht und die Beliebigkeit der Argumentation, NJ 2011, S. 278.

1175 *Rauscher*, Das Umgangsrecht, FamRZ 1998, S. 335.

bestärkt.[1176] Die Regelung in § 1711 Abs. 2 BGB, wonach der Vater im Interesse des Kindes den persönlichen Umgang eröffnen könne, sei verfassungsgemäß. Habe der Vater bis zur Trennung von der Mutter den Umgang mit seinem Kind gepflegt, unterfalle das wechselseitige Interesse von Kind und Vater am Erhalt dieser Beziehung dem Schutz von Art. 6 Abs. 1 GG.[1177] Durch das *Kindschaftsrechtsreformgesetz* sei diese Rechtslage jedoch zum Nachteil des biologischen Vater verschlechtert worden.[1178] Trage der leibliche, nicht aber der rechtliche Vater tatsächlich Verantwortung für sein Kind, entstehe daraus eine soziale Beziehung zwischen ihm und dem Kind, die vom Schutz des Art. 6 Abs. 1 GG erfasst sei. Dieser Schutz wirke auch dann nach, wenn sich die persönlichen Verhältnisse derart geändert hätten, dass die sorgeberechtigten Eltern seinen ehemals ausgeübten Umgang nicht mehr zulassen würden. Die Auslegung des § 1722 Abs. 2 BGB gebiete, dass der leibliche Vater einen Umgang mit dem Kind erstreiten könne. Wenn dies dem Wohl des Kindes diene, sei dies verfassungsrechtlich nicht zu beanstanden.[1179] Hinzu kam die Regelung eines Umgangsrechts Dritter, das dazu diente, Personen, die eine Beziehung zu dem Kind aufgebaut hatten, den weiteren Umgang zu ermöglichen.[1180] Gemäß § 1685 Abs. 1 BGB stand nunmehr Großeltern und Geschwistern ein Recht auf den Umgang mit einem Kind zu, wenn dies dem Wohl des Kindes diente.[1181]

1176 BVerfG, Beschl. vom 9. April 2003, 1 BvR 1493/96 u.a., NJW 2003,2151, dazu: *Roth*, Vaterschaftsanerkennung durch den biologischen Vater, NJW 2003, S. 3153.

1177 BVerfG, Beschl. vom 9. April 2003, 1 BvR 1493/96, NJW 2003,21512157f. Der nach seiner Auffassung biologische Vater musste dementsprechend vor einer Anfechtung der Vaterschaft nachweisen, dass der rechtliche Vater mit dem Kind keine sozial-familiären Beziehungen unterhielt, weil eine derartige Beziehung gemäß § 1600 Abs. 1 BGB zur Unbegründetheit seiner Anfechtungsklage führte. Eine solche Beziehung war jedoch gemäß § 1600 Abs. 4 S. 1 BGB immer dann zu bejahen, wenn der rechtliche Vater tatsächliche Verantwortung für das Kind trug: BGH, Urteil vom 30. Juli 2008, XII ZR 150/06, NJW 2008,2985, 2986,

1178 BVerfG, Beschl. vom 9. April 2003, 1 BvR 1493/96, NJW 2003,2151,2157f.

1179 BVerfG, Beschl. vom 9. April 2003, 1 BvR 1493/96 u.a., NJW 2003,2151,2156. Maßgeblich für den verfassungsrechtlichen Schutz des Elternrechts aus Art. 6 Abs. 5 GG war, ob tatsächlich eine familiäre Bindung bestand. So konnte ein nichtehelicher ausländischer Vater nach Beendigung der Lebensgemeinschaft mit der Mutter und der Familiengemeinschaft mit seinem Kind nicht eine auf §§ 23 Abs. 1 1. Halbs., 17 Abs. 1 AuslG gestützte Aufenthaltserlaubnis erlangen: BVerfG, Beschl. vom 22.12.2003, 2 BvR 2108/00, NVwZ 2004,606,606 = NJW 2004,2961,2961 (Ls.). Zu den Missbrauchsmöglichkeiten der Vaterschaftsanerkennung im Ausländerrecht: *Zypris/Cludius*, Missbräuchliche Vaterschaftsanerkennung zur Erlangung von Aufenthaltstiteln, NJW 2007, S. 1; zur Rechtsmäßigkeit des rückwirkenden Wegfalls der deutschen Staatsangehörigkeit bei einer erfolgreichen Vaterschaftsanfechtung: BVerfG, Beschl. vom 24. Oktober 2006, 2 BvR 696/04, NJW 2007,425.

1180 *Lipp*, Das elterliche Sorgerecht, FamRZ 1998, S. 75.

1181 *Campbell*, Das Umgangsrecht, NJW-Spezial 2011, S. 644.

Diese Regelung erklärte das Bundesverfassungsgericht für verfassungswidrig.[1182] Dem Gesetzgeber wurde aufgegeben, bis zum 30. April 2004 Abhilfe zu schaffen.[1183] Am 12. Februar 2004 legte die Bundesregierung schließlich einen entsprechenden Gesetzentwurf vor.[1184] Das Umgangsrecht des nichtehelichen Vaters wurde durch das *Gesetz zur Änderung der Vorschriften über die Anfechtung der Vaterschaft und das Umgangsrecht von Bezugspersonen des Kindes* vom 23. April 2004 mit der Neufassung von § 1685 BGB dahingehend ergänzt, dass das Umgangsrecht jedenfalls dann begründet war, wenn der nichteheliche Vater für das Kind die tatsächliche Verantwortung trug oder getragen hatte, was

1182 BVerfG, Beschl. vom 9. April 2003, 1 BvR 1493/96 u.a., NJW 2003,2151,2157f. Das nicht gegebene Umgangsrecht des biologischen Vaters, der keine sozial-familiäre Beziehung zu seinem Kind unterhalten hatte, hielt dagegen der Überprüfung durch das Bundesverfassungsgericht stand: BVerfG, Beschl. vom 31. August 2004, 1 BvR 2073/03, NJW-RR 2005,153,153. Der EGMR wies eine Beschwerde als unzulässig zurück: EGMR, Entscheidung vom 18. März 2008, 33375/03 (Hülsmann/Deutschland), NJW-RR 2009,1585. Eine bloße biologische Vaterschaft zwischen dem leiblichen Elternteil und dem Kind reiche ohne weitere rechtliche und tatsächliche Merkmale, die auf eine enge persönliche Bindung schließen lassen würden, nicht aus, um den Schutzbereich des Art. 8 EMRK zu eröffnen. Allerdings musste nach der Rechtsprechung des EGMR das Elternrecht des biologischen Vaters, der durch sein Verhalten ein ernsthaftes Interesse an dem Umgang mit seinem Kind gezeigt hatte, auch dann berücksichtigt werden, wenn der Umstand, dass es noch nicht hergestellt war, dem Vater zugerechnet werden konnte: EGMR, Urteil vom 21.12.2010, 20578/07 (Anayo/Deutschland), NJW 2011,3665,3666f. Zum Elternrecht des rechtlichen Vaters, der auch die Elternverantwortung übernahm: BVerfG, Beschl. vom 26. Februar 2008, 1 BvR 1624/06, NJW 2008,2835,2835.

1183 BVerfG, Beschl. vom 9. April 2003, 1 BvR 1493/96 u.a., NJW 2003,2151,2158. In einer Entscheidung aus dem Jahr 2004 erkannte auch der Europäische Gerichtshof für Menschenrechte, dass es dem Kindeswohl grundsätzlich diente, seine Familienbindungen aufrecht zu erhalten und der Vater daher an einem Verfahren, durch das sein Umgangsrecht mit dem Kind beeinträchtigt werden konnte, grundsätzlich beteiligt werden musste: EGMR, Urteil vom 26. Februar 2004, 74969/01 *(Görgülü/Deutschland)*, NJW 2004,3307. Die nichteheliche Mutter hatte das Kind unmittelbar nach der Geburt zur Adoption frei gegeben. Der biologische Vater hatte sich während der Schwangerschaft regelmäßig nach dem Kind erkundigt und seine Bereitschaft zur Adoption bekundet. Das Kind wurde ohne Einbeziehung des biologischen Vaters in das Adoptionsverfahren von Dritten adoptiert. Ein Umgangsrecht wurde dem biologischen Vater nicht eingeräumt: EGMR, Urteil vom 26. Februar 2004, 74969/01 *(Görgülü/Deutschland)*, NJW 2004,3307,3397. Zur Pflicht der Gerichte, diese Entscheidung umzusetzen: BVerfG, Beschl. vom 5. April 2005, 1 BvR 1664/04, NJW 2005, 1765; a.A. OLG Naumburg, Beschl. vom 9. Juli 2004, 14 UF 60/04, FamRZ 2004,1507, 1508. Zur Verfassungswidrigkeit der Unterbindung des Umgangsrechts: BVerfG, Beschl. vom 10. Juni 2005, 1 BvR 2790/04, NJW 2005,2685,2688; vgl. auch BVerfG, Beschl. vom 28. Dezember 2004, 1 BvR 2790/04, NJW 2005,1105.

1184 BTDrs. 15/2253.

in der Regel gegeben war, wenn er länger mit dem Kind häuslich zusammen gelebt hatte.[1185]

Das Umgangsrecht erhielt auch dadurch ein verändertes Gesicht, dass es gemäß § 1684 Abs. 1 BGB als ein Recht des Kindes[1186] ausgestaltet wurde.[1187] Dies betraf auch das Verhältnis des nichtehelichen Kindes zu seinem Vater. Durch diese Regelung konnte also ein nichtehelicher Vater – theoretisch – gezwungen werden, Kontakt mit seinem Kind aufzunehmen. Die Vollstreckbarkeit dieser Pflicht hielt das Bundesverfassungsgericht für verfassungskonform, wies aber darauf hin, dass ein mit der Vollstreckung erzwungener Umgang im Zweifel nicht dem Kindeswohl dienen würde.[1188] Das Umgangsrecht konnte der biologische Vater dagegen nicht aus § 1684 BGB ableiten.[1189] Auch sonstige enge Bezugspersonen, die für das Kind die tatsächliche Verantwortung getragen (also eine sozial-familiäre Beziehung unterhalten) hatten, konnten ein Umgangsrecht durchsetzen (§ 1685 Abs. 2 BGB).[1190]

4. Die Regelung des Unterhalts

Auch das Unterhaltsrecht erfuhr eine Reihe von Veränderungen. Diese betrafen nicht nur den Unterhalt des Kindes, sondern auch denjenigen seiner Eltern.

1185 *Pieper*, Neu: Anfechtungs- und Umgangsrecht, FuR 2004, S. 388; Wenn der Vater über mehrere Jahre durch eine Untersagung der Mutter an dem Umgang mit seinem Kind gehindert war, stand das einem Umgangsrecht mit seinem Kind nicht entgegen: BGH, Beschl. vom 9. Februar 2005, XII ZB 40/02, NJW 2005,2395,2395 (Ls.) = NJW-Spezial 2005,347.

1186 Die Umgangspflicht der Eltern war im ursprünglichen Gesetzentwurf noch nicht vorgesehen gewesen, sondern gelangte erst auf Empfehlung des Rechtsausschusses des Bundestages in das Gesetzgebungsverfahren: BGH, Urteil vom 14. Mai 2008, XII ZB 225/06, NJW 2008, 2586,2587. Zum Umgangsanspruch des nichtehelichen Kindes, wenn der Vater den Umgang ablehnte: OLG Brandenburg, Beschl. vom 21. Januar 2004 – 15 UF 233/00, NJW 2004, 3786,3787.

1187 Dementsprechend konnte auch nur das Kind, nicht aber der sorgeberechtigte Elternteil im eigenen Namen diesen Anspruch geltend machen: BGH, Urteil vom 14. Mai 2008, XII ZB 225/06, NJW 2008,2586,2586f.

1188 BVerfG, Urteil vom 1. April 2008, 1 BvR 1620/04, NJW 2008,1287,1290. In dieser Entscheidung stellt das BVerfG insbesondere heraus, dass das Kind als Grundrechtsträger gegenüber seinen Eltern berechtigt war, Pflege und Erziehung von ihnen zu verlangen: *Peschel-Gutzeit*, Umgangsrecht, NJW 2008, S. 1922,1924.

1189 OLG Karlsruhe, Beschl. vom 12.12.2006, 2 UF 206/06, NJW 2007,922,923.

1190 Pflegeeltern hatten dagegen auch dann kein Beschwerderecht gegen ein dem festgestellten nichtehelichen Vater eingeräumtes Umgangsrecht, wenn sie das Kind langjährig als Pflegeeltern mit dem Ziel der Adoption betreut hatten: BGH, Beschl. vom 13. April 2005, XII ZB 54/03, NJW 2005,2149,2150.

a) Der Unterhalt der Eltern

Der Mutter stand gemäß § 1615 l BGB ein Unterhaltsanspruch für den Zeitraum von vier Wochen vor bis acht Wochen nach der Geburt zu. Der Anspruch konnte bei einer schwangerschaftsbedingten Erwerbsunfähigkeit oder wenn das Kind nicht anders versorgt werden konnte, auf vier Monate vor der Geburt bis zu einem Jahr nach der Geburt verlängert werden.[1191]

Das Unterhaltsrecht[1192] der ihr Kind betreuenden Mutter[1193] endete gemäß § 1615 l Abs. 2 S. 3 BGB grundsätzlich nach drei Jahren, wenn nicht die Versagung einer über diesen Zeitpunkt hinausgehenden Unterhaltspflicht unbillig wäre.[1194] Die Befristung des Unterhaltsanspruchs[1195] der nichtehelichen Mutter

---

1191 *Hahne*, Überlegungen, FamRZ 1990, S. 930. Hier ergab sich nach wie vor die praktische Problematik, dass nach § 1613 Abs. 1 BGB Unterhalt für die Vergangenheit nicht verlangt werden konnte. Jedoch wurde aus der allein auf § 1613 Abs. 2 BGB erfolgten Verweisung in § 1615 l Abs. 3 S. 4 BGB der Schluss gezogen, dass die Mutter des nichtehelichen Kindes bei der Geltendmachung von Ansprüchen gegenüber dem Vater ähnlichen Schwierigkeiten ausgesetzt sei, wie das Kind selbst, so dass die Verzugsetzung hier nicht erforderlich war: OLG Schleswig, Urteil vom 3. September 2003, 12 UF 11/03, NJW 2003,3715,3716. Zu den Unterhaltsansprüchen gegen ersatzweise haftende Verwandte: BGH, Urteil vom 10. März 2004, XII ZR 123/01, NJW 2004,1735.

1192 Der Unterhaltsanspruch der Mutter aus § 1615 l BGB stand der Mutter gegen den Vaters des nichtehelichen Kindes unabhängig davon zu, ob sie bereits wegen der Betreuung anderer Kinder ohnehin an der eigenen Erwerbstätigkeit gehindert war. Die Vorschrift diente dem Schutz der Mutter und des Kindes in der kritischen Phase vor und nach der Geburt, so dass es auf die Kausalität der Bedürftigkeit nicht ankam: BGH, Urteil vom 21. Januar 1998, XII ZR 85/96, NJ 1998,1309,1310. Gleiches galt für die Unterhaltsbedürftigkeit nach § 1615 l Abs. 2 S. 2 BGB, wobei hier eine anteilige Haftung des nichtehelichen Vaters und des Ehemannes in Betracht kam: BGH, Urteil vom 21. Januar 1998, XII ZR 85/96, NJW 1998,1309, 1311. Allerdings sollte die nichteheliche Mutter auch ohne eine den Verzug begründende Maßnahme rückständigen Betreuungsunterhalt gemäß § 1616l BGB für ein Jahr nach seiner Entstehung verlangen können: OLG Schleswig, Urteil vom 3. September 2003, 12 UF 11/03, NJW 2003,3715,3716.

1193 Durch das *Kindschaftsrechtsreformgesetz* wurde in § 1615 l Abs. 5 BGB erstmals auch dem nichtehelichen Vater ein Unterhaltsanspruch gegen die nichteheliche Mutter eingeräumt, soweit er die elterliche Sorge für das Kind (tatsächlich) ausübte. Diese Neuregelung wurde als die *„logische Konsequenz einer jahrzehntelangen Entwicklung im Nichtehelichenrecht*" angesehen: *Büdenbender*, Der Unterhaltsanspruch des Vaters, FamRZ 1998, S. 130.

1194 An die Unbilligkeit wurden jedoch hohe Anforderungen gestellt: OLG Düsseldorf, Urteil vom 31. Januar 2003, 10 U 18/02, NJW 2003,3065,3066; vgl. auch OLG Karlsruhe, Urteil vom 4. September 2003, 2 UF 6/03, NJW 2004,523. Auch im Hinblick auf steuerliche Vorteile sollte der Unterhaltsanspruch aus § 1615 l BGB demjenigen aus § 1578 BGB entsprechen.

1195 Zum Unterhaltsbedarf einer geschiedenen Mutter, die ein eheliches und ein nichteheliches Kind betreute, für den die jeweiligen Väter in entsprechender Anwendung von § 1606

auf drei Jahre wurde vom BGH als verfassungskonform angesehen.[1196] Nichtehelichen Lebensgemeinschaften käme nicht der gleiche Schutz zu wie den durch Art. 6 Abs. 1 GG geschützten Ehen. Dies betreffe auch die Folgewirkungen. In § 1615 l BGB würden eine Vielzahl unterschiedlicher Sachverhalte erfasst, die im Extremfall durch einen einmaligen (sexuellen) Kontakt der Eltern des Kindes geprägt sein könnten.[1197] Das Recht des Kindes auf eine persönliche Betreuung durch die Eltern würde sich allein unter Berücksichtigung der Lebenswirklichkeit und der staatlichen Hilfen definieren. Die Erziehung eines Kindes nach dem dritten Lebensjahr sei jedoch nicht gefährdet, weil ab diesem Zeitpunkt in der Regel auch ein Kindergartenplatz zur Verfügung gestellt werden könne.[1198]

Die Dauer des Unterhalts konnte gemäß § 1615 l BGB, ähnlich wie nach § 1570 BGB, wegen elternbezogener Gründe über das dritte Lebensjahr des Kindes hinaus verlängert werden.[1199] Die nichteheliche Lebensgemeinschaft[1200] war insoweit der Ehe annähernd gleichgestellt.[1201] Ein Unterhaltsanspruch nach § 1615 l Abs. 2 S. 4 BGB setzte jedoch voraus, dass der Unterhaltsberechtigte

---

Abs. 3 BGB anteilig hafteten: BGH, Urteil vom 17. Januar 2007, XII ZR 104/03, NJW 2007,2409,2410.

1196 BGH, Urteil vom 5. Juli 2006, XII ZR 11/04, NJW 2006,2687,2688 = MDR 2006,1230, 1231; kritisch: *Huber*, Unterhaltsverpflichtung des nichtehelichen Vaters gegenüber Kind und Mutter, FPR 2005, S. 191.

1197 BGH, Urteil vom 5. Juli 2006, XII ZR 11/04, NJW 2006,2687,2688.

1198 BGH, Urteil vom 5. Juli 2006, XII ZR 11/04, NJW 2006,2687,2689. Nach dem damals geltenden BSHG konnte eine Mutter für den Fall, dass der sorgeberechtigte Vater nicht bereit war, die Kinder in der Abwesenheit der Mutter ordnungsgemäß zu versorgen, Hilfe zum Lebensunterhalt erhalten. Die Arbeitsaufnahme sei einem Hilfesuchenden im Sinne von § 18 Abs. 3 S. 2 BSGH nicht zumutbar, wenn diese die geordnete Erziehung der Kinder gefährden würde. Bei einem zweijährigen Kind könne die Mutter auch nicht auf die mögliche Betreuung in einer Tageseinrichtung verwiesen werden: OVG Hamburg, Beschl. vom 1. Juli 2002, 4 Bs 190/02, NJW 2003,3723,3724.

1199 Zur nach seiner Auffassung unzulässigen Befristung des Unterhaltsanspruchs auf die ersten drei Lebensjahre des Kindes: OLG Koblenz, Urteil vom 18. März 2009, 9 UF 596/08, NJW 2009,1974,1974.

1200 Die Begründung einer Familie durch eine nichteheliche Partnerschaft, aus der Kinder hervorgegangen sind, ließ sich vor dem Hintergrund der EMRK nicht mehr verleugnen. So stellte der EGMR im Zusammenhang mit einer (im Ergebnis als unzulässig angesehenen) Klage eines nichtehelichen Vaters wegen eines angenommenen Anspruchs auf Beteiligung bei der Einbenennung des nichtehelichen Kindes fest, dass sich der Begriff der Ehe im Sinne des Art. 8 EMRK nicht auf durch die Ehe begründeten Beziehungen beschränke, sondern auch solche erfasse, die faktisch begründet worden seien. Wenn die Eltern eines nichtehelichen Kindes bei dessen Geburt zusammenleben würden, sei das Kind schon mit seiner Geburt Teil einer *„Familien-Verbindung“*: EGMR (III. Sektion), Entscheidung vom 6. Dezember 2001 über die Zulässigkeit der Beschwerde Nr. 31178/96 (Werner Petersen/Deutschland), NJW 2003,1921,1922.

1201 *Graba*, Bedarf und Dauer, NJW 2008, S. 3106.

kind- oder elternbezogene Gründe für die Verlängerung des Betreuungsunterhalts über das dritte Lebensjahr des Kindes hinaus vortrug.[1202] Die Betreuung eines nichtehelichen Kindes sollte dessen Mutter, solange die Betreuungsbedürftigkeit unabweisbar war, von der Pflicht zur Aufnahme einer Arbeit entbinden können, auch wenn sie mit dem Vater des Kindes zusammenlebte.[1203]

Durch das *Unterhaltsrechtsänderungsgesetz*[1204] vom 21. Dezember 2007 wurde der Betreuungsunterhalt in § 1570 und § 1615 l BGB neu geregelt. Zum 1. Januar 2008 trat das modifizierte Unterhaltsrecht in Kraft.[1205] Damit wurde – nach längerfristigen Planungen – kurzfristig auch die Entscheidung des Bundesverfassungsgerichts[1206] umgesetzt, wonach die unterschiedliche Gestaltung des Unterhaltanspruchs von Müttern ehelicher und nicht ehelicher Kinder verfassungswidrig war. Das Unterhaltsrecht sollte durch dieses Gesetz den geänderten gesellschaftlichen Verhältnissen, die durch Scheidungen sowie nichteheliche Lebensgemeinschaften, Zweitfamilien sowie Alleinerziehende geprägt seien, angepasst werden.[1207] Der Betreuungsunterhalt der Mutter nach § 1615 l BGB stand nunmehr gleichberechtigt neben dem Betreuungsunterhalt[1208] verheirateter

---

1202 BGH, Urteil vom 13. Januar 2010, XII ZR 123/08, NJW 2010,1138,1140. Zum Betreuungsunterhalt gemäß § 1570 BGB nach einer Scheidung: BGH, Urteil vom 15. September 2010, XII ZR 20/09, NJW 2010,3369,3369.

1203 Insbesondere konnte, von dem Partner einer nichtehelichen Lebensgemeinschaft anders als von dem Ehepartner nicht verlangt werden, die Kinderbetreuung teilweise mit zu übernehmen: OLG Köln, Beschl. vom 17. August 1998, 25 UF 139/98, NJW 1999,725,726. Würde jedoch ein Anspruch einer Mutter auf Trennungsunterhalt aus § 1361 BGB deshalb begründet werden, weil die Mutter ein nichteheliches Kind zur Welt gebracht hatte, trat dieser Anspruch hinter den ebenfalls bestehenden Anspruch aus § 1615 l BGB gegen den Vater des nichtehelichen Kindes zurück: OLG Bremen, Beschl. vom 19. Februar 2004, 4 WF 10/04, NJW 2004,1601,1602.

1204 *Gesetz zur Änderung des Unterhaltsrechts* vom 21. Dezember 2007, BGBl. I., S. 3189.

1205 Dazu: *Born*, Das neue Unterhaltsrecht, NJW 2008, S. 1; *Schubert*, Das Gesetz, NJ 2008, S. 49; *Rakete-Dombek*, Das neue Unterhaltsrecht, DRiZ 2009, S. 172.

1206 BVerfG, Beschl. vom 28. Februar 2007, 1 BvL 9/04, NJW 2007,1735,1737.

1207 Gesetzentwurf der Bundesregierung zum Entwurf eines *Gesetzes zur Änderung des Unterhaltsrechts*, BTDrs. 16/1830, S. 1.

1208 Eine weitere Folge der Angleichung der Unterhaltsansprüche der ehelichen und der nichtehelichen Mutter in § 1615l BGB war, dass die Regelung des § 1586 Abs. 1 BGB, wonach der Unterhaltsanspruch einer Ehefrau bei einer Wiederverheiratung entfiel, auf nichteheliche Mütter entsprechend angewendet wurde: BGH, Urteil vom 17. November 2004, XII ZR 183/02, NJW 2005,503,505. Zu dem weiterhin geschuldeten Trennungsunterhalt bei der Geburt eines nichtehelichen Kindes während der Trennungszeit: OLG Jena, Beschl. vom 18. November 2005, 1 WF 436/05, NJW-RR 2006,584,585. Zum Unterhaltsbedarf einer verheirateten oder geschiedenen Mutter, die ein nichteheliches Kind betreut, für deren Unterhaltsbedarf mehrere unterhaltspflichtige Väter anteilig haften sollen: BGH, Urt. Vom 17. Januar 2007, XII ZR 104/03, NJW 2007,2409,2411.

oder geschiedener Ehegatten.[1209] Die „*Hausfrauenehe*" hatte aber nun für alle Mütter endgültig ihre Bedeutung im Unterhaltsrecht verloren. In einer der ersten Entscheidungen zu dem neuen Recht stellte das OLG Bremen fest, dass unbeschadet von der nicht erfolgten Änderung des § 1615 l Abs. 2 S. 2 BGB eine Erwerbsobliegenheit der Mutter in den ersten drei Lebensjahren des Kindes entfiel. Eine aus § 1615 l Abs. 2 BGB abgeleitete Befristung des Unterhalts der Mutter auf drei Jahre sollte nach einer Entscheidung des OLG Koblenz dann ausscheiden, wenn für eine Verlängerung über diesen Zeitraum hinaus eine hinreichend sichere Prognose über die fortbestehende Bedürftigkeit gestellt werden könne.[1210] Nach der Rechtsprechung des Familienrechtssenats des BGH war bei einer Billigkeitsentscheidung über eine Verlängerung des Betreuungsunterhalts aus kindbezogenen Gründen stets zu prüfen, ob und im welchem Umfang in anderer Weise die Kinderbetreuung gesichert werden konnte. Hierbei standen „*kindgerechte Betreuungseinrichtungen*" in der ersten Reihe. Der Gesetzgeber habe zum 1. Januar 2008 ab der Vollendung des dritten Lebensjahres des Kindes den Vorrang der persönlichen Betreuung gegenüber anderen kindgerechten Betreuungsmöglichkeiten aufgegeben.[1211]

Der Höhe nach bemaß sich der Unterhalt jedenfalls nach einem Mindestbedarf in Höhe des Existenzminimums, hinsichtlich dessen eine Pauschalisierung auf den notwendigen Selbstbehalt einer nicht erwerbstätigen Mutter für zulässig angesehen wurde. Es sollte der Unterhaltsberechtigten ermöglichen werden, die notwendige persönliche Betreuung und Erziehung des gemeinsamen Kindes in

1209 *Büttner/Niepmann*, Die Entwicklung, NJW 2008, S. 2393; *Born*, Reform der familienrechtlichen Ausgleichssysteme – Kosmetik oder Kurskorrektur, NJW 2008, S. 2289; *Ders.*, Das neue Unterhaltsrecht, NJW 2008, S. 3.

1210 OLG Koblenz, Urteil vom 18. März 2009, 9 UF 596/08, NJW 2009,1974,1976. Auch dann, wenn die nichteheliche Mutter nach Ablauf der Betreuungszeit von drei Jahren wegen eines fortgesetzten Studiums unterhaltsbedürftig wurde, konnte sie diesen verlangen. Dabei sollte es nicht darauf ankommen, ob ihr Kind tagsüber in Kindereinrichtungen versorgt wurde. Aus dem Wort „*insbesondere*" im Tatbestand des 1615 l Abs. 2 Zi. 5 BGB könne abgeleitet werden, dass auch elternbezogene Gründe für eine Verlängerung des Anspruchs ausreichen könnten: OLG Nürnberg, Urteil vom 13. August 2009, 10 UF 360/09, NJW 2010,1084, 1084f.

1211 BGH, Urteil vom 30.3.2011, XII ZR 3/09, NJW 2011,1582,1583. Für die geschiedene Ehefrau bedeutete dies, dass sie sich nach der Vollendung des dritten Lebensjahres ihres Kindes dann nicht mehr auf kindbezogene Verlängerungsgründe im Sinne des § 1570 Abs. 1 S. 3 BGB berufen konnten, wenn eine anderweitige Betreuungsmöglichkeit zu Verfügung stand: BGH, Urteil vom 1. Juni 2011, XII ZR 45/09, NJW 2011,2430,2432. Das Abstellen auf ein darüber hinausgehendes „*Altersphasenmodell*" war unzulässig: BGH, Versäumnisurteil vom 15. Juni 2011, XII ZR 94/09, NJW 2011,2646,47.

den ersten Lebensjahren wahrzunehmen.[1212] Der Unterhaltsanspruch des das nichteheliche Kind betreuenden Elternteils bemaß sich allein nach der Lebensstellung des Unterhaltsberechtigten.[1213] Der Unterhalt nach § 1610 l BGB konnte auf das Existenzminimum beschränkt werden, da er lediglich auf den Mindestbedarf gerichtet war.[1214]

Hinsichtlich der Berechnung des für den sich aus §§ 1615 l Abs. 2 S. 1, Abs. 3 BGB ergebenden Unterhaltsanspruchs wesentlichen Bedarfs der nichtehelichen Mutter[1215] stellte sich die Frage, ob der aus § 1578 Abs. 1 BGB für die eheliche Mutter abgeleitete Halbteilungsgrundsatz auch für die nichteheliche Mutter galt. Dies war nach Auffassung des BGH im Wesentlichen mit der Begründung der Fall, der nichtehelichen Mutter dürfe kein höherer Unterhaltsanspruch zustehen als der geschiedenen Mutter.[1216] In beiden Fällen sei es Zweck der Regelung, der Mutter jedenfalls während der ersten drei Jahre die Möglichkeit zu verschaffen, das Kind zu pflegen und zu erziehen, ohne auf eine eigene Erwerbstätigkeit angewiesen zu sein.[1217] Da der nacheheliche Unterhaltsanspruch[1218] auch durch die

1212 BGH, Urteil vom 16. Dezember 2009, XII ZR 50/08, NJW 2010,937,940f. = MDR 2010, 31,32; *Niepmann/Schwamb*, Die Entwicklung des Unterhaltsrechts seit Mitte 2009, NJW 2010, S. 2401.

1213 BGH, Urteil vom 16. Dezember 2009, XII ZR 50/08, NJW 2010,937,939 = MDR 2010, 31,32. Der Bedarf des sein nichteheliches Kind betreuenden Elternteils bemaß sich gemäß §§ 1615 l Abs. 3 S. 1, 1610 Abs. 1 BGB unverändert nach der Lebensstellung des Kindes und nicht nach der Lebensstellung eines Elternteils. Für die Bedarfsbestimmung war wesentlich auf die Verhältnisse abzustellen, in denen die Eltern bis zur Trennung gelebt hatten: OLG Bremen, Beschl. Vom 20. Februar 2008, 4 WF 175/07, NJW 2008, 1745, 1746. Auf eine Quote des Einkommens des anderen Partners war auch dann nicht abzustellen, wenn die Eltern des Kindes längere Zeit in einer eheähnlichen Gemeinschaft gelebt hatten: BGH, Urteil vom 16. Dezember 2009, XII ZR 50/08, NJW 2010,937,939 = NJ 2010,209,210; *Niepmann/Schwamb*, Die Entwicklung des Unterhaltsrechts seit Mitte 2009, NJW 2010, S. 2401.

1214 BGH, Urteil vom 16. Dezember 2009, XII ZR 50/08, NJW 2010,937,941.

1215 Zum Bedarf einer Mutter, die ein eheliches und ein nichteheliches Kind betreute, deren Unterhaltsbedarf durch die ehelichen Lebensverhältnisse fortgeschrieben werden sollte: OLG Hamm, Urteil vom 11. November 2004, 3 UF 555/01, NJW 2005,297,298.298. Zum Selbstbehalt des Vaters bei Unterhaltsansprüchen der Mütter aus Anlass der Geburt: BGH, Urteil vom 1. Dezember 2004, XII ZR 3/03, NJW 2005,500,501; zur anteiligen Haftung mehrer Väter aus Anlass der Geburt: BGH, Urt. vom 15. Dezember 2004, XII ZR 26/03, NJW 2005,502,503.

1216 Eine geschiedene nichteheliche Mutter verlor ihren Unterhaltsanspruch gegen den geschiedenen Ehemann nicht dadurch, dass sie neben dem betreuungsbedürftigen ehelichen Kind auch ein nichteheliches Kind betreute. In diesen Fällen hafteten der eheliche und der nichteheliche Vater grundsätzlich anteilig: *Niepmann*, Aktuelle Entwicklungen im Familienrecht, MDR 2004, S. 971.

1217 BGH, Urteil vom 15. Dezember 2004, XII ZR 121/03, NJW 2005,818,819f. Der 7. Senat des OLG Düsseldorf trat dem mit der Begründung entgegen, mit der Neuregelung durch das

Nachwirkungen der Ehe geprägt sei, liege auch eine gegen Art. 3 Abs. 1 GG verstoßende Ungleichbehandlung nicht vor.[1219] Gleichwohl wurde die Frage der Verfassungsmäßigkeit der Ungleichbehandlung durch mehrere Gerichte dem Bundesverfassungsgericht zur Entscheidung vorgelegt.[1220] Den Vorlagebeschluss des OLG Hamm nahm das Bundesverfassungsgericht zum Anlass, die Verfassungswidrigkeit der Ungleichbehandlung der ehelichen und der nichtehelichen Mutter festzustellen.[1221] Dies begründete das Bundesverfassungsgericht insbesondere damit, dass in Art. 6 Abs. 5 GG ein Verfassungsauftrag zur Gleichbehandlung und Gleichstellung aller Kinder ungeachtet ihres Familienstandes vorgeschrieben sei. Dementsprechend dürften eheliche und nichteheliche Kinder nur dann unterschiedlich behandelt werden, wenn dies durch einen zwingenden Grund gerechtfertigt worden sei. Ein solcher liege in den unterschiedlichen Lebensverhältnissen der Eltern nicht vor.[1222]

Der Unterhaltsanspruch der nichtehelichen Mutter musste hinter denjenigen der Ehefrau des Vaters und der minderjährigen unverheirateten Kinder zurück-

---

Schwangeren- und Familienänderungsgesetz im Jahr 1995 habe nicht nur die Vollbetreuung des Kindes durch die Mutter bis zum Eintritt in den Kindergarten ermöglicht, sondern auch die Position der nichtehelichen Mutter gestärkt werden sollen. Dies sei durch das *Kindschaftsrechtsreformgesetz* noch erweitert worden. Weder in diesem noch im *Kindesunterhaltsgesetz* seien aber die Regelungen für die Bedarfsbemessung für die geschiedene Mutter eingebunden worden. Zudem würden weiterhin auch in anderen wesentlichen Regelungsbereichen Unterschiede zwischen dem nachehelichen Betreuungsunterhalt und dem einer nichtehelichen Mutter zustehenden Unterhalt bestehen, etwa werde der Altersvorsorgeunterhalt nicht einbezogen: OLG Düsseldorf, Hinweisbeschluss vom 16. April 2007, FamRZ 2008,379,380f.

1218 Auch wenn die Mutter durch die Neuregelung von § 1570 Abs. 1 S. 3 BGB dem Grundsatz nach einer vollschichtigen Erwerbstätigkeit nachgehen sollte, sollte dadurch jedoch kein abrupter Wechsel zur vollen Erwerbstätigkeit erzwungen werden: BGH, Urteil vom 17. Juni 2009, XII ZR 102/08, NJW 2009,2592,2594f.

1219 BGH, Urteil vom 5. Juli 2006, XII ZR 11/04, NJW 2006,2687,2690. Dagegen sollte die nichteheliche Mutter im Hinblick auf die Verwirkung des Unterhaltsanspruchs durch das Eingehen einer verfestigten anderen Partnerschaft besser stehen, weil die die eheliche Mutter betreffende Regelung des § 1579 Nr. 2 BGB nicht zur Anwendung kommen sollte: OLG Nürnberg, Urteil vom 5. August 2010, 10 UF 702/10, NJW 2011,939,940.

1220 KG, Vorlagebeschluss vom 16. September 2004, 16 UF 6/04, NJW 2004,3656 (Ls.); OLG Hamm, Vorlagebeschluss vom 16. August 2004, 5 UF 262/04, NJW 2004,3512 (Ls.). Bereits zuvor hatte das BVerfG die Versagung von Prozesskostenhilfe für ein Verfahren, in dem die Verfassungsmäßigkeit von § 1615l BGB geprüft werden sollte, für verfassungswidrig erklärt: BVerfG, Beschl. vom 4. Februar 2004, 1 BvR 1172/02, NJW-RR 2004,1153, 1153f.

1221 BVerfG, Beschl. vom 28. Februar 2007, 1 BvL 9/04, NJW 2007,1735,1737; dazu; *Budzikiewicz*, Einheitlicher Betreuungsunterhalt, NJW 2007, S. 3536.

1222 BVerfG, Beschl. vom 28. Februar 2007, 1 BvL 9/04, NJW 2007,1735,1736 – 1738.

treten (§ 1615l Abs. 3 S. 3 BGB).[1223] Der Grundsatz, dass steuerliche Vorteile allein der bestehenden Ehe zugute kommen sollten, wurde auch gegenüber dem Anspruch der nichtehelichen Mutter aus § 1615 l BGB angewandt.[1224]

b) Der Kindesunterhalt

Zeitgleich mit dem *Kindschaftsrechtsreformgesetz* trat auch das *Kindesunterhaltsgesetz* zum 1. Juli 1998 in Kraft.[1225] Dieses unterstellte alle Kinder den Unterhaltsgrundsätzen der §§ 1601ff. BGB.[1226] Jedes Kind, das nicht mit dem Unterhaltsverpflichteten in einem Hausstand lebte, konnte nach § 1612a BGB den Unterhalt entsprechend eines prozentualen Anteils des Regelbetrages nach der Regelunterhaltsverordnung verlangen. Diese Regelung galt entsprechend § 1615a BGB auch für nichteheliche Kinder.[1227] Erstmals unterfielen damit auch alle Kinder unabhängig davon, ob sie ehelich oder nichtehelich geboren waren, den allgemeinen Bestimmungen der ZPO (§§ 642ff. ZPO), das Verfahren für die ehelichen Kinder wurde so weitgehend demjenigen für die nichtehelichen Kindern angepasst.[1228] Der Forderung des Bundesverfassungsgerichts, dass nichteheliche Kinder insoweit ehelichen Kindern im Instanzenzug gleichgestellt werden sollten,[1229] war damit entsprochen worden.

Durch das *Kindesunterhaltsgesetz* wurde § 1613 Abs. 2 Nr. 2 lit. a BGB an Stelle des ehemals geltenden § 1615d BGB in Kraft gesetzt. Nach der Vorschrift des § 1615d BGB konnte das Kind von seinem Vater Unterhaltsbeiträge, die vor der rechtskräftigen Feststellung oder vor dem Anerkenntnis fällig geworden waren, auch für die Vergangenheit verlangen. Eine Übertragung dieser Regelung auch auf Unterhaltsansprüche des Kindes gegen die Eltern des Vaters wurde

---

1223 Daraus wurde abgeleitet, dass (auf der Ehe beruhende) steuerliche Vorteile allein der Ehe und nicht der nichtehelichen Mutter zugute kommen sollen: OLG Koblenz, Beschl. vom 12. Dezember 2003, 13 W 971/03, NJW 2004,957. Zur Höhe des Unterhalts: OLG Hamm, Urteil vom 6. März 2008, 2 UF 117/07, NJW 2008,2049.

1224 OLG Koblenz, Beschl. vom 12. Dezember 2003, 13 WF 971/03, NJW 2004,957,957f.; zur Ersatzhaftung der Eltern der nichtehelichen Mutter in der Zeit von sechs Wochen vor bis acht Wochen nach der Geburt: OLG Frankfurt a.M., Urteil vom 4. Juni 2009, 2 UF 328/08, NJW 2009,3105.

1225 Dazu: *Grandke*, Das Kindesunterhaltsgesetz, NJ 1998, S. 295 – 299.

1226 Zu den Voraussetzungen des Kindesunterhalts: *Huber*, Unterhaltsverpflichtung des nichtehelichen Vaters gegenüber Kind und Mutter, FUR 2005, S. 189.

1227 *Grandke*, Das Kindesunterhaltsgesetz, NJ 1998, S. 298. Verfahrensrechtlich wurden die bisher für nichteheliche Kinder geltenden Regelungen in den §§ 641ff. ZPO im Wesentlichen für alle Kinder übernommen: *Friederici*, Veränderte, NJ 1998, S. 300f.

1228 *Friederici*, Veränderte, NJ 1998, S. 300.

1229 BVerfG, Beschluss vom 5. November 1991, 1 BvR 1256/89, BVerfGE 85,80,87.

dagegen abgelehnt.[1230] In § 1613 Abs. 2 Nr. 2 lit. a BGB wurde diese Regelung jedoch nicht übernommen, so dass auch gegenüber ersatzweise haftenden Verwandten des nicht mit der Mutter verheirateten nichtehelichen Vaters rückwirkend Unterhaltsansprüche geltend gemacht werden konnten.[1231] Zudem blieb es bei der Zielvorgabe, dass die Unterhaltsansprüche der Kinder vorrangig, sie also im Mangelfall zu bevorzugen waren.[1232] Für den Kindesunterhalt wurde in § 1612a BGB für alle Kinder ein einheitlicher Mindestunterhalt normiert.[1233]

5. Das Erbrecht

Der Gesetzgeber konnte sich dem Drängen nach einer erbrechtlichen Gleichstellung der nichtehelichen Kinder nicht mehr weiter verschließen. Entsprechend des Regierungsentwurfes vom 21. März 1996[1234] sah er vor, die für nichteheliche Kinder geltenden Regelungen des Erbersatzanspruchs und des vorzeitigen Erbausgleichs (§§ 1934aff., 2238 BGB) abzuschaffen und auch die nichtehelichen Kinder durch ein gesetzliches Erbrecht in die Position von Miterben zu versetzen. Beabsichtigt war, damit nicht nur einen beständigen Diskussionspunkt der Reform des Rechts der nichtehelichen Kinder abzuschließen, sondern auch einen wesentlichen Beitrag zur deutsch-deutschen Rechtsangleichung zu schaffen.[1235] Die weitere Begründung stellte nicht nur auf die jeweils nur kurz greifenden vorhergehenden Reformen, sondern auch auf die durch die Wiedervereinigung begründeten Zwänge ab. Durch das *Nichtehelichengesetz* sei die erbrechtliche Stellung eines nichtehelichen Kindes lediglich angenähert worden, ohne dieses Kind jedoch ehelichen Kindern gleichzustellen. Eine weitere Reform sei schon wegen der ansteigenden Zahl der nichtehelichen Geburten erforderlich.[1236] Zudem sei auch durch den Einigungsvertrag eine alsbaldige Angleichung gefordert worden.[1237] Zum 3. Oktober 1990 war das, wenn auch im Hinblick auf das Ver-

---

1230 BGH, Urteil vom 10. März 2004, XII ZR 123/01, NJW 2004,1735,1735.

1231 BGH, Urteil vom 10. März 2004, XII ZR 123/01, NJW 2004,1735,1735.

1232 *Born*, Das neue Unterhaltsrecht, NJW 2008, S. 1; *Schubert*, Das Gesetz zur Änderung des Unterhaltsrechts, NJ 2008, S. 51.

1233 *Born*, Das neue Unterhaltsrecht, NJW 2008, S. 2.

1234 *Entwurf eines Gesetzes zur erbrechtlichen Gleichstellung nichtehelicher Kinder (Erbrechtsgleichstellungsgesetz)*, BTDRs. 13/4183.

1235 *Hess*, Bemerkungen zur geplanten Übergangsregelung, FamRZ 1996, S. 781. Allein hinsichtlich der vor dem 1. Juli 1949 geborenen Kinder, die auch durch das *Nichtehelichengesetz* von 1969 nicht erfasst worden waren, beließ es der Gesetzentwurf bei der alten Rechtslage: BTDRs. 13/4183, S. 1.

1236 BTDRs. 13/4183, S. 2f.

1237 BTDRs. 13/4183, S. 7.

wandtenerbrecht eingeschränkte, volle Erbrecht der nichtehelichen Kinder – aus verfassungsrechtlichen Gründen auf diesen Bereich beschränkt – für das Beitrittsgebiet übernommen worden (Art. 235 § 1 Abs. 2 EGBGB). Die Übergangsvorschrift des Art. 223 Abs. 1 EGBGB schloss, trotz Kritik in der Literatur, an den Zeitpunkt des Todes des Erblassers an. Nichteheliche Abkömmlinge, die vor dem 1. Juli 1949 geboren worden waren, sollten weiter vom gesetzlichen Erbrecht ausgeschlossen bleiben.[1238]

Am 1. April 1998 trat dann neben dem *Kindschaftsrechtsreformgesetz* auch das *Gesetz zur erbrechtlichen Gleichstellung nichtehelicher Kinder (Erbrechtsgleichstellungsgesetz)* vom 16. Dezember 1997 in Kraft. Bis zum 31. März 1998 waren nichteheliche Kinder gemäß § 1934d BGB gegenüber ehelichen Kindern dadurch benachteiligt, dass ihnen zwar der Höhe nach ein entsprechender Teil an der Erbmasse zukommen sollte, dieser jedoch, sofern eheliche Kinder und/oder ein überlebender Ehegatte vorhanden waren, nicht als Erbanspruch, sondern als schuldrechtlicher Erbersatzanspruch ausgestaltet war.[1239] Zum 1. April 1998 wurde dieser Erbersatzanspruch mit der Folge gestrichen, dass nun auch nichteheliche Kinder umfassend gesetzlich erben konnten.[1240] Dies galt jedoch nicht für die Kinder, die vor dem 1. Juli 1949 geboren waren.[1241]

Im Hinblick auf vor dem 1. Juli 1949 geborene nichteheliche Kinder sah das Bundesverfassungsgericht erneut einen Grund zum Einschreiten. Diese waren nämlich, von allen Reformen des Nichtehelichen- und Erbrecht unbeeinflusst, weiter von jeglichem Pflichtteilsanspruch ausgeschlossen und unverändert gemäß Art. 12 § 10 Abs. 2 NEhelG vom 19. August 1969 gemäß § 1589 Abs. 2 BGB nicht mit ihrem biologischen Vater verwandt. Dies verstieß nach Auffassung des BVerfG gegen Art. 6 Abs. 5 GG. Diese Regelung enthalte eine Wertentscheidung, die eine Benachteiligung nichtehelicher Kinder ausschließe. Diese Wertentscheidung könne nicht nur verletzt werden, wenn nichteheliche Kinder im Verhältnis zu ehelichen Kindern schlechter gestellt würden, sondern auch dann, wenn einzelne Gruppen der nichtehelichen Kinder im Verhältnis zu anderen Gruppen mittelbar schlechter gestellt würden.[1242] Dies sei bei der Übergangs-

1238 *Hess*, Bemerkungen zur geplanten Übergangsregelung, FamRZ 1996, S. 781 – 783.

1239 *Böhm*, Die Neuregelung des Erbrechts nichtehelicher Kinder, NJW 1998, S. 1043.

1240 Dies war zuvor nicht unumstritten gewesen. Auch hier wurde kritisiert, dass erneut eine „*Reparatur*" an Teilaspekten des Rechts der nichtehelichen Kinder vorgenommen wurde. Zur weiteren Kritik an der (damals geplanten) Streichung des Erbersatzanspruchs: *Böhm*, Notwendigkeit der erbrechtlichen Gleichstellung nichtehelicher Kinder, ZRP 1994, S. 292f.

1241 *Krug*, Die gesetzliche Neuregelung des Erbrechts der vor dem 1. 7. 1949 geborenen nichtehelichen Kinder, ZEV 2011, S. 397.

1242 BVerfG, Beschl. vom 8. Januar 2009, 1 BvR 755/08, NJW 2009,1065,1065.

vorschrift des Art. 12 § 10 Abs. 2 NEhelG der Fall.[1243] In der Schlechterstellung von nichtehelichen Kindern, die vor dem 1. Juli 1949 geboren waren, hatte bereits der Europäische Gerichtshof für Menschenrechte in einem Urteil vom 28. Mai 2009[1244] einen Verstoß gegen Art. 14 und Art. 18 EMRK gesehen. Der deutsche Gesetzgeber habe schrittweise eine erbrechtliche Gleichstellung ehelicher und nichtehelicher Kinder herbeigeführt. An der in Art. 12 § 10 Abs. 2 S. 1 NEhelG[1245] vorgesehenen Ausnahme, durch die vor dem 1. Juli 1949 geborene nichteheliche Kinder vom Erbrecht ausgeschlossen waren, habe der Gesetzgeber festgehalten. Dies sei jedoch nicht mehr zeitgemäß. Insbesondere würden die ehemals bestehenden Probleme bei der Feststellung der Vaterschaft nicht mehr durchgreifen. Der Status der nichtehelichen Kinder habe sich dem der ehelichen Kinder angepasst.[1246] Zudem sei auch durch die Wiedervereinigung und die dadurch begründete fehlende rechtliche Gleichstellung im Bundesgebiet eine nicht gerechtfertigte Ungleichbehandlung entstanden.[1247] Die Bundesregierung reagierte schnell und legte bereits im Oktober 2010 einen Gesetzentwurf vor, der die Ungleichbehandlung beseitigen sollte.[1248] Durch das *Zweite Gesetz zur erbrechtlichen Gleichstellung nichtehelicher Kinder, zur Änderung der Zivilprozessordnung und der Abgabenordnung* vom 12. April 2011[1249] wurde das Nichtehelichenrecht erneut geändert. Seither hatten auch vor dem 1. Juli 1949 geborene nichteheliche Kinder das volle Erb- und Pflichtteilsrecht gegen ihre

---

1243 BVerfG, Beschl. vom 8. Januar 2009, 1 BvR 755/08, NJW 2009,1065,1066.

1244 EGMR, Urteil vom 28. Mai 2009, 3545/04 (Brauer/Deutschland), NJW-RR 2009,1603.

1245 Art. 12 § 10 NEhelG:
„(1) Für die erbrechtlichen Verhältnisse bleiben, wenn der Erblasser vor dem Inkrafttreten dieses Gesetzes gestorben ist, die bisher geltenden Vorschriften maßgebend. Das gleiche gilt für den Anspruch des nichtehelichen Kindes gegen den Erben des Vaters auf Leistung von Unterhalt.
(2) Für die erbrechtlichen Verhältnisse eines vor dem 1. Juli 1949 geborenen nichtehelichen Kindes und seiner Abkömmlinge zu dem Vater und dessen Verwandten bleiben die bisher geltenden Vorschriften auch dann maßgebend, wenn der Erblasser nach dem Inkrafttreten dieses Gesetzes stirbt. Ist der Vater der Erblasser und hatte er zur Zeit des Erbfalls dem Kinde Unterhalt zu gewähren, so ist der Erbe zur Gewährung des Unterhalts verpflichtet; der bisher geltende § 1712 Abs. 2 BGB des Bürgerlichen Gesetzbuchs ist auf den Unterhaltsanspruch des Kindes anzuwenden.“

1246 EGMR, Urteil vom 28. Mai 2009, (Brauer/Deutschland), 3545/04, NJW-RR 2009,1603, 1605; zu den Differenzen zum Bundesverfassungsgericht: *Leipold*, EGMR contra BVerfG: Die erbrechtliche Diskriminierung der „alten“ nichtehelichen Kinder ist nicht länger hinnehmbar, ZEV 2009, S. 488.

1247 EGMR, Urteil vom 28. Mai 2009, 3545/04 (Brauer/Deutschland), NJW-RR 20091603,1606.

1248 BRDrs. 486/10. Zu dem Entwurf: *Krug*, Die Umsetzung des EGMR-Urteils zum Nichtehelichenerbrecht in der forensischen und rechtsgestaltenden Praxis, ZEV 2010, S. 505; *König*, Gleichstellung aller ehelichen und nichtehelichen Kinder im Erbrecht, FuR 2010, S. 396.

1249 BGBl. I., 615.

Väter, sofern der Erbfall nach dem 29. Mai 2009 eingetreten ist.[1250] Seither bestand, jedenfalls für die nach dem 29. Mai 2009 eingetretenen Erbfälle, kein Unterschied mehr für Erbfälle mit Bezug zur DDR und solchen mit alleinigem Bezug zur „*alten*“ Bundesrepublik. Dementsprechend konnte Art. 235 § 1 Abs. 2 EGBGB aufgehoben werden.[1251]

6. Das Prozessrecht

Auch durch das *Kindschaftsrechtsreformgesetz* blieb es bei dem unterschiedlichen, teilweise im FGG und teilweise in der ZPO geregelten Verfahrensrecht. Es wies den Amtsgerichten als Familiengericht aber eine erheblich ausgeweitete Bedeutung zu.[1252] Ohne bereits das „*große Familiengericht*“ zu schaffen, wurde zumindest der Bereich des Umgangsrecht und des Unterhaltsrechts unabhängig davon, ob dies die ehelichen oder die nichtehelichen Kinder betraf, den Familiengerichten übertragen. Diese wurden auch für alle Verfahren der elterlichen Sorge für eheliche und nichteheliche Kinder und das Verfahren auf Herausgabe eines Kindes, für alle die Verwandtschaft betreffenden Unterhaltsstreitigkeiten sowie Kindschaftssachen und Streitigkeiten nach §§ 1615k bis 1615m BGB

1250 An der Vereinbarkeit dieser erneuten zeitlichen Beschränkung mit dem GG und der EMRK zweifelten: *Krug*, Die gesetzliche Neuregelung, ZEV 2011, S. 397,401; *Leipold*, Gesetzliches Erbrecht, FPR 2011, S. 275,279. Nach Auffassung des BGH war jedoch die erst für die Erbfälle ab dem 29. Mai 2009 geltende Aufhebung der Sonderregelung für vor dem 1. Juli 1949 geborene nichteheliche Kinder verfassungsrechtlich unbedenklich: BGH, Urteil vom 26. Oktober 2011, IV ZR 150/10, NJW 2012,231,232.

1251 *Leipold*, Gesetzliches Erbrecht, FPR 2011, S. 275,276.

1252 Die weitere Annäherung des nichtehelichen Kindes an die ehelichen Kinder wird auch dadurch verdeutlicht, dass die wesentlichen Rechtsfragen nun vor dem Amtsgericht als Familiengericht auszufechten waren (§ 612 Abs. 1 ZPO). Schwierigkeiten konnten vor allem dann auftreten, wenn ein Vater aufgrund entsprechender Unterhaltstitel sowohl ehelichen als auch nichtehelichen Kinder gegenüber zur Unterhaltszahlung verpflichtet war. Lebten diese Kinder nicht im selben Gerichtsbezirk, lief der Vater Gefahr, an verschiedenen Gerichten klagen zu müssen. Der BGH hielt jedoch die Bestimmung eines einheitlichen Gerichtsstandes gemäß § 36 Nr. 3 ZPO für zulässig, wobei dem Familiengericht der Vorzug einzuräumen sei: BGH, Beschl. vom 26. November 1997, XII ARZ 20/97, NJ 1998,150,150. Der 1. Senat des BVerfG hatte noch in einer Entscheidung aus dem Jahr 1991 erkannt, dass der Gesetzgeber für einen Übergangszeitraum nicht daran gehindert sei, für nichteheliche Kinder ein anderes Verfahren zur Verfügung zu stellen als für eheliche Kinder: BVerfG, Beschl. vom 5. November 1991, 1 BvR 1256/89, FamRZ 1992,157, 159.

zuständig (§ 621 Abs. 1 ZPO).[1253] Gleiches galt seit dem 1. Juli 1998 auch für sämtliche Abstammungsverfahren.[1254]

Der Unterhaltsanspruch des minderjährigen Kindes konnte in einem vereinfachten Verfahren gemäß §§ 645ff. ZPO geltend gemacht und durch Beschluss festgesetzt werden (§ 649 ZPO). Nur dann, wenn der Verpflichtete zulässige Einwendungen erhob, wurde das Verfahren in das streitige Verfahren übergeleitet. Ein etwaig anerkannter Betrag konnte gemäß § 59 Abs. 1 Nr. 9 SGB VIII beim Jugendamt tituliert und die Unterhaltsklage gemäß § 653 ZPO mit einer Klage auf Feststellung der Vaterschaft verbunden werden.

Im Anfechtungsprozess wurde die Mutter des nichtehelichen Kindes gegenüber dem biologischen Vater bevorzugt. Ihr stand bei einer erfolgreichen Anfechtungsklage ihres Kindes unabhängig davon, ob sie in dem Prozess dem Kind oder dem Vater beigetreten war, ein Rechtsmittelrecht zu.[1255] Der mögliche biologische Vater war dagegen bei einem Anfechtungsprozess gegen den rechtlichen Vater nicht einmal notwendig einzubeziehen. Dementsprechend war er auch nicht befugt, eine eigene Berufung gegen das der Vaterschaftsanfechtung stattgebende Urteil einzulegen.[1256]

Die gerichtliche Feststellung der Vaterschaft konnte korrigiert werden, wenn die Voraussetzungen einer Restitutionsklage gemäß § 641i ZPO gegeben waren. Dann musste vor allem ein Gutachten vorgelegt werden, aus dem sich ergab, dass eine andere Entscheidung gerechtfertigt gewesen wäre.[1257]

Zum 1. September 2009 trat das FamFG[1258] in Kraft. Seither waren die aus dem Bereich des Rechts der nichtehelichen Kinder zu entscheidenden Streitig-

---

1253 *Friederici*, Veränderte, NJ 1998, S. 302.

1254 *Büttner*, Änderungen im Familienverfahrensrecht, FamRZ 1998, S. 587.

1255 BGH, Urteil vom 18. Februar 2009, XII ZR 156/07, NJW 2009,1496,1497. Nach der zum 1. September 2009 in Kraft getretenen Neuregelung durch das FGG-Reformgesetz galt dies gemäß §§ 184 Abs. 3, 172 Abs. 1 Nr. 2 FamFG ausdrücklich.

1256 Allerdings konnte er dem Rechtsstreit gemäß § 66 ZPO als Nebenintervenient beitreten und so im Namen der unterlegenen Hauptpartei ein Rechtsmittel einlegen: BGH, Beschl. vom 4. Juli 2007, XII ZB 68/04, NJW 2007,3062,3064; OLG Oldenburg, Urteil vom 21. März 2005, 11 UF 144/04, NJW-RR 2005,1022,1023. Zur fehlenden Befugnis des potentiellen biologischen Vaters als Nebenintervenient einem postmortalen Vaterschaftsanfechtungsverfahren beizutreten: BGH, Beschl. vom 4. Juli 2007, XII ZB 224/03, NJW 2007,3065,3066.

1257 Zum Prüfungsumfang: BGH, Urteil vom 18. September 2003, XII ZR 62/01, NJW 2003, 3708,3709.

1258 *Gesetz zur Reform des Verfahrens in Familiensachen und in den Angelegenheiten der freiwilligen Gerichtsbarkeit (FGG-Reformgesetz-FGG-RG)* vom 17. Dezember 2008, BGBl. I, S. 2586. Dazu: *Stockmann*, Die Reform der Verfahren in Familiensachen und in der freiwilligen Gerichtsbarkeit durch das FamFG, NJ 2009, S. 141; *Rakete-Dombek*, Das FamFG, NJW 2009, S. 2767.

keiten dem Familiengericht übertragen.[1259] Durch das FamFG wurde das Verfahrensrecht in Kindschaftssachen eingehender behandelt als durch das FGG.[1260] Statt eines Rechtsstreits wurde nun ein Verfahren geführt, die Klage hieß Antrag und die Parteien wurden zu Beteiligten.[1261] Die Regelungen der §§ 640ff. ZPO wurden in die §§ 151 bis 185 FamFG überführt. Der Begriff der Kindschaftssache wurde ausgeweitet. Zu dieser gehörten nun neben den Abstammungssachen[1262] sämtliche Verfahren, die die Verantwortung für das Vermögen oder die Person eines Minderjährigen sowie dessen Vertretung betrafen. Mithin wurden alle Verfahren, in deren Mittelpunkt das Kind stand, zu Kindschaftssachen.[1263] In den die Person des Kindes betreffenden Verfahren war gemäß § 162 Abs. 1 S. 1 FamFG das Jugendamt anzuhören.

IV. Zusammenfassende Bewertung

Mit zunehmendem Bestand der Bundesrepublik nahm der Anteil der „*Einelternfamilien*" deutlich zu. Dies setzte sich auch nach der Wiedervereinigung fort. Bestanden 1976 noch nur 8,7 % der Familien mit zumindest einem Kind aus nur einem Elternteil, waren dies 1991 bereits 13,8 %.[1264] Dabei war in der Nachkriegszeit der Grund für das Alleinerziehen vor allem darin zu sehen, dass die Mütter verwitwet waren. 1991 waren dagegen die meisten (45,3 %) geschieden und 14,8 % ledig.[1265] Daneben stieg spätestens seit den 70er Jahren auch die Zahl der Eltern an, die eheähnlich, aber nicht verheiratet, zusammenlebten. Die Bedeutung der Ehe ging zurück. Wurde die nichteheliche Lebensgemeinschaft auf Dauer angelegt, wuchs auch in diesen Gemeinschaften häufig der Kinderwunsch.[1266] Die nichtehelichen Erstgeburten erfolgten so zu einem großen Teil in eheähnlichen Lebensgemeinschaften. Ein großer Teil dieser Mütter heiratete,

---

1259 *Rakete-Dombek*, Das FamFG, NJW 2009, S. 2768.

1260 *Weber*, Die Entwicklung des Familienrechts seit Mitte 2008, NJW 2009,3285.

1261 *Rakete-Dombek*, Das FamFG, NJW 2009, S. 2767; *Bruns*, Die Beteiligten im Familienverfahren, NJW 2009, S. 2797.

1262 Zu dem grundsätzlichen Erfordernis, im Abstammungsverfahren einen Ergänzungspfleger für das Kind zu bestimmen: OLG Hamburg, Beschl. vom 4. Juni 2010, 12 UF 224/09, NJW 2011,235,236; a.A. OLG Koblenz, Beschl. vom 3. August 2010, 7 UF 513/10, NJW 2011,236,237

1263 *Rakete-Dombek*, Das FamFG, NJW 2009, S. 2774.

1264 *Meyer/Schulze*, Frauen in der Modernisierungsfalle – Wandel von Ehe, Familie und Partnerschaft in der Bundesrepublik Deutschland, in: Frauen in Deutschland 1945 – 1992, Helwig/Nickel (Hrsg.), 4. Aufl. Bonn, 1993, S. 175.

1265 *Meyer/Schulze*, Frauen in der Modernisierungsfalle, S. 174.

1266 *Sieder*, Sozialgeschichte der Familie, Frankfurt a.M., 1987, S. 269.

wenn das Kind heranwuchs.[1267] Diesen Veränderungen der gesellschaftlichen Verhältnisse konnte sich, oft angetrieben durch das Bundesverfassungsgericht, auch der Gesetzgeber nicht verschließen.[1268] Dabei waren die Hemmnisse zu überwinden, die auf dem Versuch, auch durch Regelungen des Nichtehelichenrechts das Institut der Ehe zu schützen, begründet waren. Gerade das christlich motivierte Betonen des Vorrangs von Ehe und Familie hinderte die Übertragung der elterlichen Gewalt auf einen nichtehelichen Vater.[1269]

Das vertiefte Befassen mit dem Persönlichkeitsrecht des Kindes führte zu wesentlichen Neuerungen im Abstammungs-, aber auch im Umgangsrecht. Die Kenntnis des Kindes von seiner Abstammung erhielt einen neu herausgearbeiteten Schutz. Angesichts der verbesserten Methoden der Vaterschaftsfeststellung erfolgte ein Paradigmenwechsel. Solange die Nachweismethoden noch unsicher waren, galt es zu verhindern, dass ohne sonstige Indizien wegen bloßer Wahrscheinlichkeiten eine Vaterschaft ausgeschlossen wurde. Seitdem die Vaterschaftsnachweise sicher wurden, musste das Problem beherrscht werden, wie mit illegal eingeholten Gutachten umgegangen wurde. Das Wohl des Kindes trat hier immer mehr in den Mittelpunkt. Gleiches galt beim Umgangsrecht. Solange der Kontakt mit seinem biologischen Vater gut für das Kind war, sollte es ihn auch haben dürfen. Der Vater musste aber bereits zuvor den Kontakt mit dem Kind gepflegt haben. Die Probleme lagen hier eher in der praktischen Umsetzung.

Weiter blieb das Sorgerecht ein Konfliktfeld. Insbesondere erwies sich die (fehlende) Regelung der gemeinsamen Sorge nichtehelicher Eltern als problematisch. Das Bundesverfassungsgericht stärkte hier die Rechte des biologischen Vaters, jedenfalls für die Fälle, in denen er, anders als der rechtliche Vater, eine sozio-familiäre Beziehung zu seinem Kind aufgebaut hatte. Das Kindeswohl, das durchaus auch den Kontakt des Kindes zu seinem Vater erfordern konnte, trat hier in den Mittelpunkt.

Das Erbrecht der nichtehelichen Kinder gehörte zu den wenigen Teilen des Erbrechts in der „*alten*“ Bundesrepublik, in denen das Bundesverfassungsgericht eine grundlegende Neuordnung verlangte.[1270] Detailregelungen für „*Neufälle*“ wurden bald geschaffen. Für die Gleichbehandlung von „*Altfällen*“ musste erneut das Bundesverfassungsgericht Sorge tragen. Ob der Gesetzgeber diesen Anforderungen vollständig entsprochen hatte, blieb für „*ältere*“ Erbfälle offen.

1267 *Sieder*, Sozialgeschichte der Familie, S. 269.

1268 Zum Antrieb der Reform des Familien- und dabei auch des Rechts der nichtehelichen Kinder durch die Rechtsprechung des Bundesverfassungsgerichts: *Borth*, Die Bedeutung, DRiZ 2009, S. 155.

1269 *Schubert*, Die Reform des Nichtehelichenrechts, S. XVII.

1270 *Röthel*, Ist unser Erbrecht noch zeitgemäß?, Gutachten A zum 68. Deutschen Juristentag, München, 2010, S. 19f.

Insgesamt war die Entwicklung von dem Bemühen getragen, die Unterschiede zwischen ehelichen und nichtehelichen Kindern weiter zu nivellieren. In der höchstrichterlichen Rechtsprechung wurde schließlich von einer geänderten gesellschaftlichen Anschauung der nichtehelichen Kinder ausgegangen. Diese hätte sich dahingehend geändert, dass ein außerehelich gezeugtes Kind nicht mehr stigmatisiert werde und dem Ansehen des Kindes in der Gesellschaft durch die Feststellung der Nichtehelichkeit gesellschaftlich kein Schaden mehr drohe.[1271] Der Weg der Gleichstellung verlief über eine auch rechtliche Gleichstellung mit den ehelichen Kindern. So wurden durch die Unterhaltsrechtsreform zum 1. Januar 2008, die ehelichen und die nichtehelichen Mütter im Hinblick auf den Betreuungsunterhalt gleich gestellt. Das Lebensmodell der Ehe hatte als alleiniges Grundmodell der Familie ausgedient.[1272]

1271 BGH, Beschl. vom 25. Juni 2008, XII ZB 163/06, NJW 2008,3429,3432.

1272 Vgl. *Rakete-Dombeck*, Das neue Unterhaltsrecht, DRiZ 2009, S. 172.

F. Ergebnis

„Rechtsnormen sind immer ein Stück normativ verfestigter Politik (...) Rechtsnormen bewerten immer bestimmte Lebenssachverhalte (‚Tatbestände') nach den weltanschaulichen (‚ideologischen') Wertmaßstäben der Normsetzer. Sie enthalten in der verbindlichen Verknüpfung von Tatbeständen mit sanktionierten Rechtsfolgen Weisungen und Werturteile dazu, wie die Bürger handeln sollen. Jede Rechtsnorm enthält ein Werturteil. Werturteile beruhen notwendig auf weltanschaulichen Elementen. Rechtsnormen sind also immer ein Stück normativ verfestigter Ideologie. Sie sind der Spiegel der jeweiligen leitenden Interessen, Gerechtigkeitsvorstellungen und Herrschaftsideologien der Normsetzer."[1273]

Diese rechtstheoretischen Ausführungen von *Rüthers* können auch als Leitschnur für die vergleichende Betrachtung des Rechts der nichtehelichen Kinder in beiden Teilen Deutschlands gelten. Dieses ist über den gesamten Beobachtungszeitraum von dem unmittelbaren Zusammenhang mit den sich wandelnden Anschauungen über die Ehe geprägt,[1274] wobei das Leitbild von Ehe und Familie inzwischen teilweise als verloren beklagt wird.[1275] Deren Schutz war aber in der Rechtsentwicklung zu Beginn des vergangenen Jahrhunderts ein stetiges Argument, die rechtliche Gleichstellung der nichtehelichen Kinder zu behindern.

In beiden Teilen Deutschlands zeigte sich jedoch, dass abseits aller staatlichen Vorstellungen und unbeeinflusst von allen Rechtsnormen die nichteheliche Geburt eine immer größere Verbreitung fand.[1276] Dem folgte – mit unterschiedlicher

---

1273 *Rüthers*, Recht und Juristen, NJ 2003, S. 340.

1274 Zu dem verfassungsrechtlichen Wandel des Schutzes der Ehe unter der Geltung des Grundgesetzes: *Zuck*, Die verfassungsrechtliche Gewährleistung der Ehe im Wandel des Zeitgeistes, NJW 2009, S. 1449. Kinder, unabhängig davon, ob sie ehelich oder nichtehelich geboren sind, haben einen Anspruch darauf, mit den sie betreuenden Elternteilen als Familie akzeptiert und gefördert zu werden. Familie im Sinne von Art. 6 GG ist die Lebensgemeinschaft von Eltern mit Kindern, also ein sozialer Ort, an dem Kinder reifen und wachsen können: *Di Fabio*, Der Schutz von Ehe und Familie, Verfassungsentscheidung für die vitale Gesellschaft, NJW 2003, S. 994. Veränderungen der gesellschaftlichen Verhältnissen zeigen sich auch bei instanzgerichtlichen Entscheidungen. So erkannte etwa das ArbG Neubrandenburg, dass auch für Kinder eines eingetragenen Lebenspartners ein Sozialzuschlag zu bezahlen sei: ArbG Neubrandenburg, Urteil vom 9. Januar 2004, 3 Ca 2314/02, NJ 2004, 191,192.

1275 *Steinbeis/Detjen/Detjen*, Die Deutschen und das Grundgesetz, München, 2009, S. 10.

1276 Dies geschah zu einem Zeitpunkt, zu dem die Zahl der nichtehelichen Kinder nicht mehr durch *„verringerte Heiratsmöglichkeiten"* erhöht wurde: *Mitterauer*, Entwicklungstrends der Familie in der europäischen Neuzeit, in: Handbuch der Familien- und Jugendforschung,

Geschwindigkeit – in beiden Teilen Deutschlands die Rechtsordnung nur zögerlich. Dies galt vor allem für die *„alte"* Bundesrepublik, aber lange auch in der DDR, in der die wesentlich durch die Ehe geprägte Familie als *„Kleinste Zelle der Gesellschaft"* und damit als der Motor für die gesellschaftliche Entwicklung angesehen wurde.[1277] Die nichteheliche Geburt kam daher zunächst nur als *„notwendiges Übel"* vor, das aber, verfassungsrechtlich geschützt, nicht mit Nachteilen belegt werden durfte.

Zum Zeitpunkt der Widervereinigung hatte sich, wie Jutta *Limbach* ausführte, die Situation nichtehelicher Kinder und ihrer Eltern so gravierend verbessert, dass die Entwicklung der Rechtsstellung des nichtehelichen Kindes in dem vergangenen Jahrhundert eine Wandlung vom *„Bastard"* zum Paradebeispiel rechtlichen Fortschrittes erfahren habe.[1278] Dies trifft sowohl in der DDR als auch in der *„alten"* Bundesrepublik in weiten Teilen der Rechtsentwicklung zu. Gerade in der *„alten"* Bundesrepublik waren die Fortschritte jedoch weniger das Ergebnis einer vorausschauenden und gestaltenden Politik, als vielmehr dasjenige einer immer fordernder werdenden Rechtsprechung des Bundesverfassungsgerichts, das immer mehr zum Motor des Bestrebens wurde, das Recht der nichtehelichen Kinder dem gesellschaftlichen Wandel anzupassen. Die wesentlichen Änderungen wurden so erst erreicht, als sich die nichteheliche Geburt in oft stabilen nichtehelichen Lebensgemeinschaften zu einem Massenphänomen entwickelt hatte.[1279]

Die historische Entwicklung verlief nicht stringent und wurde über einen langen Zeitraum dadurch geprägt, dass die äußeren politischen Umstände die als erforderlich erkannte Reformen verhinderten oder zumindest hinausschoben. Mit dem BGB trat zum 1. Januar 1900 erstmalig ein reichseinheitliches Familienrecht in Kraft. Durch dieses erhielten nichteheliche Kinder im Wesentlichen einen der Höhe und der Dauer nach beschränkten Unterhaltsanspruch gegen ihren Erzeuger. Eine darüber hinausgehende familiäre Verbindung zu dem Vater blieb ihnen aber versagt. Die Rechte der nichtehelichen Mutter waren im We-

---

Nave-Herz/Markefka (Hrsg.), Neuwied, 1989, S. 180; *Harms-Ziegler*, Illegitimität und Ehe, S. 319.

1277 Gerade in den Umbruchzeiten zu Beginn und zum Ende der DDR war die Familie für die Bürger der DDR ein Ort von besonderer Bedeutung: *Markovits*, Gerechtigkeit in Lüritz, S. 95.

1278 *Limbach*, Die Stellung des nichtehelichen Kindes, S. 31.

1279 Ebenso wie die Zahl der nichtehelichen Lebensgemeinschaften nahm auch die Erkenntnis zu, dass die Vorschriften über das Verhältnis nichtehelicher Kinder zu ihren Vätern nicht mehr an dem *„Klischee des verantwortungslosen Vaters"* orientiert werden durften: *Limbach*, Die rechtlichen Rahmenbedingungen von Ehe und Elternschaft, in: Handbuch der Familien- und Jugendforschung, Nave-Herz/Markefka (Hrsg.), Neuwied, 1989, S. 237.

sentlichen auf die tatsächliche Versorgung ihres Kindes beschränkt.[1280] In der Weimarer Republik hätte Art. 121 WRV Anlass zu konkreten Reformen gegeben, die jedoch in der Realität trotz des Vorliegens von zielführenden Entwürfen nicht umgesetzt wurden. Die Entwürfe aus der NS-Zeit enthielten – wenn auch mit fragwürdigem Hintergrund – eine Reihe „*moderner*" Gedanken, insbesondere zur Rolle des Vaters. Das Recht des nichtehelichen Kindes wurde unter dem Aspekt der „*Rassepolitik*" betrachtet, was zu Korrekturen im Bereich der Feststellung der Vaterschaft führte. Die „*rassepolitischen*" Aspekte waren zudem durch die Ablehnung der nichtehelichen Geburt und eine Missachtung der nichtehelichen Mutter geprägt. Gewollt war die Förderung „*erbgesunder*" Kinder aus stabilen Ehen. Das Interesse an der Herkunft eines Kindes korrespondierte mit der angenommenen Befugnis des Staates, auf das Feststellungsverfahren Einfluss zu nehmen. Bei einem „*erbgesunden*" Kind erwies sich die nichteheliche Geburt nach dieser Anschauung vordergründig nicht als Makel. Allerdings blieb es dabei, dass nichteheliche Kinder als eine Folge des „*Leichtsinns ihrer Eltern*" angesehen wurden, aus „*Rassegesichtspunkten*" jedoch eine stabile Beziehung der Eltern gewünscht war. In rechtlicher Hinsicht blieb es trotz aller Reformbemühungen bei der „*Zahlvaterschaft*" des nichtehelichen Vaters. Seine richtige Feststellung wäre erwünscht gewesen, konnte jedoch wegen der unsicheren wissenschaftlichen Erkenntnisse nicht sicher gewährleistet werden.[1281] Beachtlich ist auch die Einschätzung der Mehrverkehrseinrede in der NS-Zeit. Neben der Frage der „*Erbgesundheit*" des Kindes hätte ein Verzicht auf sie nach damaliger Auffassung der Mutter die Möglichkeit gegeben, sich unter mehreren in Betracht kommenden Vätern den besten Erzeuger auszusuchen. Dieses Recht sollte gerade der – als unzuverlässig angesehenen – nichtehelichen Mutter nicht zukommen. Auch die Überlegungen zum Sorgerecht waren von dem Misstrauen gegenüber nichtehelichen Müttern geprägt. Diese wurden als „*Huren*" und als „*schlampig*", insgesamt als „*minderwertige*" Mütter angesehen. Die nichteheliche Mutter passte schlicht nicht in das nationalsozialistische Schema. Gewollt war, bis zu den kriegsbedingt geänderten Notwendigkeiten in den letzten Kriegsjahren, dass die Mütter jedenfalls nicht außerhäuslich tätig wurden. Spiegelbildlich zur DDR wurde so nur kurz nach der „*Machtergreifung*" ein Ehestandsdarlehen eingeführt, um der Arbeitslosigkeit entgegenzutreten. Ziel war die Förderung der Heirat „*rassisch wertvoller*" junger Menschen. Junge Ehepaare konnten ein Darlehen über 1.000 Reichsmark erhalten, wenn die Braut mit der Eheschlie-

1280 BVerfG, Urteil vom 24. März 1981, 1 BvR 1516/78, 964,1337/80, BVerfGE 56,363,365 = NJW 1981,1201.

1281 Dieses Problem hinderte noch bis zum Ende der ehemaligen DDR die Rechtsfortbildung im Anfechtungsrecht.

ßung ihre Arbeit aufgab. Mit der Geburt jedes Kindes verringerte sich die zurückzuzahlende Summe dann um ein Viertel, konnte also „*abgekindert*“ werden.[1282] Nichteheliche Kinder und ihre Müttern hatten, trotz der Verbreitung der nichtehelichen Geburt, in ihrer „*Schmuddelecke*“ zu verbleiben. Nach dem Ende des Zweiten Weltkrieges teilte sich die Entwicklung zunächst.

I. Die Entwicklung in der „*alten*“ Bundesrepublik

Die Zahl der nichtehelichen Geburten betrug zwischen 1890 und 1910 jeweils ca. 91 auf 1000 Lebendgeburten.[1283] Nach dem Ersten Weltkrieg war der Wert, sicher teilweise auch kriegsbedingt, auf 114 gestiegen und stieg dann bis 1930 weiter auf 120.[1284] In der Zeit von 1946 bis 1966 sank die Zahl in der „*alten*“ Bundesrepublik von 163 auf 45,[1285] um dann bis 1989 wieder auf 102[1286] anzusteigen.[1287] Die Wendepunkte entsprachen damit gerade nicht den Zeitpunkten der Reformen, sondern waren deutlich von diesen abgesetzt. Anders als die beiden Weltkriege sind die Reformen des Nichtehelichenrechts nicht als signifikante Ursache für die Änderungen der Quote der nichtehelichen Geburten zu erkennen.[1288] Vielmehr erwies sich die Rechtsentwicklung in der Bundesrepublik Deutschland eher als das Echo auf die gesellschaftlichen Entwicklungen als als deren Auslöser. Der Verfassungsauftrag aus Art. 6 Abs. 5 GG zur rechtlichen Gleichstellung der nichtehelichen Kinder wurde nur zögerlich umgesetzt.[1289] Die Familienpolitik erschien zunächst nicht als vordringlich. Stattdessen wurde auf die Selbstregulierungstendenzen der Familie, diese wiederum auf der Hausfrauenehe basierend, vertraut.[1290]

1282 *Steinbacher*, Frauen im Führerstaat, S. 106.

1283 Statistik H. I.

1284 *Limbach*, Die Stellung des nichtehelichen Kindes, S. 34.

1285 Dabei zeigten sich in der Bundesrepublik Deutschland erhebliche regionale Unterschiede. Die höchste Quote der nichtehelichen Geburt wiesen die Großstädte auf, die über eine unterdurchschnittliche Geburtenrate verfügten: *Menges*, Zur sozialen Lage des unehelichen Kindes, in: Uneheliche Kinder – rechtlose Kinder?, Molinski (Hrsg.), Recklinghausen, 1967, S. 7f.

1286 *Bartels* sah die steigende Zahl der außerehelichen Geburten als „*Katalysator*“ zur Erfüllung des Verfassungsauftrags aus Art. 6 Abs. 5 GG an: *Bartels*, Die vollständigen und die unvollständigen Familien im Kindschaftsrecht, Frankfurt a.M., 1986, S. 3.

1287 *Limbach*, Die Stellung des nichtehelichen Kindes, S. 34.

1288 *Schwark*, Sozialer Wandel durch Nichtehelichenrecht?, FamRZ 1971, S. 240.

1289 *Coester*, Entwicklungslinien im europäischen Nichtehelichenrecht, ZEP 1993, S. 536.

1290 *Schneider*, Hausväteridylle, S. 22.

Im Jahr 1951 wurde in der *„alten"* Bundesrepublik die Diskussion über das Nichtehelichenrecht mit dem Hildesheimer Entwurf des Archivs deutscher Vormünder und des Deutschen Vereins für private und öffentliche Fürsorge eröffnet, der sich bereits intensiv mit der elterlichen Sorge befasste.[1291] Im Jahr 1962 beschäftigte sich der 44. Deutsche Juristentag mit der Reform des Rechts der nichtehelichen Kinder.[1292] Er empfahl, den nichtehelichen Vater möglichst zur persönlichen Verantwortung heranzuziehen.[1293] In der Mitte der sechziger Jahre des vergangenen Jahrhunderts geriet die nichteheliche Geburt verstärkt in den Fokus der Öffentlichkeit. Dies führte zur Gründung von Selbsthilfevereinigungen und der Bildung von Bürgerinitiativen. Rechts- und sozialpolitische Forderungen nichtehelicher Eltern erhielten so eine verstärkte politische Bedeutung.[1294]

Mit dem *Nichtehelichengesetz* vom 19. Juni 1969 wurde die Verwandtschaft zwischen dem nichtehelichen Kind und seinem Vater begründet. Bis dahin wurde von dem Mangel an sittlichen und faktischen Voraussetzungen für die Begründung familienrechtlicher Beziehungen ausgegangen.[1295] Die Reform durch das *Nichtehelichengesetz* erfolgte gerade noch in der durch das Bundesverfassungsgericht gesetzten Frist. Dabei hatten die Parteien der Großen Koalition erhebliche Schwierigkeiten, die verfassungsrechtlichen Vorgaben umzusetzen. Der große Wurf einer umfassenden Familienrechtsreform war unter diesen Mehrheitsverhältnissen nicht möglich. Die Reform des Rechts der nichtehelichen Kinder erfolgte jedoch zu einem Zeitpunkt, zu dem der demographische Wandel immer deutlicher hervortrat; die Geburtenziffer war dramatisch gesunken, die statistische Bedeutung der Ehe sank. Dies führte zu Eingriffen in die Familie. Das nichteheliche Kind wurde durch die Reform mit seinem Vater verwandt, Vater und Kind wurden wechselseitig erbberechtigt und die Durchsetzung des Unterhaltsanspruchs durch das Schaffen von Regelsätzen erleichtert. Die Mutter erhielt die elterliche Sorge, das Jugendamt wurde nur noch dann mit Pfleg-

---

1291 Die Empfehlungen des 44. Deutschen Juristentages wurden in dem Heidelberger Entwurf umgesetzt, der ebenfalls darauf ausgerichtet war, das Verantwortungsgefühl des nichtehelichen Vaters zu stärken: *Limbach*, Die Stellung des nichtehelichen Kindes, S. 35.

1292 Das erste Gutachten von *Boehmer* befasste sich unter Einbeziehung der west- und osteuropäischen Ländern rechtsvergleichend mit der Reform des Nichtehelichenrechts, das zweite Gutachten von *Bosch* mit den Mängeln der geltenden Rechtslage und Vorschlägen für eine Reform.

1293 BVerfG, Urteil vom 24. März 1981, 1 BvR 1516/78 und 964, 1337/80, BVerfGE 56,363,369 = NJW 1981,1201,1202f.

1294 *Buske*, Ledige Mütter – Uneheliche Kinder, S. 321f. Die Möglichkeiten der staatlichen Hilfeleistungen für die Mütter im Zusammenhang mit der Schwangerschaft und der Geburt schildert: *Zeller*, Das Recht, 16 – 20.

1295 BVerfG, Urteil vom 24. März 1981, 1 BvR 1516/78, 964,1337/80, BVerfGE 56,363,365 = NJW 1981,1201,1202f.

schaftsaufgaben befasst, wenn wegen einer Interessenkollision eine Überforderung der Mutter zu besorgen war, was etwa bei der Unterhaltsklage gegen den Vater so gesehen wurde.[1296] Im Gesetzgebungsverfahren wurde aber – zum Schutz der Familie – noch immer überwiegend davon ausgegangen, dass der Verkehr des Kindes mit seinem nichtehelichen Vater dem Interesse des Kindes nur im Ausnahmefall entsprach, weshalb ein Umgangsrecht des nichtehelichen Vaters auch nur sehr eingeschränkt für den Fall geregelt wurde, dass es für das Wohl des Kindes erforderlich war.[1297] Die zurückhaltenden Verbesserungen insbesondere im Sorgerecht waren nicht nur von dem Bestreben geprägt, die Ehe als Institut zu schützen, sondern auch von dem Gedanken, dass die nichteheliche Mutter aufgrund der nichtehelichen Geburt zur vollen Verantwortung für ihr Kind weniger geeignet war als eine geschiedene oder verwitwete alleinerziehende Mutter.[1298] Das Misstrauen gegenüber der als unzuverlässig eingeschätzten nichtehelichen Mutter blieb bestehen.

Auch wenn Anfang der achtziger Jahre des vergangenen Jahrhunderts noch von dem Grundsatz ausgegangen wurde, dass sich der nicht an einem Vater-Kind-Verhältnis orientierte Vater nicht auf das Elternrecht berufen könne, wurde in der Rechtsprechung des Bundesverfassungsgerichts doch ein anderes Bild der tatsächlichen sozialen Verhältnisse gezeichnet:

> *„Allerdings wird das Bild des nichtehelichen Vaters, der die Kindesmutter nicht heiratet, der seine Vaterschaft bestreitet und kein Interesse an der Entwicklung des Kindes zeigt, den sozialen Gegebenheiten nicht mehr voll gerecht. Die gesellschaftliche Diskriminierung der nichtehelichen Mutter, die sich bewusst für das Kind entscheiden kann, ist weitgehend abgebaut. Es steht ihr frei, eine Eheschließung oder auch ein Zusammenleben mit dem Ehemann abzulehnen. Selbst wenn der Vater des Kindes eine Gemeinschaft mit Mutter und Kind wünscht, kann dies an dem entgegenstehenden Willen der Kindesmutter scheitern, weil sie es vorzieht, mit dem Kind allein zu leben.*“[1299]

1296 *Limbach*, Die Stellung des nichtehelichen Kindes, S. 33; 401f.

1297 BVerfG, Urteil vom 24. März 1981, 1 BvR 1516/78 und 964, 1337/80, BVerfGE 56,363,371 = NJW 1981,1201,1202.

1298 Welche Anschauungen über die Fähigkeiten der nichtehelichen Mütter zur Erziehung ihrer Kinder im Raume standen, zeigt eine Dissertation aus dem Jahr 1972, allerdings mit dem Schwerpunkt auf dem Schweizer Recht. Danach sollten die meisten nichtehelichen Mütter keine vollständige Familie erlebt haben. Ihre Eltern seien meist geschieden, getrennt, Alkoholiker, lange Zeit abwesend oder physisch oder psychisch *„abnorm*“. Der größte Teil der nichtehelichen Mütter bilde eine stark negative Auslese. Unter ihnen befänden sich mehr Schwachsinnige als in der Durchschnittsbevölkerung: *Jorio*, Der Inhaber der elterlichen Gewalt nach dem neuen Kindesrecht, Zürich, 1972, S. 183f.

1299 BVerfG, Urteil vom 24. März 1981, 1 BvR 1516/78 und 964, 1337/80, BVerfGE 56,363, 383.

An dieses verbesserte Ansehen des nichtehelichen Vaters musste sich die Legislative erst noch gewöhnen.

Der Stabilität der familiären Beziehung war bei den zögerlichen Reformbemühungen in der *„alten"* Bundesrepublik eine überragende Bedeutung zugemessen worden.[1300] Ihre Beachtung führte auch im Vergleich zu der parallel verlaufenden Entwicklung in der DDR zu erheblichen zeitlichen Verzögerungen. Dies zeigt etwa ein kurzer Rückblick auf die Entwicklung des Anfechtungsrechts. Bis 1961 stand das fristgebundene Anfechtungsrecht allein dem Ehemann der Mutter zu. Ein Anfechtungsrecht des Kindes wurde 1961 begründet, das der Mutter erst 1970. Etwaige Rechte des biologischen Vaters, der bis dahin (rechtlich) weitgehend als der bloße Zahlvater angesehen und behandelt wurde, traten gar erst nach der Wiedervereinigung in das Visier der Rechtsentwicklung. Ihm wurde erst 2004 die (zudem nur eingeschränkte) Möglichkeit der Anfechtung der rechtlichen Vaterschaft eingeräumt.[1301] Diese Gesetzesänderungen waren in gleicher Weise ein Spiegel der fortschreitenden gesellschaftlichen Entwicklung wie der medizinischen Untersuchungsmethoden.

In der *„alten"* Bundesrepublik war, im Gegensatz zur DDR, das Unterhaltsrecht des nichtehelichen Kindes kein herausgehobener Schauplatz der Auseinandersetzung um seine rechtliche Stellung. Streitigkeiten um die Höhe des Unterhalts kamen trotzdem in einem nicht zu vernachlässigenden Umfang vor. So gaben in den 70er Jahren in der Bundesrepublik etwa 31 % der Mütter an, nur unregelmäßig oder keinen Unterhalt für das nichteheliche Kind zu erhalten.[1302]

Anders als in der DDR wurde in der *„alten"* Bundesrepublik der Unterhaltsanspruch der Mutter immer weiter ausgebaut. Sie sollte, wie eine eheliche Mutter, das Kind in den ersten Lebensjahren betreuen dürfen. Auch die Entwicklung des Erbrechts, dem in der DDR ebenfalls aus politischen Gründen kaum eine Bedeutung zugemessen wurde, zeigte eine von Rechtsprechung und Politik nur schwer zu beherrschende Eigendynamik, die dem stetigen Problem ausgesetzt war, erheblich divergierende Interessen vereinbaren zu müssen. Es fiel schwer, nichteheliche Kinder als Teil der Kernfamilie des Vaters und damit auch als uneingeschränkt erbberechtigt anzusehen.

1300 In der Literatur wurde ausgeführt, die Gesellschaft sei nicht an der Erzeugung von Kindern an sich interessiert, sondern vielmehr an einer Sozialisation der Kinder in einem geeigneten sozialen Gebilde, der Ehe: *Menges*, Zur sozialen Lage, S. 11f.

1301 *Wolf*, Biologische Abstammung und rechtliche Zuordnung, NJW 2005, S. 2417f.

1302 *Limbach*, Die Stellung des nichtehelichen Kindes, S. 36. Das Nettofamilieneinkommen lediger alleinerziehender Mütter lag in 46 % der Fälle unter dem Sozialhilfesatz, wobei sich mit zunehmenden Alter der Kinder der Anteil der sozialhilfebedürftigen Mütter verminderte: *Limbach*, Die Stellung des nichtehelichen Kindes, S. 37.

II. Die Entwicklung in der DDR

Schon aus der deutlich höheren Verbreitung der nichtehelichen Geburt in den Neuen Bundesländern lässt sich ableiten, dass dort eine grundsätzlich andere Entwicklung der Anschauungen über die nichteheliche Geburt zu verzeichnen war als in dem „*alten*" Bundesgebiet. Lag der Prozentsatz der nichtehelichen Geburten in den „*alten*" Bundesländern 1989 bei 10,2 % und 1992 bei 11,6 %, betrug er in den neuen Ländern 1989 35 % und 1992 41,8 %.[1303] Auch wenn im Gebiet der Neuen Länder bereits vor der Teilung ein etwas höherer Anteil der nichtehelichen Geburt zu verzeichnen war, kann dies allein als Erklärung für die Explosion des Anteils der nichtehelichen Geburt nicht genügen.

In der SBZ/DDR stieg schon in der Nachkriegszeit die Zahl der nichtehelichen Geburten bis auf 19,4 % der Geburten an, ging dann jedoch bis 1964 auf 9,4 % zurück. Nach Inkrafttreten des FGB wuchs die Quote stetig weiter und erreichte 1980 22,9 % und 1985 33,6 %. Die steigende Verankerung der nichtehelichen Geburt in der gesellschaftlichen Realität der DDR zeigte sich vor allem in dem auf das Alter der Mütter bezogenen Verhältnis der nichtehelichen zu den ehelichen Geburten. Es ist eine Selbstverständlichkeit, dass der Anteil der nichtehelichen Geburten bis zum Eintritt der Mutter in die Ehefähigkeit 100 % der Geburten betrug. Bemerkenswert ist aber die Entwicklung des Anteils der nichtehelichen Geburten bei den „*älteren*" Müttern. Bei 19-jährigen Müttern stieg der Anteil der nichtehelichen Geburten von 42,45 % im Jahr 1974 auf 81,00 % im Jahr 1985. Auffällig ist, dass sich auch bei den geburtenstarken 23- bis 26-jährigen Müttern im gleichen Zeitraum der Anteil der nichtehelichen Geburten teilweise mehr als verdoppelte.[1304] Dieser signifikante Anstieg des Anteils in den „*reiferen*" geburtenstarken Jahrgängen zeigt die größer gewordene Normalität der nichtehelichen Geburt.[1305] Ein Zusammenhang zwischen dem Ansteigen der Zahl der nichtehelichen Geburten und der Rechtsentwicklung ist aber auch in der DDR nicht zu erkennen.

1303 *Entwurf eines Gesetzes zur Abschaffung der Amtspflegschaft*, BTDrs. 12/7011, S. 21.

1304 Statistiken H III und H IV. Ebenso wie der Anteil der nichtehelichen Geburten an den Gesamtgeburten stieg auch der Anteil von Eheschließungen von Eltern gemeinsamer Kinder. Dieser betrug zum Ende der DDR etwa 30 % der Eheschließungen: *Grandke*, Der Verzicht auf die Nichtehelichkeit, S. 23.

1305 Allerdings war auch das Phänomen zu verzeichnen, dass mit dem weitgehenden Wegfall des relativen Vorteils der Förderung nichtehelicher Mütter die Geburt des zweiten Kindes vielfach Anlass für die Eheschließung der Eltern war: *Huinink*, Vergleichende Familienforschung: Ehe und Familie in der ehemaligen DDR und der Bundesrepublik Deutschland, in: Familienleitbilder und Familienrealitäten, Vaskovics (Hrsg.), Opladen, 1997, S. 321.

Anders als in der *„alten“* Bundesrepublik kam der Familien- und Frauenpolitik in der DDR eine zentrale Bedeutung zu. Diese war nicht allein durch die ökonomische Notwendigkeit der Mitarbeit der Frauen, sondern auch dadurch geprägt, dass die Gleichberechtigung der Frau ein wesentlicher Aspekt der gewollten Umgestaltung der Gesellschaft war.[1306] Bis zum Ende der DDR wurde die nichteheliche Geburt nicht gefördert, sondern lediglich als zunehmend verbreitetes Phänomen der gesellschaftlichen Entwicklung hingenommen. Es zeigte sich aber ein von den Verantwortlichen so nicht gewollter Prozess, der von der Familienform *„Ehe mit Kind(ern)“* zu einer größeren Pluralität der Familienformen führte. So gab es mit zunehmendem Zeitablauf andere Familienformen wie Alleinerziehende, nichteheliche Lebensgemeinschaften[1307] und Zweit- oder Drittfamilien. Das Prinzip der Ehe und deren Lebenszeitigkeit wurde immer mehr durchbrochen,[1308] die Existenz von Kindern aus unvollständigen oder nicht durch eine Eheschließung *„legalisierten“* Familien und damit die nichteheliche Geburt immer mehr zur Normalität.

Die Rechtsentwicklung selbst orientierte sich zu Beginn der DDR nicht nur an den vorgefundenen, sondern auch an den gewollten und bald als gegeben vorausgesetzten gesellschaftlichen Verhältnissen. Gerade das Familienrecht wurde als probates Steuerungsmittel zu deren Durchsetzung angesehen. Es sollte nach den klaren Zielvorgaben ein Motor des Aufbaus der *„sozialistischen Familie“* werden. In dieser war der Platz auch der Mutter nichtehelicher Kinder im Beruf. Die Erziehungsleistungen für eheliche wie auch für nichteheliche Kinder gleichermaßen hatten dahinter zurückzutreten. Dies galt für die nichtehelichen Mütter erst Recht seit Beginn der sechziger Jahre, als der Klassenkampf als überwunden angesehen wurde.

Die Entwicklung des Nichtehelichenrechts war also, wie auch in der NS-Zeit, durch die Anschauungen über die nichteheliche Geburt und die gesellschaftliche Einordnung der Mütter geprägt. Von Beginn an wurde mit dem Phänomen der nichtehelichen Geburt offen umgegangen. Offiziell sollte die nichteheliche Zeugung nicht mehr durch eine zügige Eheschließung verschleiert werden. Die Mutter bedurfte nach der sozialistisch gewollten Gesellschaftsordnung nicht mehr der Ehe, um sich und das Kind zu unterhalten. Auch sie sollte berufstätig sein. Zentrales Mittel der Förderung auch der nichtehelichen Mütter war die außerfamiliäre Kinderbetreuung. Dort wurden nichteheliche Kinder bevorzugt angenommen. Gleichwohl war auch im Recht der DDR zu erkennen, dass bei allem

1306 *Schneider*, Hausväteridylle, S. 24.

1307 Nach einer nicht publizierten Untersuchung der Humboldt Universität soll die Zahl der unverheirateten Mütter, die kurz nach der Geburt mit dem Vater des Kindes zusammen gelebt hatten, bei 80 % gelegen haben: *Grandke*, Der Verzicht auf die Nichtehelichkeit, S. 24.

1308 *Gysi/Meyer*, Leitbild: Berufstätige Mutter, S. 150.

Verständnis für die Probleme und Belange nichtehelicher Kinder die durch sie begründeten Lasten nach Möglichkeit nicht der Gesellschaft auferlegt werden sollten.

Die Bemühungen des Gesetzgebers, die nichtehelichen Väter dazu zu veranlassen, freiwillig ihrer Unterhaltspflicht für ihr Kind nachzukommen, hatten aber vergleichsweise weniger Erfolg als die entsprechenden Bemühungen bei den Vätern ehelicher Kindern. Ging bei den ehelichen Kindern die Zahl der Unterhaltsklagen von 1958 bis 1970 signifikant zurück, steigerte sich die Zahl der Unterhaltsklagen nichtehelicher Kinder im gleichen Zeitraum so erheblich,[1309] dass dies nicht mehr allein mit der auch absolut gestiegenen Zahl der nichtehelichen Geburten erklärt werden kann.

Vor dem Hintergrund der angstrebten sozialistischen Familie war auch das durch die Verf. DDR 49 und das MKSchG formal begründete Gleichstellungspostulat nichtehelicher Kinder zu bewerten. Durch dieses wurde ein Einschreiten des Rechts zunächst vor allem mit dem Ziel gefordert, die nichtehelichen Mütter dem Arbeitsprozess zuzuführen, durchaus vergleichbar mit dem Bemühen, auch verheiratete Mütter zur Berufstätigkeit zu veranlassen. Gemäß § 17 Abs. 1 MKschG waren formal alle die nichtehelichen Mütter benachteiligenden Regeln aufgehoben. Die Mutter musste also die vollen elterlichen Rechte erhalten, etwas, wovon westdeutsche nichteheliche Mütter noch Jahrzehnte später nur träumen konnten. Jedoch war schon in der Frühzeit der SBZ/DDR das Bestreben um gesellschaftliche Veränderungen für die nichtehelichen Mütter nicht gänzlich problemlos. Forderte Hilde *Benjamin* 1949 noch (allerdings ohne eine gemeinsame Sorge vorzusehen) die volle elterliche Gewalt für die nichteheliche Mutter und die Verschaffung der Möglichkeit eines Sorgerechtes für den nichtehelichen Vater, sofern er dieses auch tatsächlich ausgeübt hatte, orientierte sich die Lösung in der Folgezeit im Wesentlichen an dem Ziel des Erreichens der wirtschaftlichen Selbständigkeit der Mutter. Ein Mitwirkungs- und Verkehrsrecht des Vaters ließ das Oberste Gericht der DDR nicht zu, behandelte ihn aber im Hinblick auf den Unterhalt wie einen ehelichen Vater.

Trotz der scheinbar größeren Modernität gelang es auch in der DDR nicht, eine zufriedenstellende Lösung für die Rolle des Vaters bei der Erziehung des Kindes zu erreichen. Auch nach dem Erlass des FGB blieb es dabei, dass er im Wesentlichen auf seine Rolle als Zahlvater reduziert wurde. Ein gemeinsames Erziehungsrecht wurde nach der Maueröffnung nur vom 1. bis zum 3. Oktober 1990 Wirklichkeit.

Die Bereitschaft, das Familienrecht in Randbereichen zu den Zwecken des sozialistischen Staates sachfremd zu instrumentalisieren, zeigte sich vor allem

---

1309 Statistik H. V.

daran, dass das Unterhaltsrecht auch als Kampfmittel gegen die „*feindliche*“ Bundesrepublik genutzt wurde. Im Westen lebende Kinder hatten die Schärfe der politischen Auseinandersetzung mit einem reduzierten Unterhaltsanspruch zu bezahlen. Gleichwohl wurden im Recht des nichtehelichen Kindes die Grundsätze der Rechtsstaatlichkeit gewahrt. Einen Anlass, Rechtsnormen nach der „*Radbruchschen Formel*“ nicht zur Anwendung zu bringen, bestand nicht.

III. Vergleichende Betrachtung und Ausblick

Werden die beiden Entwicklungsstränge vergleichend betrachtet, ist zu erkennen, dass die rechtliche Gleichstellung ehelicher und nichtehelicher Kinder in der DDR jedenfalls vordergründig schneller und konsequenter erfolgte als in der „*alten*“ Bundesrepublik.[1310] *Grandke* sah das Familienrecht durch die Wiedervereinigung sogar als „*auf ein niedrigeres, historisch bereits überholtes Niveau zurückgeschraubt*“ an.[1311] Dies beruhte wesentlich auf der unterschiedlichen Herangehensweise in den beiden Teilen Deutschlands. Wurde im einen Teil Deutschlands die Rechtsordnung an der neuen Ideologie orientiert,[1312] was notwendig zu Änderungen der Rechtslage vor der tatsächlichen Änderung der gesellschaftlichen Verhältnisse führen musste, erwiesen sich die überkommenen Anschauungen in der „*alten*“ Bundesrepublik als beharrlicher Widerstand gegen die Fortentwicklung der gelebten Familienverhältnisse, aber auch gegen die verfassungsrechtlichen Vorgaben.[1313] Erst die Erkenntnis über die tatsächlichen Veränderungen der gesellschaftlichen Verhältnisse führten, unterstützt durch die Rechtsprechung des Bundesverfassungsgerichts, zu Rechtsänderungen. So wurde im einen Teil Deutschlands der Versuch unternommen, mit Änderungen der Rechtsordnungen in die gesellschaftlichen Verhältnisse einzugreifen, in dem

---

1310 *Berghahn*, Frauen, Recht und langer Atem, in: Frauen in Deutschland 1945 – 1992, Helwig/ Nickel (Hrsg.), 4. Auflage, Bonn, 1993, Gießen, S. 115. Die unterschiedliche Anschauung über die nichteheliche Geburt zeigt sich beim Tatbestand der Kindstötung. War nach § 217 StGB im bundesdeutschen Recht eine Privilegierung nur gegeben, wenn die Mutter ihr nichteheliches Kind in oder gleich nach der Geburt tötete, traf diese strafrechtliche Besserstellung in der ehemaligen DDR jede Frau (§ 113 Abs. 1 StGB DDR), unabhängig davon, ob das Kind ehelich oder nichtehelich war: *Mitsch*, Grundfälle zu Tötungsdelikten, JuS 1996, S. 407; zu § 113 Abs. 1 StGB DDR als privilegiertem Unterfall des Totschlags: *Kosewähr*, Kriterien der Schulddifferenzierungen bei Kindstötung, NJ 1971, S. 136.

1311 *Grandke*, Der Verzicht auf die Nichtehelichkeit, S. 27.

1312 Der „*Makel*“ der nichtehelichen Geburt wurde den Kinder formal bereits durch das diesen verbietende MKSchG von 1950 genommen: *Grandke*, Der Verzicht auf die Nichtehelichkeit, S. 14.

1313 Vgl. *Fischer-Langosch*, Die Entstehungsgeschichte, S. 193.

anderen Teil Deutschlands erwies sich die Änderung der Rechtsordnung als ein verzögerter Reflex auf die sich entwickelnde Gesellschaft.[1314] Im östlichen Teil Deutschlands wurde dagegen der Erfolg der gesellschaftlichen Entwicklung, ebenfalls oft an der Realität vorbei, schon nach kurzer Zeit ohne Rücksicht auf die Realität schlicht vorausgesetzt, auch zum Nachteil der Betroffenen.

In beiden Teilen Deutschlands war die Rechtsprechung über einen längeren Zeitraum wesentlich für die Fortentwicklung des Familienrechts verantwortlich. In Ermangelung eines gesetzgeberischen Einschreitens waren es die Gerichte, die für die Umsetzung der verfassungsrechtlichen Vorgaben sorgen mussten. Gerade in der Bundesrepublik haben die Gerichte aber der Versuchung, wesentliche Änderungen gegen das Gesetz auszusprechen,[1315] widerstanden und darauf gewartet, dass der Gesetzgeber tätig wurde. Einen (aus rechtsstaatlichen Gründen abzulehnenden) von der Gesetzesbindung freien Richterstaat[1316] haben sie gerade nicht verwirklicht. Der Justiz der DDR, die sich auch in anderen nicht politischen Bereichen als „*systemunabhängig pragmatisch und relativ gesetzestreu*"[1317] erwiesen hatte, kann im Bereich des Nichtehelichenrechts nicht vorgeworfen werden, ausführender Teil eines Unrechtsstaates gewesen zu sein.

Die Rechtsentwicklung in dem einen Teil Deutschlands blieb nicht ohne Wirkung in dem jeweils anderen Teil. Bei der Gesetzgebung in der Bundesrepublik wurden die Regelungen in der DDR regelmäßig in Betracht gezogen. Das FGB war in Kraft getreten, bevor die Diskussionen zum bundesdeutschen Nichtehelichenrecht zum Abschluss gekommen waren, so dass seine Regelungen bei der bundesdeutschen Reform durchaus Beachtung finden konnten. Insbesondere die in § 9 EGFGB geregelte erbrechtliche Stellung des nichtehelichen Kindes, die weitgehend auf den Zeitraum der Minderjährigkeit des Kindes beschränkt war, wurde als beachtlich, jedoch der Gleichbehandlung entgegenstehend, dargestellt.[1318] Die Gesetzesbegründung zum *Nichtehelichengesetz* enthält einen knappen Hinweis auf die Heranziehung des FGB, der jedoch, anders als die Familienrechte vor allem der nordeuropäischen Nachbarländer, der Schweiz und Ungarns nicht mit dem Zusatz versehen war, dass das FGB „*besonders eingehend*" Be-

1314 Inzwischen steht auch in der Bundesrepublik Deutschland die verfassungsrechtliche Befugnis des Gesetzgebers, mit seinen Mitteln – etwa durch das Schaffen eines Elterngeldes – Anreize für eine Familiengründung zu schaffen, nicht mehr in Frage: BVerfG, Beschl. vom 9. November 2011, 1 BvR 1853/11, NJW 2012,214,216.

1315 Zu den rechtsstaatlichen Grenzen der richterlichen Rechtsfortbildung: *Rüthers*, Klartext zu den Grenzen des Richterrechts, NJW 2011, S. 1857.

1316 Dazu: *Rüthers*, Rechtswissenschaft ohne Recht, NJW 2011, S. 434.

1317 *Schröder*, Justiz in den deutschen Staaten seit 1933, forum historiae juris, 1999, Rn 14.

1318 *Bosch*, Unehelichenrecht als Diskussions- oder Streitgegenstand?, FamRZ 1967, S. 519f.

achtung gefunden habe.[1319] In der DDR scheiterte der erste Gesetzentwurf zum FGB wohl nicht zuletzt auch deshalb, weil ein zu starkes Auseinanderdriften der Rechtsordnungen gerade im Bereich des Familienrechts (noch) nicht gewollt war.

Trotz aller vordergründig geäußerten staatlichen Toleranz hatten nichteheliche Kinder in beiden Teilen Deutschlands lange damit zu kämpfen, dass ihre Geburt gesellschaftlich nicht gewollt war. Genauer betrachtet zeigt auch die Rechtsentwicklung in der DDR deutliche Anhaltspunkte dafür auf, dass die nichteheliche Geburt zunächst als missbilligte Tatsache angesehen wurde, unter der das betroffene Kind aber möglichst wenig leiden sollte.[1320] Die Fähigkeit, ihr nichteheliches Kind vollständig eigenständig zu erziehen wurde der nichtehelichen Mutter in beiden Teilen Deutschlands nicht zugestanden. Das Sorgerecht stand jeweils allein der Mutter zu, wobei die Mutter in den *„alten“* Ländern automatisch durch das Jugendamt bei der Durchsetzung von Ansprüchen gegen den Vater unterstützt wurde. Durch das *Gesetz zur Neuregelung des Rechts der elterlichen Sorge* vom 18. Juli 1979[1321] wurde die *„elterliche Gewalt“* zwar durch die *„elterliche Sorge“* ersetzt, ein gemeinsames Sorgerecht beider Eltern blieb jedoch weiter ausgeschlossen.[1322]

Auch beim Kindesunterhalt waren trotz vielfältiger Differenzen vergleichbare Entwicklungen in beiden Teilen Deutschlands zu verzeichnen. In beiden Teilen Deutschlands erhielten nichteheliche Kinder staatliche Zuwendungen, wenn von dem Vater kein Unterhalt zu erwarten war. In der *„alten“* Bundesrepublik bestand nach dem *Unterhaltsvorschussgesetz* vom 23. Juli 1979 für längstens drei Jahre und höchstens bis zur Vollendung des 6. Lebensjahres ein Anspruch gegen die Unterhaltsvorschusskasse. In der DDR wurde 1988 eine dem entsprechende *Unterhaltssicherungsverordnung* erlassen,[1323] nach der nichteheliche Kinder bis zur Volljährigkeit staatliche Unterhaltszahlungen erhalten konnten. Diese Rege-

---

1319 BTDrs. V/2370, S. 23.

1320 Auch für das FGB sollte die Geburt eines Kindes außerhalb der Ehe der Ausnahmefall sein. Es wurde bei den Arbeiten zum Erlass des FGB sogar erwartet, dass der Anteil der nichtehelichen Geburten an den Gesamtgeburten zurückgehen würde: *Grandke*, Der Verzicht auf die Nichtehelichkeit, S. 18.

1321 BGBl. I., S. 1061.

1322 BVerfG, Urteil vom 24. März 1981, 1 BvR 1516/78, 964,1337/80, BVerfGE 56,363,366 = NJW 1981,1201,1204.

1323 *Verordnung über die Sicherung von Unterhaltsansprüchen – Unterhaltssicherungsverordnung* vom 19. Mai 1988, GBl. I., S. 129. Gemäß § 6 dieser Verordnung erhielt ein nicht volljähriger Staatsbürger der DDR eine staatliche Unterhaltsvorschusszahlung als Unterstützung, wenn die Vollstreckung aus einer vollstreckbaren Urkunde nicht erfolgreich war. Die Höhe dieses Vorschusses war auf die Höhe der Halbwaisenrente der Sozialversicherung beschränkt.

lung fand in den neuen Bundesländern bis zum 31. Dezember 1991 ihre Anwendung. Ab dem 1. Januar 1992 galt das *„alte“* bundesdeutsche *Unterhaltsvorschussgesetz* in der gesamten Bundesrepublik, wobei die Höchstzahlungsdauer sechs Jahre und das Höchstalter zwölf Jahre betrug.[1324] Die staatlichen Unterstützungsleistungen sollten in beiden Teilen Deutschlands durch eine möglichst effektive Inanspruchnahme der tatsächlichen Väter aber auf ein Minimum reduziert werden.

Im Vergleich der Rechtsysteme hatte dasjenige der DDR bei dem Recht der nichtehelichen Kinder häufig scheinbar die *„Anführerrolle“* übernommen. Die Entwicklung in der *„alten“* Bundesrepublik erfolgte bedächtiger als diejenige in der DDR, stellte aber dafür die Belange des nichtehelichen Kindes stärker in den Mittelpunkt. In beiden Teilen Deutschlands war im Herbst 1989 der *„Makel“* der nichtehelichen Geburt rechtlich weitgehend beseitigt. Vor allem im Unterhaltsrecht war das nichteheliche Kind keinen Benachteiligungen mehr ausgesetzt. Das zwischen dem nichtehelichen Vater und seinem Kind bestehende *„familiäre Verhältnis“* war jedoch noch nicht befriedigend gelöst worden.

So blieb auch das Nichtehelichenrecht von der Wiedervereinigung nicht unberührt. Nicht zuletzt beim Erb- und Sorgerecht zeigte sich das unübersehbare Erfordernis einer ersten gemeinsamen Reform, die teilweise im Einigungsvertrag verlangt und teilweise durch das Fortbestehen von Sonderregelungen im Bereich der Neuen Bundesländer auch gefördert wurde. Mit der Kindschaftsrechtsreform aus dem Jahr 1998 wurde hier nur ein Anfang gemacht. Danach zeigte sich weiter, dass die im geteilten Deutschland behandelten Reformvorhaben die von der Lebenswirklichkeit gestellten Fragen nur unzureichend beantworteten. Der nichteheliche (biologische) Vater geriet aber aus der *„Schmuddelecke“* des *„Zahlvaters“* immer stärker in das Zentrum der Reformen. Im Ergebnis waren die Fortschritte in der Entwicklung des Rechts der nichtehelichen Kinder aber der überragenden Bedeutung der gesellschaftlichen Realität, also der tatsächlich gelebten Familienverhältnisse geschuldet. Im letzten Drittel des vergangenen Jahrhunderts war in Deutschland, wie auch in den meisten westlichen Industrienationen, eine Pluralisierung der Lebensstile und Wertvorstellungen zu verzeichnen.[1325] Dem ist das Recht der nichtehelichen Kinder gefolgt.

Die hier betrachtete Rechtsentwicklung des Rechts der nichtehelichen Kinder hat gezeigt, dass bei allen Reformbemühungen die tatsächlichen Familienverhältnisse nicht aus den Augen verloren werden dürfen. Dies muss auch für die Zukunft gelten. Diese, und nicht der Wille zu Reformen waren es, die in beiden

1324 *Berghahn*, Frauen, Recht und langer Atem, S. 115.

1325 *Angster*, Liberalisierung der Lebens- und Umgangsformen: ’68 und die Folgen im Westen, in: Die Deutschen im 20. Jahrhundert, Wolfrum (Hrsg.), Darmstadt, 2004, S. 178.

Teilen Deutschlands die Reformen veranlasst und im Ergebnis auch inhaltlich geprägt haben. Ein gesellschaftliches Massenphänomen darf im Familienrecht nicht dauerhaft rechtlichen Benachteiligungen ausgesetzt sein. Im Zentrum aller weiteren Reformbemühungen müssen stets die nichtehelichen Kinder stehen, auch wenn sich die Diskussion zwischenzeitlich auf ihre Eltern zu fokussieren scheint. Ziel des Rechts der nichtehelichen Kinder muss es aber sein, jedem Kind unabhängig von den Verhältnissen seiner Eltern bei der Geburt, die Möglichkeit eines unbeschwerten Aufwachsens zu verschaffen.[1326] Daran wird sich in Zukunft[1327] die unverändert virulente Frage des gemeinsamen Erziehungsrechts beider Elternteile messen lassen müssen, ein Problem, dessen Relevanz sich erst nach der Wiedervereinigung gezeigt hatte. Zum Zeitpunkt des Mauerfalls waren die gesellschaftlichen Verhältnisse in beiden Teilen Deutschlands noch nicht so weit entwickelt, dass von dem generellen Wunsch nicht verheirateter Eltern ausgegangen werden konnte, die Kinder gemeinsam zu erziehen. In der „*alten*" Bundesrepublik wurde bei ehemals verheirateten Eltern das Sorgerecht zu 85 % und in der DDR zu 93 % der Mutter zugesprochen.[1328] Dieser „*Vorrang*" der Mutter führte dazu, dass das Erziehungsrecht des leiblichen Vaters im Hintergrund der Reformüberlegungen blieb. Dem nichtehelichen Vater wurde Anfang der siebziger Jahre in der „*alten*" Bundesrepublik zumindest zugetraut, dass er, unabhängig davon, ob die Mehrzahl der nichtehelichen Väter eine Verantwortung für das Kind übernehmen wollte oder nicht, bei richtiger Einstellung „*dazu fähig*" war „*die für die Entwicklung des Kindes so wichtige Bezugsstelle als*

1326 Im europäischen Kontext hat der Europäische Gerichtshof für Menschenrechte etwa eine französische Regelung zur anonymen Geburt als mit der EMRK vereinbar angesehen, weil der Zulassung bei einer Abwägung der Interessen der Beteiligten, nämlich das Recht auf Kenntnis der eigenen Abstammung auf der einen und das Interesse potentieller Adoptiveltern sowie das Interesse an der Vermeidung von Abtreibungen und dem „*wilden Aussetzen*" von Kindern auf der anderen Seite keine Verletzung von Art. 8 EMRK begründe: EGMR (Große Kammer), Urteil vom 13. Februar 2003, 42326/98/Odieévre/Frankreich, NJW 2003,2145,2147f. Dazu: *Spickhoff*, Die Entwicklung des Arztrechts 2003/2004, NJW 2004, S. 1719f.

1327 Einige Dinge wiederholten sich, wenn auch unter anderen Vorzeichen. Ging es in den fünfziger Jahren des vergangenen Jahrhunderts in der „*alten*" Bundesrepublik noch darum, ob die Eheleuten zustehenden Zuschläge aus dem beamtenrechtlichen Dienstverhältnis auch Müttern nichtehelicher Kinder zukommen konnten, beschäftigte sich die Rechtsprechung knappe 50 Jahre später im wiedervereinten Deutschland mit der Frage, ob eine Zulage gemäß § 41 Abs. 2 S. 1 MV Arb-O i.V.m. § 29 B BAT-O einem Arbeitnehmer durch den öffentlichen Arbeitgeber auch für Kinder seines eingetragenen Lebenspartners zu entrichten war. Zustimmend: ArbG Neubrandenburg, Urteil vom 9. Januar 2004, 3 Ca 2314/02, NJ 2004,191,191.

1328 *Berghahn*, Frauen, Recht und langer Atem, S. 113.

Vater[1329] *auszufüllen.*"[1330] Inzwischen übernehmen unzählige nichteheliche Väter tatsächlich und dauerhaft die volle Verantwortung für ihre Kinder. Dies ist zu respektieren.

Die zukünftige Entwicklung des Rechts der nichtehelichen Kinder muss gerade vor dem Hintergrund der zunehmend verbreiteten außerehelichen Geburt in den Neuen Bundesländern dahin gehen, nur dann eine unterschiedliche rechtliche Behandlung ehelicher und nichtehelicher Kinder vorzunehmen, wenn dies durch die tatsächlichen Unterschiede zwingend veranlasst ist.[1331] Dies wird etwa dazu führen müssen, dass die gemeinsame Sorge zum Standard wird. Der „*Zahlvater*" muss auch der – gesetzliche – „*Erziehungsvater*" sein dürfen.

Zusammenfassend ist zu konstatieren, dass in beiden Teilen Deutschlands und in der anschließend wiedervereinigten Bundesrepublik Versuche, durch die Gesetzgebung auf die tatsächliche Entwicklung im Bereich der nichtehelichen Kinder Einfluss zu nehmen, gescheitert sind. Nicht die Entwicklung der nichtehelichen Kinder folgte der Gesetzgebung, sondern umgekehrt. Dementsprechend ist es nur konsequent, dass die nichteheliche Geburt mit dem tatsächlichen auch ihren rechtlichen „*Makel*" endgültig abgelegt hat.

1329 Die Stellung des nichtehelichen Vaters wurde in den vergangenen vierzig Jahren rasant verbessert. Gleichwohl wurde ihm erst zum 1.7.1998, also fast dreißig Jahre nach dem *Nichtehelichengesetz*, die Möglichkeit der gemeinsamen Sorge mit der Mutter eingeräumt: *Peschel-Gutzeit*, Die Sorgerechtsstellung, NJW 2010, S. 2990.

1330 *Hahnzog*, Inhaber des Elternrechts aus Art. 6 Abs. II GG, FamRZ 1971, S. 337.

1331 Unterschiede können vor allem durch die Stabilität der Beziehung der Eltern des Kindes begründet sein. Während bei ehelichen Kindern zum Zeitpunkt der Geburt in der Regel eine stabilie elterliche Beziehung angenommen werden kann, reicht das Spektrum bei nichehelichen Kindern von der ebenso stabilen nichtehelichen Lebensgemeinschaft bis zu (biologischen) Eltern, die sich faktisch kaum kennen: *Löhnig*, Das Recht des Kindes, S. 17.

G. Gesetze und Gesetzentwürfe

I. Gesetzentwurf 1923

Der dem Reichstag als Drucksache 733 im Jahr 1929 vorgelegte Entwurf[1332] lautete:
„*Artikel I*
Das Bürgerliche Gesetzbuch wird wie folgt geändert:
1. Rechtliche Stellung der unehelichen Kinder.
Die Vorschriften über die rechtliche Stellung der unehelichen Kinder (viertes Buch, zweiter Abschnitt, sechster Titel, (§§ 1705 bis 1719) werden durch folgende Vorschriften ersetzt:
Sechster Titel

Rechtliche Stellung der Kinder

§ 1705a

Als Vater des unehelichen Kindes gilt,
wer die Vaterschaft gegenüber dem Vormundschaftsgerichte nach der Geburt mit dessen Zustimmung anerkannt hat
wer auf eine gegen ihn gerichtete Klage des Kindes rechtskräftig als Vater festgestellt ist.

§ 1705b

Die Anerkennung und die Zustimmung können nicht durch einen Vertreter erfolgen. Für ein geschäftsunfähiges oder in der Geschäftsfähigkeit beschränktes Kind wird die Zustimmung von dem gesetzlichen Vertreter erteilt. Ist der Vater in der Geschäftsfähigkeit beschränkt, so bedarf er zur Anerkennung der Zustimmung seines gesetzlichen Vertreters.
Die Erklärungen des Vaters und seines gesetzlichen Vertreters sind in öffentlicher Urkunde abzugeben; sie werden mit der Abgabe wirksam und sind unwiderruflich. Die Erklärungen des Kindes und seines gesetzlichen Vertreters sind in öffentlich beglaubigter Form abzugeben. Eine unter einer Bedingung oder einer Zweckbestimmung abgegebene Erklärung ist unwirksam.

1332 Zitiert nach: *Brandis*, Der Gesetzentwurf über das Unehelichenrecht und seine Probleme, Berlin, 1919, S. 171.

Die Anerkennung kann auch in einer nach § 2231 Nr. 1 errichteten Verfügung von Todes wegen erfolgen.

§ 1705c

Als Vater ist festzustellen, wer der Mutter in der Empfängniszeit beigewohnt hat. Eine Feststellung erfolgt nicht, wenn die Mutter das Kind aus dieser Beiwohnung nicht empfangen haben kann oder wenn die Voraussetzungen vorliegen, unter denen ein anderer dem Kinde nach § 1717 Abs. 1 unterhaltspflichtig ist.
Für die Berechnung der Empfängniszeit gelten die Vorschriften des § 1592 entsprechend.

§ 1705d

Die anerkannte oder festgestellte Vaterschaft kann von demjenigen, der nach § 1705a als Vater des Kindes gilt, wie auch von dem Kinde angefochten werden, wenn dem Anfechtenden nachträglich Umstände bekannt geworden sind, die eine Vaterschaft des Mannes ausschließen.
Auf die Anfechtung finden die Vorschriften über die Anfechtung der Ehelichkeit eines Kindes mit der Maßgabe Anwendung, dass die Anfechtungsfrist drei Monate beträgt und mit dem Zeitpunkt beginnt, in dem der Berechtigte von dem Anfechtungsgrunde Kenntnis erlangt. Für einen minderjährigen Mann ficht sein gesetzlicher Vertreter die Vaterschaft an.
Die Vorschriften des Abs. 2 gelten auch, wenn die Anfechtung auf Irrtum, arglistige Täuschung oder Drohung gestützt wird.
Durch die Anfechtung wird eine nach § 1717 begründete Unterhaltspflicht nicht berührt.

§ 1705e

Ist derjenige, bei dem die Voraussetzungen für die Feststellung der Vaterschaft vorliegen, gestorben, ohne dass eine Anerkennung oder Feststellung erfolgt ist, so kann der Erbe die Vaterschaft des Erblassers anerkennen, auch kann ihm gegenüber die Vaterschaft des Erblassers festgestellt werden.
Der Erbe kann die Vaterschaft unter den Voraussetzungen des § 1705 BGB anfechten, die vom Erblasser anerkannte oder diesem gegenüber festgestellte Vaterschaft jedoch nur, wenn der Erblasser das Anfechtungsrecht noch nicht verloren hatte.
Auf die Anerkennung, die Feststellung und die Anfechtung finden die Vorschriften der §§ 1705b bis 1705b mit der Maßgabe entsprechende Anwendung, dass die Anerkennung und die Anfechtung durch einen Vertreter des Erben vorgenommen werden können, und dass für einen in der Geschäftsfähigkeit beschränkten Erben sein gesetzlicher Vertreter die Vaterschaft anficht; für den Lauf der Anfechtungsfrist gilt auch § 207 entsprechend. Sind mehrere Erben vorhanden, so treten die Wirkungen der Vaterschaft nur ein, wenn sie alle anerkannt

haben oder wenn die Feststellung allen gegenüber erfolgt ist; die Anfechtung kann nur von allen gemeinsam vorgenommen werden.

§ 1705f

Die Eltern des Vaters können die Vaterschaft unter den Voraussetzungen des § 1705d anfechten, wenn ein Anspruch auf Grund der Vorschriften dieses Titels gegen sie rechtshängig geworden ist. Die Anfechtungsfrist beginnt nicht vor dem Ablauf von drei Monaten seit der Rechtshängigkeit.

1705g

Vor der Erledigung eines Feststellungs- und Anfechtungsverfahrens kann die Feststellung der Vaterschaft eines anderen nicht verlangt werden.

Durch die Anerkennung oder Feststellung der Vaterschaft wird die Vaterschaft eines anderen ausgeschlossen.

Die Anerkenntnis der Vaterschaft sowie die in einem Feststellungs- oder Anerkennungsverfahren ergehenden Entscheidungen wirken für und gegen alle.

2. Name

§ 1706

Das uneheliche Kind erhält den Familiennamen der Mutter.

Führt die Mutter infolge ihrer Verheiratung einen anderen Namen, so erhält das Kind den Familiennamen, den die Mutter vor der Verheiratung geführt hat.

Der Name kann nach Maßgabe der §§ 1706a bis 1706d geändert werden.

§ 1706a

Der Ehemann der Mutter kann durch Erklärung gegenüber dem Vormundschaftsgerichte dem Kinde seinen Namen erteilen.

Auf Antrag des Vaters kann das Vormundschaftsgericht dem minderjährigen Kinde den Namen des Vaters erteilen; nach dem Tode des Vaters ist die Namenserteilung auch auf Antrag des Kindes zulässig, wenn der Vater zur Zeit seines Todes mit der Mutter verlobt war.

Zur Namenserteilung ist die Einwilligung der Mutter, sowie, sofern nicht das Kind selbst den Antrag gestellt hat, auch die Einwilligung des Kindes erforderlich. Ist der Vater verheiratet, so bedarf es zur Erteilung seines Namens auch der Einwilligung seiner Frau.

§ 1706b

Die im § 1706a bezeichneten Anträge und sonstigen Erklärungen sind in öffentlich beglaubigter Form einzureichen. Der Antrag des Vaters kann auch in einer Verfügung von Todes wegen gestellt werden.

Die Einwilligung der Mutter des Kindes oder der Frau des Vaters ist nicht erforderlich, wenn die Mutter oder die Frau zur Abgabe einer Erklärung dauerhaft außerstande oder wenn ihr Aufenthalt dauerhaft unbekannt ist. Der Einwilligung der Mutter bedarf es nicht, wenn ihr die Sorge für die Person des Kindes entzogen ist. Das gleiche gilt von der Einwilligung der Frau des Vaters, wenn sie von ihm dauernd getrennt lebt.

Das Vormundschaftsgericht soll vor der Entscheidung über einen von dem Vater oder dem gesetzlichen Vertreter gestellten Antrag das Kind hören, wenn es das vierzehnte Lebensjahr vollendet hat. Im Falle des Abs. 2 S. 3 soll, soweit tunlich, die Frau des Vaters gehört werden. Die Namenserteilung soll unterbleiben, wenn eine dieser Personen aus wichtigem Grund widerspricht oder sonst wichtige Gründe entgegenstehen.

§ 1706c

Ist der Name erteilt, so darf die Erteilung eines anderen Namens nur erfolgen, wenn dies aus besonderen Gründen im Interesse des Kindes liegt. Der Name des Ehemanns der Mutter wird in diesem Falle auf seinen Antrag von dem Vormundschaftsgericht erteilt.

§ 1706d

Auf die Wirksamkeit der Namenserteilung ist es ohne Einfluß, wenn mit Unrecht angenommen ist, dass die Voraussetzungen vorliegen, unter denen nach § 1706b Abs. 2 eine Einwilligung nicht erforderlich ist. Das gleiche gilt, wenn die Ehe der Mutter nichtig ist, es sei denn, dass ein aus dieser Ehe stammendes Kind nicht als ehelich gelten würde.

Ist die Vaterschaft mit Erfolg angefochten, so erhält das Kinde im Falle des § 1706a Abs. 2 damit wieder den Namen, den es vor der Namenserteilung führte.

3. Sorge für die Person des Kindes, elterliche Gewalt

§ 1707

Die Mutter hat das Recht und die Pflicht, für die Person des Kindes zu sorgen; zur Vertretung des Kindes ist sie unbeschadet des § 1707b nicht berechtigt. Der Vormund des Kindes hat, soweit der Mutter die Sorge zusteht, die rechtliche Stellung eines Beistandes.

§ 1707a

Das Vormundschaftsgericht kann dem Vater auf seinen Antrag die Sorge für die Person des Kindes verleihen, wenn dies aus besonderen Gründen im Interesse des Kindes liegt; im Falle der Verleihung gilt § 1707 entsprechend.

§ 1707b

Das Vormundschaftsgericht kann der Mutter auf ihren Antrag oder dem Vater auf seinen Antrag die elterliche Gewalt über das Kind verleihen, wenn dies aus besonderen Gründen im Interesse des Kindes liegt; die Verleihung ist nur zulässig, wenn die Mutter oder der Vater volljährig ist. Die Rechte des Gewalthabers am Kindesvermögen können eingeschränkt werden.

Die elterliche Gewalt kann dem Vater und der Mutter nicht nebeneinander verliehen werden.

§ 1707c

Vor einer Anordnung nach §§ 1707a, 1707b soll der gesetzliche Vertreter des Kindes gehört werden. Das Kind soll gehört werden, wenn es das vierzehnte Lebensjahr vollendet hat.

Soll dem Vater die Sorge für die Person oder soll einem Elternteile die elterliche Gewalt verliehen werden, so ist auch die Anhörung des anderen Elternteils erforderlich; ist der Vater verheiratet, so bedarf es außerdem der Anhörung seiner Frau. Die Anhörung des anderen Teiles oder seiner Frau ist nicht erforderlich, wenn die Voraussetzungen vorliegen, unter denen es nach § 1706b Abs. 2 Satz 1, 2 einer Einwilligung zur Namenserteilung nicht bedarf.

Die Anordnung soll unterbleiben, wenn eine der in den Abs. 1, 2 bezeichneten Personen aus wichtigen Gründen widerspricht oder sonst wichtige Gründe entgegenstehen

§ 1707d

Ist dem Vater neben der Mutter die Sorge für die Person des Kindes verliehen, so entscheidet bei einer Meinungsverschiedenheit das Vormundschaftsgericht.

Steht einem Teile nur die Sorge, dem anderen die elterliche Gewalt zu, so geht bei einer Meinungsverschiedenheit die Meinung des Inhabers der elterlichen Gewalt vor. Das Vormundschaftsgericht kann für diesen Fall die Entscheidung sich selbst vorbehalten.

§ 1707e

Will der Inhaber der elterlichen Gewalt eine Ehe eingehen, so liegen ihm die in § 1669 bestimmten Verpflichtungen ob. Dies gilt nicht, wenn der Vater und die Mutter des Kindes einander heiraten wollen.

§ 1707f

Das Vormundschaftsgericht kann seine Anordnungen jederzeit aufheben oder ändern, wenn es im Interesse des Kindes liegt.

3. Unterhaltspflicht

§ 1708

Der Vater des Kindes ist verpflichtet, dem Kinde bis zur Vollendung des sechzehnten Lebensjahrs Unterhalt zu gewähren. Das Maß des Unterhalts bestimmt sich nach der Lebensstellung der Mutter; jedoch sind zugunsten des Kindes auch die Vermögens- und Erwerbsverhältnisse des Vaters in Betracht zu ziehen, soweit dies im Hinblick auf die sonstigen Unterhaltsverpflichtungen des Vaters und bei angemessener Berücksichtigung seiner üblichen Verbindlichkeiten der Billigkeit entspricht.

Der Unterhalt umfasst den gesamten Lebensbedarf sowie die Kosten der Erziehung und der Vorbildung zu einem Berufe.

§ 1708a

Ist in dem Zeitpunkt, in welchem das Kind das sechzehnte Lebensjahr vollendet, seine Berufsvorbildung ohne sein Verschulden noch nicht so weit fortgeschritten, dass es sich selbst unterhalten kann, so hat ihm der Vater den Unterhalt so lange weiter zu gewähren, bis es hierzu in der Lage ist. Diese Unterhaltspflicht besteht nur, wenn der Vater oder, wenn er geschäftsunfähig oder in der Geschäftsfähigkeit beschränkt ist, sein gesetzlicher Vertreter durch Erklärung gegenüber dem Vormundschaftsgerichte der Berufswahl zugestimmt oder wenn das Vormundschaftsgericht die Zustimmung ersetzt hat, weil der Vater oder der Vertreter sie ohne wichtigen Grund verweigert hatte; der Vater oder sein Vertreter sind vor dem Beginne der Berufsvorbildung zu hören.

Ist das Kind zur Zeit der Vollendung des sechzehnten Lebensjahrs infolge körperlicher oder geistiger Gebrechen außerstande, sich selbst zu unterhalten, oder tritt ein solcher Zustand später, jedoch nicht nach Vollendung des fünfundzwanzigsten Lebensjahres ein, so hat ihm der Vater auch für die Dauer dieses Zustandes Unterhalt zu gewähren.

§ 1708b

Ist der Vater bei Berücksichtigung seiner sonstigen Verpflichtungen außerstande, ohne Gefährdung seines standesmäßigen Unterhalts den der Lebensstellung der Mutter entsprechenden Unterhalt zu gewähren, so findet § 1603 Abs. 2 Satz 1 zugunsten des Kindes entsprechende Anwendung. Eine Unterhaltspflicht besteht in diesem Falle nicht, wenn das Kind volljährig ist oder sich verheiratet hat.

§ 1708c

Das Kind kann die Gewährung des Unterhalts insoweit nicht verlangen, als die Einkünfte seines Vermögens zum Unterhalt ausreichen.

Hat das Kind das sechzehnte Lebensjahr vollendet, so ist der Ertrag seiner Arbeit auf den Unterhalt anzurechnen.

§ 1708d

Solange dem Vater die Sorge für die Person des Kindes oder die elterliche Gewalt zusteht, hat er dem Kinde Unterhalt zu gewähren wie einem ehelichen Kinde. Hatte er das Kind vor Erlangung der Sorge oder der elterlichen Gewalt nach § 1714 abgefunden, so lebt mit der Erlangung die Unterhaltspflicht wieder auf; jedoch ist die Abfindung in billiger Weise auf den Unterhalt anzurechnen.

§ 1708e

Die Eltern des Vaters sind verpflichtet, dem Kinde nach Maßgabe der §§ 1708, 1708a Unterhalt zu gewähren, soweit der Vater und die Mutter des Kindes bei Berücksichtigung ihrer sonstigen Verpflichtungen außerstande sind ohne Gefährdung ihres standesgemäßen Unterhalts den Unterhalt zu gewähren und soweit die Unterhaltspflicht der Eltern des Vaters nach ihren Vermögens- und Erwerbsverhältnissen sowie nach den Verhältnissen der mütterlichen Verwandten des Kindes unter Berücksichtigung der diesen Personen sonst obliegenden Verpflichtungen der Billigkeit entspricht. Die Verpflichtung der Eltern des Vaters beschränkt sich auf den notdürftigen Unterhalt; § 1708b S. 2, § 1708 c gelten entsprechend.

Dem Unvermögen des Vaters oder der Mutter des Kindes steht es gleich, wenn die Rechtsverfolgung gegen sie im Inland ausgeschlossen oder erheblich erschwert ist, Der Anspruch besteht auch nach dem Tode der Eltern des Kindes; er erlischt mit dem Tode der Eltern des Vaters.

Die Eltern des Vaters können erst in Anspruch genommen werden, wenn das Kind eine Zwangsvollstreckung gegen den Vater oder seine Erben ohne Erfolg versucht hat, es sei denn, daß der Aufenthalt des Vaters oder des Erben dauerhaft unbekannt ist.

§ 1709

Der Vater ist vor der Mutter und vor den mütterlichen Verwandten unterhaltspflichtig.

Soweit die Eltern des Vaters nach § 1708e zur Gewährung von Unterhalt verpflichtet sind, haften sie neben den mütterlichen Verwandten des Kindes.

Der Anspruch des Kindes gegen einen Unterhaltspflichtigen geht, soweit ein nach diesem haftender Unterhaltspflichtiger den Unterhalt gewährt, auf diesen über. Der Übergang kann nicht zum Nachteil des Kindes geltend gemacht werden.

§ 1709a

Macht das Kind sich einer Verfehlung schuldig, welche den Vater oder die Eltern des Vaters berechtigen würde, einem ehelichen Abkömmlinge den Pflichtteil zu entziehen, so kann das Kind nur den notdürftigen Unterhalt verlangen.

Das gleiche gilt im Falle des § 1708a Abs. 2, wenn die Gebrechlichkeit erst nach der Vollendung des sechzehnten Lebensjahres eingetreten und das Kind durch sein sittliches Verschulden unterhaltsbedürftig geworden ist.

§ 1611 Abs. 3 gilt entsprechend.

§ 1710

Der Unterhalt ist durch Entrichtung einer Geldrente zu gewähren. Die Rente ist für drei Monate vorauszuzahlen.

Werden aus besonderen Gründen, namentlich wegen einer erheblichen Erkrankung des Kindes, Aufwendungen erforderlich, zu deren Deckung die Rente bei einer ordnungsgemäßen Verwaltung nicht ausreicht, so kann das Kind die Zahlung eines Geldbetrages neben der Rente verlangen; die §§ 1708b, 1708c gelten entsprechend. Dem Verpflichteten können Teilzahlungen gestattet werden.

Die Vorschriften des § 1708d bleiben unberührt.

§ 1710a

Dem Verpflichteten kann die Gewährung des Unterhalts in anderer Art gestattet werden, wenn besondere Gründe es rechtfertigen. Es kann auch bestimmt werden, daß die Rente in kürzeren Zeitabständen zu entrichten ist.

Durch eine Vorauszahlung der Rente wird der Verpflichtete nur für die Dauer von drei Monaten oder für den nach Abs. 1 bestimmten kürzeren Zeitabschnitt befreit. Hat das Kind den Beginn des Zeitabschnitts erlebt, so gebührt ihm der volle auf den Zeitabschnitt entfallende Betrag.

§ 1711

Der Unterhalt kann auch für die Vergangenheit verlangt werden.

Dem Verpflichteten können für rückständige Beträge Teilzahlungen gestattet werden.

5. Ansprüche nach dem Tode des Vaters

§ 1712

Der Unterhaltsanspruch erlischt nicht mit dem Tode des Vaters. Er steht dem Kinde auch dann zu, wenn der Vater vor der Geburt des Kindes gestorben ist.

Die Ehefrau und die ehelichen Abkömmlinge des Vaters können, wenn sie den Vater beerben, das Kind mit dem Betrag abfinden, der dem Kind als Pflichtteil gebühren würde, wenn es ehelich wäre.

Die Abfindung bedarf der Genehmigung des Vormundschaftsgerichts. Die Genehmigung darf nur versagt werden, wenn die Ersetzung der Rentenzahlungen durch eine Abfindung nach den Vermögens- und Erbverhältnissen der Beteiligten unter Berücksichtigung ihrer Verpflichtungen eine unverhältnismäßige Härte für das Kind darstellen würde. Vor der Entscheidung über die Genehmigung soll der gesetzliche Vertreter des Kindes gehört werden.

Sind mehrere uneheliche Kinder vorhanden, so wird die Abfindung so berechnet, wie wenn sie alle eheliche wären.

§ 1712b

Gehört der Erbe nicht zu den in § 1717a bezeichneten Personen, so kann das Kind statt der Rentenzahlung eine Abfindung in Höhe des Pflichtteils (§ 1712a Abs. 1, 3) verlangen. Der Erbe hat ihm auf Verlangen über den Bestand des Nachlasses Auskunft zu erteilen; § 2314 gilt entsprechend.

Der Anspruch kann nur geltend gemacht werden, wenn das Kind dem Erben binnen sechs Wochen erklärt hat, daß es die Abfindung verlange; die Erklärung bedarf der schriftlichen Form. Die Frist beginnt mit dem Zeitpunkt, in welchem das Kind den Tod des Vaters erfährt; auf den Lauf der Frist finden die für die Verjährung geltenden Vorschriften dre §§ 203, 206 entsprechende Anwendung. Unter den Voraussetzungen des § 1944 Abs. 3 beträgt die Frist sechs Monate.

Auf Antrag des Kindes kann das Vormundschaftsgericht die Fristen verlängern, wenn ein wichtiger Grund vorliegt.
Das Kind kann die Abfindung nicht verlangen, wenn es sich einer Verfehlung schuldig gemacht hat, welche den Vater berechtigt haben würde, einem ehelichen Kinde den Pflichtteil zu entziehen, oder wenn die Voraussetzungen der Erbunwürdigkeit vorliegen.

§ 1712c

Mehrere Erben der im § 1712a bezeichneten Art können das Kind nur gemeinsam abfinden. Erklärt im Falle des § 1712b das Kind gegenüber einem Erben, dass es die Abfindung verlange, so wirkt diese Erklärung auch gegenüber den anderen Erben.
Sind Erben beider Gruppen vorhanden, so kann das Abfindungsrecht von und gegenüber den Angehörigen jeder Gruppe nur im Verhältnis des auf die Gruppe entfallenden Teiles des Nachlasses in Anspruch genommen werden.

§ 1712d

Hat das Kind beim Tode des Vaters das fünfundzwanzigste Lebensjahr noch nicht vollendet, und steht ihm ein Unterhaltsanspruch gegen den Vater nicht mehr zu, so kann das Vormundschaftsgericht ihm auf seinen Antrag von demjenigen Teil des Nachlasses, der nicht den ehelichen Abkömmlingen, der Ehefrau, den Eltern und den Geschwistern des Vaters zufällt, als Beitrag zu seinem Fortkommen eine Geldsumme bis zur Höhe des Pflichtteils eines ehelichen Kindes (§ 1712a Abs. 1, 3) zuerkennen, wenn und soweit dies der Billigkeit entspricht. Hierbei sind namentlich die Bedürfnisse sowie die Vermögens- und Erwerbsverhältnisse der Beteiligten, die Höhe der Nachlassverbindlichkeiten sowie Zuwendungen, die dem Kinde vom Vater unentgeltlich, oder von Todes wegen gemacht sind, in angemessener Weise zu berücksichtigen. § 1712b Abs. 1 Satz 2 gilt entsprechend.
Der Antrag kann nur innerhalb der in § 1712b Abs. 2 bezeichneten Fristen gestellt werden; auf Antrag des Kindes kann das Vormundschaftsgericht die Fristen verlängern, wenn ein wichtiger Grund vorliegt.
Die Vergünstigung nach Abs. 1 ist ausgeschlossen, wenn die Voraussetzungen des § 1712b Abs. 3 vorliegen oder wenn das Kind von einem anderen als dem Vater an Kindes statt angenommen ist. Das gleiche gilt wenn das Kind durch öffentlich beglaubigte Erklärung gegenüber dem Vater auf die Stellung des Antrages verzichtet hat; auf den Verzicht finden die Vorschriften des § 2347 entsprechende Anwendung.

6. Ansprüche nach dem Tode des Kindes

§ 1713

Der Unterhaltsanspruch erlischt mit dem Tode des Kindes, soweit er nicht auf Erfüllung oder Schadensersatz wegen Nichterfüllung für die Vergangenheit oder auf solche im Voraus zu bewirkenden Leistungen gerichtet ist, die zur Zeit des Todes des Kindes fällig sind.

Die Kosten der Beerdigung hat der Vater zu tragen, soweit ihre Bezahlung nicht von den Erben des Kindes zu erlangen ist. An Stelle des Vaters haften dessen Eltern unter den Voraussetzungen, unter denen sie zur Gewährung Unterhalt an das Kind verpflichtet sein würden; § 1708e gilt entsprechend.

7. Vereinbarungen über den Unterhalt

§ 1714

Eine Vereinbarung zwischen dem Vater und dem Kinde über den Unterhalt für die Zukunft oder über eine an Stelle des Unterhalt zu gewährende Abfindung bedarf der Genehmigung des Vormundschaftsgerichts. Das gleiche gilt für eine Vereinbarung zwischen dem Kinde und dem Erben oder den Eltern des Vaters (§ 1708e). Die von dem Vater mit dem Kinde vereinbarte Abfindung erstreckt sich, sofern nicht ein anderes bestimmt ist, auf den Unterhaltsanspruch des Kindes gegen die Eltern des Vaters.

Die Abfindung umfaßt im Zweifel nicht den Unterhalt nach § 1708a Abs. 2.

Der Vater kann das Kind nicht abfinden, wenn ihm die Sorge für die Person oder die elterliche Gewalt zusteht.

Ein unentgeltlicher Verzicht auf den Unterhalt für die Zukunft ist nichtig.

8. Ansprüche der Mutter

§ 1715

Der Vater ist verpflichtet, der Mutter die Kosten der Entbindung sowie die Kosten des Unterhalts für die Dauer von vier Wochen vor der Entbindung und die ersten sechs Wochen nach der Entbindung zu ersetzen. Falls infolge der Schwangerschaft oder der Entbindung weitere Aufwendungen notwendig werden, so hat der Vater auch die dadurch entstehenden Kosten zu ersetzen. Den gewöhnlichen Betrag der zu erstattenden Kosten kann die Mutter ohne Rücksicht auf den wirklichen Aufwand verlangen.

Soweit es nach den Vermögens- und Erwerbsverhältnissen des Vaters und der Mutter unter Berücksichtigung ihrer sonstigen Verpflichtungen der Billigkeit entspricht, hat der Vater der Mutter auch einen sonstigen infolge der Schwangerschaft oder der Entbindung entstehenden Vermögensschaden zu ersetzen.

Stirbt die Mutter infolge der Schwangerschaft oder der Entbindung, so hat der Vater die Kosten der Beerdigung zu tragen, soweit ihre Bezahlung nicht von dem Erben der Mutter zu erlangen ist.
An Stelle des Vaters haften dessen Eltern unter den Voraussetzungen, unter denen sie zur Gewährung von Unterhalt an das Kind verpflichtet sind; § 1708e gilt entsprechend.

§ 1715a

Die im § 1715 bezeichneten Ansprüche bestehen auch, wenn derjenige, bei dem die Voraussetzungen für die Feststellung der Vaterschaft vorliegen, nicht als Vater festgestellt ist, insbesondere wenn er vor der Geburt des Kindes gestorben oder das Kind tot geboren ist.
Die Ansprüche verjähren in vier Jahren. Die Verjährung beginnt in den Fällen des § 1715 Abs. 1, 2 mit dem Ablauf von sechs Wochen nach der Geburt des Kindes, im Falle des § 1715 Abs. 3 mit dem Tode der Mutter.

9. Maßnahmen vor der Geburt des Kindes

§ 1716

Schon vor der Geburt des Kindes kann auf Antrag der Mutter oder eines für die Leibesfrucht bestellten Pflegers durch einstweilige Verfügung angeordnet werden, dass derjenige, bei dem die Voraussetzungen für die Feststellung der Vaterschaft vorliegen, den für die ersten drei Monate dem Kinde zu gewährenden Unterhalt alsbald nach der Geburt an die Mutter oder an den Vormund zu zahlen und den erforderlichen Betrag angemessene Zeit vor der Geburt zu hinterlegen hat.
In gleicher Weise kann auf Antrag der Mutter die Zahlung des gewöhnlichen Betrages der nach § 1715 Abs. 1 zu ersetzenden Kosten an die Mutter und die Hinterlegung des erforderlichen Betrages angeordnet werden.
Soweit es sich um den Unterhalt der Mutter für die Zeit vor der Entbindung handelt oder soweit eine Aufwendung vor diesem Zeitpunkt notwendig wird, kann angeordnet werden, daß die Zahlung angemessene Zeit vor der Entbindung zu erfolgen hat.
§ 1715 Abs. 4 gilt entsprechend.
Zur Erlassung der einstweiligen Verfügung ist nicht erforderlich, daß eine Gefährdung des Anspruchs glaubhaft gemacht wird.

10. Ungewissheit der Vaterschaft

§ 1717

Haben mehrere der Mutter innerhalb der im § 1705c bestimmten Empfängniszeit beigewohnt, so ist jeder von ihnen verpflichtet, dem Kinde bis zur Vollendung des sechzehnten Lebensjahrs Unterhalt zu gewähren, auch der Mutter die im

§ 1715 Abs. 1 bezeichneten Kosten zu ersetzen. Dies gilt nicht gegenüber einem Manne, aus dessen Beiwohnung die Mutter das Kind nicht empfangen haben kann.
Ist das Kind zur Zeit der Vollendung des sechzehnten Lebensjahrs infolge körperlicher oder geistiger Gebrechen außerstande, sich selbst zu unterhalten, so ist ihm auch für die Dauer dieses Zustandes Unterhalt zu gewähren.
Das Maß des Unterhalts bestimmt sich nach der Lebensstellung der Mutter. Liegen auf Seiten des Verpflichteten die Voraussetzungen des § 1603 Abs. 1 vor, so beschränkt sich seine Verpflichtung auf dasjenige, was mit Rücksicht auf die Bedürfnisse sowie auf die Vermögens- und Erwerbsverhältnisse der Beteiligten der Billigkeit entspricht; § 1708b Satz 2 gilt entsprechend.
Ist eine Vaterschaft nach § 1705a anerkannt oder festgestellt, so finden die Vorschriften der Abs. 1 bis 3 keine Anwendung.

§ 1717a

Auf die im § 1717 bezeichneten Verpflichtungen finden § 1708 Abs. 2, § 1708c, § 1709 Abs. 1, 3, § 1709a Abs. 1, 3, § 1710 Abs. 1, §§ 1710a, 1711, 1712, § 1713 Abs. 1, Abs. 2 Satz 1, § 1714 Abs. 1 Satz 1, Abs. 2, 4, § 1715a entsprechende Anwendung.

§ 1718

Das Kind kann nur einen der Mehreren in Anspruch nehmen. Mit der rechtskräftigen Verurteilung eines Mannes oder mit dem Zeitpunkt, in dem eine zwischen ihm und dem Kinde in vollstreckbarer Form getroffene Vereinbarung über den Unterhalt wirksam wird, werden andere, die der Mutter in der Empfängniszeit beigewohnt haben, dem Kinde gegenüber frei. Die Befreiung gilt als nicht eingetreten, wenn das Urteil im Wiederaufnahmeverfahren aufgehoben oder wenn die Vereinbarung mit Erfolg angefochten wird.
Der Verpflichtete kann, soweit er das Kind befriedigt, von den anderen zu gleichen Teilen Ausgleichung verlangen. Der Ausgleichungspflichtige darf jedoch nicht schlechter gestellt werden, als wenn er auf Gewährung von Unterhalt in Anspruch genommen wäre; seine Leistungspflicht mindert sich, soweit er selbst eine Ausgleichung würde erlangen können.
Das Recht, die Ausgleichung zu verlangen, erlischt, wenn nicht binnen Jahresfrist Klage auf Befriedigung oder Feststellung erhoben oder der Anspruch in öffentlicher Urkunde anerkannt wird. Die Frist beginnt mit der Rechtskraft des Urteils auf Unterhaltsgewährung oder mit dem Zeitpunkt, in dem die Vereinbarung über den Unterhalt wirksam geworden ist; auf den Lauf der Frist finden die für die Verjährung geltenden Vorschriften der §§ 203, 206 entsprechende Anwendung.
Für die Ansprüche der Mutter gelten Abs. 1 bis 3 entsprechend.

§ 1718a

Der Erbe des nach § 1718 unterhaltspflichtigen Mannes ist berechtigt, das Kind mit dem Betrag abzufinden, der dem Kinde als Pflichtteil gebühren würde, wenn es ehelich wäre; § 1712a Abs. 3 findet Anwendung.
Mehrere Erben können das Kind nur gemeinsam abfinden.

II. Sonstige Vorschriften über uneheliche Kinder
(...)
Der § 1720 wird durch folgende Vorschriften ersetzt:
Der Ehemann der Mutter gilt als der Vater des Kindes, wenn er die Vaterschaft nach der Geburt des Kindes in öffentlicher Urkunde anerkannt hat. Das gleiche gilt, wenn die Mutter innerhalb der im § 1705c bestimmten Empfängniszeit beigewohnt hat, es sei denn, daß die Mutter das Kind aus dieser Beiwohnung nicht empfangen haben kann."

II. Entwurf der Reichsleitung der NSDAP 1934[1333]

„Aufgrund der Besprechungen im Arbeitsausschuss für Zivilrecht und Zivilprozessrecht wird folgender Entwurf von Dr. R. Bechert und Dr. Friedrich Cornelius vorgelegt:
Um den unehelichen Kindern die Rechtsstellung zu geben, die ihrem Blute entspricht, und ihre Erziehung zu vollwertigen Volksgenossen zu fördern, wird das Bürgerliche Gesetzbuch folgendermaßen geändert:
An die Stelle der bisherigen §§ 1705 – 1714 treten die folgenden Bestimmungen:

§ 1705

Der Vater eines unehelichen Kindes ist von Amts wegen durch das Vormundschaftsgericht festzustellen.
Vater ist der Erzeuger.
Haben der Mutter in der Empfängniszeit mehrere Männer beigewohnt und kann nicht sicher festgestellt werden, wer der Erzeuger ist, so hat das Gericht die Beihälter festzustellen.

§ 1705a

Das uneheliche Kind hat im Verhältnis zu der Mutter und deren Verwandten die Stellung eines ehelichen Kindes.
Das uneheliche Kind, dessen Vater festgestellt ist, hat auch zum Vater und dessen Verwandten die rechtliche Stellung eines ehelichen Kindes.

1333 DR 1934, S. 422.

§ 1706

Das uneheliche Kind, dessen Vater festgestellt ist, trägt den Familiennamen des Vaters.

Das uneheliche Kind, dessen Vater nicht festgestellt ist, trägt den angestammten Familiennamen der Mutter.

Der Ehemann der Mutter kann durch Erklärung gegenüber dem Vormundschaftsgericht dem Kinde seinen Familiennamen erteilen, wenn es sich dauernd in seiner Hausgemeinschaft befindet.

§ 1707

Die elterliche Gewalt steht bis zur Feststellung des Vaters der Mutter zu. Ist der Vater festgestellt, so soll die elterliche Gewalt dem Vater übertragen werden. Die §§ 1601 – 1696 und 1698 des Bürgerlichen Gesetzbuches gelten sinnentsprechend auch für das uneheliche Kind, sofern nicht im Folgenden anderes bestimmt ist.

Die Sorge für die Person des Kindes steht der Mutter zu.

Das Vormundschaftsgericht kann die elterliche Gewalt und die Sorge für die Person des Kindes versagen, wenn dies im Interesse des Kindes geboten scheint.

§ 1708

Vater und Mutter des Kindes haben für den Unterhalt des Kindes nach Maßgabe ihrer Lebensstellung in gleichem Maße wie beim ehelichen Kinde zu sorgen. Der Unterhalt umfaßt den gesamten Lebensbedarf einschließlich der Kosten für Erziehung und Berufsausbildung.

Sind Vater und Mutter außerstande, die Kosten zu bestreiten, so sind die Verwandten in der gleichen Reihenfolge verpflichtet, zum Unterhalt beizutragen, in welcher sie zu Erben des Kindes berufen wären. § 1603 des Bürgerlichen Gesetzbuches gilt sinngemäß.

§ 1709

Kommt ein Unterhaltspflichtiger mit seiner Unterhaltsleistung in Verzug, ist er zur Nachzahlung verpflichtet. Die Forderung geht auf denjenigen über, welcher sie kraft gesetzlicher Pflicht vorläufig bestreitet. Sie kann nicht zum Nachteil des Kindes geltend gemacht werden.

§ 1710

Das Vormundschaftsgericht kann verlangen, daß der Unterhalt durch eine Geldrente geleistet wird.

§ 1711

wird gestrichen.

§ 1712

Das uneheliche Kind erbt nach den ehelichen Abkömmlingen und vor dem Verwandten aufsteigender Linie. Es hat in jedem Fall nur Anspruch auf den Pflichtteil.

§ 1713

Stirbt das Kind, so tragen die Eltern gemeinsam die Kosten des Begräbnisses.

§ 1714

Ist der Vater nicht festzustellen, so hat jeder festgestellte Beihälter an den Ortsfürsorgeverband, der für das Kind zuständig ist, den Betrag zu entrichten, der für den notdürftigen Bedarf des Kindes notwendig ist.

Der Ortsfürsorgeverband leistet aus diesen Beträgen dem Kinde den notdürftigen Lebensunterhalt unbeschadet der Unterhaltspflicht der Mutter und ihrer Verwandten.

(...)

§§ 1715 und 1716 bleiben

§§ 1717 und 1718 fallen weg

(...)“

III. Gesetzentwurf Justizministerium der DDR – Beginn 1950er Jahre[1334]

„Familie und Ehe bilden die Grundlage des Gemeinschaftslebens. Deshalb müssen Gesetze, welche die Rechtsverhältnisse in Familie und Ehe regeln, dem gesellschaftlichen Bewusstsein entsprechen.

Das auf der Herrschaft des Mannes und der Benachteiligung des nichtehelichen Kindes beruhende Familienrecht des Bürgerlichen Gesetzbuches steht im Widerspruch zu dem gesellschaftlichen Bewusstsein, das durch die ökonomischen Verhältnisse der neuen demokratischen Ordnung bedingt wird. Die Verfassung der Deutschen Demokratischen Republik fordert daher ein Familienrecht, das die Gleichberechtigung von Mann und Frau in der Familie verwirklicht und die Benachteiligung des nichtehelichen Kindes vermeidet.

In Erfüllung dieser Forderung hat die Provisorische Volkskammer der Deutschen Demokratischen Republik das nachstehende Gesetz beschlossen.

(...)

Verwandtschaft

Allgemeine Vorschriften

§ 27

Personen, deren eine von der anderen abstammt, sind in gerader Linie verwandt. Personen, die nicht in gerade Linie verwandt sind, aber von derselben dritten

1334 *Gesetz zur Neuordnung des Familienrechts (Familienrechtsgesetz)*, BArch, DP 1/7400.

Person abstammen, sind in der Seitenlinie verwandt. Der Grad der Verwandtschaft bestimmt sich nach der Zahl der sie vermittelnden Geburten.
(...)
Unterhaltspflicht

§ 29

(1) Verwandte in gerader Linie sind verpflichtet, einander Unterhalt zu gewähren.
(2) Das Maß des gewährenden Unterhalts bestimmt sich nach den Lebensverhältnissen der Beteiligten.
(3) Bei der Bemessung des Unterhalts ist auch zu berücksichtigen, ob und auf welche Weise der Berechtigte seine Bedürftigkeit selbst verschuldet hat. Wer sich einer schweren Verfehlung gegen den Unterhaltspflichtigen schuldig gemacht hat, kann nur den notdürftigen Unterhalt verlangen.
(...)
Dritter Abschnitt
Eheliche Kinder
A Eheliche Abstammung

§ 39

Ein Kind, das nach der Eingehung der Ehe geboren wird, ist ehelich, wenn die Frau es vor oder während der Ehe empfangen hat und der Mann innerhalb der Empfängniszeit der Frau beigewohnt hat. Diese Beiwohnung wird vermutet; soweit die Empfängniszeit in die Zeit vor der Ehe fällt, gilt die Vermutung nur, wenn einer der Ehegatten gestorben ist, ohne die Ehelichkeit des Kindes angefochten zu haben.
(...)

§ 41

Ein Kind, das während der Ehe oder innerhalb dreihundertundzwei Tagen nach Auflösung der Ehe geboren ist, ist nicht ehelich, wenn die Frau das Kind offenbar nicht von dem Manne empfangen hat. Es gilt aber als ehelich, wenn nicht im Anfechtungsverfahren die Nichtehelichkeit festgestellt worden ist.
Die Ehelichkeit kann vom Mann, von der Frau und vom Kind angefochten werden.
Nur wenn einer der Ehegatten oder beide gestorben sind, ohne das Anfechtungsrecht verloren zu haben, können Dritte die Nichtehelichkeit ohne deren vorherige Feststellung (Abs. 1) geltend machen.

§ 42

Die Anfechtung kann nur binnen Jahresfrist erfolgen.
Die Frist beginnt mit dem Zeitpunkt, in dem der Anfechtungsberechtigte oder sein gesetzlicher Vertreter Kenntnis von den Umständen erlangt, die für die Nichtehelichkeit des Kindes sprechen, frühestens mit dessen Geburt.

Auf den Lauf der Frist finden die für die Verjährung geltenden Vorschriften der §§ 203 und 206 des Bürgerlichen Gesetzbuches entsprechende Anwendung.

§ 43

(…)

Für ein minderjähriges Kind erfolgt die Anfechtung durch den gesetzlichen Vertreter. Hat dieser nicht rechtzeitig angefochten, so kann das Kind nach Eintritt der Volljährigkeit in gleicher Weise anfechten, wie wenn es ohne gesetzlichen Vertreter gewesen wäre.

§ 44

Die Anfechtung der Ehelichkeit erfolgt durch die Erhebung der Anfechtungsklage. Diese ist gegen das Kind oder, wenn das Kind selbst klagt, gegen die Ehegatten oder den überlebenden Ehegatten zu richten. Wird die Klage zurückgenommen, so ist die Anfechtung als nicht erfolgt anzusehen.

(…)

§ 46

(1) Der Mann kann die Ehelichkeit nicht anfechten, wenn er das Kind nach der Geburt als das seinige anerkannt hat.

(…)

B Elterliche Sorge

§ 49

Die Sorge für das unmündige Kind ist das natürliche Recht der Eltern und ihre oberste Pflicht gegenüber der Gesellschaft

(…)

§ 52

Die elterliche Sorge ist Sache beider Elternteile; sie regeln alle sich hieraus ergebenden Angelegenheiten gemeinsam.

Bei Meinungsverschiedenheiten kann jeder Teil das Vormundschaftsgericht anrufen.

Ist ein Elternteil verhindert, so ist der andere berechtigt, die elterliche Sorge allein wahrzunehmen. Diese Berechtigung beschränkt sich auf unaufschiebbare Angelegenheiten, wenn die Verhinderung voraussichtlich nur kurze Zeit dauert.

Steht einem Elternteil die elterliche Sorge nicht zu oder ist ein Elternteil verstorben oder für tot erklärt, so hat der andere allein die elterliche Sorge.

(…)

§ 56

Ein nicht sorgeberechtigter Elternteil behält die Befugnis, mit dem Kinde persönlich zu verkehren.

Das Vormundschaftsgericht hat auf Antrag den Verkehr näher zu regeln. Es kann den Verkehr für bestimmte oder unbestimmte Zeit ausschließen, wenn dies zum Wohle des Kindes nötig ist.

(...)

II. Nichteheliche Kinder

§ 79

Nichteheliche Kinder haben im Verhältnis zu ihren Eltern und deren Verwandten die rechtliche Stellung ehelicher Kinder. Die in den folgenden Vorschriften bestimmten Ausnahmen von diesem Grundsatz sind dadurch bedingt, dass die Eltern nicht durch Heirat verbunden sind.

§ 80

Als Vater des nichtehelichen Kindes gilt, wer mit der Mutter innerhalb der Empfängniszeit (§ 40) geschlechtlich verkehrt hat. Ein Verkehr, der offenbar nicht zur Empfängnis geführt hat, bleibt außer Betracht.

Die Vaterschaft wird auf Klage des Kindes festgestellt, Die Klage kann auch gegen die Erben des Vaters gerichtet und von den Erben des Kindes erhoben werden.

Als Vater des Kindes gilt ferner, wer nach der Geburt des Kindes mit Zustimmung der Mutter seine Vaterschaft in einer öffentlichen Urkunde anerkennt.

§ 81

Das Kind und der rechtskräftig als Vater festgestellte Mann können die Aufhebung der Feststellung begehren, wenn sich Tatsachen herausstellen, nach denen der Mann offenbar nicht der Vater ist. Mit der Rechtskraft des der Klage stattgebenden Urteils ist festgestellt, dass der Mann nicht der Vater ist.

Die Anerkennung nach § 80 Abs. 3 kann mit Zustimmung von Mutter und Kind in einer öffentlichen Urkunde widerrufen werden. Die Zustimmungserklärungen bedürfen, wenn das Kind nicht voll geschäftsfähig ist, der Genehmigung des Vormundschaftsgerichts.

Das Recht des Mannes auf Anfechtung der Vaterschaftsanerkennung wegen Irrtums, arglistiger Täuschung oder Drohung bleibt unberührt. Die Anfechtung erfolgt durch Klage auf Feststellung der Unwirksamkeit des Anerkenntnisses. Die Klage ist innerhalb der Fristen der §§ 121 und 124 des Bürgerlichen Gesetzbuches zu erheben; § 42 Abs. 3 findet Anwendung.

Ist die Vaterschaft eines Mannes rechtskräftig festgestellt worden oder hat ein Mann die Vaterschaft anerkannt, so kann, so lange die Feststellung nicht aufgehoben oder die Anerkennung nicht widerrufen oder mit Erfolg angefochten worden ist, kein anderer Mann als Vater festgestellt werden oder die Vaterschaft wirksam anerkennen.

§ 82

Das nichteheliche Kind erhält den Familiennamen, den die Mutter zur Zeit der Geburt des Kindes trägt.

Nimmt die Mutter bei der Eheschließung mit einem anderen Mann als dem Vater des Kindes einen anderen Familiennamen an, so können die Ehegatten durch übereinstimmende Erklärung gegenüber der zuständigen Behörde dem Kinde diesen Namen erteilen. Hat das Kind das 14. Lebensjahr vollendet, so bedarf es auch seiner Einwilligung. Die Erklärungen sind in öffentlich beglaubigter Form abzugeben.

§ 83

Die elterliche Sorge für das nichteheliche Kind ist Sache der Mutter.

Mit der Geburt des Kindes erlangt das Jugendamt die Stellung eines Beistandes der Mutter. Es hat die dem Kinde gegen den Vater zustehenden Ansprüche geltend zu machen; insoweit hat es die Rechte und Pflichten eines Pflegers. Auf Antrag der Mutter kann der Wirkungskreis erweitert werden.

Die Beistandschaft ist auf Antrag der Mutter durch das Vormundschaftsgericht aufzuheben, wenn das Wohl des Kindes es zulässt. Ist der Zweck der Beistandschaft erreicht, so kann die Aufhebung auch von Amts wegen erfolgen.

Auf Antrag der Mutter kann das Vormundschaftsgericht schon vor der Geburt des Kindes anordnen, dass die Beistandschaft des Jugendamtes nicht eintritt, falls das Wohl des Kindes voraussichtlich eine solche nicht erfordert.

Auf Antrag der Mutter kann das Vormundschaftsgericht anordnen, dass die Beistandschaft des Jugendamts schon vor der Geburt des Kindes eintritt.

§ 84

Die Mutter kann die elterliche Sorge nicht wahrnehmen, wenn sie minderjährig oder aus einem anderen Grund nicht voll geschäftsfähig ist.

Steht das Kind nicht unter der elterlichen Sorge der Mutter, so erlangt das Jugendamt die Vormundschaft; insofern finden die Vorschriften des Jugendwohlfahrtsgesetzes über die Amtsvormundschaft Anwendung.

§ 85

Das Vormundschaftsgericht kann auf Antrag des Vaters mit Zustimmung der Mutter dem Vater den Verkehr mit dem Kinde gestatten, wenn es dem Wohl des Kindes dient. § 56 Abs. 2 gilt entsprechend.

§ 86

Die Eltern des nichtehelichen Kindes sind verpflichtet, dem Kinde Unterhalt zu gewähren. Die Unterhaltspflicht regelt sich nach den Vorschriften über die Unterhaltspflicht der Verwandten, soweit in den folgenden Vorschriften nichts anderes bestimmt ist.

Zum Unterhalt hat jeder Elternteil nach Maßgabe seines Einkommens, seines Vermögens und seiner sonstigen Verpflichtungen beizutragen.

Der hiernach geschuldete Unterhaltsbeitrag ist von dem Elternteil, bei dem das Kind nicht lebt, in Form einer Geldrente zu leisten, die monatlich im voraus oder nach Bestimmung des Gerichts in kürzeren Zeitabschnitten zu zahlen ist.

Der Unterhaltsbeitrag des Elternteils bei dem das Kind lebt, wird durch die Pflege des Kindes abgegolten.

§ 87

Der nach § 86 Abs. 3 geschuldete Unterhalt kann auch für die Vergangenheit verlangt werden, soweit der Anspruch nicht verjährt ist; § 204 des Bürgerlichen Gesetzbuches findet keine Anwendung.

§ 88

Eine Vereinbarung zwischen den Eltern und dem Kinde über den Unterhalt des Kindes für die Zukunft oder über eine anstelle des Unterhalts zu gewährende Abfindung bedarf der Genehmigung des Vormundschaftsgerichts.

§ 89

Das nichteheliche Kind hat gegenüber dem Vater und dessen Verwandten die gleichen Unterhaltsrechte und Pflichten wie ein eheliches Kind, jedoch haften die Ehefrau und die ehelichen Kinder vor den nichtehelichen Kindern für den Unterhalt des Vaters.

In Bezug auf das Erbrecht steht das nichteheliche Kind im Verhältnis zu beiden Elternteilen und ihren Verwandten einem ehelichen Kinde gleich, jedoch gebühren der Ehefrau und den ehelichen Kindern des Vaters die in § 1932 des Bürgerlichen Gesetzbuchs bezeichneten Gegenstände als Voraus nach dem Verhältnis ihres Erbteils, wenn sie neben einem nichtehelichen Kinde als gesetzliche Erben berufen sind.

§ 90

Der Vater ist verpflichtet, der Mutter zu den Kosten der Entbindung und den Kosten des Unterhalts für die ersten sechs Wochen nach der Entbindung, sowie, falls infolge der Schwangerschaft oder der Entbindung weitere Kosten entstehen, auch zu diesen einen angemessenen Beitrag zu leisten. Ist die Muter nicht imstande, aus Einkommen oder Vermögen einen Teil der Kosten zu bestreiten, so hat sie Anspruch auf Ersatz der vollen Kosten.

Stirbt die Mutter infolge der Schwangerschaft oder Entbindung, so ist der Vater verpflichtet, einen angemessenen Beitrag zu den Beerdigungskosten zu leisten.

Die in Abs. 1 und 2 bezeichneten Ansprüche sind auch dann begründet, wenn der Vater vor der Geburt des Kindes gestorben oder wenn das Kind tot geboren ist.

Die Ansprüche verjähren in vier Jahren. Die Verjährung beginnt mit Ablauf von sechs Wochen nach der Geburt des Kindes.

§ 91

Schon vor der Geburt des Kindes kann auf Antrag der Mutter durch einstweilige Verfügung angeordnet werden, dass der Vater den von ihm für die ersten drei Monate dem Kinde zu gewährenden Unterhalt alsbald nach der Geburt zu zahlen und den erforderlichen Betrag angemessene Zeit vor der Geburt zu hinterlegen hat. In gleicher Weise kann auf Antrag der Mutter die Zahlung des ihr nach § 80 Abs. 1 voraussichtlich zu erstattenden Betrages und die Hinterlegung angeordnet werden.

§ 92

Ein nichteheliches Kind erlangt dadurch, dass sich der Vater mit der Mutter verheiratet, die rechtliche Stellung eines ehelichen Kindes ohne die in den §§ 79 bis 91 bestimmten Abweichungen. Die sich hieraus ergebenden Rechtswirkungen werden auf den Zeitpunkt der Geburt zurückbezogen. Ist die Ehe der Eltern nichtig, so findet § 25 des Ehegesetzes entsprechende Anwendung."

H. Statistiken

I. Zahl der Nichtehelichen Geburten 1946 – 1950

Anteil der nichtehelichen Geburten in % der Geburten:[1335]		
Jahr	BRD	DDR
1946	16,4	19,4
1947	11,9	15,3
1948	10,2	12,8
1949	9,3	12,0
1950	9,6	11,7

1335 Statistik nach: *Grandke*, Der Verzicht auf die Nichtehelichkeit S. 13.

II. Geborene nach Legitimität in der DDR[1336]

Jahr	Geborene incl. Totgeborene			
	Insgesamt	Mütter verheiratet	Mütter nicht verheiratet	
			absolut	% der Geburten
1955	298.782	259.615	39.167	13,1
1956	286.462	248.466	37.996	13,3
1957	277.864	241.044	36.820	13,2
1958	275.793	241.504	34.289	12,4
1959	296.770	261.049	35.721	12,0
1960	297.750	263.087	34.663	11,6
1961	305.501	271.377	34.124	11,2
1962	302.369	271.765	30.604	10,1
1963	305.757	277.124	28.633	9,4
1964	295.842	267.886	27.956	9,5
1965	284.723	256.745	27.978	9,8
1966	271.353	244.161	27.192	10,0
1967	255.759	228.373	27.386	10,7
1968	247.946	219.416	28.530	11,5
1969	241.519	211.478	30.041	12,4
1970	239.431	207.553	31.878	13,3
1971	237.206	201.327	35.879	15,1
1972	202.301	169.529	32.772	16,2
1973	181.974	153.488	28.486	15,7
1974	180.588	151.108	29.480	16,3
1975	183.229	153.639	29.590	16,1
1976	196.921	164.952	31.969	16,2
1977	224.844	189.317	35.527	15,8
1978	233.798	193.239	40.559	17,3
1979	236.880	190.420	46.460	19,6
1980	246.778	190.345	56.433	22,9
1981	239.194	177.987	61.207	25,6
1982	241.515	170.692	70.823	29,3
1983	235.073	159.713	75.360	32,1
1984	229.371	152.368	77.003	33,6
1985	228.835	151.451	77.384	33,8

1336 Quelle: Statistische Jahrbücher der DDR.

III. Alter der Mütter bei der Geburt in der DDR im Jahr 1975[1337]

Alter der Mutter am 1.1. bis	verheiratet		ledig		Anteil der nicht-ehelichen Geburt in %
	Geburten absolut	% der Geburten	Geburten absolut	% der Geburten	
15	0	0,00	19	0,06	100,00
16	0	0,00	135	0,46	100,00
17	0	0,00	883	3,01	100,00
18	0	0,00	3.543	12,08	100,00
19	5.360	3,52	3.954	13,48	42,45
20	11.802	7,74	4.479	15,27	27,51
21	15.434	10,12	3.800	12,95	19,76
22	16.734	10,98	2.922	9,96	14,87
23	16.954	11,12	2.178	7,42	11,38
24	16.450	10,79	1.634	5,57	9,04
25	14.390	9,44	1.244	4,24	7,96
26	11.739	7,70	868	2,96	6,89
27	8.064	5,29	626	2,13	7,20
28	5.951	3,90	422	1,44	6,62
29	4.559	2,99	332	1,13	6,79
30	3.019	1,98	222	0,76	6,85
31	3.616	2,37	288	0,98	7,38
32	3.490	2,29	265	0,90	7,06
33	2.779	1,82	235	0,80	7,80
34	2.670	1,75	253	0,86	8,66
35	2.225	1,46	230	0,78	9,36
36	1.928	1,26	199	0,68	9,36
37	1.497	0,98	146	0,50	8,87
38	1.145	0,75	100	0,34	8,03
39	815	0,53	116	0,40	12,46
40	661	0,43	82	0,28	11,04
41	472	0,31	74	0,25	13,55
42	278	0,18	43	0,15	13,40
43	181	0,12	22	0,07	10,83
44	124	0,08	18	0,06	12,68
45	62	0,04	4	0,01	6,06
AB 45	59	0,04	4	0,01	6,35

1337 Quelle: Statistische Jahrbücher der DDR.

IV. Alter der Mütter bei der Geburt in der DDR im Jahr 1985[1338]

Alter der Mutter am 1.1. bis	verheiratet	ledig			Anteil der nicht-ehelichen Geburt in %
	Geburten absolut	% der Geburten	Geburten absolut	% der Geburten	
15	0	0,00	18	0,02	100,00
16	0	0,00	192	0,25	100,00
17	0	0,00	832	1,08	100,00
18	0	0,00	2.522	3,28	100,00
19	1.405	0,93	5.990	7,78	81,00
20	4.888	3,24	10.343	13,44	67,91
21	8.993	5,97	11.344	17,74	55,78
22	13.173	8,74	10.011	13,01	43,18
23	15.870	10,53	7.968	10,35	33,43
24	16.788	11,14	6.042	7,85	26,48
25	16.415	10,90	4.670	6,07	22,14
26	14.995	9,95	3.560	4,63	19,19
27	12.481	8,28	2.818	3,66	18,42
28	9.888	6,56	2.141	2,78	17,79
29	7.836	5,20	1.731	2,25	18,09
30	6.387	4,24	1.398	1,82	17,96
31	5.396	3,58	1.250	1,62	18,81
32	4.057	2,69	984	1,28	19,52
33	3.287	2,18	858	1,11	20,70
34	2.710	1,80	652	0,85	19,39
35	1.958	1,30	471	0,61	19,39
36	1.489	0,99	349	0,45	18,99
37	945	0,63	272	0,35	22,35
38	599	0,40	174	0,23	22,51
39	388	0,26	125	0,16	24,37
40	202	0,13	48	0,06	19,20
41	183	0,12	70	0,09	27,66
42	147	0,10	58	0,08	28,29
43	84	0,06	30	0,04	26,32
44	67	0,04	25	0,03	27,17
45	40	0,03	7	0,01	14,89
ab 45	25	0,02	9	0,01	26,47

1338 Quelle: Statistische Jahrbücher der DDR.

V. Anfechtungs- und Unterhaltsklagen in der DDR[1339]

Jahr	1958	1960	1962	1964	1965	1967	1968	1969	1970
Anfechtung	1.711	1.919	2.083	2.333	2.534	2.204	2.128	2.011	1.854
Unterhaltsklagen ehel. Kinder	4.759	3.659	3.147	2.882	2.903	1.045	874	792	688
Unterhaltsklagen nichtehel. Kinder	7.487	6.226	5.555	5.209	4.897	4.216	3.969	3.909	3.897

1339 Generalstaatsanwalt der Deutschen Demokratischen Republik, Abtlg. Statistik, Statistische Information über die Entwicklung in Familien-, Zivil- und Arbeitsrechtssachen – Stand 1965 vom 20. Juni 1966, BArch 2473 und: Generalstaatsanwalt der Deutschen Demokratischen Republik, Statistische Information über die Tätigkeit der Gerichte in Familien-, Zivil- und Arbeitsrechtssachen und über die Mitwirkung des Staatsanwalts im Jahre 1970 vom 24. Mai 1971, BArch, DP 1/2473.

Quellen- und Literaturverzeichnis

A. Monographien, Aufsätze und Quelleneditionen

Angster, Julia, Liberalisierung der Lebens- und Umgangsformen: '68 und die Folgen im Westen, in: Die Deutschen im 20. Jahrhundert, Darmstadt, Wolfrum, Edgar (Hrsg.), 2004, S. 169 – 180.

Anschütz, Gerhard, Die Verfassung des Deutschen Reiches, 14. Auflage, Berlin, 1933.

Ansorg, Linda, Weitere Probleme der Rechtsbeziehungen zwischen Eltern und Kindern, NJ 1965, S. 246 – 279.

–, Familienrecht der DDR, Berlin (Ost), 1967.

Arnold, Hans-Henning, Art und Umfang der elterlichen Rechte in der Deutschen Demokratischen Republik, Berlin, 1975.

Artzt, Werner, Das westdeutsche Gleichberechtigungsgesetz – ein großer Schritt zurück, NJ 1957, S. 651 – 657.

Bach, Angelika, Die Renaissance der Ein-Eltern-Familie?, Herbolzheim, 2001.

Baer, Andrea, Rechtsquellen der DDR – Steuerung auf der normativ-symbolischen Ebene, in: Steuerung der Justiz in der DDR, Bundesministerium der Justiz (Hrsg.), Köln, 1994, S. 67 – 91.

Bartels, Torsten, Die vollständigen und unvollständigen Familien im Kindschaftsrecht, Frankfurt a.M., 1986.

Baumbach, Adolf, Zivilprozessordnung, 18. Auflage, München, 1947.

Baumgarten, Steffen, Die Entstehung des Unehelichenrechts im Bürgerlichen Gesetzbuch, Köln, 2007.

Bechert, Rudolf, Die Akademie und das Unehelichenrecht, DR 1936, S. 475 – 477.

Beckmann, Gudrun, Die Familie – Macht der Patriarchen, in: Vom Ursprung der Familie, Beckmann, Dieter/Beckmann, Gudrun (Hrsg.), Gießen, 1996, S. 220 – 250.

Beitzke, Günter, Zur Neuordnung des Unehelichenrechts, ZBlJugR 1963, S. 174 – 185.

–, Familienrecht, 25. Auflage, München, 1988.

Benjamin, Hilde, Vorschläge zum neuen deutschen Familienrecht, Berlin, 1949.

–, Einige Bemerkungen zum Entwurf eines Familiengesetzbuches, NJ 1954, S. 349 – 353.
–, Zehn Jahre demokratische Justiz, StuR 1955, S. 349 – 368.
–, Das Familiengesetzbuch – Grundgesetz der Familie, NJ 1966, S. 1 – 8.
Benninger, Rudolf, Die sowjetische Gesetzgebung zur rechtlichen Stellung des nichtehelichen Kindes unter besonderer Berücksichtigung ihres Einflusses auf die Geburtenzahl, Berlin, 1976.
Beratung des Plenums des Obersten Gerichts über bedeutsame familienrechtliche Probleme, NJ 1965, S. 312 – 315.
Berger, Uwe/Marko, Achim/Orth, Klauspeter, Modernes Erbrecht in einem vereinigten Deutschland, NJ 1990, S. 384 – 387.
Berghahn, Sabine, Frauen, Recht und langer Atem – Bilanz nach 40 Jahren Gleichstellungsgebot in Deutschland, in: Frauen in Deutschland 1945 – 1992, Helwig, Gisela/Nickel, Maria (Hrsg.), 4. Auflage, Bonn, 1993, S. 73 – 138.
Bernhardt, Wolfgang, Das Recht des unehelichen Kindes und dessen Neuregelung in beiden Teilen Deutschlands, Bielefeld, 1962.
Beyer, Karl-Heinz, Zur künftigen Regelung des persönlichen Umgangs des nicht sorgeberechtigten Elternteils mit dem Kinde, NJ 1964, S. 48 – 49.
Bode, Hans, Geht die Unterhaltspflicht der Adoptiveltern der des unehelichen Kindes vor?, NJ 1951, S. 25.
Böhm, Reglindis, Notwendigkeit der erbrechtlichen Gleichstellung nichtehelicher Kinder, ZRP 1994, S. 292 – 294.
–, Die Neuregelung des Erbrechts nichtehelicher Kinder, NJW 1998, S. 1043f.
Boehmer, Gustav, Welche Anforderungen sind an eine Reform des Rechts des nichtehelichen Kindes zu stellen?, Gutachten für den 44. Deutschen Juristentag, Tübingen, 1962.
Boockmann, Hartmut, Stauferzeit und spätes Mittelalter, Berlin, 1994.
Borkmann, Gerhard/Daute, Rolf, Zur künftigen Regelung des persönlichen Umgangs des nicht sorgeberechtigten Elternteils mit dem Kinde, NJ 1964, S. 267 – 269.
Born, Winfried, Das neue Unterhaltsrecht, NJW 2008, S. 1 – 8.
–, Reform der familienrechtlichen Ausgleichssysteme – Kosmetik oder Kurskorrektur?, NJW 2008, S. 2289 – 2295.
Borth, Helmut, Die Bedeutung der Rechtsprechung des Bundesverfassungsgerichts für die Entwicklung des Familienrechts seit Inkrafttreten des Grundgesetzes, DRiZ 2009, S. 154f.
Bosch, Friedrich Wilhelm, Probleme einer Reform des Unehelichenrechts, FamRZ 1961, S. 457 – 463.
–, Zur erweiterten Unterhaltspflicht des außerehelichen Vaters (§ 1708 I BGB n.F.), FamRZ 1962, S. 137 – 139.

–, Fehlender Reformeifer im Bereich des Unehelichenrechts?, FamRZ 1962, S. 292 – 294.
–, Welche Anforderungen sind an eine Reform des Rechts des nichtehelichen Kindes zu stellen?, Gutachten für den 44. Deutschen Juristentag, Tübingen, 1962.
–, Unehelichenrecht als Diskussions- oder Streitgegenstand, FamRZ 1967, S. 517 – 527.
–, Zur notwendigen Reform des Unehelichenrechts, in: Uneheliche Kinder – rechtlose Kinder?, Molinski, Waldemar (Hrsg.), Recklinghausen, 1967, S. 64 – 91.
–, Familien- und Erbrecht als Themen der Rechtsangleichung nach dem Beitritt der DDR zur Bundesrepublik Deutschland, FamRZ 1992, S. 869 – 885 und 993 – 1000.
–, Zum Erbrecht nichtehelicher Kinder: Ein verfehlter Gesetzesvorschlag, FamRZ 1993, S. 1257 – 1260.
–, Die erbrechtliche Stellung des nichtehelichen Kindes beim Tod seines Vaters – de lege lata et de lege ferenda –, FamRZ 1996, S. 1 – 16.
Brandis, Ernst, Der Gesetzentwurf über das Unehelichenrecht und seine Probleme, Berlin, 1929.
Brentzel, Marianne, Die Machtfrau, Hilde Benjamin 1902 – 1989, Berlin, 1997.
Brötel, Achim, Der Anspruch auf Achtung des Familienlebens, Baden-Baden, 1991.
Brosius-Gersdorf, Frauke, Das Kuckucksei im Familiennest – Erforderlichkeit einer Neuregelung der Vaterschaftsuntersuchung, NJW 2007, S. 806 – 812.
Brühl, G., Juristinnentag in Wiesbaden, FamRZ 1961, S. 358f.
Brümmer, Gisela, Die Entwicklung des elterlichen Sorge- und Erziehungsrechts in der DDR, Köln, 1980.
Bruns, Christian, Die Beteiligten in Familiensachen, NJW 2009, S. 2797 – 2799.
Budzikiewicz, Christine, Einheitlicher Betreuungsunterhalt bei ehelicher und außerehelicher Kindschaft, NJW 2007, S. 3536 – 3538.
Büdenbender, Ulrich, Der Unterhaltsanspruch des Vaters eines nichtehelichen Kindes gegen die Kindesmutter, FamRZ 1998, S. 129 – 138.
Büttner, Helmut/ Niepmann, Birgit, Die Entwicklung des Unterhaltsrechts seit Mitte 2007, NJW 2008, S. 2391 – 2400.
–, Die Entwicklung des Unterhaltsrechts seit Mitte 2008, NJW 2009, S. 2499 – 2507.
Burguière, André/Lebrun, François, Die Vielfalt der Familienmodelle in Europa, in: Geschichte der Familie, Neuzeit, Burguière, André/Klapisch-Zuber, Christiane/Segalen, Martine/ Zonabend, Françoise (Hrsg.), Essen, 2005, S. 13 – 118.

–, Der Priester, der Fürst und die Familie, in: Geschichte der Familie, Neuzeit, Burguière, André/Klapisch-Zuber, Christiane/Segalen, Martine/ Zonabend, Françoise (Hrsg.), Essen, 2005, S. 119 – 194.
Buske, Sybille, Die Debatte über die „Unehelichkeit“ in: Wandlungsprozesse in Westdeutschland, Herbert, Ulrich (Hrsg.), Göttingen, 2002, S. 315 – 347.
–, Ledige Mütter – Uneheliche Kinder. Recht, öffentliche Debatte, soziale Praxis in Deutschland, 1900 bis 1970, Göttingen, 2004.

Campbell, Claudia, Das Umgangsrecht von nichtelterlichen Bezugspersonen, NJW-Spezial 2011, S. 644.
Campbell, Claudia/Haußleiter, Martin, Das Sorgerecht auf dem Prüfstand, NJW-Spezial 2010, S. 324f.
Coester, Michael, Entwicklungslinien im europäischen Nichtehelichenrecht, ZEP 1993, S. 536 – 553.
Conrad, Heinz, Zur Ehelichkeitsanfechtung durch den Staatsanwalt, NJ 1964, S. 56f.

Das Kindschaftsrecht, Bundesministerium der Justiz (Hrsg.), Berlin, 2008.
Das Zivilgesetzbuch der DDR vom 19. Juni 1975, Rechtswissenschaftliches Kolloquium an der Juristischen Fakultät der Universität Potsdam, Eckert, Jörn/Hattenhauer, Hans (Hrsg.), Goldbach, 1995.
Das Zivilprozessrecht der Deutschen Demokratischen Republik, Erster Band, Autorenkollektiv unter der Leitung von Hans Nathan, Berlin, 1957.
Dauthe, Rolf, Gesichtspunkte für die Berechnung der Höhe des Unterhalts für Kinder, NJ 1964, S. 401 – 403.
De Leve, Holger, Das Erbrecht des nichtehelichen Kindes nach Art. 235 § 1 Abs. 2 EGBGB, FuR 1995, S. 282 – 286.
Dieckmann, Albrecht, Zum Einfluss des Grundgesetzes und der Rechtsprechung des Bundesverfassungsgerichts auf die Entwicklung des Familienrechts in der Bundesrepublik Deutschland bis zur Wiedervereinigung, in: Deutsche Wiedervereinigung, Zur Familienpolitik nach der Wiedervereinigung, Ramm, Thilos/Grandke, Anita (Hrsg.), Köln, 1995, S. 225 – 270.
Diederichsen, Uwe, Kinderkreuzzug – oder: Abschied vom Hochmittelalter im Kindschaftsrecht, NJW 1998, S. 957f.
Di Fabio, Udo, Der Schutz von Ehe und Familie: Verfassungsentscheidung für die vitale Gesellschaft, NJW 2003, S. 993 – 998.
Dilcher, Gerhard, Politische Ideologie und Rechtstheorie, Rechtspolitik und Rechtswissenschaft, in: Sozialgeschichte der DDR, Haelble, Hartmut/Kocka, Jürgen/Zwahr, Hartmut, Stuttgart, 1994, S. 469 – 482.

Dittmann, Irmgard, Zur künftigen Regelung des persönlichen Umgangs des nicht sorgeberechtigten Elternteils mit dem Kinde, NJ 1964, S. 49.
Dörner, Hans, Das Recht der unehelichen Kinder, Berlin, 1935.
Dötsch, Julia, Feststellung und Anfechtung der Vaterschaft, NJW-Spezial 2006, S. 391f.
Drobnig, Ulrich, Ideologie, Recht und Wirklichkeit der Familie in der DDR, Jahrbuch für Ostrecht 1967, S. 157 – 184.
Dunz, Walter, Das neue Familienrechtsänderungsgesetz, NJW 1961, S. 2137 – 2141.

Eben-Servaes, (o.V.), Zur Erneuerung des Unehelichenrechts, DR 1936, S. 478 – 481.
Eberhardt, Karl-Heinz, Die Bestimmungen über den Unterhalt, NJ 1965, S. 280 – 253.
–, Das Erbrecht, NJ 1974, S. 732 – 735.
–, Unterhaltsentscheidung im Vaterschaftsfeststellungsverfahren, NJ 1981, S. 33f.
–, Gedanken zur Konvention über die Rechte des Kindes unter familienrechtlichen Gesichtspunkten, NJ 1990, S. 59 – 62.
Eggers-Lorenz, Ottgebe, Die Feststellung der nichtehelichen Vaterschaft, NJ 1954, S. 473.
–, Über die Feststellung der nichtehelichen Vaterschaft, NJ 1954, S. 566f.
Ehinger, Uta, Die Regelung der elterlichen Sorge bei psychischer Erkrankung eines Elternteils oder beider Eltern im Überblick, FPR 2005, S. 253 – 259.
Eichholz, Werner, Zur künftigen Regelung des persönlichen Umgangs des nicht sorgeberechtigten Elternteils mit dem Kinde, NJ 1965, S. 81f.
Einige Fragen des Unterhaltsrechts des nichtehelichen Kindes, Bericht über eine Sitzung des Instituts für Zivilrecht der Deutschen Akademie für Staats- und Rechtswissenschaft, NJ 1957, S. 235 – 238.
Ein glückliches Familienleben – Anliegen des Familiengesetzbuches der DDR, Kanzlei des Staatsrates der DDR (Hrsg.), Berlin (Ost), 1965.
Engels, Friedrich, Der Ursprung der Familie, des Privateigenthums und des Staats, 15. Auflage, Berlin, 1984.
Entwurf des Familiengesetzbuches der Deutschen Demokratischen Republik, Büro des Präsidiums des Nationalrates der Nationalen Front des demokratischen Deutschland (Hrsg.), Berlin, 1954.

Familienrecht, Autorenkollektiv unter der Leitung von Anita Grandke, Berlin, 1981.
Familienrecht der DDR, Kommentar, Ministerium der Justiz (Hrsg.), 3. Auflage, Berlin, 1970.
Feiler, Gustav, Zur rechtlichen Stellung des nichtehelichen Kindes, NJ 1957, S. 303f.
Feth, Andrea, Hilde Benjamin, eine Biographie, Berlin, 1997.
Feuchtwanger, Lion, Narrenweisheit oder Tod und Verklärung des Jean-Jaques Rousseau, München, Neuauflage 2008.
Fincke, Horst, Beistandschaft und Prozessvertretung im Unterhaltsprozess, NJ 1956, S. 731.
Fischer-Langosch, Petra, Die Entstehungsgeschichte des Familiengesetzbuches der DDR von 1965, Frankfurt am Main, 2007.
Frank, Rainer, Rechtsvergleichende Betrachtung zur Entwicklung des Familienrechts, FamRZ 2004, S. 841 – 847.
Frank, Rainer/Helms, Tobias, Der Anspruch des nichtehelichen Kindes gegen seine Mutter auf Nennung des leiblichen Vaters, FamRZ 1997, S. 1258 – 1263.
Frank, Reinhard, Das Gesetz, betreffend Änderung des Strafgesetzbuchs vom 19. Juni 1912, Nachtrag zum „Strafgesetzbuch für das Deutsche Reich“, Tübingen, 1912.
Freytag, Alexander, Das neue Erbrecht der DDR aus Sicht des BGB, Freiburg, 1981.
–, Neuordnung des gesetzlichen Erbrechts, ZRP 1991, S. 107 – 110.
Friederici, Peter, Veränderte Verfahrensvorschriften in Familiensachen, NJ 1998, S. 299 – 304.
Friesen, Elisabeth/Heller, Wolfgang, Das Familienrecht in Mitteldeutschland, Bonn, 1967.
Fritsche, Ingo, Neue Entwicklungen im Abstammungsrecht, NJ 2007, S. 294 – 297.
–, Neue Entwicklungen im Abstammungsverfahren, NJ 2007, S. 294 – 316.
–, Die Novellierung des Abstammungsrechts, NJ 2008, S. 193 – 198.
Fuss, Ernst-Werner, Buchbesprechung zu: Krüger, Hildegard, Die Rechtsstellung des unehelichen Kindes nach dem Grundgesetz, Berlin, 1960, JZ 1963, S. 39f.

Gärtner, Hans, Zur Frage des naturwissenschaftlichen Vaterschaftsnachweises im gerichtlichen Verfahren, NJ 1952, S. 309 – 312.
Gängel, Andreas, Recht und Juristen in der DDR, NJ 2004, S. 159 – 161.
Gaul, Friedhelm, Randbemerkung zum Wesen der Ehelichkeitsanfechtung, FamRZ 1963, S. 630 – 635.

Gehrmann, Bianca, Die rechtliche Zurücksetzung des verantwortungsbewussten Vaters eines nichtehelichen Kindes, Berlin, 1995.
Gerhard, Ute, Die staatlich institutionalisierte „Lösung" der Frauenfrage. Zur Geschichte der Geschlechterverhältnisse in der DDR, in: Sozialgeschichte der DDR, Kalble, Hartmut/Kocka, Jürgen/Zwahr, Hartmut (Hrsg.), Stuttgart, 1994, S. 383 – 403.
Geschichte der Sozialistischen Einheitspartei Deutschlands, Berlin, 1978.
Göldner, Elfriede, Die Stellung und das Recht des nichtehelichen Kindes, NJ 1954, S. 373 – 375.
–, Antwort auf einige Fragen zur Anwendung unterhaltsrechtlicher Bestimmungen, NJ 1966, S. 468 – 470.
Graba, Hans-Ulrich, Bedarf und Dauer des Betreuungsunterhalts nach § 1615l BGB, NJW 2008, S. 3105 – 3107.
Graf, Heinz, Wirkung der Verfassung der Deutschen Demokratischen Republik auf die Rechtsstellung des nichtehelichen Kindes und seiner Eltern, NJ 1950,1950, 14f.
Grabow, (o.V.), Unterhaltsrückstände nichtehelicher Kindsväter aus der Zeit des Kriegseinsatzes und der Gefangenschaft, NJ 1951, S. 172.
Grandke, Anita, Zur Herausbildung der sozialistischen Familie in der DDR, StuR 1970, S. 1767 – 1777.
–, Der Verzicht auf die Nichtehelichkeit als rechtliche Kategorie im Recht der ehemaligen DDR – Konzeption, Regelung, Erfahrungen und die Veränderung durch den Einigungsvertrag, in: Das nichteheliche Kind und seine Eltern – rechtliche und sozialwissenschaftliche Aspekte, Coester, Michael/Zubke, Friedhelm (Hrsg.), Neuwied, 1991, S. 13 – 30.
–, Zur Anwendung des Kindesunterhaltsrechts im Beitrittsgebiet, NJ 1993, S. 298 – 301.
–, Familienrecht in: Die Rechtsordnung der DDR, Heuer, Uwe-Jens, (Hrsg.), Baden-Baden, 1995, S. 173 – 209.
–, Das Kindesunterhaltsgesetz, NJ 1998, S. 295 – 299.
Grandke, Anita/Ramm, Renate, Zur Rolle der der Familie in der Gesellschaft, in: Deutsche Wiedervereinigung, Zur Familienpolitik nach der Wiedervereinigung, Thilo Ramm und Anita Grandke (Hrsg.), Köln, 1995, S. 1 – 33.
Großekathöfer, David, „Es ist ja jetzt Gleichberechtigung" Die Stellung der Frau im nachehelichen Unterhaltsrecht der DDR, Köln, 2003.
Gysi Jutta/Meyer Dagmar, Leitbild: berufstätige Mutter – DDR-Frauen in Familie, Partnerschaft und Ehe, in: Frauen in Deutschland, Helwig, Gisela/Nickel, Maria (Hrsg.), 4. Auflage, Bonn, 1993, S. 139 – 165.

Habscheid, Walther J., Rezension Zivilprozessordnung und Nebengesetze, kommentiert von Bernhard Wieczorek, Berlin, FamRZ 1958, S. 350 – 352.

Haferkamp, Hans-Peter/Wudtke, Torsten, Richterausbildung in der DDR, historiea forum iuris, Erste Internet-Zeitschrift für Rechtsgeschichte, http://www.rewi.hu-berlin.de/FHI/, Artikel vom 25. Oktober 1997 (28.12.2012).

Hahnzog, Klaus, Inhaber des Elternrechts aus Art. 6 Abs. II GG, FamRZ 1971, S. 334 – 340.

Händler, Horst, Zur künftigen Regelung des persönlichen Umgangs des nicht sorgeberechtigten Elternteils mit dem Kinde, NJ 1964, S. 50f.

Hagemayer, Maria, Zum Familienrecht in der Sowjetzone, 3. Auflage, Bonn, 1958.

Hahne, Meo-Micaela, Überlegungen zur Verbesserung der Rechtsstellung des nichtehelichen Kindes, FamRZ 1990, S. 928 – 931.

Hammer, Hans-Joachim, Über die Beweiskraft des erbbiologischen Gutachtens bei Unterhalts- und Anfechtungsklagen, NJ 1964, S. 399 – 401.

Hansen, Gerhard, Probleme der Vaterschaftsfeststellung, NJ 1965, S. 455f.

Harms-Ziegler, Beate, Illegitimität und Ehe, Berlin, 1991.

Hauschild, Helmut/Schmidt, Helmut, Die Bedeutung des Einführungsgesetzes zum Familiengesetzbuch, NJ 1966, S. 12 – 14.

Heilmann, Stefan, Die Gesetzeslage zum Sorge- und Umgangsrecht, NJW 2012, S. 16 – 22.

Heinrich, Wilhelm, Nochmals, Bereicherungsansprüche gegen Kinder wegen zu Unrecht empfangener Unterhaltsbeiträge, NJ 1961, S. 708 – 711.

Heinrich, Wilhelm/Klar, Herbert, Die Rechtsprechung des Obersten Gerichts auf dem Gebiet des Familienrechts, NJ 1953, S. 537 – 542.

Helms, Tobias, Die künstliche Befruchtung aus familienrechtlicher Sicht: Probleme und Perspektiven, in: Ehe, Familie, Abstammung – Blicke in die Zukunft, Röthel, Anne/Löhnig, Martin/Helms, Tobias (Hrsg.), Frankfurt a.M., 2010, S. 49 – 70.

Helwig, Gisela, Staat und Familie in der DDR, in: Die DDR in der Ära Honecker, Hartmut Zimmermann zum 60. Geburtstag, Glaessner, Gert-Joachim (Hrsg.), Opladen, 1988, S. 466 – 480.

Hess, Burkhard, Bemerkungen zur geplanten Übergangsregelung des Erbschaftsgleichstellungsgesetzes, FamRZ 1996, S. 781 – 785.

Heuer, Annie, Vorschläge für die Gestaltung des Erbrechts des nichtehelichen Kindes, NJ 1954, S. 535f.

Heuer, Klaus, Politische Vorgaben für das ZGB, in: Das Zivilgesetzbuch der DDR vom 19. Juni 1975, Eckert, Jörn/Hattenhauer, Hans (Hrsg.), Goldbach, 1995, S. 18 – 22.

Heuer, Uwe-Jens/Lieberam, Ekkehard, Rechtsverständnis in der DDR, in: Die Rechtsordnung der DDR, Heuer, Uwe-Jens (Hrsg.), Baden-Baden, 1995, S. 25 – 74.
Hille, Barbara, Familie und Sozialisation in der DDR, Opladen, 1985.
Hintze, Anmerkung zu KrG Potsdam, Urteil vom 12. Januar 1954, 4 C 474/53, NJ 1954, S. 579f.
Hirsch, Robert, Die Rechtsverhältnisse der unehelichen Kinder nach dem Bürgerlichen Gesetzbuch, Stuttgart, 1897.
Höpflinger, François, Entwicklung der Elternschaft in europäischen Ländern, in: Familienleitbilder und Familienrealitäten, Vaskovics, Laszlo A. (Hrsg.), Opladen, 1997, S. 168 – 186.
Hofmann, Wolfram, Vertretung im Unterhaltsprozess, NJ 1954, S. 139.
Holzhauer, Heinz, Verwandtschaftliche Elternstellung, verfassungsmäßiges Elternrecht und elterliche Sorge, FamRZ 1982, S. 109 – 118.
Huber, Christian, Unterhaltsverpflichtung des nichtehelichen Vaters gegenüber Kind und Mutter, FPR 2005, S. 189 – 192.
Huinink, Johannes, Vergleichende Familienforschung: Ehe und Familie in der ehemaligen DDR und der Bundesrepublik Deutschland, in: Familienleitbilder und Familienrealitäten, Vaskovics, Laszlo A (Hrsg.), Opladen, 1997, S. 308 – 325.
Hulzer, Torsten, Vom Erziehungsberechtigten zum Vormund, NJ 1991, S. 113f.

Janke, Gerd, Hat ein zu Unrecht als Vater eines außerhalb der Ehe geborenen Kindes festgestellter Mann wegen des geleisteten Unterhalts Schadensersatzansprüche gegen die Mutter?, NJ 1970, 680f.
–, Die Anwendung des Zivilgesetzbuchs der DDR in der Rechtsprechung seit der Deutschen Einheit, NJ 1994, S. 437 – 443.
–, Zur Rangfolge und Veröffentlichung der DDR-Rechtsvorschriften, NJ 1997, S. 455 – 465.
–, Zur Kassationstätigkeit des Obersten Gerichts der DDR in Zivilsachen, forum historiae juris, Artikel vom. 14. Mai 2007, http://www.forhistiur.de., 27.12.2012.
Jansen, Ludwig/Knöpfe, Gottfried, Das neue Unehelichengesetz, Berlin, 1967.
Jayme, Erik, Europäische Menschenrechtskonvention und deutsches Nichtehelichenrecht, NJW 1979, S. 2425 – 2429.
Jorio, Tino, Der Inhaber der elterlichen Gewalt nach dem neuen Kindesrecht, Zürich, 1972.
Juristinnen in Deutschland, Deutscher Juristinnenbund e.V. (Hrsg.), 4. Auflage, Baden-Baden, 2003.

Karutz, Annemarie, Erziehung in staatlichen Kinderkrippen und Kindergärten der DDR, in: Deutschland, deine Kinder, Ute/Benz, Wolfgang (Hrsg.), München, 2001, S. 43 – 66.

Kellner, Horst, Grundsätze und Maßstäbe für die Unterhaltsfestsetzung, NJ 1964, S. 405 – 409.

Kielmansegg, Peter Graf, Das geteilte Land, Deutsche Geschichte von 1945 – 1990, München, 2007.

Kiessling, Elfriede/Riedel, Josef/Schott, Rudolph, Zur künftigen Regelung des persönlichen Umgangs des nicht sorgeberechtigten Elternteils mit dem Kinde, NJ 1965, S. 80f.

Klose, Bernhard, Die Rechtsprechung zu § 1300 BGB in der Bundesrepublik und in der früheren DDR, FuR 1994, S. 27f.

–, Ehescheidung- und Ehescheidungsrecht in der DDR – ein ostdeutscher Sonderweg?, Baden-Baden, 1996.

Knauf, Verena, Die Rolle der Generalklauseln in den Zivilentscheidungen des Obersten Gerichts der DDR von 1950 bis 1958, forum historiae juris, Artikel vom 4. November 2004, http://www.forhistiur.de (27.12.2012).

–, Die Zivilentscheidungen des Obersten Gerichts der DDR von 1950 – 1958, Berlin, 2007.

König, Ruth, Gleichstellung aller ehelichen und nichtehelichen Kinder im Erbrecht, FuR 2010, S. 396f.

Koch, (o.V.), Zur Frage des Erbrechts unehelicher Kinder, NJ 1950, S. 345 – 345.

Koch, Hans-Albrecht, Die Universität, Darmstadt, 2008.

Kosewähr, Elf, Kriterien der Schulddifferenzierungen bei Kindstötung, NJ 1971, S. 136 – 138.

Krause, Arno, Zur künftigen Regelung des persönlichen Umgangs des nicht sorgeberechtigten Elternteils mit dem Kinde, NJ 1964, S. 269.

Kropholler, Jan, Kritische Bestandsaufnahme im Nichtehelichenrecht, AcP 185 (1985), S. 244 – 307.

Krüger, Hildegard, Art. 6 Abs. 5 GG ein Programmsatz, DÖV 1957, S. 356 – 361.

Krug, Walter, Die Umsetzung des EGMR-Urteils zum Nichtehelichenerbrecht in der forensischen und rechtsgestaltenden Praxis, ZEV 2010, S. 505 – 508.

–, Die gesetzliche Neuregelung des Erbrechts der vor dem 1.7.1949 geborenen nichtehelichen Kinder, ZEV 2011, S. 397 – 401.

Künzel, Werner, Das Ministerium der Justiz im Mechanismus der Justizsteuerung 1949 bis 1976, in: Steuerung der Justiz in der DDR, Bundesministerium der Justiz (Hrsg.), Köln, 1994, S. 167 – 252.

Lambrecht, Christine, Neuregelung der Sorge für nicht verheiratete Eltern, DRiZ 2010, S. 318.
Lange, Hermann, Das neue Unehelichenrecht, NJW 1970, S. 297 – 306.
Latka, Helmut, Zur Abänderung von Unterhaltsurteilen, NJ 1965, S. 327f.
Leipold, Dieter, EGMR contra BVerfG: Die erbrechtliche Diskriminierung der „alten" nichtehelichen Kinder ist nicht länger hinnehmbar, ZEV 2009, S. 488 – 492.
–, Gesetzliches Erbrecht und Pflichtteilsrecht nichtehelicher Kinder, die vor dem 1.7.1949 geboren sind, FuR 2011, S. 275 – 280.
Lemke, Michael, Nichtehelichen-Umgangsgesetz, FuR 1990, S. 45.
–, Familienrecht nach dem Einigungsvertrag, FuR 1991, S. 29 – 33.
Lempp, Reinhart, Zur Umgangsbefugnis des nichtehelichen Vaters, FamRZ 1989, S. 16f.
Lewald, Walther, Anmerkung zu BGH, Urteil vom 5. Juni 1952, IV ZR 185/51, NJW 1952, S. 935f.
Limbach, Jutta, Die rechtlichen Rahmenbedingungen von Ehe und Elternschaft, in: Handbuch der Familien- und Jugendforschung, Nave-Herz, Rosemarie/Markefka, Manfred (Hrsg.), Neuwied, 1989, S. 225 – 240.
–, Die Stellung des nichtehelichen Kindes in rechtssoziologischer Perspektive, in: Das nichteheliche Kind und seine Eltern – rechtliche und sozialwissenschaftliche Aspekte, Coester, Michael/Zubke, Friedhelm (Hrsg.), Neuwied, 1991, S. 31 – 42.
Lingelbach, Gerhard, Zum Erbrecht im ZGB, in: Das Zivilgesetzbuch der DDR vom 19. Juni 1975, Eckert, Jörn/Hattenhauer, Hans (Hrsg.), Goldbach, 1995, S. 160 – 173.
Lingelbach, Petra, Erfolgreiche Unterhaltsklagen nichtehelicher DDR-Kinder trotz Anspruchsverjährung?, NJ 1994, S. 204 – 206.
Löhnig, Martin, Das Recht des Kindes nicht miteinander verheirateter Eltern, 2. Auflage, Berlin, 2004.
–, Familiengerechtigkeit, in: Ehe, Familie, Abstammung – Blicke in die Zukunft, Röthel, Anne/Löhnig, Martin/Helms, Tobias (Hrsg.), Frankfurt a.M. 2010, S. 33 – 48.
Lorenz, Thomas, Die Deutsche Zentralverwaltung der Justiz (DJV) und die SMAD in der sowjetischen Besatzungszone 1945–49, in: Steuerung der Justiz in der DDR, Bundesministerium der Justiz (Hrsg.), Köln, 1994, S. 135 – 163.
Lutter, Marcus, Das Erbrecht des nichtehelichen Kindes, FamRZ 1967, S. 65 – 78.

Malzahn, Claus Christian, Deutschland, Deutschland, Kurze Geschichte einer geteilten Nation, Bonn, 2005.
Mandla, Christoph, Das „Wechselmodell“ im Umgangsrecht und die Beliebigkeit der Argumentation, NJ 2011, S. 278 – 286.
Markovits, Inga, Gerechtigkeit in Lüritz, Bonn, 2006.
–, Die Rechtswissenschaft der Anderen, NJ 2010, S. 371 – 376.
Maurer, Hans-Ulrich, Gestärkte Rechte des Vaters bei der Adoption, FPR 2005, S. 196 – 199.
Menges, Walter, Zur sozialen Lage des unehelichen Kindes, in: Uneheliche Kinder – rechtlose Kinder?, Molinski, Waldemar (Hrsg.), Recklinghausen, 1967, S. 4 – 35.
Merkel, Ina, Leitbilder und Lebensweisen von Frauen in der DDR, in: Sozialgeschichte der DDR, Kaelble, Hartmut/Kocka, Jürgen/Zwahr, Hartmut (Hrsg.), Stuttgart, 1994, S. 359 – 382.
Meyer, Karl, Zur Reform des Unehelichenrechts, München, 1952.
Meyer, Sibylle/Schulze Eva, Frauen in der Modernisierungsfalle – Wandel von Ehe, Familie und Partnerschaft in der Bundesrepublik Deutschland, in: Frauen in Deutschland 1945 – 1992, Helwig, Gisela/Nickel, Maria (Hrsg.), 4. Auflage, Bonn, 1993, S. 166 – 189.
Mitterauer, Michael, Ledige Mütter, Zur Geschichte nichtehelicher Geburten in Europa, München, 1983.
–, Entwicklungstrends der Familie in der europäischen Neuzeit, in: Handbuch der Familien- und Jugendforschung, Nave-Herz, Rosemarie/Markefka, Manfred (Hrsg.), Neuwied, 1989, S. 179 – 194.
Mitsch, Wolfgang, Grundfälle zu den Tötungsdelikten, JuS 1996, S. 407 – 411.
Mothes, Werner, Nochmals zur Frage: Vertretung im Unterhaltsprozess, NJ 1954, S. 306f.
Müller, Gerda, Unterhalt für ein Kind als Schaden, NJW 2003, S. 697 – 706.
Münder, Johannes, Vom vorgegebenen gesetzlichen Leitbild zur autonomen Gestaltung bei nichtehelicher Kindschaft, FuR 1992, S. 191 – 200.
Mugdan, B., (Hrsg.), Die gesammten Materialien zum Bürgerlichen Gesetzbuch für das Deutsche Reich, IV. Band, Familienrecht, Berlin, 1899.
Muscheler, Karlheinz, Die Klärung der Vaterschaft, FPR 2008, S. 257 – 263.

Nathan, Hans, Anmerkung zu KG, Urteil vom 1. August 1947, 2 U 66/47, NJ 1947, S. 51f.
–, Ein Jahr Gesetzgebung der Deutschen Demokratischen Republik, NJ 1950, S. 378 – 380.
–, Anmerkung zu OG, Urteil vom 1. Dezember 1950, 1 Zz 43/50, NJ 1951, S. 186f.

–, Unterhaltsanspruch des nichtehelichen Kindes nach § 17 des Gesetzes vom 27. September 1950, NJ 1951, S. 320f.
–, Anmerkung zu KG, Urteil vom 27. Mai 1952, 2 U 227/51, NJ 1952, S. 381f.
–, Anmerkung zu BG Chemnitz, Beschluss vom 12. September 1952, Aktz. 5 cT 6/52, NJ 1952, S. 584.
–, Anmerkung zu KrG Bützow, Beschluss vom 16. November 1953, M 88/53, NJ 1954, S. 152f.
–, Anmerkung zu OG, Urteil vom 25. Juni 1953, 2 Zz 14/53, NJ 1953, S. 749f.
–, Vertretung im Unterhaltsprozess, NJ 1954, S. 139f.
–, Anmerkung zu BG Halle, Urteil vom 27. November 1953, 2 S 271/53, NJ 1954, S. 281f.
–, Nochmals zur Frage: Vertretung im Unterhaltsprozess, NJ 1954, S. 307.
–, Die „Abfindung“ des nichtehelichen Kindes, NJ 1954, S. 499 – 501.
–, Über die Feststellung der nichtehelichen Vaterschaft, NJ 1954, S. 567f.
–, Das Familienrecht als Faktor der Erziehung zur Demokratie, StuR 1954, S. 567 – 588.
–, Anmerkung zu BG Karl-Marx-Stadt, Beschluss vom 31. März 1959, 6 BCR 62/59, NJ 1959, S. 645f.
–, Anmerkung zu OG, Urteil vom 7. April 1960, 1 ZzF 18/60, NJ 1960, S. 445.
Nave-Herz, Rosemarie, Gegenstandsbereich und historische Entwicklung der Familienforschung, in: Handbuch der Familien- und Jugendforschung, Nave-Herz, Rosemarie/Markefka, Manfred (Hrsg.), Neuwied, 1989, S. 1 – 17.
–, Familie ohne legale Eheschließung – eine soziologische Betrachtung, in: Das nichteheliche Kind und seine Eltern – rechtliche und sozialwissenschaftliche Aspekte, Coester, Michael/Zubke, Friedhelm (Hrsg.), Neuwied, 1991, S. 1 – 12.
Nave-Herz Rosemarie/Krüger, Dorothea, Ein-Eltern-Familien, Bielefeld, 1992.
Neuhaus, Paul Heinrich, Das Ende des deutschen Unehelichenrechts, FamRZ 1966, S. 528 – 530.
Neumann, Hans, Keine Prozesskostenvorschusspflicht der Mutter im Unterhaltsprozess ihres nichtehelichen Kindes, NJ 1955, S. 281f.
Zur Nieden, Margarete, Gedanken zum Unehelichenrecht aus der Praxis der Adoptionsvermittlung, DR 1936, S. 481 – 485.
Niepmann, Birgit, Aktuelle Entwicklungen im Familienrecht, MDR 2004, S. 969 – 974.
Niepmann, Birgit/Schwamb, Werner, Die Entwicklung des Unterhaltsrechts seit Mitte 2009, NJW 2010, S. 2400 – 2408.
Niethammer, Fritz, Bereicherungsansprüche gegen Kinder wegen zu Unrecht empfangener Unterhaltsbeiträge, NJ 1961, S. 91 – 93.

Nowakowski, Zygmunt/Radwinski, Zbigniew, Das neue polnische Familien- und Vormundschaftsgesetzbuch, NJ 1965, S. 389 – 392.

v. Olshausen, (o.V.), Dem Reichstage und dem Landtage vorliegende Gesetzesentwürfe, JW 1929, S. 390f.
Ostmann, Helmut, Ein Beitrag der Wissenschaft zum neuen Familienrecht, NJ 1955, S. 41 – 47.

Penndorf, Lothar, Anmerkung zu BG Magdeburg, Urteil vom 12. Januar 1954, 1 S 385/54, NJ 1954, S. 514.
Peschel-Gutzeit, Lore, 25 Jahre Familiengerichte in Deutschland, NJW 2002, S. 2737 – 2743.
–, Umgangsrecht – Eine Naturalobligation?, NJW 2008,1922 – 1925.
–, Die Sorgerechtsstellung des nicht mit der Mutter des Kindes verheirateten Vaters, NJW 2010, S. 2990 – 2992.
Pieper, Klaus, Neu: Anfechtungs- und Umgangsrecht des biologischen Vaters, FuR 2004, 385 – 288.
Posch, Martin, 60 Jahre Neue Justiz, NJ 2006, S. 145 – 150.
Prinzing, F., Uneheliche Geburten, in: Handwörterbuch der Staatswissenschaften, 3. Auflage, Bd. 8, Jena, 1911, S. 34 – 43.
Puls, Jutta, Der Betreuungsunterhalt der Mutter eines nichtehelichen Kindes, FamRZ 1998, S. 865 – 876.

Radmacher, (o.V.), Zur Frage des Rechts des nichtehelichen Kindes, NJ 1950, S. 80f.
Radzwill, Edgar, Steiger, Thomas, Erbrechtliche Gleichstellung der vor dem 1. 7. 1949 geborenen nichtehelichen Kinder – Steht der Gesetzgeber in der Pflicht?, FamRZ 1997, S. 268 – 272.
Rainer, J. Michael, Römisches Staatsrecht, Republik und Principat, Darmstadt, 2006.
Rakete-Dombek, Ingeborg, Das neue Unterhaltsrecht seit dem 01.01.2008, DRiZ 2009, S. 172 – 174.
–, Das FamFG, NJW 2009, S. 2769 – 2776.
–, Aktuelle Entwicklungen im Familienrecht, NJW 2010, S. 1313 – 1317.
Ramm, Thilo, Ehelichkeitsanfechtung und Bundesverfassungsgericht, in: Ramm, Thilo, Familienrecht Verfassung Geschichte Reform, Tübingen, 1996, S. 64 – 72.
Rauscher, Thomas, Neuordnung des gesetzlichen Erbrechts, ZRP 1992, S. 272.
–, Vergißt die Reform des Kindschaftsrechts § 1931 IV BGB?, FamRZ 1997, S. 1121 – 1124.

–, Das Umgangsrecht im Kindschaftsrechtsreformgesetz, FamRZ 1998, S. 329 – 341.
Recht mitgestalten, Deutscher Juristentag e.V. (Hrsg.), München, 2010.
Rechtspolitische Forderungen zum Familienrecht, Arbeitskreis Familienrecht der Untergruppe Berlin des DJB, NJ 1991, S. 538f.
Reuther, Rudolf, Verkehrsrecht für den unehelichen Vater?, FamRZ 1967, S. 258 – 263.
Richter, Gerhard, Soll die gesetzliche Amtspflegschaft abgeschafft werden?, FamRZ 1994, S. 5 – 9.
Rittner, Christian/Rittner, Natascha, Rechtsdogma und Rechtswirklichkeit am Beispiel so genannter heimlicher Vaterschaftstests, NJW 2005, S. 945 – 948.
Röthel, Anne, Ist unser Erbrecht noch zeitgemäß?, Gutachten A zum 68. Deutschen Juristentag, München, 2010.
Roquette, (o.V.), Klage auf Feststellung der Abstammung, DR 1936, S. 486 – 488.
–, Das Recht des unehelichen Kindes, Berlin, 1943.
Roth, Wolfgang, Vaterschaftsanfechtung durch den biologischen Vater, NJW 2003, 3153 – 3160.
Rottleuthner, Hubert, Zur Steuerung der Justiz in der DDR, in: Steuerung der Justiz in der DDR, Bundesministerium der Justiz (Hrsg.), Köln, 1994, S. 9 – 66.
Rudolph, Claus, Zur Regelung des persönlichen Umgangs des nicht erziehungsberechtigten Elternteils mit dem Kind, NJ 1965, S. 457.
Rüthers, Bernd, Recht und Juristen im Wechsel der Systeme und Ideologien, NJ 2003, S. 337 – 344.
–, Klartext zu den Grenzen des Richterrechts, NJW 2011, S. 1856 – 1858.

Sabrow, Martin, Die Historikerdebatte über den Umbruch von 1989, in: Zeitgeschichte als Streitgeschichte, Martin Sabrow, Martin/Jessen, Ralph (Hrsg.), München, 2003, S. 114 – 137.
von Sachsen Gessaphe, Karl August, Nachbesserungen im Familienrecht – eine unendliche Geschichte, NJW 2003, S. 1853 – 1855.
Sättler, Die Berücksichtigung unehelicher Kinder bei der Erteilung eines Erbscheins, NJ 1951, S. 76f.
Salgo, Ludwig, Zur Stellung des Vaters bei der Adoption seines nichtehelichen Kindes durch die Mutter und deren Ehemann, NJW 1995, S. 2129 – 2134.
Scharenberg, Wolfgang, Das Pflichtteilsrecht der Kinder, NJ 1954, S. 474.
Scheiffarth, Engelbert, Das Amt Menden, Siegburg, 1964.
Schellhorn, Walter, Reform des Nichtehelichenrechts, FuR 1992, S. 37f.

Schild, Wolfgang, Folter, Pranger, Scheiterhaufen, Rechtsprechung im Mittelalter, München, 2010.
Schilling, Roger, Rechtliche Probleme bei der gemeinsamen Sorge nach Trennung bzw. Scheidung, NJW 2007, S. 3233 – 3240.
Schlicht, Götz, Das Familien- und Familienverfahrensrecht in Ostdeutschland, Tübingen, 1970.
Schlosser, Peter, Der Einfluß des Grundgesetzes auf die privatrechtliche Stellung des unehelichen Kindes, FamRZ 1963, S. 601 – 630.
Schmidt, Arthur, Die Stellung der unehelichen Kinder und der Gesetzentwurf vom 22. Mai 1925, AcP 7, Bd. NF = 127 Bd., 1927, S. 210 – 231.
–, Buchbesprechung zu Kipp, Theodor, zur Reform des Rechts der unehelichen Kinder, AcP 6 (126), 1926, S. 351f.
Schmidt, Wolfgang, Gesichtspunkte für die Berechnung der Höhe des Unterhalts der Kinder, NJ 1964, S. 403 – 405.
Schneider, Ute, Hausväteridylle oder sozialistische Utopie?, Köln, 2004.
Schrodt, Walter, Das Erbrecht des außerhalb der Ehe geborenen Kindes, NJ 1966, S. 299.
Schröder, Rainer, Justiz in den deutschen Staaten seit 1933, forum historiae juris, Artikel vom 25. Oktober 1999, http://www.forhistiur.de (27.12.2012).
Schubart-Fikentscher, Gertrud, Die Unehelichenfrage in der Frühzeit der Aufklärung, Berlin, 1967.
Schubert, Karin, Zur Reform des Kindschaftsrechts, NJ 1997, S. 232 – 235.
–, Das Gesetz zur Änderung des Unterhaltsrechts, NJ 2008, S. 49 – 52.
Schubert, Werner, Die Projekte der Weimarer Republik zur Reform des Nichtehelichen-, des Adoptions- und des Ehescheidungsrechts, Paderborn, 1986.
–, Die Reform des Nichtehelichenrechts (1961 – 1969), Paderborn, 2003.
Schuller, Wolfgang, Die Deutsche Revolution 1989, Berlin, 2009.
Schultz, Günther, Blick in die Zeit, MDR 1962, S. 710 – 713.
Schwenzer, Ingeborg, Die Rechtsstellung des nichtehelichen Kindes, FamRZ 1992, S. 121 – 128.
Schumann, Eva, Das Nichtehelichenrecht: Gesetzeslage und Reformbestrebungen, JuS 1996, S. 506 – 509.
–, Die nichteheliche Familie, München, 1998.
Schwark, Eberhard, Sozialer Wandel durch Nichtehelichenrecht, FamRZ 1971, S. 239 – 242.
Siebert, Wolfgang, Das Recht der Familie und die Rechtsstellung der Volksgenossen, Berlin, 1939.
–, Anmerkung zu LG Koblenz, Urteil vom 16. November 1954, 3 S 224/54, NJW 1955, S. 753 – 754.
Sieder, Reinhard, Sozialgeschichte der Familie, Frankfurt am Main, 1987.

Sorgenicht, Klaus, Unser Staat in den achtziger Jahren, Berlin, 1982.
Sozialistische Beziehungen in Familien und Hausgemeinschaften bewusster gestalten, Materialien der Sitzung des Verfassungs- und Rechtsausschusses der Volkskammer der DDR vom 24. Februar 1971, in: Aus der Tätigkeit der Volkskammer und ihrer Ausschüsse, 5. Wahlperiode, 1971, Heft 21.
Spickhoff, Andreas, Die Entwicklung des Arztrechts 2003/2004, NJW 2004, S. 1710 – 1720.
Staatliche Dokumente zur Förderung der Frau in der Deutschen Demokratischen Republik, Berlin, 1973.
Steding, Rolf, Heinz Such – Nestor eines einheitlichen Wirtschaftsrechts in der DDR, NJ 2003, S. 627 – 630.
Steinbacher, Sybille, Frauen im Führerstaat, in: Das „Dritte Reich“, Süß, Dietmar/Süß, Winfried (Hrsg.), München, 2009.
Steinbeis, Maximilian/Dejten, Marion/Detjen, Stephan, Die Deutschen und das Grundgesetz, München, 2009.
Stockmann, Roland, Die Reform der Verfahren in Familiensachen und in der freiwilligen Gerichtsbarkeit durch das FamFG, NJ 2009, S. 141 – 149.
Stöcker, Hans A., Abschaffung der Nichtehelichkeit, notwendige Revision einer Reform, ZRP 1975, S. 32 – 38.
Stolleis, Michael (Hrsg.), Juristische Zeitgeschichte – Ein neues Fach?, Baden-Baden, 1993.
Straßberg, Werner, Die Sicherung der Unterhaltsansprüche von Kindern, NJ 1986, S. 99 – 102.
Strintzing, Heike, Erbersatzanspruch und vorzeitiger Erbausgleich nichtehelicher Kinder gemäß §§ 1934a–e BGB im Lichte des Art. 6 Abs. 5 GG, FuR 1994, S. 73 – 82.
Swerdloff, G.M., Die Entwicklung des sowjetischen Familienrechts seit der Oktoberrevolution, NJ 1957, S. 683 – 686.

Taupitz, Jochen, Die Samenspende: Finanzielles Vabanquespiel für den Spender, ZRP 2011, S. 161 – 163.
Toeplitz, Heinrich, Die Vorbereitung des neuen Familienrechts durch die Rechtsprechung, NJ 1954, S. 658 – 663.

Ulbricht, Walter, Das Familiengesetzbuch – Teil des großen Gesetzeswerkes des neuen Deutschlands, in: Ein glückliches Familienleben – Anliegen des Familiengesetzbuches der DDR, Kanzlei des Staatsrates der DDR (Hrsg.), Berlin (Ost), 1965, S. 7 – 12.

Vaskovics, Laszlo A., Veränderte Familien- und Lebensformen: Entscheidungsfeld und Optionen, in: Familiale Lebenswelten und Bildungswelten und Bildungsarbeit, Vaskovics Laszlo A./Lipinski. Heike (Hrsg.), Opladen, 1996, S. 35 – 68.

Voss, Hans, Das Erbrecht des nichtehelichen Kindes in beiden Teilen Deutschlands, Berlin, 1974.

Wägenbaur, Rolf, Zur Aktualisierung von Art. 6 Abs. V GG durch die Rechtsprechung, FamRZ 1962, S. 129 – 134.

Wagner, Günter, Die Reformbestrebungen zur Neugestaltung des Nichtehelichenrechts – Eine analytische Dokumentation, Bremen, 1971.

Waldmann, Kurt, Unterhaltsanspruch des nichtehelichen Kindes nach § 17 des Gesetzes vom 17. September 1950, NJ 1950, S. 320.

Walther, Rosemarie/Funke, Heinz, Probleme der Familienerziehung und ihre Widerspiegelung im FGB-Entwurf, NJ 1965, S. 241 – 246.

Warnecke, Marie-Luise, Zwangsadoptionen in der DDR – Eine Erfindung der Medien oder gängige Praxis von Jugendhilfe und Gerichten?, NJ 2010, S. 156.

Weber, Albrecht, Die Entwicklung des Familienrechts seit Mitte 2008, NJW 2009, S. 3283 – 3290.

–, Die Entwicklung des Familienrechts seit Mitte 2009, NJW 2010, S. 3071 – 3078.

–, Die Entwicklung des Familienrechts seit Mitte 2010, NJW 2011, S. 3067 – 3074.

Wellenhofer, Marina, Das neue Gesetz zur Klärung der Vaterschaft unabhängig vom Anfechtungsverfahren, NJW 2008, S. 1185 – 1189.

Werkentin, Falco, Politische Strafjustiz in der Ära Ulbricht, Berlin, 1995.

–, Recht und Justiz im SED-Staat, Bonn, 1998.

Westen, Klaus/Schleider, Joachim, Zivilrecht im Systemvergleich, Berlin, 1984.

–, Das Menschenbild des ZGB der DDR, in: Das Zivilgesetzbuch der DDR vom 19. Juni 1975, Eckert, Jörn/Hattenhauer, Hans (Hrsg.), Goldbach, 1995, S. 94 – 106.

Wiemann, (o.V.), Fragen des internationalen Familienrechts in den Rechtshilfeverträgen der DDR mit der Sowjetunion und den europäischen Ländern der Volksdemokratie, in: Familiengesetze Sozialistischer Länder, Grandke, Anita/Heuer, Klaus (Hrsg.), Berlin, 1959, S. 9 – 30.

Wieser, Eberhard, Zur Feststellung der nichtehelichen Vaterschaft nach neuem Recht, NJW 1998, S. 2023f.

Will, Annegret, Macht und Gleichheit, Frankfurt am Main, 1997.

Wolf, Alfred, Biologische Abstammung und rechtliche Zuordnung, NJW 2005, S. 2417 – 2421.
Wolff, Franz, Die Rechtsstellung der unehelichen Kinder im BGB und ihre Reform, Stuttgart, 1918.
Wolle, Stefan, Aufbruch im Osten?, Die DDR, in: Die Deutschen im 20. Jahrhundert, Wolfrum, Edgar (Hrsg.), Darmstadt, 2004, S. 40 – 52.
Wittich-Lucas. Ilse, Für eine Beteiligung des nichtehelichen Vaters an den Kosten der Erstlingsausstattung, NJ 1955, S. 283.

Yldiz, Ersin, Marx's verfassungstheoretische Schriften und die Entwicklung der materialistischen Rechtstheorie, in: Der Staat der bürgerlichen Gesellschaft, Zum Staatsverständnis von Karl Marx, Hirsch, Joachim/Kannakulam, Johannes/Wissel, Jens (Hrsg.), Baden-Baden, 2008, S. 116 – 134.

Zeller, Hans, Das Recht des nichtehelichen Kindes, Stuttgart, 1976.
Ziegler, Eberhard/Mäuerle, Karl-Heinz, Familienrecht, Baden-Baden, 2000.
Zuck, Rüdiger, Die verfassungsrechtliche Gewährleistung der Ehe im Wandel des Zeitgeists, NJ 2009, S. 1440 – 1454.
Zum Familienrecht in der Sowjetzone, Bundesministerium für gesamtdeutsche Fragen (Hrsg.), 3. Auflage, Bonn, 1958.
Zweigert, Konrad, Zur Reform des Unehelichenrechts, JuS 1967, S. 241 – 248.
Zypris, Brigitte/Cludius, Stefan, Missbräuchliche Vaterschaftsanerkennungen zur Erlangung von Aufenthaltstiteln, NJW 2007, S. 1 – 5.

B. Verzeichnis der verwendeten Archivalien

Bundesarchiv Berlin

DA 1: Bestand Volkskammer der DDR

- 6800
- 4 WP 3459

DP 1 Ministerium der Justiz

- 122
- 137
- 182

- 1486
- 1925
- 1926
- 1927
- 6874
- 7198
- 7400
- 7548
- 7894
- 7957
- 8002
- 8020
- 8038

RECHTSHISTORISCHE REIHE

Die nachfolgende Liste führt die Titel der "Rechtshistorischen Reihe" ab Band 300 auf.
Eine vollständige Übersicht aller bisher in der Reihe erschienenen Bücher
finden Sie auf www.peterlang.de.

Band 300 Jan Kohlmann: Der Marsch zu den Gräbern von Karl und Rosa. Geschichte eines Gedenktages. 2004.

Band 301 Christian Rainer Schlicht: Die kumulative Schuldübernahme in der Rechtsprechung des Reichsgerichts und in der zeitgenössischen Literatur. 2004.

Band 302 Hans Peter Glöckner: Positive Vertragsverletzung. Die Geburt eines Rechtsinstituts. 2006.

Band 303 João Manuel Azevedo Alexandrino Fernandes: Die Theorie der Interpretation des Gesetzes bei Francisco Suárez. 2005.

Band 304 René Funk: Die Wahlprüfung der volksgewählten Abgeordneten der Volksvertretungen im Frühkonstitutionalismus. Eine Untersuchung der Wahlprüfung in den Kammern der Abgeordneten des Großherzogtums Baden, des Königreichs Württemberg und des Großherzogtums Hessen. 2005.

Band 305 Carolin O'Sullivan. Die Ahndung von Rechtsbrüchen der Seeleute im mittelalterlichen hamburgischen und hansischen Seerecht (1301-1482). 2005.

Band 306 Martin Jürgens: Staat und Reich bei Ernst Rudolf Huber. Sein Leben und Werk bis 1945 aus rechtsgeschichtlicher Sicht. 2005.

Band 307 Florian G. Dürselen: Franz Beyerle (1885-1977). Leben, Ära und Werk eines Rechtshistorikers. 2005.

Band 308 Kai Bandilla: Urheberrecht im Kaiserreich. Der Weg zum Gesetz betreffend das Urheberrecht an Werken der Literatur und Tonkunst vom 19. Juni 1901. 2005.

Band 309 Stefan Mieth: Die Entwicklung des Denkmalrechts in Preußen 1701-1947. 2005.

Band 310 Catharina Lodemann: Die Geschichte des französischen *acte de gouvernement*. 2005.

Band 311 Christina Wicke: Kodifikationsbestrebungen und Wissenschaft in Hessen-Darmstadt im vorkonstitutionellen Zeitalter. Zu der Beteiligung der Gießener Rechtsprofessoren an den Gesetzgebungsarbeiten in Hessen-Darmstadt in der Zeit zwischen 1769 und 1820. 2005.

Band 312 Christiane Chlosta: Nur dem Gesetz unterworfen? Eine rechtsgeschichtliche Untersuchung zu Idee und Wirklichkeit richterlicher Gesetzestreue unter besonderer Berücksichtigung der Aufwertungsrechtsprechung und des richterlichen Prüfungsrechts. 2005.

Band 313 Kathrin Dirr: Hoheitsrechtliche Streitigkeiten zwischen den Kölner Erzbischöfen und der Stadt Köln auf Grundlage reichskammergerichtlicher Verfahren des 16. und 17. Jahrhunderts. 2005.

Band 314 Michael Racky: Die Diskussion über Gewaltenteilung und Gewaltentrennung im Vormärz. 2005.

Band 315 Petra Thiemrodt: Die Entstehung des Staatshaftungsgesetzes der DDR. Eine Untersuchung auf der Grundlage von Materialien der DDR-Gesetzgebungsorgane mit zeitgeschichtlichen Bezügen. 2005.

Band 316 Julius F. Reiter: Entstehung und staatsrechtliche Theorie der italienischen *Carta del Lavoro*. 2005.

Band 317 André Book: Die Justizreform in der Frühzeit der Bundesrepublik. Die Beratungen der Kommission zur Vorbereitung einer Reform der Zivilgerichtsbarkeit in den Jahren 1955 bis 1961. 2005.

Band 318 Frank Zentz: Das amerikanische Strafverfahren als Element der Besatzungspolitik in Deutschland. Erziehung zur Demokratie durch den *Court of Appeals* 1948-1955. 2005.

Band 319 Friederike Quaisser: Mietrecht im 19. Jahrhundert. Ein Vergleich der mietrechtlichen Konzeptionen im Allgemeinen Landrecht für die Preußischen Staaten von 1794 und dem gemeinen Recht. 2005.

Band 320 Stefan Burghard: Professor Dr. Wilhelm Kahl – Leben zwischen Wissenschaft und Politik. 2005.

Band 321 Günter Baranowski: Die *Russkaja Pravda* – ein mittelalterliches Rechtsdenkmal. 2005.

Band 322 Christina Schneider: Die SS und das „Recht". Eine Untersuchung anhand ausgewählter Beispiele. 2005.

Band 323 Werner Schubert (Hrsg.): Zivilprozessreform in der Weimarer Zeit. Quellen zur Emminger-Zivilprozessverordnung vom 13.2.1924 und zu den Arbeiten der Zivilprozesskommission des Reichsjustizministeriums (1922-1930). Eingeleitet und herausgegeben von Werner Schubert. 2005.

Band 324 Felix Gaul: Der Jurist Rudolf Isay (1886-1956). Ein verantwortungsbewusster Vermittler im Spannungsfeld zwischen dynamischer Rechtsschöpfung, ökonomischem Wandel und technischem Fortschritt. 2005.

Band 325 Konstanze Braun: Dr. Otto Georg Thierack (1889-1946). 2005.

Band 326 Eckart Klein / Stefan Chr. Saar / Carola Schulze (Hrsg.): Zwischen Rechtsstaat und Diktatur. Deutsche Juristen im 20. Jahrhundert. 2006.

Band 327 Stefan Botor: Das *Berliner Sühneverfahren* – Die letzte Phase der Entnazifizierung. 2006.

Band 328 Andreas Köhler: Die Sorgerechtsregelungen bei Ehescheidung seit 1945. Scheidungsstrafe und verordnete Gemeinsamkeit. 2006

Band 329 Lars Düwel: Die Nichtigkeit und Anfechtbarkeit der Ehe in der Rechtsprechung des Reichsgerichts zwischen 1900 und 1945. 2006.

Band 330 Katalin Polgar: Das Oberappellationsgericht der vier freien Städte Deutschlands (1820-1879) und seine Richterpersönlichkeiten. 2007.

Band 331 Julia Schweitzer: Schiffer und Schiffsmann in den Rôles d'Oléron und im Llibre del Consolat de Mar. Ein Vergleich zweier mittelalterlicher Seerechtsquellen. 2007.

Band 332 Diana-Catharina Kurtz: Das Institut der Adoption im preußischen Allgemeinen Landrecht und im französischen Code civil zwischen Rezeption römisch-rechtlicher Prinzipien und verändertem Familienverständnis. 2006.

Band 333 Dino Joakim Duderstadt: Spiel, Wette und Differenzgeschäft (§§ 762-764 BGB) in der Rechtsprechung des Reichsgerichts und in der zeitgenössischen Literatur. 2007.

Band 334 Ronald Hoffmann: Die Domänenfrage in Thüringen. Über die vermögensrechtlichen Auseinandersetzungen mit den ehemaligen Landesherren in Thüringen nach dem Ersten Weltkrieg. 2006.

Band 335 Joachim Windmüller: *Ohne Zwang kann der Humanismus nicht existieren...* – „Asoziale" in der DDR. 2006.

Band 336 Sven Christian Gläser: Die Mediatisierung der Grafschaft Wertheim. Der juristische Kampf eines kleinen Reichsstandes gegen den Verlust der Landesherrschaft und seine Folgen. 2006.

Band 337 Benjamin Schleyer: Friedrich Wilhelm Bornemann (1798-1864). Eine Juristenkarriere im Preußen des 19. Jahrhunderts. 2006.

Band 338 Die Reform des Ehescheidungsrechts von 1976. Quellen zum Ersten Gesetz vom 14.6.1976 zur Reform des Ehe- und Familienrechts (Parlamentarische Ausschussprotokolle – Anglikanische Denkschrift von 1966 zur Scheidungsrechtsreform – Schlussabstimmung 1969 in der Eherechtskommission des Bundesministeriums der Justiz). Eingeleitet und herausgegeben von Werner Schubert. 2006.

Band 339 Andreas Feld: Das Bayerische Gesetz zum Schutz des Eigentums an Erzeugnissen der Literatur und Kunst gegen Nachdruck vom 15.04.1840. Vorgeschichte und Zustandekommen. 2007.

Band 340 Bernd Wörner: Adelbert Düringers Einfluß als Richter am Reichsgericht in Leipzig auf dem Gebiet des Personengesellschaftsrechts. 2007.

Band 341 Jan Jelle Kähler: Französisches Zivilrecht und französische Justizverfassung in den Hansestädten Hamburg, Lübeck und Bremen (1806-1815). 2007.

Band 342 Jörn Eckert / Pia Letto-Vanamo / Kjell Modéer (Hrsg.): Juristen im Ostseeraum. Dritter Rechtshistorikertag im Ostseeraum 20.-22. Mai 2004. 2007.

Band 343 Ferdinand von Weyhe: A.E. Wassermann. Eine rechtshistorische Fallstudie zur „Arisierung" zweier Privatbanken. 2007.

Band 344 Martin Klaus Römermann: Kündigungen und Kündigungsschutz im Franquismus. 2007.

Band 345 Thomas Hoffmann: Der Landrechtsentwurf David Hilchens von 1599. Ein livländisches Rechtszeugnis polnischer Herrschaft. 2007.

Band 346 Ingo Ullmann: Die rechtliche Behandlung holsteinischer Leibeigener um die Mitte des 18. Jahrhunderts. Dargestellt unter besonderer Berücksichtigung der Schmoeler Leibeigenschaftsprozesse von 1738 bis 1743 sowie von 1767 bis 1777. 2007.

Band 347 Petra Fischer-Langosch: Die Entstehungsgeschichte des Familiengesetzbuches der DDR von 1965. 2007.

Band 348 Lasse O. Johannsen: Die rechtliche Behandlung ausreisewilliger Staatsbürger in der DDR. 2007.

Band 349 Ralf Schlottau: Deutsche Kolonialrechtspflege. Strafrecht und Strafmacht in den deutschen Schutzgebieten 1884 bis 1914. 2007.

Band 350 Hartwig Brandt / Ewald Grothe (Hrsg.): Rheinbündischer Konstitutionalismus. 2007.

Band 351 Nora Lutze: Der Verwandtenunterhalt nach den §§ 1601 bis 1603 und §§ 1610 bis 1612 BGB in der Rechtsprechung des Reichsgerichts. Unter Berücksichtigung der Entstehung des BGB. 2007.

Band 352 Frank Thiäner: Das Verhältnis von Aufsichtsrat und Abschlussprüfern in der rechtshistorischen Entwicklung bis 1937. 2007.

Band 353 Britta Heymann: Ernst Melsheimer (1897-1960). Eine juristische Karriere in verschiedenen staatlichen Systemen. Mitarbeiter im Preußischen Justizministerium in der Weimarer Republik, im Justizministerium Preußens und des Reiches sowie Richter am Kammergericht in der NS-Zeit und Erster Generalstaatsanwalt der Deutschen Demokratischen Republik. 2007.

Band 354 Susanne Adlberger: Wilhelm Kisch – Leben und Wirken (1874-1952). Von der Kaiser-Wilhelms-Universität Straßburg bis zur nationalsozialistischen Akademie für Deutsches Recht. 2007.

Band 355 Moritz Waibel: Josef Berchtold (1833-1894). Ein Leben gegen den Ultramontanismus. 2007.

Band 356 Aline Levin: Erinnerung? Verantwortung? Zukunft? Die Beweggründe für die gemeinsame Entschädigung durch den deutschen Staat und die deutsche Industrie für historisches Unrecht. 2007.

Band 357 Ferdinand Krause: Die hergebrachten Grundsätze des Berufsbeamtentums. Eine rechtshistorische Analyse. 2008.

Band 358 André Tiebel: Die Entstehung der Schutztruppengesetze für die deutschen Schutzgebiete Deutsch-Ostafrika, Deutsch-Südwestafrika und Kamerun (1884-1898). 2008.

Band 359 Holger Ruff: Sittenwidrige Rechtsgeschäfte in der späten Kaiserzeit. Die Entwicklung der reichsgerichtlichen Rechtsprechung zu § 138 BGB von 1900 bis 1914. 2007.

Band 360 Frank Rohrer: Strafjustiz im Dritten Reich und in der SBZ/DDR. Die personelle und organisatorische Neuordnung des Justizapparates in den totalitären Diktaturen (1933-1955) mit ihren Auswirkungen auf die Rechtsprechung zum politischen Strafrecht. 2007.

Band 361 Hans-Georg Knothe / Marc Liebmann (Hrsg.): Gerichtskultur im Ostseeraum. Vierter Rechtshistorikertag im Ostseeraum. 18.-20. Mai 2006 in Greifswald. 2007.

Band 362 Christina Meß: Das Vertragsrecht bei Adam Smith. 2008.

Band 363 Quellen zur dänischen Rechts- und Verfassungsgeschichte (12.-20. Jahrhundert). Herausgegeben von Ditlev Tamm, Werner Schubert und Jens Ulf Jørgensen. 2008.

Band 364 Günter Baranowski: Die Gerichtsurkunde von Pskov. 2008.

Band 365 Mark Spengler: Die Entstehung des Scheckgesetzes vom 11. März 1908. 2008.

Band 366 Ivan Biliarsky / Radu G. Păun (eds./éds.): The Biblical Models of Power and Law. Les modèles bibliques du pouvoir et du droit. Papers of the International Conference, Bucharest, New Europe College 2005. Actes du colloque international, Bucarest, New Europe College 2005. 2008.

Band 367 Thomas A. Roth: Ausgestaltungen der Rechtsfähigkeit im 19. und 20. Jahrhundert. Zur Rechtspersönlichkeit natürlicher Personen in den bedeutenden deutschen Zivilrechtsordnungen. 2008.

Band 368 Björn Alexander Rautenberg: Der Fiskal am Reichskammergericht. Überblick und exemplarische Untersuchungen vorwiegend zum 16. Jahrhundert. 2008.

Band 369 Thorsten Miederhoff: *Man erspare es mir, mein Juristenherz auszuschütten.* Dr. iur. Kurt Tucholsky (1890-1935). Sein juristischer Werdegang und seine Auseinandersetzung mit der Weimarer Strafrechtsreformdebatte am Beispiel der Rechtsprechung durch Laienrichter. 2008.

Band 370 Philipp Nordloh: Kölner Zunftprozesse vor dem Reichskammergericht. 2008.

Band 371 Judith Freund: Die Wechselverpflichtung im 19. Jahrhundert. 2008.

Band 372 Hans-Michael Empell: Gutenberg vor Gericht. Der Mainzer Prozess um die erste gedruckte Bibel. 2008.

Band 373 Rainer Schröder: Die DDR-Ziviljustiz im Gespräch – 26 Zeitzeugeninterviews. 2008.

Band 374 Christian Neschwara: Ein österreichischer Jurist im Vormärz. „Selbstbiographische Skizzen" des Freiherrn Karl Josef Pratobevera (1769-1853). 2009.

Band 375 Stefan Ullrich: Untersuchungen zum Einfluss des lübischen Rechts auf die Rechte von Bergen, Stockholm und Visby. 2008.

Band 376 Johanna Gertrude Schmitzberger: Das nationalsozialistische Nebenstrafrecht 1933 bis 1945. 2008.

Band 377 Christian Brom: Urteilsbegründungen im „Hoge Raad van Holland, Zeeland en West-Friesland" am Beispiel des Kaufrechts im Zeitraum 1704-1787. 2008.

Band 378 Christian Böse: Die Entstehung und Fortbildung des Reichserbhofgesetzes. 2008.

Band 379 Tobias Röhnelt: Timm Kröger. Leben und Werk. 2009.

Band 380 Andrea Elisabeth Sebald: Der Kriminalbiologe Franz Exner (1881-1947). Gratwanderung eines Wissenschaftlers durch die Zeit des Nationalsozialismus. 2008.

Band 381 Angela Kriebisch: Die Spruchkörper Juristenfakultät und Schöppenstuhl zu Jena. Strukturen, Tätigkeit, Bedeutung und eine Analyse ausgewählter Spruchakten. 2008.

Band 382 Nana Ozawa: Louis Adolphe Bridel – Ein Schweizer Professor an der juristischen Fakultät der Tokyo Imperial University. Die geschichtliche Bedeutung der Yatoi zur späten Meijizeit. 2010.

Band 383 Christian Weißhuhn: Alfred Hueck 1889-1975. Sein Leben, sein Wirken, seine Zeit. 2009.

Band 384 Andreas Hunkel: Eduard Dietz (1866-1940) – Richter, Rechtsanwalt und Verfassungsschöpfer. 2009.

Band 385 Meike Guskow: Entstehung und Geschichte der Europäischen Charta der Regional- oder Minderheitensprachen. 2009.

Band 386 Markus J. Jahnel: Das Bodenrecht in „Neudeutschland über See". Erwerb, Vergabe und Nutzung von Land in der Kolonie Deutsch-Südwestafrika 1884-1915. 2009.

Band 387 Matthias Günter Steiner: Die Klöster und ihr Wirken – eine der Wurzeln des Stiftungswesens? 2009.

Band 388 Cornelia Staats: Die Entstehung des Bundes-Immissionsschutzgesetzes vom 15. März 1974. 2009.

Band 389 Cai Niklaas E. Harders: Das Bundesjagdgesetz von 1952 sowie die Novellen von 1961 und 1976. Vorgeschichte, Entstehung des Gesetzes sowie Problemfelder. 2009.

Band 390 Matthias Pohlkamp: Die Entstehung des modernen Wucherrechts und die Wucherrechtsprechung des Reichsgerichts zwischen 1880 und 1933. 2009.

Band 391 Sebastian Baur: *Vor vier Höllenrichtern...* Die Lizentiats- und Doktorpromotionen an der Juristischen Fakultät der Universität Heidelberg. 2009.

Band 392 Christoph Salmen-Everinghoff: Zur *cautio damni infecti*: Die Rückkehr eines römischrechtlichen Rechtsinstituts in das moderne Zivilrecht. 2009.

Band 393 Till Meno Sellschopp: Der Weg zum Revokationsrecht der Ehegatten nach § 1368 BGB. Zugleich ein Beitrag zur Geschichte des ehelichen Güterrechts. 2009.

Band 394 Marc Biermann: Das Staatseigentum an öffentlichen Sachen im Gemeingebrauch in der ersten Hälfte des 19. Jahrhunderts. Die Theorie des reinen Hoheitsrechts an den öffentlichen Sachen von Rudolph von Jhering und Friedrich Ludwig Keller im Zusammenhang mit dem Baseler Schanzenstreit von 1859/62. 2009.

Band 395 Markus Tüxen: Kollegialprinzip oder Einzelrichter. Die Entwicklung des zivilrechtlichen Spruchkörpers bei den Landgerichten sowie den Oberlandesgerichten seit 1879 unter besonderer Berücksichtigung der Reformen von 1974 und 1976. 2009.

Band 396 Adam Polkowski: Die polnische Zivilprozessordnung von 1930/33. Unter Berücksichtigung des deutschen, österreichischen, russischen und französischen Rechts. 2009.

Band 397 Barbara Riedi: Die Porten der Unteren Strasse, ihr Ladungsrecht und der Strassenunterhalt. Rechtshistorische Betrachtungen zur Verkehrs- und Wirtschaftsgeschichte Graubündens. 2009.

Band 398 Stefanie Jessica Loroch: Zeitungsrubrik: Gerichtssaal. Strafprozessberichterstattung in Münster im 19. Jahrhundert (1848-1890). 2009.

Band 399 Dirk Henning Hofer: Karl Konrad Werner Wedemeyer (1870-1934). Ein Juristen- und Gelehrtenleben in drei Reichen. Eine Biographie. 2010.

Band 400 Thomas Simon (Hrsg.): Hundert Jahre allgemeines und gleiches Wahlrecht in Österreich. Modernes Wahlrecht unter den Bedingungen eines Vielvölkerstaates. 2010.

Band 401 Dörte Mentz: Die Beweislastumkehr in der Rechtsprechung des Reichsgerichts. 2010.

Band 402 Werner Schubert (Hrsg.): Oberster Gerichtshof für die Britische Zone (1948-1950). Nachschlagewerk Strafsachen – Nachschlagewerk Zivilsachen. Präjudizienbuch der Zivilsenate. Eingeleitet und herausgegeben von Werner Schubert. 2010.

Band 403 Yong Lei: Auf der Suche nach dem modernen Staat. Die Einflüsse der allgemeinen Staatslehre Johann Caspar Bluntschlis auf das Staatsdenken Liang Qichaos. 2010.

Band 404 Andreas Schwenk: Die Formbestimmung des § 313 BGB a. F. (§ 311 b Abs. 1 BGB n. F.) bei Verträgen über Grundstücke in der Rechtsprechung des Reichsgerichts. 2010

Band 405 René Schorsch: Eberhard Georg Otto Freiherr von Künßberg (1881-1941). Vom Wirken eines Rechtshistorikers. 2010.

Band 406 Ulrike Köbler: Werden, Wandel und Wesen des deutschen Privatrechtswortschatzes. 2010.

Band 407 Björn Florian Faulenbach: Rolle und Bedeutung der Lehre in der Rechtsprechung der Internationalen Gerichtshöfe im zwanzigsten Jahrhundert. 2010.

Band 408 Guangyu Fu: Das Causaproblem im deutschen Bereicherungsrecht. Eine rechtshistorische Untersuchung. 2010.

Band 409 Andreas Kimmelmann: Die Folter im Beweisverfahren der Leges Visigothorum. Chindasvinths Gesetzgebung im Spiegel der westgotischen Rechtsentwicklung. 2010.

Band 410 Jacqueline Schmaltz: Die Entwicklung der Industrie- und Handelskammern. Zwischen Pflicht und Kür. 2010.

Band 411 Hermann Nehlsen: Bayerische Rechtsgeschichte vom frühen Mittelalter bis zum 20. Jahrhundert. 2011.

Band 412 Kathrin Spoerr: Recht und Revolution. Deutsche Ökonomen und ihr Einfluss auf das Recht der Weimarer Republik – eine Zeitschriftenschau 1917-1920. 2011.

Band 413 Moritz von Köckritz: Die deutschen Oberlandesgerichtspräsidenten im Nationalsozialismus (1933-1945). 2011.

Band 414 Annika Lillemor Lara Rabaa: Die Ehe als Rechtsinstitut im Badischen Landrecht von 1810. Unter besonderer Berücksichtigung der gesellschaftlichen Entwicklungen im 19. Jahrhundert. 2011.

Band 415 Christian Hattenhauer / Klaus-Peter Schroeder (Hrsg.): 200 Jahre Badisches Landrecht von 1809/1810. Jubiläumssymposium des Instituts für geschichtliche Rechtswissenschaft der Ruprechts-Karls-Universität Heidelberg und der Heidelberger Rechtshistorischen Gesellschaft vom 23. bis 26. September 2009. 2011.

Band 416 Tobias Alexander Krammerbauer: Die Ministerverantwortlichkeit und die Vorformen sonstiger Verfassungsgerichtsbarkeit in Württemberg zwischen 1815 und 1918. 2011.

Band 417 Werner Schubert (Hrsg.): Quellen zur GmbH-Reform von 1958 bis zum GmbH-Änderungsgesetz von 1980. Eingeleitet und herausgegeben von Werner Schubert. 2011.

Band 418 Gisela Emling: Johannes Heckel. Leben und Wirken (1889-1963). 2011.

Band 419 Jochen Kirschbaum: Die Etablierung der Historischen Rechtsschule an der Ludoviciana (1814-1824). 2011.

Band 420 Sören Koch: Unaufgeforderte Hilfeleistung in Notsituationen. Eine rechtshistorische und rechtsvergleichende Studie zu den zivilrechtlichen Aspekten der Nothilfe mit besonderer Berücksichtigung des Rechts der Geschäftsführung ohne Auftrag. 2011.

Band 421 Friedrich Carl von Savigny: Die Prinzipienfragen in Beziehung auf eine neue Strafprozeß-Ordnung. Ausgearbeitet im Justizministerium für die Gesetzrevision. Eingeleitet und herausgeben von Werner Schubert. 2011.

Band 422 Stephan Faulwetter: Von der Zunft zur Handelskammer. Zur Entwicklung des Gewerberechts in thüringischen Staaten. 2011.

Band 423 Moritz Eisenhardt: Sanierung statt Liquidation. Die Geschichte des Vergleichs zur Abwendung des Konkurses unter besonderer Berücksichtigung der Vergleichsordnung von 1927 und 1935. 2011.

Band 424 Gerd Kleinheyer: Beiträge zur Strafrechtsgeschichte. Herausgeben von Franz Dorn, Mathias Schmoeckel und Jan Schröder. 2011.

Band 425 Ralf Maertens: Das Landgericht Altona (1879-1937) und die Anfänge des Landgerichts Itzehoe (1937-1945). Unter besonderer Berücksichtigung ihrer Tätigkeitsberichte und rechtspolitischen Stellungnahmen. 2011.

Band 426 Mark Friedrich: Ferdinand von Martitz (1839-1921). Rechtshistoriker, Staatsrechtler und Völkerrechtler zwischen dem Ende des Deutschen Bundes und dem Beginn der Weimarer Republik. 2012.

Band 427 Sebastian Krusche: Die Bundesrechtsanwaltsordnung vom 1. August 1959. Vorgeschichte und Entstehung. 2012.

Band 428 Marju Luts-Sootak / Sanita Osipova / Frank L. Schäfer (Hrsg./eds.): Einheit und Vielfalt in der Rechtsgeschichte im Ostseeraum. Unity and Plurality in the Legal History of the Baltic Sea Area. Sechster Rechtshistorikertag im Ostseeraum, 3.-5. Juni 2010 in Tartu (Estland) / Riga (Lettland). 6th Conference in Legal History in the Baltic Sea Area, 3rd-5rd June 2010 Tartu (Estonia) / Riga (Latvia). 2012.

Band 429 Margret R. I. Bootz: Die Hamburger Rechtsprechung zum Arbeitsrecht im Nationalsozialismus bis zum Beginn des 2. Weltkriegs. 2012.

Band 430 Heiko Zech: Die soziale Frage im Konkursrecht 1879-1900. 2012.

Band 431 Jan C. Lorenzen: Das Bundesnaturschutzgesetz vom 20. Dezember 1976. Die Entwicklung des Naturschutzrechtes in Deutschland von den Anfängen bis zur Neukodifikation des Bundesnaturschutzgesetzes von 1976. 2012.

Band 432 Ulrike Ingrid Bernhardt: Geschichte des Weinrechts im Deutschen Kaiserreich (1871-1918). Mit einem Überblick zur Vorgeschichte und Weiterentwicklung bis zur Gegenwart. 2012.

Band 433 Elisabeth Otto: Das Verwaltungsrecht in der SBZ / DDR bis zur Verwaltungsneugliederung im Jahr 1952. 2012.

Band 434 Werner Schubert: Zur Geschichte der Justizverfassung in Schleswig-Holstein im 19. und 20. Jahrhundert. Quellen und Studien. 2012.

Band 435 Stefan Ellenberg: Herrschaft und Reform. Zur Diskussion um die Aktienrechtsreform und den Konzern in der Weimarer Zeit. 2012.

Band 436 Jasmin Sonntag: Gesetzgebung und Verwaltung im Dalbergstaat 1802-1810. 2012.

Band 437 Martin Komusiewicz: Die Diskussion um das Verhältnis von Rechtsanwaltschaft und Notariat seit dem Ende des 18. Jahrhunderts bis zum Erlass der Bundesnotarordnung. 2012.

Band 438 Henriette von Breitenbuch: Karl Neumeyer – Leben und Werk (1869-1941). 2013.

Band 439 Günter Baranowski: Russische Rechtsgeschichte: Texte und Erläuterungen. Teil 1: Von den Anfängen bis 1612/13. 2013.

Band 440 Werner Schubert (Hrsg.): Staatsanwaltschaftsrecht (1934-1982). Quellen zu den Reformprojekten (Organisation – Innerer Dienstbetrieb – Ermittlungsverfahren – Verhältnis der Staatsanwaltschaft zur Polizei) und zur Anordnung über Organisation und Dienstbetrieb der Staatsanwaltschaft (OrgStA). Eingeleitet und herausgegeben von Werner Schubert. 2013.

Band 441 York Zieren: Das Schiedsverfahrensrecht der ZPO (1877-1933) unter Berücksichtigung der Genfer Übereinkommen von 1923 und 1927 sowie der Rechtsprechung des Reichsgerichts. 2013.

Band 442 Stefan Wolf: Das Jenaer Studium der Rechte im Dritten Reich. Zwischen Tradition und nationalsozialistischer Ideologie. 2013.

Band 443 Bernhard Klose: Das Verblassen eines Makels. Das Nichtehelichenrecht der DDR als Teil der gesamtdeutschen Entwicklung. 2013.

www.peterlang.de

For the avoidance of doubt, input of the whole or any part of this publication into any generative artificial intelligence model, chatbot, program, software or technology is expressly prohibited without the prior written consent of the publisher.